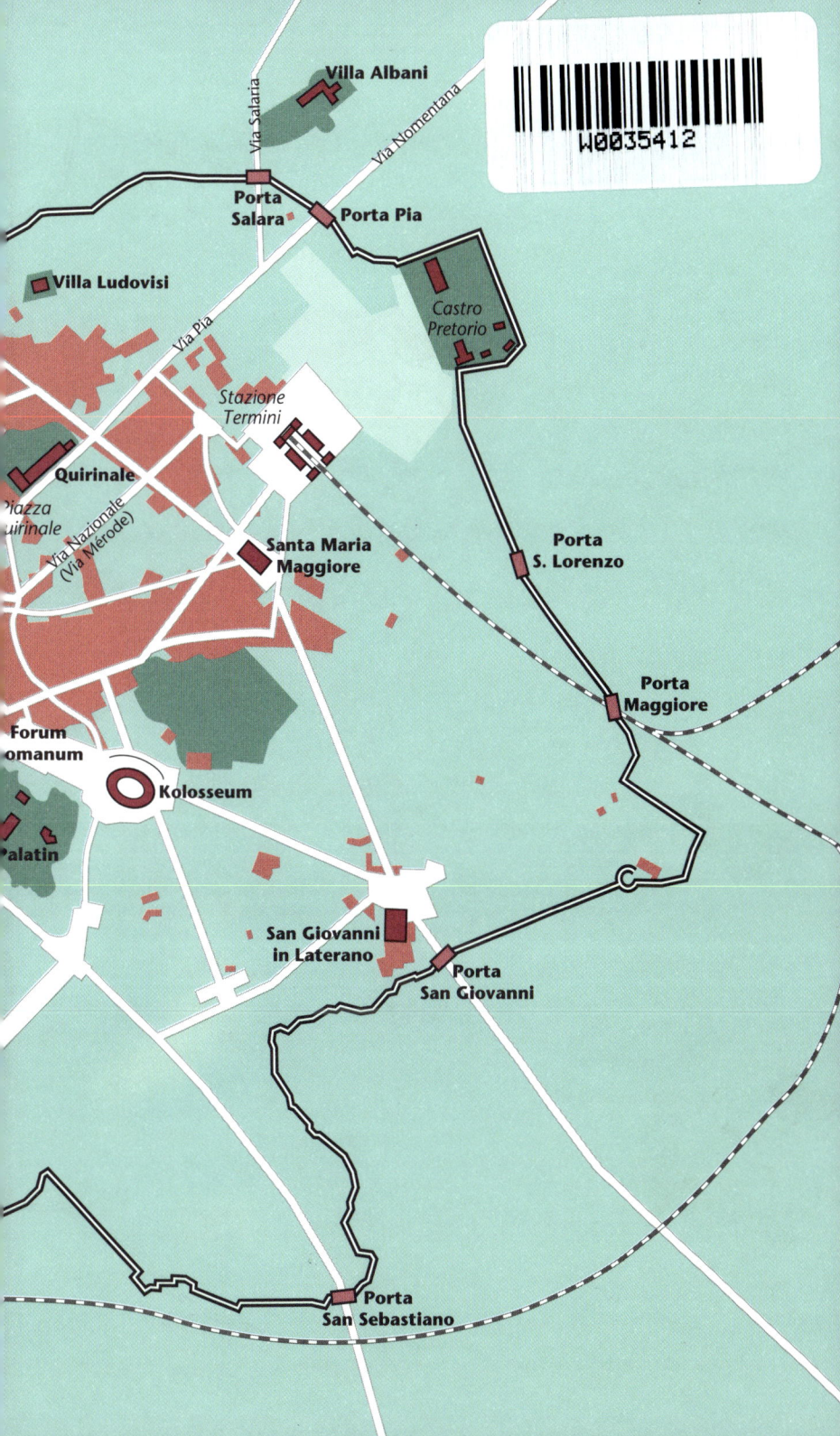

Villa Albani

Via Salaria

Via Nomentana

W0035412

Porta Salara

Porta Pia

Villa Ludovisi

Via Pia

Castro Pretorio

Stazione Termini

Quirinale

Piazza Quirinale

Via Nazionale (Via Mérode)

Santa Maria Maggiore

Porta S. Lorenzo

Porta Maggiore

Forum Romanum

Kolosseum

Palatin

San Giovanni in Laterano

Porta San Giovanni

Porta San Sebastiano

Gustav Seibt

Rom oder Tod

Gustav Seibt

Rom oder Tod

Der Kampf
um die italienische
Hauptstadt

Siedler

für Carl

Inhalt

EPILOG
Das römische Italien
1861–2000

Die Fabel der Welt · Die Antirömer · Römisches Italien ·
Versöhnung mit Mussolini · Das Ende der Römischen
Frage

DIE EROBERUNG

Vom Hauptstadtbeschluss
bis zum ersten Besuch des Königs
1861–1870

20. September 1870:
Ab 15 Uhr ziehen die italienischen Truppen durch Porta Pia in Rom ein.

Einmarsch in den Kirchenstaat

Die Gewehre des Papstes knallten nur schwach, und ihre Kugeln waren ohne Durchschlagskraft. So stellt es der italienische Augenzeuge dar, der die erste Kampfhandlung in diesem Feldzug überliefert hat. Es war der 12. September 1870. In der Nacht hatte das Vierte Armeecorps des Königreichs Italien bei Ponte Felice im Tibertal südlich von Orte die Grenze zum Kirchenstaat überschritten. Gegen neun Uhr am Vormittag erreichte die Vorhut des italienischen Heeres die Stadt Civita Castellana; in einer auf steilen Felsen errichteten Festung aus dem sechzehnten Jahrhundert wartete dort eine päpstliche Garnison auf die Invasoren. Die Morgennebel haben sich verzogen, die Luft ist noch frisch; es ist ein leuchtender Sommertag. »Nichts von den Schrecken des Krieges ist zu sehen: die trockenen Schüsse der Artillerie klingen wie Freudensalven, und ihr Widerhall verliert sich feierlich in den Schluchten und Klüften der waldigen Flanken des Soracte. Bei jedem Schuss sehen wir, wie sich eine Staubwolke aus den Zinnen und Bleidächern des alten Mauerrings erhebt, darunter dann und wann zarte Rauchsäulen, welche von der Morgenbrise sogleich zerstreut werden und die wirkungslose Schüsse aus Remingtongewehren anzeigen, von denen nicht einmal das Geräusch zu uns dringt. Doch gelangt manche müde Kugel bis zu unseren Geschützen. Trotzdem glaubt man, bei einem Manöver zu sein, nicht in einem Krieg.«[1]

Der Waffengang, mit dem das Königreich Italien sich im Jahre 1870 seine Hauptstadt Rom und das Patrimonium Petri, den Rest des Kirchenstaats, eroberte – fast zehn Jahre, nachdem der Hauptstadtbeschluss gefallen war –, gehört nicht zu den Heldentaten der Welthistorie. Man kann kaum von einem Krieg sprechen, eher von einem Kriegstheater, bei dem das Ergebnis schon festliegt. Das dreifach überlegene italienische Heer besiegte eine längst in die Enge getriebene geistliche Macht – das Papsttum –, der ein Blutbad schlecht angestanden hätte. Und auch Italien musste daran interessiert sein, selbst kleinere Opfer zu vermeiden, denn im Heer der Kirche kämpften nicht nur Italiener, künftige Mitbürger, sondern auch Freiwillige aus allen europäischen Nationen und aus vielen anderen Ländern der ganzen Welt, mit denen das junge Königreich jeden Streit vermeiden wollte. Vor allem die moralischen Folgen einer Schlacht mit der Kirche musste Italien fürchten, die internationale Empörung und den Zwiespalt im eigenen Land, der dabei entstehen konnte.

Trotzdem ist der römische Feldzug von 1870 eines der großen Ereignisse in der Geschichte Europas. Er machte nach über tausend Jahren der ältesten Herrschaft des Kontinents ein Ende, der Regierung des Papstes über Rom und Latium. Er verwandelte die Ewige Stadt in die profane Kapitale eines modernen Staates. Er ist eine vor allem symbolisch bedeutsame Episode in den Auseinandersetzungen des neunzehnten Jahrhunderts, bei denen die Prinzipien des revolutionären Zeitalters noch einmal sichtbar und dramatisch mit den alten Mächten zusammenstießen. Es ging um Staat und Kirche, Nation und Religion, Fortschritt und Legitimität. Die Leidenschaften, die von der Kampagne entfacht wurden, waren vor allem auf italienischer Seite gewaltig. Wenn man erfahren will, was der Nationalismus als positive Gefühlsmacht in aller Unschuld einmal gewesen ist – eine Emotion, die die Individuen über sich selbst hinaushob in die Sphären von Vaterland und Geschichte –, dann findet man die lebendigsten Zeugnisse in den Berichten und Erinnerungen der Journalisten und Augenzeugen des italienischen 1870.

Das rosige Hochgefühl, das die Berichte vermitteln, ist eigentümlich gemischt aus Ferienstimmung und Feierlichkeit. Ferienstimmung herrschte, weil dieser Marsch auf Rom alle erregenden Strapazen des Krieges ohne seine Gefahren mit sich brachte, das Biwakieren im Freien, die nächtliche Feuchtigkeit, den dicken Morgennebel und die glühenden Tage, an denen die Sonne nie mehr vom Himmel verschwinden zu wollen schien. Doch war das Ganze nur ein militärischer Spaziergang, eine Art Abenteuerurlaub, in dem die Zeitungskorrespondenten und Geschichtstouristen zuweilen sogar Avantgarde spielen konnten und ins Niemandsland zwischen den Armeen ausschwärmten. Die einzige wirkliche Unbequemlichkeit war, dass es oft nicht genügend zu essen gab: Die römische Campagna war dünn besiedelt; kaufen oder requirieren ließ sich fast nichts, und der Nachschub der Armee litt unter akutem Pferdemangel. Die beauftragten Firmen erwiesen sich als unzuverlässig, und an einer Zollstelle zwischen Italien und dem Kirchenstaat wurde von unverständigen Beamten tagelang das steuerpflichtige Salz zurückgehalten, als sei die Grenze nicht durch den Einmarsch aufgehoben worden. Außerdem war der anspruchsvolle Journalistenschwarm natürlich nicht eingeplant in der logistischen Disposition des Heeres, wie der den Oberbefehl führende General, Raffaele Cadorna, noch Jahrzehnte später in seinem Feldzugsbericht bemerkte.

Das hatte die in Florenz erscheinende Zeitung *Fanfulla* nicht daran gehindert, in großen Lettern anzukündigen, auch sie habe einen Teil ihrer Kräfte mobilisiert und einen ihrer Mitarbeiter an die Front geschickt, mit dem Auftrag, »Rapport über unsere Soldaten zu geben und mit ihnen in Rom einzumarschieren«.[2] Der Korrespondent der Zeitung *Italia Militare* – es war der später durch sein patriotisches Kinderbuch *Cuore* (»Herz«) weltberühmt gewordene Edmondo de Amicis – unterbrach seine Kriegsberichte immer wieder mit farbigen Schilderungen von der eigenen Arbeit. »Als Büro wurde uns der Kornspeicher zugeteilt«, berichtete er aus der Umgebung von Civita Castellana, »und ein Backtrog ist unser Tisch.«[3] Staunend betrachteten die Einheimischen die dicken, über und über mit Briefmarken bedeckten Kuverts, die ein Mitarbeiter englischer Blätter Tag für Tag auf die Post brachte. Vor den Türen der überfüllten Gasthöfe stapelten sich die verschiedensten Kopfbedeckungen und Accessoires, Zylinder, Spazierstöcke, gefiederte Bersaglierihüte, Koffer, Mäntel, Schirme, Patronentaschen. Wer schlau war und Glück hatte, sicherte sich rechtzeitig eine der raren Kutschen, die zur Not auch als Nachtquartier dienen konnten und die man geschwind zwischen den gemächlich voranrückenden Armeecorps hin und her dirigieren konnte, um überall da zu sein, wo etwas los war.

Ganz Italien fieberte mit, und auch die gebildeten Schichten der anderen europäischen Nationen ließ das Schicksal Roms nicht gleichgültig, die Katholiken der ganzen Welt erregte es leidenschaftlich, obwohl in jenen Wochen der deutsch-französische Krieg den größten Teil der Aufmerksamkeit auf sich zog. Die Stimmung derer, die dabei sein durften, war gehoben, denn sie waren sich bewusst, an einem Vorgang der Weltgeschichte teilzunehmen. »Diesmal kommen wir hin«, riefen Offiziere und Zivilisten einander an den Bahnhöfen der Strecke Florenz–Rom zu, wo unentwegter Verkehr bis zur Grenze herrschte, um Truppen, Diplomaten und Beobachter in Stellung zu bringen: »Auf Wiedersehen in Rom. Gott will es.«⁴ Ugo Pesci, jener Mitarbeiter, den der Florentiner *Fanfulla* mobilisiert hatte, und der fünfundzwanzig Jahre später das schönste Buch über die Eroberung Roms schreiben sollte, wollte sich zusammen mit einem Kollegen das Vergnügen machen, mit den ersten Soldaten die Grenze zum Kirchenstaat zu überschreiten. Am 12. September 1870 um 5 Uhr morgens war es soweit: »Niemand spricht; in der Luft liegt etwas Feierliches und eine Feuchtigkeit, die bis auf die Knochen geht.«⁵

Nun ging es voran, durch wunderschöne Landschaften, die wie gemalt wirkten und voller Geschichtszeichen waren. Am Wegrand taten sich tiefe dunkle Täler auf, Dörfer erhoben sich auf den Gipfeln der Berge, aus den Wäldern ragten die Überreste alter Burgen, mal war die Landschaft verdorrt und weit, eine Weide für Büffelherden, und die voranmarschierende Armee wurde von riesigen Staubwolken eingehüllt, mal aber zeigte sie sich anmutig wie im Winkel zwischen Via Cassia und Via Flaminia vor den Toren Roms: Dort durchzogen Bäche die grünen Wiesen, jahrhundertealte Bäume spendeten Schatten, und Felsen und Ruinen verzierten wie auf alten Gemälden die Landschaft. »Während wir vorrückten«, so berichtete später ein Hauptmann der Kavallerie, »wuchs die Verzauberung, denn die römische Campagna spricht die Sprache des Lebens und des Todes, der Größe und des Untergangs, eine Sprache, die den Geist in die erhabenen Sphären einer höheren Welt versetzt, in den Halbschatten der Dinge, die gewesen sind, und ins Licht derer, die da kommen werden.«⁶

In diesen heroischen Landschaften fanden die ersten Begegnungen der alten und der neuen Italiener statt, der Soldaten und der Landleute der Campagna. Die Soldaten waren, so vermeldeten es die patriotischen Berichterstatter ihrer meist norditalienischen Leserschaft, glänzend gelaunt, in ausgezeichneter körperlicher Verfassung, gut ernährt, gebräunt, diszipliniert und doch fröhlich. Abends breiteten sie sich mit den zahllosen Feuern ihrer Biwaks über die Felder am Rande der römischen Konsularstraßen aus, auf denen die Truppen untertags marschierten. Gesang, Musik und ausgelassenes Geschrei schwebten über den nächtlichen Lagern. Die einheimische Bevölkerung der Dörfer und Landstädtchen schien zuerst etwas zurückhaltend, fast mißtrauisch zu sein, wurde beim weiteren Vorrücken der Armee aber immer zutraulicher. Die Bauern und Hirten mit ihren breiten Calabreserhüten und bunten Jacken, ihren Bärten und ihrem herkulischen Körperbau glichen den Figuren der zeitgenössischen Genremalerei. Allen Beobachtern war es wichtig zu vermelden, dass überall, wo die Italiener einmarschierten, bald Trikoloren auftauchten – in der Hafenstadt Civitavecchia, die ein separates Heerescorps am 16. September besetzte, sogar derart viele, dass der mitmarschierende Korrespondent von unzähligen häuslichen Verschwörungen sprach: Die italienischen Nationalfarben waren im Kirchenstaat verboten gewesen, und das massenhafte Zusammennähen von Grünweißrot kam so einem vorweggenommenen heimlichen Plebiszit gleich. Rührender noch wirkte die Papiertrikolore, die an einem einsamen Gasthof im römischen Hinterland hing und von den vorbeiziehenden Bersaglieri mit einem heiseren »Viva l'Italia« begrüßt wurde, worauf die Büffelhirten am Wegrand mit starkem Dialekt »Hoch leben die Bersaglieri« antworteten.[7]

Unbeschreiblich seien, so schrieb am 13. September De Amicis für die *Italia militare* fassungslos und »mit zitternder Hand«, die Freudenszenen in der Kleinstadt Nepi am Abend des zweiten Kriegstages gewesen. »Ich habe niemals ein vergleichbares Schauspiel gesehen. Es war so, dass man weinen mußte. Man kann es nicht schildern, ohne den Zweifel zu wecken, man übertreibe. Diese Freude, dieses so heitere Weitwerden der Herzen, dieser so einmütige und machtvolle patriotische Schwung – das gibt es nur bei den Soldaten eines großen Heeres, die eines der liebsten Länder der Heimat betreten, nach langer und schmerzlicher Wartezeit, nach großen Opfern, und die einziehen mit dem Bewusstsein von Bürgern, von Befreiern, durchdrungen von der Heiligkeit ihrer Sache, Brüder, die sich aufmachen, Brüder in ihre Arme zu schließen, Italiener, die seit langem den Ruf von Rom hören und sich an den Busen ihrer großen ewigen Mutter werfen wollen.«[8] Rom war der mythische Name, der in diesen vaterländischen Festtagen alle Klassen vereint haben soll, die gebildeten Berichterstatter im Felde, ihre Leser daheim und jene vielen einfachen Soldaten, die nie eine Schule besucht hatten und oft nicht einmal schreiben konnten. »In meiner Schwadron«, so schrieb ein Rittmeister später, »gab es einen Lanzenreiter, einen Analphabeten, der Nord und Süd nicht unterscheiden konnte, ein wilder Baum, rauh und roh, unberührt von patriotischen Ideen: Doch auch er war bewegt von Rom, und von Rom hatte er sich eine ganz eigene Vorstellung gemacht, als einer strengen, gerechten, sehr mächtigen Königin, Herrin der ganzen Erde und des Himmels, eine wunderschöne Kaiserin, die Abend für Abend in die Kasernen oder unters Volk ging, um den schönsten Soldaten oder Mann aus dem Volk auszusuchen und ihn für eine Nacht zum Herren der Welt zu machen.«[9]

All das wirkt in seinem oft schwülen Pathos so exaltiert, dass man gern an Selbstüberredung und ideologische Verblendung unter den Berichterstattern glaubt. Aber man begreift auch, was die Funktion der Journalisten und der Presse bei diesem Vorgang war, einem wichtigen Augenblick in der emotionalen Konstitution Italiens zu einer Nation. Die Presseleute stifteten den Zusammenhang von Volk, Armee und Bürgern, sie stellten die Gegenwart des großen Gefühls her, in dem jenes abstrakte neue Gebilde, genannt Vaterland, Wirklichkeit werden konnte. Das Moment von Selbstüberredung, von Autosuggestion bis zum Hysterischen, widerlegt diese Wirklichkeit nicht, es ist sogar ihr Kern.

Am Abend des 14. Septembers tauchte ganz fern am Horizont zum ersten Mal Rom vor den Truppen auf, die sich noch auf der Via Cassia voranbewegten. Der Umriss der Peterskirche zeichnete sich im schweren Dunst ab, vor dem Hintergrund eines violetten Himmelsstrichs im brennenden Feuer des Sonnenuntergangs; Rom lag da, ragte wie ein Riesenschiff über dem toten Meer der Campagna empor, verband seinen Gipfel mit dem Himmel, lockte mit der unverwechselbaren Form von Michelangelos Kuppel – die Berichte überbieten sich an diesem Punkt in poetischen

Bildern. Die Soldaten bestiegen einen Hügel und schwiegen ergriffen oder taten einen begeisterten Ausruf. In allen Äußerungen lag, wenn wir Ugo Pesci glauben dürfen, etwas Zusammengenommenes, etwas Feierliches. Doch es dauerte noch einmal fünf Tage, bis die Truppen vor der Stadt in Stellung gebracht waren und der Angriff beginnen konnte – Tage, in denen die Ungeduld und die Anspannung unerträglich wurden. Als die Truppen, die Civitavecchia erobert hatten, zusammengerufen wurden, um beim Sturm auf Rom dabei zu sein, da seien, so der Berichterstatter Giuseppe Guerzoni, ein in die Jahre gekommener Garibaldi-Anhänger, der seinen samtbeschlagenen Parlamentssitz noch einmal mit dem Pferdesattel vertauscht hatte, Hunger und Müdigkeit mit einem Schlag vergessen worden: »Die Beine tanzen, die Reihen formieren sich von Zauberhand, die Waffen werden blitzartig ergriffen, die Division steigt von allen Seiten in geschlossenen Säulen auf die Straße hinab, die Kavallerie geht voran, die Artillerie reiht sich an ihrer Stelle ein und die Infanterie marschiert geschlossen – Viva Roma!«[10]

Als Zeitpunkt für den Angriff war 5 Uhr morgens am 20. September bestimmt worden. In der Nacht davor fand Ugo Pesci keinen Schlaf. »Die nach 1870 geborenen jungen Leute«, schrieb er ein Vierteljahrhundert später, »werden die Ursache dieser Schlaflosigkeit nicht begreifen. Das tut mir leid für sie; die Erinnerungen an jene Nacht, die dem größten Ereignis des Jahrhunderts vorausging, sind in mein Gedächtnis gemeißelt, als sei es gestern gewesen; und weil ich die Nacht an dieser Stelle verbrachte und am Tag danach durch Porta Pia Rom betrat, glaube ich sagen zu können, dass mir wenigstens einmal im Leben eine tiefe Genugtuung zuteil geworden ist. Ich erinnere mich, dass ich, nachdem ich mich eine Weile auf dem Heu hin- und hergedreht hatte, ohne Ruhe zu finden, endlich hinausging, um zu rauchen. Es war gegen Mitternacht. Eine Linie von Feuern umgab die ganze Seite der Stadt, die ich nicht sah, aber in der Dunkelheit jener Stunde doch ahnte. Andere Feuer brannten weit weg auf den Bergen von Tivoli und Tusculum. Das Schweigen war tief und feierlich, obwohl ringsum dreißigtausend Männer auf verhältnismäßig engem Raum vereint waren.«[11]

In auffälligem Gegensatz zu der hochschlagenden nationalen Leidenschaft, die den römischen Feldzug begleitete, steht die fast ängstliche Umsicht, mit der das Kabinett in Florenz – damals die Hauptstadt Italiens – ihn vorbereitete und ins Werk setzte. Die Öffentlichkeit hatte wochenlang den Eindruck, dass man die liberal-konservative Regierung des Ministerpräsidenten Giovanni Lanza, des Außenministers Emilio Visconti Venosta und des mächtigen Finanzministers Quintino Sella zum Jagen tragen müsse. Die Chance zur Eroberung Roms hatte sich unvermittelt am 19. Juli 1870 aufgetan, als der Krieg zwischen Frankreich und Preußen-Deutschland ausbrach. Frankreich war die Macht, die den Kirchenstaat, die Herrschaft des Papstes in Rom und seinem Umland, in den letzten zwei Jahrzehnten aufrechterhalten hatte, seitdem französische Truppen im Jahre 1849 die aufständische römische Republik zerschlagen und dem 1848 von der Revolution verjagten Papst Pius IX. die Rückkehr an seinen Amtssitz ermöglicht hatten. Nun war Frankreich in eine gefährliche Auseinandersetzung mit der mächtigsten und in zwei vorangehenden siegreichen Feldzügen – 1864 und 1866 – erprobten Militärmacht Europas verwickelt. Und es war bündnispolitisch isoliert, es stand allein. Für Italien ergaben sich in dieser Lage, so schien es der Öffentlichkeit, zwei Optionen: entweder an der Seite Frankreichs in den Krieg einzutreten und als Preis dafür Rom zu verlangen; oder Rom gegen den Willen Frankreichs, das gewiss keinen zweiten Kriegsschauplatz eröffnet hätte, zu erobern – in einem Moment, in dem ganz Europa gebannt auf den Kampf der beiden zentraleuropäischen Großmächte blickte und sich wohl kaum irgendwo eine Hand für den Papst gerührt hätte.

Die Tür zur Wiedervereinigung Italiens mit Rom stand offen – aber wie lange? Musste man nicht rasch handeln und die Gunst der Stunde nutzen? Eine fiebrige Erregung ergriff die politisch aktiven Teile der italienischen Nation. Doch die Regierung tat wochenlang fast nichts, so jedenfalls schien es. Zwar wurden schon Ende Juli Truppen mobilisiert und an den Grenzen des Kirchenstaats aufgestellt, aber offiziell nur zur Beobachtung und zur Aufrechterhaltung der Sicherheit. Hinter den Kulissen allerdings wurde ohne Unterlass verhandelt, zwischen den Regierungen in Florenz und Paris, zwischen Regierung und Hof, und lange Rund-

Emilio Visconti Venosta (1829–1914), italienischer Außenminister von 1869 bis 1876.

schreiben des Außenministers gingen an alle europäischen Kanzleien. Doch davon erfuhr die Öffentlichkeit zunächst nur wenig. Als nach den ersten schweren Niederlagen Frankreichs im August noch immer nichts geschah, begann die parlamentarische Linke, damals in der Opposition und in allen nationalen Fragen das weit erhitztere Lager, die Nerven zu verlieren. Sie drohte mit dem Auszug aus dem Parlament, und ihre Anhänger hielten überall im Lande an den Wochenenden stürmische »Meetings« ab, mit denen die Regierung unter Druck gesetzt werden sollte. Die Leitartikel der oppositionellen Presse schäumten. Nur mühsam gelang es, das Auseinanderbrechen des Parlaments zu verhindern. Am 2. September 1870 wurde das französische Heer bei Sedan vernichtend geschlagen, das Zweite Kaiserreich brach zusammen, und Napoleon III. geriet in preußische Gefangenschaft; die Kaiserin Eugénie floh aus Paris, wo die Republik ausgerufen wurde. Doch zwischen Sedan und dem Einmarsch Italiens in den Kirchenstaat vergingen noch einmal zehn Tage, Tage, die dem nationalen Lager wie eine Ewigkeit erschienen. Nichts beweist so sehr wie dieses letzte Zaudern, mit welcher Furchtsamkeit die Regierung sich an die Eroberung des wertvollsten Stücks Italiens machte, die militärisch doch eine so leichte Sache scheinen musste. Der Moment war überaus prekär. Er hat eine verwickelte und leidvolle Vorgeschichte.

»Rom oder den Tod«

Den Beschluss, dass Rom die Hauptstadt Italiens werden müsse, fasste das italienische Parlament in Turin am 27. März 1861, indem es nahezu einmütig den folgenden Tagesordnungspunkt annahm: »Die Kammer, nachdem sie die Erklärungen des Ministeriums angehört hat, sowie im Vertrauen darauf, dass die Würde, die Ehre und die Unabhängigkeit des Pontifex und die vollständige Freiheit der Kirche gesichert sind, dass im Einklang mit Frankreich das Prinzip der Nichtintervention gelte, und dass Rom, die durch die Meinung der Nation akklamierte Hauptstadt, Italien angeschlossen werde, geht zur Tagesordnung über.«[12] Diese komplizierte Formel enthält alle Sonderbarkeiten und Widersprüche in der Situation des gerade erst halbwegs geeinten Landes. Das Parlament Italiens beschließt etwas, was die öffentliche Meinung der Nation bereits entschieden haben soll; es erwähnt eine fremde Macht (Frankreich) und zugleich ein Prinzip der internationalen Beziehungen (die Nichteinmischung oder Nichtintervention, also das, was man später das Selbstbestimmungsrecht der Völker nennen sollte), und es sichert dem Papst und seiner Kirche Freiheit zu – jenem Papst, dessen Stadt dieses Parlament soeben zur Kapitale der Nation und damit zu seinem eigenen Sitz erklärt hat, obwohl Rom und der Kirchenstaat noch gar nicht zu Italien gehören. Das ist fürwahr ein sehr merkwürdiger Hauptstadtbeschluss, der die chaotische Weise spiegelt, in der das Königreich Italien zu Stande gekommen ist.

Italien wurde 1859 und 1860 durch ein Reihe überstürzter Feldzüge und nicht weniger überraschender Revolutionen geeint. Der Dirigent dieses erstaunlichen Geschehens war der Premierminister des nicht besonders starken norditalienischen Königreichs Piemont-Savoyen, der Graf Camillo Benso di Cavour. Cavour ist einer der größten Politiker, die je gelebt haben; er kam Bismarck an taktischer Raffinesse gleich und übertraf ihn an Weisheit und gesellschaftlicher Einsicht bei weitem. Cavour war 1810 in Turin als Sohn einer alten Adelsfamilie mit französischen und schweizerischen Verbindungen geboren worden, zu einer Zeit, als Italien Teil von Napoleons Imperium war. Dessen Regime hatte seine Familie nahegestanden. Gleichwohl nahm Cavour die übliche adlige Laufbahn in der piemontesischen Monarchie: Kadettenanstalt, Kammerherr, Dienst in der Provinz. Doch der junge Herr tat sich bald um in der Welt, reiste nach Paris und London und wurde zu einem Anhänger des Neuen, von Freihandel, technischem Fortschritt und liberaler Verfassung. Das rückständige Italien interessierte ihn zunächst nicht. Er wurde daheim politisch verdächtig und musste sich daraufhin der Bewirtschaftung von Familiengütern widmen. 1848, im Revolutionsjahr, begann seine politische Karriere, erst als Publizist, dann als Parlamentarier. Ende 1847 hatte Cavour mit dem liberalen Grafen Cesare Balbo die Zeitschrift *Risorgimento* begründet. Ihr Name – »Wiederauferstehung« – wurde bald zum parteiübergreifenden Begriff für die Bewegung zur Erneuerung Italiens, später zum Epochenbegriff.

Nach der Revolution – in Piemont keine Restaurationszeit, sondern eine Reformära – stieg Cavour zum Minister auf und beherrschte als Vertrauensmann des Königs und als brillanter parlamentarischer Taktiker bald die Politik seines Landes. Cavour war eine nüchterne Spielernatur, ein klarsichtiger Phantast, ein Hasardeur mit festen liberalen Prinzipien. Mit zweiundzwanzig Jahren schrieb er in einem Brief, es habe eine Zeit gegeben, »wo ich es für ganz natürlich hielt, eines schönen Morgens als leitender Minister des Königreichs Italien aufzuwachen«.[13] Zu diesem Zeitpunkt gab es Italien noch gar nicht; es war in mehrere Staaten aufgeteilt und nicht mehr als ein geographischer Begriff. Der kleine, dickliche, bebrillte Junggeselle mit seiner unermüdlichen Arbeitskraft, seinem raschen kombinatorischen Verstand und seiner Fähigkeit, Politik nicht nur in Situationen, sondern in langfristigen Kräfteverhältnissen zu konzipieren, machte sich daran, seinen Traum zu verwirklichen; nicht, wie Bismarck, im Interesse einer rückständigen Klasse und der Monarchie, sondern als Sachwalter jenes *juste milieu* dynamischer Bürger und Unternehmer, die aus Italien endlich wieder ein modernes Land machen wollten.

Cavour verführte den französischen Kaiser Napoleon III., einen ruhmsüchtigen, aber auch generösen Monarchen, der die Italiener fast romantisch liebte, 1859 zum Krieg gegen Österreich. Österreich beherrschte damals Oberitalien bis zum Kirchenstaat mit Ausnahme Piemont-Savoyens, teils direkt, wie die Lombardei und Venezien, teils indirekt durch Satellitenregime, wie in der Toskana, teils durch Besatzungstruppen wie in den nördlichen Teilen des Kirchenstaats. Schon diese Dominanz Österreichs musste dem Kaiser der Franzosen den Versuch zu einer Neuordnung Italiens lohnend erscheinen lassen; außerdem hatte Cavour ihm für die Waffenhilfe die Abtretung Nizzas und des savoyischen Stammlandes der piemontesischen Monarchie in den Westalpen zugesagt. Napoleons Politik in Italien folgte darüber hinaus einem allgemeinen Gesichtspunkt: Sie sollte eine Neuordnung Europas in Nationalitäten anstoßen – und war so gegen die Grundlagen der Staatenordnung von 1815 gerichtet. Insgeheim plante Napoleon außerdem, einen italienischen Thron für seine Dynastie zu gewinnen. Für beide Partner ging es um eine Umwälzung, wenn auch mit unterschiedlicher Zielrichtung. Bald zeigte sich, dass Cavour die Revolution besser in seinem Sinne zu lenken verstand als Napoleon III. Im Juni besiegten die vereinten Armeen Piemonts und Frankreichs die Österreicher bei Magenta und Solferino. Sofort traten in den ober- und mittelitalienischen Kleinstaaten revolutionäre Bewegungen hervor, die den Anschluss dieser Provinzen an das Königreich Savoyen betrieben. Napoleon III. versuchte, diese revolutionäre Sturzflut einzudämmen, indem er die Seite wechselte und mit Österreich einen Separatfrieden schloss. Doch das half nichts mehr, die nationale Bewegung war unaufhaltsam geworden. Ein Jahr später gelang den Norditalienern ein noch erstaunlicherer Coup. Der Freiheitskämpfer Giuseppe Garibaldi, einer der erfolgreichsten Berufsrevolutionäre aller Zeiten, brach im Mai 1860 mit einer Schar von tausend Freiwilligen von Genua nach Sizilien auf – Cavour und sein König waren Mitwisser dieses revolutionären Unternehmens. Garibaldi brachte das Königreich Neapel innerhalb weniger Wochen zum Einsturz. Bereits am 7. September zog der Freischärler als umjubelter Diktator in Neapel ein, während der letzte König Süditaliens sich in den Kirchenstaat flüchtete. Am 11. September 1860 schrieb Garibaldi an den piemontesischen König Viktor Emanuel II.: »Ich werde auf die Hauptstadt Italiens mit der ganzen Schnelligkeit zumarschieren, welche die Umstände mir erlauben.«[14] Die Hauptstadt Italiens, das war für Garibaldi Rom.

Es war der gefährlichste Moment im italienischen Einigungsprozess. Eine Welle von patriotischem Kampfgeist war durch das ganze Land gegangen und hatte mit den überlebten und verhassten Regimen aufgeräumt. Oberitalien war dem einzigen einheimischen König von selbst in den Schoß gefallen, Unteritalien war von einem Revolutionär erobert worden, dessen Popularität auf das Jahr 1849 zurückging. Damals war Garibaldi der Feldherr der römischen Republik gewesen, und er hatte mit beispiellosen Opfern und großem militärischen Geschick diesen Revolutionsstaat gegen eine erdrückende Übermacht mehrere Wochen lang verteidigt. Bereits dieser heldenhafte Kampf war eine nationalitalienische Angelegenheit gewesen, denn die römische Republik hatte sich als Hauptstadt und Vorkämpferin eines zu gründenden republikanischen Nationalstaats verstanden. Ohne die Erinnerung an die römischen Kämpfe von 1849 wäre der stürmische Siegeslauf von 1859/60 nicht möglich gewesen. Er hatte das Tempo und den Schwung einer hinreißenden Opernstretta, entzündet nicht nur von nationalem Furor, sondern beschwingt auch von menschheitsbeglückender Hochherzigkeit.

Doch nun musste die Regierung in Turin das Tempo abrupt drosseln. Die Eroberung Roms wäre in diesem Moment militärisch mühelos zu bewerkstelligen gewesen; politisch hätte sie eine Katastrophe bedeutet. Sie hätte unweigerlich zum Krieg mit Frankreich geführt, in den unvermeidlich auch Österreich wieder eingegriffen hätte, und alles wäre wieder verloren worden. Aber noch schlimmer als ein weiterer Nationalkrieg wäre eine gewaltsame Auseinandersetzung mit dem Papst gewesen. Denn selbstverständlich waren die Italiener in jener Zeit in überwältigender Mehrheit zutiefst katholisch. Außerdem war der Papst das Oberhaupt von annähernd zweihundert Millionen Gläubigen in der ganzen Welt. Ihn in seiner Wehrlosigkeit anzugreifen und mit einer erdrückenden Übermacht zu besiegen, in Rom mit brutaler Gewalt einzumarschieren oder auch nur eine Revolution dort zu provozieren – das hätte in die Fundamente der Nation, die da soeben errichtet wurde, unheilbare Zwietracht gesenkt und sie bei allen übrigen katholischen – und selbst bei den nichtkatholischen – Nationen moralisch auf ewig ins Unrecht gesetzt. Garibaldi wollte Viktor Emanuel auf dem Kapitol zum König von Italien ausrufen. Das hätte den Sieg der Revolution über die konstitutionelle Monarchie Savoyens bedeutet und eine Staatsgründung von vornherein vereitelt. Fremde Mächte wären unverzüglich eingeschritten, und alles wäre in Scherben gegangen.

Die Regierung Cavour und der König ließen reguläre Truppen Garibaldi entgegenmarschieren und die mittelitalienischen Gebiete des Kirchenstaats besetzen – gegen den vergeblichen Widerstand einer eilends zusammengetrommelten päpstlichen Armee. Dem Papst verblieb nun nur noch Rom und dessen Umland. Doch noch einmal war er in letzter Minute vor der Nation gerettet worden. Mit Plebisziten wurde der Anschluss der neuen Provinzen von Sizilien bis zu den Marken im Oktober und November 1860 besiegelt und so notdürftig legitimiert. Am 17. März 1861 nahm Viktor Emanuel II. (Vittorio Emanuele II.) den Titel des Königs von Italien an – in voller Länge lautete seine Amtsbezeichnung: »Viktor Emanuel II., durch göttliche Vorsehung und das Votum der Nation König von Italien«.[15] Der König zählte sich weiter nach seinen Vorfahren, berief sich also auf das Geblütsrecht; zugleich war er der Verfassung und dem Volk verpflichtet. Seine Legitimität kam aus zwei Quellen, einer alteuropäischen und einer modernen. Diese doppelte Legitimität hat in den folgenden Jahren bis 1871 die Außenpolitik Italiens stark geprägt. Das Land war eine neue Macht, nicht vorgesehen in der seit 1815 immer wieder erneuerten europäischen Ordnung, die das Zusammenleben der Staaten auf dem Kontinent regelte. Italien war die Frucht einer Revolution. Doch diese Revolution, so lautete die Botschaft der italienischen Diplomatie an Europa, war in konservative und legitime Bahnen gelenkt worden durch die piemontesische Monarchie. Das konstitutionell monarchische Italien wollte ein Faktor der Stabilität werden. Die nationale Monarchie beendete die jahrzehntelangen Unruhen auf der von fremden Mächten besetzten Halbinsel, indem sie das nationale Selbstbestimmungsrecht der Italiener mit den Sicherheitsbedürfnissen der europäischen Staatenpolitik versöhnte. Doch gleichzeitig konnte das neue Land Europa gegenüber immer wieder auf die Kraft seiner revolutionären Partei verweisen und diese so auf seine eigenen Mühlen lenken: Denn besser sei es, so verkündete die italienische Diplomatie, die noch offenen nationalen Forderungen – Venedig und sein Hinterland waren noch österreichisch, und Rom eine durch fremde Soldaten geschütze Enklave – mit der neuen monarchisch-konstitutionellen Regierung zu lösen, als einer revolutionären Bewegung die Initiative zu überlassen. Zudem erklärten sich der König und seine gemäßigten Minister außer Stande, der Wucht der öffentlichen Meinung in diesen nationalen Grundanliegen auf Dauer widerstehen zu können.

Cavour, der Minister einer bescheidenen Mittelmacht, hatte über Nacht einen neuen Staat geschaffen. Er hatte dies mit zwei Helfern vollbracht: mit Napoleon III. und mit Garibaldi, mit Frankreich und der Revolution. Beide helfenden Mächte, das katholische Frankreich und die nationale Revolution, waren leidenschaftlich interessiert an Rom; sie waren geradezu besessen davon. Aber auch das neue Königreich glaubte nicht ohne Rom auskommen zu können. Das ist der Kern der »Römischen Frage« bis zum Sommer 1870, zumal der legitime Besitzer der Ewigen Stadt, der Papst, nicht im Mindesten daran dachte, freiwillig auf die Urbs zu verzichten. Dies ist der Knoten, den die verschlungene Formulierung des italienischen Hauptstadtbeschlusses vom März 1861 bezeichnet.

An den vier Enden des Doppelknotens – italienische Monarchie, italienische Aktionspartei, Frankreich, Papsttum – wurde in den folgenden Jahren so hartnäckig gezogen, dass er schon bald unauflösbar schien. Daran trugen neben den objektiven Gegebenheiten viel Kurzsichtigkeit und Unvernunft, vor allem auf päpstlicher und französischer Seite, die Schuld. Jedenfalls hat es in der europäischen Geschichte kaum eine Frage gegeben, die von der Diplomatie über so lange Zeit so ergebnislos hin und her gewälzt worden ist wie die Römische Frage. Dass es ein Stellungskrieg werden würde, war im Frühjahr 1861, als der Hauptstadtbeschluss fiel, bereits entschieden. Am 18. März hatte der Papst in einer Ansprache die Versöhnung der katholischen Kirche mit dem liberalen Staat grundsätzlich für unmöglich erklärt. Diese sehr allgemein gehaltene Stellungnahme war der Schlusspunkt unter Geheimverhandlungen, die Cavour im Winter 1860/61 mit dem Vatikan geführt hatte, um zu einem friedlichen Einvernehmen zu kommen. Dass die Römische Frage nicht zu jenen gehöre, die man mit dem Schwert lösen könne, hatte Cavour im Parlament bereits am 2. Oktober 1860 verkündet – eine deutliche Festlegung gegen die revolutionäre Partei, die der Kurie jene Entlastung geben sollte, die ihr Verhandlungen sinnvoll erscheinen ließ. Tatsächlich wurden Cavours Vorschläge von der Kurie angehört, jedoch bald verworfen. Cavour verlangte Rom und den restlichen Kirchenstaat für Italien und bot dafür materielle Sicherheit und geistig-geistliche Freiheit für den Papst; er sicherte ihm die Ehrenstellung eines Souveräns ohne Territorium, freien Verkehr nach außen sowie Besitztümer zu, die seine Unabhängigkeit gewährleisten sollten. Sein wichtigstes Argument war: Der verbleibende Kirchenstaat kann diese Sicherheit und Unabhängigkeit nicht garantieren, denn er lässt sich nur durch die Intervention einer fremden Macht aufrechterhalten, in dessen Abhängigkeit der Papst somit steht. Warum sollte nicht die einheimische Macht Italien dieselbe Funktion übernehmen und damit zugleich der Friede zwischen dem Papsttum und dem modernen Nationalstaat hergestellt werden?

Cavours Versöhnungsversuch steht im Zusammenhang eines weit gespannten Ideengebäudes, das auf Versöhnung von Kirche und modernem Staat, ja von Religion und liberaler Kultur abzielte – seine berühmte Formel, die er noch auf seinem Totenbett im Juni 1861 auf den Lippen hatte, lautete *libera chiesa in libero stato* (eine freie Kirche in einem freien Staat). Die Kurie sagte bald in definitiver Weise nein – gewiss geleitet von starken ideologischen Motiven, aber auch von der Hoffnung, der rasch entstandene feindliche Staat werde ebenso rasch wieder zerfallen. Sie ließ sich auch in den folgenden Jahren nicht mehr zu einer Modifikation ihrer Haltung bewegen. Die Argumente des Papsttums waren von so wuchtiger Einfachheit, dass an ein Verrücken dieser Klötze zu einem Kompromiss kaum zu denken war: Erstens seien die Eroberungen der Kirchenterritorien illegitim gewesen, ein Bruch der internationalen Rechtsordnung; zweitens sei der Kirchenstaat notwendige Voraussetzung für die Freiheit des Papstes bei der Ausübung seinen spirituellen und administrativen Pflichten, und diese Freiheit wiederum liege im Interesse der gesamten katholischen Kirche mit ihren Millionen Gläubigen. Außerdem, so fügte Pius IX. hinzu, widerspreche es seinem Amtseid, den Besitz der Kirche, der ihm als Wahlmonarchen nur treuhänderisch überlassen worden sei, zu vermindern. Mit diesem letzten Argument hatte die Kurie sich jeden Ausweg selbst versperrt, denn ein eidbrüchiger Papst war gewiss keine erträgliche Vorstellung.

Definitiv und in seiner Feierlichkeit festlegend war allerdings auch der italienische Hauptstadtbeschluss vom 27. März 1861. Und ebenso wenig zu einem Kompromiss bereit war naturgemäß die Partei der italienischen Revolution, deren Volksheld Garibaldi und deren intellektueller Kopf Giuseppe Mazzini war. Die beiden, der scharfsinnige, fanatische und alle Argumente überspitzende Berufsagitator Mazzini und der großherzige, tapfere, aber intellektuell engstirnige, von seiner Mission selbstgerecht durchdrungene Freiheitskämpfer Garibaldi, kannten einander aus der heroischen Zeit der römischen Republik von 1849, deren Diktator Mazzini und deren Feldherr Garibaldi gewesen war. Sie und ihre

Anhänger machten unentwegt Druck und drohten mit neuen Frei-
schärleraktionen nach dem Muster des Zugs der Tausend. Im
Sommer 1862 startete Garibaldi den nächsten Versuch: In Sizilien
sammelte er 1300 Freiwillige, die er in Marsala, dem Ort, an dem
er 1860 gelandet war, den pathetischen Schwur *Roma o morte*
(»Rom oder den Tod«) ablegen ließ und setzte nach Süditalien
über, um nach Rom zu marschieren. Am 29. August kam es am
Aspromonte zu einer Schlacht zwischen den Freischaren und der
italienischen Armee, bei der auch Garibaldi verwundet wurde.
Italiener hatten auf Italiener geschossen, und dabei ging es um
eine Sache, die bei allen Parteien eigentlich gar nicht umstritten
war: dass Rom Hauptstadt Italiens werden solle. *Roma o morte*
blieb der bittere Schlachtruf des linksradikalen nationalen Lagers
in all diesen Jahren bis zu den erhitzten »Meetings« im August
und September 1870, als die Regierung sich nicht zu bewegen
schien.

Die Schlacht am Aspromonte zeigt die extreme Konsequenz
jenes Zwiespalts zwischen Legitimität und Revolution, den die
italienische Regierung auszugleichen hatte. Doch sie konnte den
Druck, unter dem sie stand, weitergeben, indem sie sich als Ordnungsmacht empfahl, die am Ende auch für Rom die bessere Lösung hätte. Schwankend und undeutlich blieb die Haltung Napoleons III., des Schiedsrichters in der römischen Angelegenheit. Er
hielt an der Okkupation der Ewigen Stadt fest, teils aus Furcht
vor den französischen Katholiken, auf die er seine Herrschaft zunehmend stützte; teils weil der französische Fuß auf der italienischen Erde das neu geeinte Land in seiner Abhängigkeit hielt.
Gleichzeitig jedoch war ihm die Intransigenz der Kurie lästig und
peinlich, und mehr als ein Mal hat er sie zu Reformen in ihrem
Staat gedrängt, was diese beharrlich zurückwies. Die französische
Diplomatie produzierte unentwegt neue Kompromissvorschläge,
deren Scharfsinn in krassem Missverhältnis zu ihrer Durchführ-
barkeit stand. Peinlich für Frankreich war, dass die Anwesenheit
französischer Truppen in Rom jenem großen Prinzip der internationalen Beziehungen widersprach, das gerade Napoleon zur
Richtschnur seiner Außenpolitik erklärt hatte: dem Prinzip der
Nichteinmischung (*non-intervento*) beziehungsweise des Selbstbe-
stimmungsrechts der Völker. Italien war auf diesem Prinzip ge-

gründet worden; warum sollte es den Römern versagt bleiben? Die Römische Frage erschien bald grundsätzlich unlösbar, denn in ihr trafen nicht nur reale Interessen aufeinander, sondern Prinzipien: auf der einen Seite die Selbstbestimmung der Kirche, auf der anderen das Bürgerrecht der Römer und das Recht der italienischen Nation, sich ihre Gestalt ohne fremde Einmischung zu geben.

Um das vorerst unauflösbare Patt der Interessen und Prinzipien erträglich zu machen, griffen Frankreich und Italien im Sommer 1864, als eine Krankheit des Papstes die Möglichkeit einer Sedisvakanz mit allen Unvorhersehbarkeiten und Gefahren heraufbeschwor, auf einen Kompromissvorschlag zurück, den Cavour wenige Wochen vor seinem Tod entworfen hatte. Er sah vor, dass Frankreich seine Truppen aus dem Kirchenstaat zurückziehen, Italien sich aber im Gegenzug verpflichten solle, das Territorium des Papstes nicht nur nicht anzugreifen, sondern dessen Grenzen sogar zu garantieren und jedenfalls vor Angriffen der revolutionären Partei zu schützen. Außerdem sollte Italien die Aufstellung einer eigenen päpstlichen Verteidigungsarmee tolerieren, für die die Kurie auch Söldner aus dem katholischen Ausland anwerben durfte. Hinzu kam die Bestimmung, dass Italien die Schulden des Kirchenstaats gemäß dem Anteil der von ihm okkupierten Territorien übernehmen solle. Für beide Parteien bot diese Neufestlegung des Status Quo – mehr war es nicht – beträchtliche moralische und reale Vorteile. Frankreich wurde die diskreditierende und kostspielige Besetzung eines fremden Gebiets los, ohne doch den Papst einfach seinem Schicksal zu überlassen; Italien konnte sich rühmen, dass mit dem Vertrag die letzten Soldaten einer fremden Macht den Boden des Landes verließen und sich zugleich als jene konservative Macht empfehlen, die es im Interesse seines immer noch unsicheren internationalen Ansehens unbedingt darstellen wollte. Und in Rom wurde nach anderthalb Jahrzehnten jener Zustand hergestellt, den gemäßigte und radikale Patrioten immer verlangt hatten: Der Papst und seine Regierung waren wieder allein zu Hause, *en face* mit den Untertanen, und mussten zeigen, ob sie imstande waren, ihr Gebiet mit friedlichen und zivilisierten Mitteln zu regieren. Ein italienischer Parlamentarier nannte das »jenes große Experiment, ob die Regierung des Papstes sich selbst auf den Füßen halten kann«.[16] Den Römern waren damit noch nicht die Rechte eines liberalen Staats eingeräumt, aber immerhin war ihnen der Druck einer militärischen Besatzung, die jeden Aufstandsversuch erstickt hätte, genommen worden.

Doch verbanden die beiden Vertragsparteien gerade mit jenem »großen Experiment« unterschiedliche Hintergedanken: Die Franzosen bauten darauf, dass Rom ruhig bleiben würde, während die Italiener im Stillen hofften, dass sich das Regime des Papstes nicht würde halten können, dass also früher oder später eine innere Revolution ausbrechen und eine neue Situation schaffen würde. Einem »großen Experiment« war allerdings auch das Königreich Italien ausgesetzt: ob es nämlich selbstbeherrscht und verantwortlich genug wäre, nach dem Abzug der Franzosen die Existenz eines päpstlichen Roms zu garantieren. Für den Fall, dass beide Vertragsparteien zwar ihren Verpflichtungen nachkämen, aber die päpstliche Regierung gleichwohl zusammenbräche, für den Fall einer Revolution in Rom also, behielten sich Frankreich und Italien volle Handlungsfreiheit vor – Letzteres allerdings außervertraglich, in diplomatischen Noten. Diese Aktionsfreiheit in einer neuen Situation sollte 1870 noch eine Rolle bei der diplomatischen Vorbereitung des Feldzugs nach Rom spielen.

Napoleon III. wollte auf jeden Fall die Möglichkeit ausschließen, dass das Regime des Papstes in unmittelbarer Folge des Vertragsabschlusses mit Italien zusammenbräche. Daher wurde der Abzug der französischen Truppen auf zwei Jahre nach Vertragsabschluss terminiert. Außerdem verlangte der französische Kaiser von den Italienern noch eine zusätzliche Garantie für den Verzicht auf eine gewaltsame Eroberung Roms. Italien sollte ein halbes Jahr nach der Ratifizierung des Vertrags seine Hauptstadt an einen anderen Ort verlegen. Diese Bestimmung war in dem ursprünglichen Cavourschen Entwurf nicht enthalten, und sie stellte ein umstürzendes Element in dem neuen Vertrag dar. Seit dem Hauptstadtbeschluss zu Gunsten Roms von 1861 war Turin, die Residenz des Königreichs Piemont-Savoyen, die provisorische Hauptstadt des italienischen Königreichs – provisorisch konnte sie schon deshalb nur sein, weil das rasch geeinte Land auf Dauer kaum bereit gewesen wäre, sich von einer so peripher gelegenen

Residenzstadt ohne nationale Traditionen aus regieren und oft genug dominieren zu lassen. Vor allem im Süden war die piemontesische Verwaltung mit ihrem an Frankreich geschulten Schematismus und den ungewohnten Steuerlasten sowie der allgemeinen Wehrpflicht schnell derart verhasst, dass es den nach Rom geflohenen neapolitanischen Bourbonen leicht gelang, mit Hilfe Tausender entlassener Offiziere der aufgelösten neapolitanischen Armee einen regelrechten Bürgerkrieg zu entfesseln, der das junge Königreich jahrelang in Atem hielt. Im Interesse der inneren Einheit war eine rasche Verlegung des Regierungssitzes wünschenswert, denn sie konnte den gesamtitalienischen Charakter des neuen Systems stärken. Napoleon hoffte, durch Forcierung einer neuen Hauptstadt einen späteren Umzug nach Rom überflüssig zu machen. Welchen neuen Regierungssitz die Italiener wählen würden, war ihm dabei gleichgültig.

Die Hauptstadtklausel des Vertrags wurde in einen Anhang des italienisch-französischen Vertrags verbannt, da sie eine inneritalienische Angelegenheit betraf. Sie war eine schwer zu schluckende Kröte für Italien, denn sie schien auf einen Widerruf des Hauptstadtbeschlusses von 1861 hinauszulaufen. Als die Septemberkonvention – so genannt nach ihrem Unterzeichnungsdatum am 15. September 1864 – in der Öffentlichkeit bekannt wurde, löste sie sogleich wütende Reaktionen aus. In Turin kam es zu tagelangen Aufständen, deren Niederschlagung mehr als dreißig Todesopfer forderte, und die nationalistische Linke tobte noch Wochen später in den Parlamentskammern gegen die Hauptstadtklausel der Konvention. Der König, der schweren Herzens zugestimmt hatte – er hing an seiner Heimatstadt Turin und brach in Tränen aus, als ihm das Resultat der Geheimverhandlungen zwischen seiner Regierung und dem französischen Kaiser mitgeteilt wurde –, entschied sich im Einklang mit den führenden Generälen, die nach einem gut zu verteidigenden Ort Ausschau hielten, für Florenz und gegen Neapel. Von Florenz aus, so glaubte er, würde man später einmal leichter nach Rom gehen als von Neapel, das auf eine vielhundertjährige Tradition als Residenz eines großen Königreichs zurückblickte und an dem bleischwer der eigensinnige und schwer zu gewinnende Süden hing. Die moderate Regierung versuchte wohl oder übel und sehr zum Ärger Frankreichs, den Umzug nach Florenz als Schritt nach Rom zu verkaufen – als mache die Hauptstadt auf halbem Wege von Turin nach Rom eben für ein paar Jahre Rast in der schönen Toskana.

Die Septemberkonvention ist eines der missverständlichsten Vertragswerke der Diplomatiegeschichte, in seiner Doppeldeutigkeit die präzise Fixierung eines kalten Krieges der Prinzipien. Frankreich hoffte damit, die Römische Frage erst einmal aus der Welt geschafft zu haben, für Italien war die Konvention nur eine neue Form des Provisoriums. Für die Italiener galt: Frankreich zieht seine Truppen aus Rom zurück, also rücken wir die Hauptstadt schon einmal etwas näher an Rom heran. Für die Franzosen aber war es umgekehrt: Italien wählt sich endlich eine neue Hauptstadt, also können wir uns aus Rom zurückziehen. Auf jeden Fall bedeutete es für das ungefestigte Selbstbewusstsein der Nation eine schwere Demütigung, dass die Wahl des neuen Regierungssitzes auf auswärtigen Druck hin zu Stande kam. Italien war, wie sich bald zeigte, nicht wirklich bereit, sich an die Konvention zu halten; das ahnte man auch in Frankreich, und deshalb hielt man sich auch dort nicht ganz ehrlich an sie. Trotzdem blieb die Septemberkonvention bis zum Hochsommer 1870 der einzige internationale Vertragstext, auf den man sich in der Römischen Frage beziehen konnte; und immerhin enthielt er die diplomatische Selbstverpflichtung Italiens auf Cavours Versprechen, nach Rom keinesfalls mit Gewalt und nur im Einklang mit Frankreich zu gehen.

»Den Tod ja, aber Rom nie!«

Die Kurie, unbeteiligte Dritte und zweite Hauptbetroffene des Vertragswerks, war nicht gefragt worden und reagierte mit äußerstem Misstrauen. Der Leiter der päpstlichen Außenpolitik war seit 1849 der Kardinal Giacomo Antonelli, ein schlauer, aber engstirniger Diplomat, der seine große Geschicklichkeit bedingungslos in den Dienst der glaubensstarken Starrheit seines Herrn setzte. Er war ein Kabinettspolitiker alten Stils, zu dem die Außenwelt fast ausschließlich in Gestalt von Tischvorlagen, Relationen, Depeschen, Zeitungsausschnitten, Geheimberichten drang.

Giacomo Antonelli (1806–1876),
Kardinalstaatssekretär unter Pius IX.

Der unermüdliche Arbeiter verließ Rom nie, er kannte keine Sommerfrische; die Vertreter der europäischen Mächte, die ihn besuchten, mussten sich über viele Treppen in ein hoch gelegenes Turmzimmer bemühen, so dass es hieß: »Wenn die Diplomaten beim Kardinal eintreten, kommen sie immer mit klopfendem Herzen.«[17] Antonelli war liebenswürdig, aber nie offen; hinter galanten Umgangsformen – sein modisches Tabakschnupfen und seine koketten Schnallenschuhe fielen auf – verbarg er die Verbitterung und das Misstrauen, das der verzweifelten Lage der Kurie in jenen Jahren entsprach. An irgendwelche italienische Zusagen wollte sie nicht glauben, und so sondierte Antonelli bei den katholischen Mächten, um neue Garantien zu erhalten – ohne greifbares Ergebnis.

Immer noch hoffte Rom auf den Zerfall Italiens, das damals mit Finanz- und Sicherheitsproblemen zu kämpfen hatte. Am 8. Dezember 1864 publizierte der Papst seine Enzyklika *Quanta cura* mit ihrem berüchtigten Anhang, dem *Syllabus*, der die Auflistung der wichtigsten Irrtümer des Liberalismus enthielt, darunter auch die These, »die Diener der heiligen Kirche und der Römische Pontifex sind von aller Sorge für weltliche Dinge und Herrschaft auszuschließen«[18]. In Frankreich löste der *Syllabus* weithin Entsetzen aus, bei Kaiser Napoleon einen Wutanfall; der Kirche wurde seine Verbreitung untersagt. Italien blieb gelassener, war man durch die Generalverurteilung der modernen Welt doch plötzlich in einer großen respektablen Gesellschaft und nicht mehr allein als Kirchenräuberstaat. Außerdem erlaubte die prinzipielle Verdammung des Liberalismus dem Papst Kompromisse in Einzelfragen, denn nun konnten Verhandlungen mit Italien nicht mehr als Öffnung für einen innerkirchlichen Liberalismus verstanden werden. So schrieb Pius IX. im März 1865 einen persönlichen Brief an den italienischen König (die nie anerkannte Regierung wurde damit umgangen) und bat um Gespräche vor allem über eine Bereinigung der vielen Vakanzen auf italienischen Bischofssitzen. Es bedurfte allerdings zweier Verhandlungsphasen mit unterschiedlichen Bevollmächtigten, bevor die Gesprächspartner sich zwei Jahre später auf die Neubesetzung von 37 Bistümern, darunter Turin und Mailand, einigen konnten.

Unterdessen war die Umsetzung der Septemberkonvention längst in Gang gekommen: Italien bezog seine neue Hauptstadt. Am 3. Februar 1865 verließ König Viktor Emanuel Turin, um seine Residenz in Florenz zu nehmen. Im Sommer folgten die Regierung und das Parlament. Bald begann auch der Abzug der französischen Truppen aus Rom und der Aufbau einer eigenen kleinen Armee des Papstes. Die Kurie befürchtete gleichwohl das Schlimmste, und als im Dezember 1866 die letzten französischen Truppen Rom verließen, zitierte Pius IX. zum Abschied den Apostel Paulus: »Wenn ihr hinweggenommen sein werdet, wird mein Haus von wilden Tieren überfallen werden.«[19] In den Augen vieler Offiziere will man nach der Ansprache Tränen gesehen haben.

Allerdings ließ Frankreich den Papst nicht ganz allein, und dies war die erste der vielen Verletzungen der Septemberkonvention. In Civitavecchia blieb ein Corps von zweitausend französischen Freiwilligen aus Antibes zurück, in Italien die *Antiboini* genannt; die Franzosen ließen bald erkennen, dass deren Position halbamtlich zu verstehen sei, denn schon im Juli 1867 erklärte ein durchreisender französischer General den Legionären, Deserteure würden nach französischem Kriegsrecht bestraft. Regierung und Presse in Florenz empörten sich, und nicht ohne Recht sprach man von einer maskierten Fortsetzung der Okkupation. Allerdings hatte schon im Frühjahr 1867 die revolutionäre Agitation Garibaldis wieder eingesetzt, die auf einen neuen Freischärlerzug nach Rom abzielte. Ein heftiger Notenwechsel zwischen Paris und Florenz setzte ein, und in Rom befürchtete man völlig zu Recht, dass die Aktionspartei innere Aufstände provozieren würde, um der europäischen Öffentlichkeit die Unfähigkeit des Papstes, mit seinen Untertanen in Frieden zu leben, zu beweisen.

Garibaldi stand damals auf einem neuen Höhepunkt seines militärischen und politischen Ansehens, denn eine von ihm aufgestellte Freiwilligenarmee hatte sich ganz im Gegensatz zum offiziellen italienischen Heer im Krieg von 1866 beachtlich geschlagen. Garibaldi hatte die Österreicher zweimal besiegt. Italien dagegen, das im Bündnis mit Preußen in das österreichische Gebiet im Veneto einmarschiert war, wurde zwei Mal vernichtend geschlagen, zu Lande in Custozza, dann aber auch noch in einer Seeschlacht im Adriatischen Meer, wo die Landmacht Österreich unter Admiral Tegetthoff bei Lissa das alte Seefahrervolk souverän besiegte. Zwar erhielt Italien durch die preußischen Siege trotzdem den versprochenen Lohn – Venedig und sein Hinterland –, doch unter äußerst demütigenden Bedingungen: Österreich trat seine letzten italienischen Provinzen erst an Frankreich ab, das sie dann an Italien weitergab. Vor diesem Hintergrund war Garibaldis Agitation 1867 überaus ernst zu nehmen, nicht nur militärisch, sondern vor allem durch den psychologischen Druck, den sie auf die italienische Regierung ausübte. Garibaldi reiste überall in Italien herum, hielt von allen Balkonen große Reden und berief sich auf seine Funktion als Oberbefehlshaber der römischen Republik von 1849, die er nie aufgegeben habe, und die ihn zum einzigen »legitimen« Herrscher Roms mache. Zwischen ihm und den parlamentarischen Vertretern der Linken gab es bald keine Uneinigkeit mehr darüber, dass man nach Rom marschieren müsse, sondern nur noch über die Frage, ob man nicht besser zuvor auf eine Revolte in Rom selbst warten solle.

Die Regierung wiegelte zunächst ab, allerdings im Verlauf des Sommers immer halbherziger. Als Grenzzwischenfälle sich häuften, rechtfertigte sie sich mit der Unübersichtlichkeit und Länge der kurvenreichen, oft durch Gebirgszonen führenden Grenze des Kirchenstaats, die mit letzter Sicherheit nicht zu schützen sei. Im September verstand sie sich dazu, Garibaldi zu verhaften, doch wurde er bald auf die ihm gehörende Insel Caprera verfrachtet, wo man ihn zu überwachen versprach. Inzwischen aber neigte sich bei König und Kabinett in Florenz die Meinung zur revolutionären Lösung. Ministerpräsident war damals der gemäßigte Linke Luigi Ratazzi – derselbe, der 1862 am Aspromonte bei dem ersten Versuch Garibaldis, Rom auf eigene Hand zu erobern, auf den Volkshelden hatte schießen lassen müssen. Ratazzi sah nun die Möglichkeit, diese Scharte auszuwetzen; außerdem war er unzutreffend informiert über die Entschlossenheit in Paris, einem italienischen Versuch zur Eroberung Roms entgegenzutreten. Seine Frau, eine Verwandte Napoleons III., war damals wegen eines von ihr verfassten Skandalromans über die florentinische Gesellschaft – *Les chemins du paradis* (Die Pfade des Paradieses) war sein Titel – nach Paris ausgewichen, von wo aus die schöne Romanschreiberin ihrem Gemahl ebenso flammende wie verkehrte Berichte über Napoleons angebliche Sympathien für die italienische Sache schickte. Ratazzi und König Viktor Emanuel hofften, das Rezept Cavours von 1860 wiederholen zu können: erst die Revolution marschieren und die Proteste über der Regierung herabregnen zu lassen, um dann die Früchte einzusammeln und anschließend diplomatisch zu legitimieren. Die beste Sicherung Roms sei dessen Eroberung, schrieb im Oktober 1867 der König in aller Unschuld an Napoleon III. und fügte hinzu: »Was die politische Frage betrifft, können wir uns hinterher verständigen.«[20] Eine Woche später entwich Garibaldi aus Caprera und begab sich, teilweise in Sonderzügen der italienischen Eisenbahn, zur Grenze des Kirchenstaats, obwohl er mit einem offiziellen

Haftbefehl gesucht wurde. Ratazzi war am 19. Oktober zurückgetreten, doch die Ministerkrise zog sich trotz der nationalen Notlage über acht Tage hin, während derer die alte Regierung im Amt blieb und sich aufgeregt unentschieden verhielt: Weder stoppte sie die Garibaldiner, noch vermochte sie sich rechtzeitig zu einem Einmarsch im Kirchenstaat durchzuringen. Unterdessen gingen in Rom zwei Bomben hoch, und es fanden vereinzelte Krawalle statt, die von zwei miteinander konkurrierenden Befreiungskomitees organisiert wurden, doch als revolutionäre Legitimationskulisse für ein italienisches Eingreifen reichte das gewiss nicht.

Die unprofessionelle Komödie – im Norden der päpstlichen Provinzen wurden schon Plebiszite für den Anschluss an Italien abgehalten – endete in einem verdienten Desaster. Am 26. Oktober 1867 ließ Napoleon neue Truppen in Richtung Kirchenstaat einschiffen. Sie kamen gerade noch rechtzeitig, um Garibaldis Freiwilligenheer, das schon mit der Armee des Papstes focht, am 3. November bei Mentana nordöstlich von Rom mit den nagelneuen Repetiergewehren von Chassepot niederzuschießen. Die bunt zusammengewürfelte Schar – darunter elegante junge Männer im Frack, aber auch viele armselige Gestalten, deren Schuhe aus allen Sohlen lachten, wie die Italiener damals sagten – stob auseinander. Ratazzi war endlich am 27. Oktober ersetzt worden, womit auch die Rolle von Madame Ratazzi als Sonderbotschafterin beendet war. Politisch-diplomatisch bedeutete der italienische Bruch mit allen Bestimmungen der Septemberkonvention einen schweren Rückschlag für das Land. Es hatte seinen Ruf als Ordnungsmacht erst einmal verspielt. Die Franzosen standen wieder in Rom und dachten nicht mehr ans Fortgehen. Und in Frankreich waren die Sympathien, ja selbst die Geduld für Italien restlos aufgebraucht. Am 5. Dezember 1867 sprach der französische Staatsminister Rouher im Parlament unter donnerndem, minutenlangem Applaus: »Wir erklären im Namen der französischen Regierung, Italien wird sich Roms nie bemächtigen, niemals! Niemals wird Frankreich dulden, dass seiner Ehre und dem Katholizismus solche Gewalt angetan wird. Niemals, niemals haben wir Italien zu glauben gestattet, dass es sich Roms bemächtigen dürfe.«[21] Die vielen *Jamais* dieser Rede dröhnten den italienischen

Politikern noch lange in den Ohren, und ihr Nachhall war auch 1870 noch nicht verklungen. Die spitzzüngige und papstfreundliche Kaiserin Eugénie erklärte in Anspielung auf Garibaldis Parole »Rom oder den Tod«: »Den Tod ja, aber Rom nie!«[22]

Die nächsten zweieinhalb Jahre wurden glanzlos und unerfreulich. Das italienische Parlament versuchte, die schmachvolle Niederlage in einer Debatte zu verarbeiten, die sich nicht weniger als achtzehn Tage hinzog – allein die Rede Rattazzis dauerte drei Tage – und nur durch das Weihnachtsfest überhaupt ein Ende fand. Die Regierung wurde übernommen von dem ältlichen und unbrillanten piemontesischen General Menabrea, dessen Amtsführung schnell unbeliebt wurde, weil er zur Sanierung des Staatshaushalts eine Mahlsteuer einführte, die die ärmsten Schichten besonders traf, weil sie deren Grundnahrungsmittel, das Brot, belastete. Die Folge waren Aufstände, die mit Waffengewalt erstickt wurden. Menabrea kehrte zu einer perspektivlosen außenpolitischen Korrektheit zurück, und etwas anderes blieb Italien auch nicht übrig. Als die Franzosen wieder in Rom eingezogen waren, hatte ihr Oberbefehlshaber in einer Proklamation an die Bevölkerung erklärt: »Ihr kennt uns seit langer Zeit. Wie immer kommen wir, um eine rein moralische Mission ohne eigene Interessen zu erfüllen.«[23] Das klang nach langer Zeit auch für die Zukunft, und wirklich war es so, als sei die französische Trikolore über der Hafenfestung von Civitavecchia nie heruntergezogen worden. In Rom begann eine drückende Zeit. Die Schuldigen der Aufstände und Anschläge vom Oktober 1867 wurden nach einem offenkundig manipulierten Strafprozess hart bestraft, und trotz der Gnadengesuche des italienischen Königs wurden mehrere Todesurteile ausgesprochen und vollstreckt; Hass war in Italien die Folge, Entrüstung in Europa.

Die Florentiner Regierung führte derweil wieder einmal Geheimverhandlungen mit der Kurie – über praktische Probleme wie die Besetzung vakanter Bistümer sowie über Pass- und Eisenbahnfragen an der italienisch-pontifikalen Grenze (die Bahnstrecken zwischen dem Norden und Süden Italiens kreuzten mehrfach das kirchliche Gebiet). Doch selbst diese Gespräche blieben ergebnislos. Und als der König Viktor Emanuel im Winter 1868 so schwer erkrankte, dass man um sein Leben fürchtete, da wollte der zuständige Priester ihm zunächst die Absolution verweigern, bis der König die antikirchlichen Gesetze seiner Regierung zurückgenommen habe; erst der Erzbischof von Pisa beendete auf Druck der Regierung diesen geistlichen Eingriff in das Verfassungsleben der Monarchie. Allerdings sollte man sich die Verhältnisse unterhalb der höchsten Ebene zwischen Italien und Rom nicht allzu verbiestert vorstellen: Die kurialen Grenzbeamten winkten Züge und Fahrgäste, darunter auch italienisches Militär, auch ohne Abkommen durch; und ein bedeutender italienischer Politiker aus der Richtung Cavours, Bettino Ricasoli, der mehrfach Ministerpräsident gewesen war, besaß in dem von ihm geliebten Rom eine Villa, in der er sich als Privatmann unbehelligt aufhalten konnte (nur die Gerüchte, dass es in seinem Hause spuke, wollten nicht verstummen). Längst kursierte italienisches Geld frei in Rom. Und als der italienische Thronfolger im Frühjahr 1868 seine Kusine heiratete, entschloss sich eine Gruppe von Damen des römischen Hochadels, der künftigen Königin Italiens einen Kranz aus goldenen Ölbaumblättern zu schenken.

Italien bestand gegenüber Frankreich auf der Wiederherstellung der Septemberkonvention, also Abzug der französischen Truppen gegen italienische Garantie des Kirchenstaats. Doch Napoleon III. und seine Minister dachten nicht daran. Dabei hatte die Regierung in Paris nach dem preußischen Sieg über Österreich, durch den die kleindeutsche Einigung in Sichtweite gekommen war, ein verstärktes Interesse an Italien als möglichem Bündnispartner. 1868 und 1869 wurde monatelang zäh und am Ende ergebnislos über eine Dreierallianz zwischen Frankreich, Österreich und Italien verhandelt. Der König wollte das Bündnis schließen. Doch Frankreich war nicht zur geringsten Konzession in der Römischen Frage bereit. Die Lage der italienischen Regierung war demütigend: Sie hielt sich wieder an die Septemberkonvention, hielt still an den Kirchenstaatsgrenzen und zahlte die übernommenen päpstlichen Schulden ab, aber der andere Partner des Vertrags wollte nicht zu ihm zurückkehren und blieb so bei seinem permanenten Misstrauensvotum gegen die italienische Politik. Das Desaster von Mentana und des darauf folgenden Stillstands bewirkte, dass alle Herzlichkeit aus den italienisch-französischen Beziehungen verschwand, und das hieß auf italienischer

Seite, dass die Dankbarkeitsgefühle für die französische Hilfe bei der italienischen Einigung erstarben. Nun zählten nur noch die eigenen Interessen. Diese realpolitische Abkühlung im Verhältnis der beiden Länder sollte sich allerdings schon bald als großer Vorteil für Italien herausstellen. Denn sie sicherte der noch immer nicht ganz selbstständigen Nation in der Krise von 1870 zum ersten Mal die volle diplomatische Handlungsfreiheit und trug so dazu bei, dass Italien nicht in die Katastrophe des zweiten Kaiserreichs gezogen wurde.

Vorerst aber änderte sich an der Blockade nichts, auch nicht, als in Frankreich und Italien neue Regierungen an die Macht kamen; am Jahresende 1869 wurde Menabrea abgelöst von dem moderat rechten Giovanni Lanza, dessen Außenminister, der sehr vorsichtige Emilio Visconti Venosta, ein Garant der Stabilität war. Und in Frankreich kam ein liberales Ministerium unter Émile Ollivier an die Regierung. Doch auch er blieb beim französischen *Jamais*: Nie würde die französische Flagge aufhören, über Civitavecchia zu flattern, um den Papst zu schützen, erklärte er im Gespräch mit einigen klerikalen Parlamentsabgeordneten noch im Juli 1870, als die preußisch-französische Kriegsgefahr schon am Horizont stand. Selbst der milde Visconti Venosta ließ daraufhin in Paris mitteilen, dass Italien einen Vertrag auf Dauer nicht einhalten könne, den die andere Partei nicht erfülle – irgendwann werde Italien sich an die Septemberkonvention nicht mehr gebunden fühlen und daher auch die Bezahlung der päpstlichen Schulden einstellen.

Jedem Beobachter hätte klar sein müssen, dass die Gewinnung Roms als Hauptstadt schon auf mittlere Sicht eine Lebensfrage für die Monarchie in Italien werden würde. Die nationale Partei auf der Linken fing wieder an, sich zu regen. Garibaldi war nach der Niederlage von Mentana verhaftet und auf seine Insel Caprera abgeschoben worden. Er hatte auf seinen Parlamentssitz verzichtet, weil er nicht in die Nähe einer Regierung kommen wollte, »die man die Leugnung Gottes nennen könnte«[24]. Die Parlamentsopposition hatte danach die abwartende Haltung der gemäßigten Kabinette zunächst mitgetragen. Im Frühjahr 1870 kam es allerdings in norditalienischen Städten wie Pavia, Piacenza, Bologna und Ravenna wieder zu Unruhen, bei denen Mazzini-Anhänger die Republik hochleben ließen und die Monarchie angriffen. Anfang Juli, als die neue Abfuhr aus Paris gekommen war, regte sich auch die linke Presse wieder und beklagte die demütigende Abhängigkeit von Frankreich. Die Situation schien günstig für Italien, denn nicht nur erhöhte sich die Spannung zwischen Frankreich und Preußen auf Grund der spanischen Thronkandidatur eines Hohenzollernprinzen, sondern auch das internationale Ansehen des Papstes war so tief gesunken wie noch nie. Das lag am Vatikanischen Konzil, das in diesen Tagen den Abschluss seiner ersten Sitzungsperiode erreichte.

Am 29. Juni 1868 hatte Papst Pius IX. in der Bulle *Aeterni Patris* die Einberufung eines allgemeinen Konzils nach Rom für den 8. Dezember 1869 verkündet. Erst allmählich wurden der italienischen Regierung die Gefahren deutlich, die daraus entstehen konnten. Dass eine glanzvolle Versammlung von mehreren Hunderten Bischöfen und Kardinälen aus aller Welt den universal-katholischen Charakter der von Italien beanspruchten Hauptstadt unterstreichen würde, war noch das Geringste. Schwerer wog, dass ein Rückzug der französischen Truppen aus dem Kirchenstaat in dieser heiklen Phase unwahrscheinlich war. Und das Konzil konnte lange dauern. Schnell wurde bekannt, was der eigentliche Zweck der Kirchenversammlung sein sollte: die Feststellung und kirchliche Durchsetzung des Dogmas der päpstlichen Unfehlbarkeit in Glaubensfragen. Italien – und manche andere katholische Macht – befürchtete, dass darauf die Dogmatisierung des weltlichen Besitzes als Grundlage der päpstlichen Unabhängigkeit unmittelbar folgen würde. Denn ein unfehlbar lehrender Papst durfte ja wohl nicht irgendeinem weltlichen Druck ausgesetzt sein. Das wiederum hätte der Versöhnung von Nation und Papsttum einen unüberwindlichen Stein in den Weg gelegt. Doch was sollte Italien tun? Es hatte die Freiheit der Kirche zu einem Verfassungsprinzip und zur Verhandlungsbasis in der Römischen Frage erklärt.

Kurz erwog man im Einklang mit Bayern und anderen betroffenen Staaten, auf einer Einladung von Gesandten der katholischen Mächte zu bestehen, wie sie noch für das Konzil in Trient im sechzehnten Jahrhundert ausgesprochen worden war. Doch damals und in allen Konzilien davor waren die Vertreter gläubiger

Monarchen eingeladen worden. Warum sollte die Kirche nun Beobachter laisierter Verfassungsstaaten zu ihren Verhandlungen bitten? Italien entschied sich bald für eine ostentative Liberalität. Keinerlei Pressionen oder auch nur Reisebehinderungen für die italienischen Delegierten wurden eingeleitet. Ein von Freimaurern, Freigeistern und linken Politikern organisiertes »Antikonzil« in Neapel löste die Polizei im Winter 1869 nach wenigen Tagen auf, als dort Rufe nach einer französischen Republik laut wurden. Auch verminderte der überraschend große Widerstand gegen die Unfehlbarkeit auf dem Konzil die Furcht, dass ein politisch so folgenreicher Schritt wie die Dogmatisierung des Temporale sehr bald folgen könne. Anfang 1870 zeigte sich, dass Frankreich und Österreich viel alarmierter reagierten als die moderate italienische Regierung von Lanza und Visconti Venosta. Frankreich drohte hinter den Kulissen mit dem Abzug seiner Garnison, wenn die Unfehlbarkeit durchgesetzt würde. Der französische Außenminister sprach gar von der »Meinungsfreiheit« der dissidenten Bischöfe und verwechselte somit Kirche und liberale Gesellschaft. Von solchen Einmischungen hielten die Italiener gar nichts. Der Abzug der französischen Truppen sei mit Italien in einem Vertrag geregelt, der Septemberkonvention, hielt Visconti Venosta mit pikierter Pedanterie fest. Im Übrigen galt, was der italienische Außenminister am 28. März im Parlament erklärte: »Wir müssen die Entscheidungen des Konzils bei uns zu Hause abwarten; wenn eine von ihnen sich in Handlungen übersetzen sollte, die unseren Gesetzen widersprechen, müssen wir diese Handlungen unterdrücken.«[25] Die Kammer stimmte dieser Erklärung ausdrücklich zu und verwarf zugleich den Antrag des Abgeordneten Ferrari, der so lautete: »Die Kammer schert sich nicht um die Unfehlbarkeit des Papstes und geht zur Tagesordnung über.«[26] Die »respektvolle Toleranz« Italiens scheint ihren Eindruck im Vatikan nicht verfehlt zu haben. Auch galt, wie schon nach dem *Syllabus*, dass eine innerkirchliche Stärkung des Papstes seine Verhandlungsbereitschaft und auch seinen Spielraum nur erhöhen konnten. Am 18. Juli 1870 wurde die Unfehlbarkeit feierlich im Petersdom verkündet. Am Tag danach erklärte Frankreich Preußen den Krieg; er bedeutete vom ersten Tag an eine existenzielle Bedrohung für den Kirchenstaat. Der Papst, der immer wieder behauptet hatte, er könne die Unfehlbarkeit »fühlen«, schrieb am 25. Juli niedergeschlagen an seinen Neffen: »Die irdischen Dinge verwirren sich immer mehr. Allein der Herrgott kann aus dem Chaos eine neue Ordnung der Dinge gewinnen.«[27]

Frankreich verliert seine Zähne

Mit dem Ausbruch des Krieges zwischen Frankreich und den deutschen Ländern begann für Italien eine überaus gefährliche Phase. Noch immer bestand eine Art Vormundschaftsverhältnis zwischen dem neuen Nationalstaat und seinem Förderer und älterem Bruder, dem Zweiten Kaiserreich. Innerlich war dieses Verhältnis ausgehöhlt und hatte überwiegend feindlichen Gefühlen Platz gemacht, und daran hatte die seelisch so stark belastete Römische Frage den größten Anteil. Aber noch war Italien nicht wirklich frei. Ein Sieg Frankreichs in dem großen Kampf mit Deutschland würde, so war zu befürchten, die italienische Abhängigkeit wieder verstärken; im Fall einer Niederlage drohte Italien in die Katastrophe hineingezogen zu werden. Denn dies war allen Beteiligten von Anfang an deutlich: Eine Niederlage würde das Regime Napoleons III. schwerlich überleben, und eine darauf folgende Revolution würde leicht auch Italien anstecken können, so wie es in den vorangehenden zwei Generationen immer gewesen war. Das monarchische Prinzip war auch dort in Gefahr. Dies galt umso mehr, als die europäische Krise den Druck auf die gemäßigte Regierung und den König, die Römische Frage endlich mit Entschiedenheit anzugehen, sofort enorm verstärkte. Nun war, so empfand die Öffentlichkeit in ihrer großen Mehrheit, der Zeitpunkt gekommen, Italien endgültig von fremden Truppen zu befreien und den Hauptstadtbeschluss von 1861 endlich in die Tat umzusetzen. Keine Regierung hätte sich diesem Anspruch auf Dauer entziehen können. Außerdem wurde die nationale Linke Italiens in diesen Wochen von Agenten Bismarcks mit Geld und guten Worten ermuntert, um den Interessengegensatz zwischen Frankreich und Italien möglichst zu verschärfen. Dabei war klar, dass Frankreich nicht einfach weichen und auf seine Schutzherrschaft über Rom und den Papst verzichten würde. Italien, das den

Ruf der Unzuverlässigkeit noch immer nicht losgeworden war, hatte auf der anderen Seite höchstes Interesse daran, seine diplomatischen Verpflichtungen gegenüber Rom peinlich zu erfüllen, zumal das Land seit Cavour immer versichert hatte, nicht mit Gewalt dorthin zu gehen. Zusätzlich verwickelt war die Lage, weil sich die Regierung auf der einen und der Hof auf der anderen Seite in ihrer Haltung zu Frankreich nicht einig waren. Der König wollte gleich bei Kriegsbeginn auf französischer Seite in den Krieg ziehen, teils aus ritterlichen Dankbarkeitsempfindungen wegen der Hilfe im Einigungskrieg von 1859, teils aus monarchischer Solidarität. Die Regierung hielt dies zu Recht für riskant und setzte alles daran, den König vor unbedachten Entschlüssen zu bewahren.

Mindestens zwischen drei scharfen Klippen also musste das Kabinett von Giovanni Lanza mit seinem Außenamtschef Visconti Venosta manövrieren: Zwischen Frankreich, der italienischen Linken und dem eigenen König. Am Horizont lagen Rom und das Papsttum in gewohnter Undurchdringlichkeit und zunehmender Isolation, doch gewappnet mit jenem unberechenbaren moralischen Prestige, das zu äußerster Schonung zwang. Zwei Monate vergingen zwischen der Kriegserklärung Frankreichs an Preußen und der Eroberung der Ewigen Stadt – eine quälend lange Zeit voller diplomatischer Winkelzüge und skrupulöser Entschlussfindung, bewegt von den dramatischen Meldungen vom französischen Kriegsschauplatz, begleitet von dem leidenschaftlichen Gebrause in der Öffentlichkeit und in den Parlamentskammern Italiens. Es war so laut, dass selbst die *Civiltà Cattolica*, die Zeitschrift der Jesuiten in Rom, Ende August schrieb: »Könnte man Rom für Jericho nehmen, es müsste in dieser Stunde unter dem Lärm der journalistischen Trompeten zusammenbrechen.«[28]

Dass doch alles gut ging, dass das italienische Staatsschiff glücklich seinen Hafen Rom erreichte, ist vor allem das Verdienst von Emilio Visconti Venosta, dem Außenminister, dem großen Cunctator jener aufgewühlten acht Wochen, in denen sein Amt mehr Papier produziert haben dürfte als in manchen Jahren davor. Der bayerische Gesandte in Florenz, Wilhelm von Doenniges, nannte ihn eine »furchtsame Natur«, er verstecke »seine Bedenklichkeiten gewöhnlich hinter einer Geheimnistuerei oder auch einer Schweigsamkeit, die erst verschwindet, wenn man ihm deutlich seine Meinung sagt«. [29] Diese Einschätzung war nicht ganz richtig. Der damals vierzigjährige Visconti Venosta war als junger Mann um 1848 ein Anhänger Mazzinis, also der Revolution, gewesen. Doch dessen Radikalismus und Cavours Erfolge bekehrten ihn eines Besseren. Er war seit den frühen sechziger Jahren in leitenden Positionen der italienischen Diplomatie tätig und schon mit 36 Jahren zum ersten Mal Außenminister; die Septemberkonvention entstand mit seiner Beteiligung. Diese lange Erfahrung hatte ihn das Abwarten gelehrt. Dass Italien in Europa nicht gerade geliebt wurde, wusste er besser als die meisten seiner Mitbürger. Deshalb hielt er es für klüger, die Entwicklungen so lange zu verzögern, bis sie unvermeidlich erschienen. Diese Taktik war bei einer so sensiblen Angelegenheit wie der Eroberung Roms doppelt angebracht; Visconti Venosta bremste wochenlang den Tatendrang seiner Kollegen, unbeeindruckt vom Geschrei in der Öffentlichkeit. Er sondierte nach allen Richtungen, und seine Furchtsamkeit war wohl nur halb echt und zur anderen Hälfte gut gespielt. Es ging gewiss darum, eine unwiederbringliche Gelegenheit zu nutzen, aber auch darum, dies so zu tun, dass der Erfolg dauerhaft würde und Europa ihn akzeptieren könne.

Frankreich war bei Kriegsbeginn international isoliert und drängte daher auf den Abschluss der Allianz mit Österreich und Italien, über die so lange verhandelt worden war. Italien und Österreich hätten, wäre es nach Napoleon gegangen, den deutschen Süden angreifen sollen, Italien allein mit 100 000 über die Alpen geschickten Soldaten. Doch Bismarck hatte Russland auf seine Seite gebracht, das im Osten über Österreich wachte. Und Napoleon war nicht bereit, für die italienische Hilfe einen nennenswerten Preis zu zahlen. Das Einzige, was Frankreich anbot, war die Rückkehr zur Septemberkonvention, also Rückzug der französischen Truppen bei italienischer Garantie des Kirchenstaats. Dass dies viel zu wenig sei, erklärte selbst der österreichische Kanzler v. Beust; nie würde Italien mit vollem Herzen dabei sein, solange der römische Stachel in seiner Seite stecke. Frankreich aber war auf keinen Fall gewillt, für seine Ehre am Rhein zu fechten, um sie dann am Tiber zu verlieren, äußerte der französische Außenminister. »Lieber die Preußen in Paris als die Piemontesen in Rom«, fasste mit gewohnter Schärfe die Kaiserin Eugénie die Haltung des Kaiserreichs zusammen.

Gegen einen Kriegseintritt Italiens auf der Seite Frankreichs sprach aber nicht nur das schlechte Angebot aus Paris, sondern auch der prekäre Zustand der italienischen Armee nach einer Serie von Einsparungen in den vorangehenden Jahren, die der Entlastung eines riesigen Defizits gedient hatten. Selbst wenn Frankreich gesiegt hätte – womit damals die meisten rechneten –, wäre eine blamable Vorstellung der italienischen Armee für die Stellung des Landes zu einer schweren Belastung geworden. Anfang August kam es darüber zu einem scharfen Wortwechsel zwischen Viktor Emanuel und dem Finanzminister Sella, der den zurückhaltenden Kurs seiner Regierung gegen die Wünsche des Königs verteidigte. »Ich begreife wohl, dass man Mut braucht, um in den Krieg zu ziehen«, fauchte der König. »Gewiss, doch mehr Mut braucht es, um Eurer Majestät Widerstand zu leisten.« – »Man merkt, dass Sie von Tuchhändlern abstammen.« – »Ja, Majestät, aber von Tuchhändlern, die ihrer Unterschrift immer Ehre gemacht haben, während Eure Majestät diesmal einen Wechsel unterschreiben würden, von dem nicht sicher wäre, dass Sie ihn bezahlen könnten.«[30] Diese Episode ist nicht nur schön als Beispiel für Bürgerstolz vor einem Königsthron, sondern sie bezeichnet einen wichtigen Moment in der italienischen Verfassungsentwicklung. Viktor Emanuel II. hat Piemonts nationale Vorkämpferrolle erst möglich gemacht, indem er 1849, nach der Abdankung seines Vaters, an der liberalen Verfassung, die die Revolution erzwungen hatte, festhielt; doch waren ihm die Grenzen, die einem König in einer konstitutionellen Monarchie auferlegt waren, keineswegs immer deutlich. Der zwergenhaft kleine, persönlich schlichte, vor allem an der Jagd und der Befriedigung seines unersättlichen erotischen Appetits interessierte Herrscher hielt sich für einen raffinierten Politiker und vor allem für einen überragenden Feldherrn. Beides war er nicht. Gleichwohl mischte er sich, vor allem nach dem Tod Cavours, unentwegt in die Amtsgeschäfte seiner Minister ein, wechselte diese in rascher Folge nach Gutdünken aus, und zudem betrieb er mit Hilfe höfischer Kreaturen eine bald in ganz Europa berüchtigte Geheimpolitik hinter dem Rücken seiner Kabinette, die mehr als ein Mal in kriegerische Verwicklungen zu führen drohte. Die Misserfolge und Rückschläge von 1866 und 1867 gehen wesentlich auf sein Konto. Der Wunsch des Königs, sich 1870 auf der Seite Napoleons in einen großen europäischen Krieg zu stürzen, war die gefährlichste dieser irregeleiteten Aktionen. Eine Rolle dürfte dabei gespielt haben, dass dem auf seine bäurische Weise treu katholischen König beim Konflikt mit dem Papst keineswegs wohl war; dieser Kampf war ihm sogar ausgesprochen unheimlich. Doch musste er schon bald erkennen, wie gut seine Minister ihn beraten hatten, als sie ihn von seinem französischen Abenteuer abbrachten. Das hat die Stellung der parlamentarischen Regierungen in Italien für lange Zeit sehr gestärkt.

Die Allianz mit Frankreich kam nicht zu Stande. Frankreich zog den größten Teil seiner Truppen aus dem Kirchenstaat in der ersten Augustwoche zurück, und Italien verpflichtete sich zur Einhaltung der Septemberkonvention, doch ohne in den Krieg einzutreten. Mehr war nach Lage der Dinge in diesem Moment nicht zu erreichen. Die französische Unnachgiebigkeit war ein Segen für Italien, denn sie erleichterte es der Regierung, den König im Zaum zu halten. Viktor Emanuel gab allerdings eher aus Furcht vor der nationalen Öffentlichkeit nach als wegen der französischen Haltung. Die Leitartikel, die Versammlungen auf den Plätzen, nicht zuletzt auch die begeisterten Kundgebungen vor den preußischen Vertretungen zu Beginn des Krieges ließen keinen Zweifel an dem Hass, der sich mittlerweile gegen Frankreich aufgebaut hatte und der ein verbreitetes Gefühl von Demütigung widerspiegelte. Am 19. August verließ das letzte französische Kriegsschiff den Hafen von Civitavecchia. Nur ein Schiff blieb, der Dampfer *Orénoque*, den die Kaiserin in ihrer Eigenschaft als Regentin und Vertreterin für ihren ins Feld gezogenen Gemahl gleich nach dem Abzug der Truppen entsandt hatte, damit dem Papst immer eine Fluchtmöglichkeit offen stünde. Die *Orénoque* ankerte bis 1874 in Civitavecchia. Auch die Engländer ließen zum gleichen Zweck ein Schiff vor der tyrrhenischen Küste kreuzen, die *Defence*, allerdings wurde dem britischen Geschäftsträger eingeschärft, sich einem Wunsch des Papstes, Rom zu verlassen und einen Besitz der Krone aufzusuchen (man dachte an Malta), zwar nicht zu versagen, ihm diese Möglichkeit jedoch auf keinen Fall aus freien Stücken anzubieten. Wie gering der Spielraum des Papstes geworden war, zeigt der Umstand, dass die Option einer Entfernung aus Rom die Möglichkeit war, die der Regierung in Florenz von dieser Seite die größten Sorgen bereitete.

»Gott bewahre uns vor einem Frankreich, das siegreich ohne uns ist«, hatte der Napoleon III. sehr bewundernde italienische Gesandte in Paris noch am 29. Juli gemeint.[31] Dann wäre Rom für immer verloren, so glaubte er. Diese Möglichkeit hatte sich eine Woche später durch die preußischen Siege bei Weißenburg und Forbach schon erledigt – ein rascher französischer Sieg war nun ausgeschlossen. Daraufhin erhöhte sich der Druck des nationalen Lagers auf den König und die Regierung noch einmal. Die Gefahr, dass die Römische Frage nun von der Linken in die Hand genommen würde, dass also ein neues Mentana drohte, nur diesmal ohne französischen Retter für den Papst, war nicht mehr von der Hand zu weisen. Am 13. August ließ die Regierung Giuseppe Mazzini in Palermo verhaften und in Gaeta hinter Festungsmauern verschwinden; zugleich ordnete sie eine verschärfte Überwachung von Garibaldis Insel Caprera an.

Bereits am 9. August waren vom Kabinett in Florenz zwei weitere Jahrgänge zu den Waffen gerufen worden; die Truppen wurden zum größten Teil in die Nähe des Kirchenstaats verlegt, nicht zuletzt, um dort Ruhe und Ordnung aufrechtzuerhalten, wie Visconti Venosta den ausländischen Diplomaten beruhigend versicherte. Doch war jedem klar, dass eine ganz andere Option nun in Sichtweite lag. Am 19. August musste die Regierung in der Kammer ein außerordentliches Militärbudget – über vierzig Millionen Lire – genehmigen lassen. Es kam zu einer aufgewühlten Debatte, bei welcher der Abgeordnete Mancini in höchster Erregung die entscheidende Frage stellte: »Wollt ihr nach Rom, der erklärten Hauptstadt Italiens, gehen? Ja oder Nein?«[32] Visconti Venostas ruhige und langwierige Einlassungen, dass es unklug wäre, unmittelbar nach den französischen Niederlagen diesen Schritt zu tun, und seine Wiederholung von Cavours Maxime, die Römische Frage dürfe nicht mit Gewalt gelöst werden, befriedigten die Opposition nicht. Sie drohte mit dem Auszug aus dem Parlament, und nur eine persönliche Intervention des Finanzministers Sella konnte eine schwere parlamentarische Krise, die zum Sturz des Ministeriums zu führen drohte, abwenden. Sella versicherte den führenden Köpfen der Linken – feste Partei- oder Fraktionsverbände gab es in diesem Parlament nicht – hinter verschlossenen Türen und wohl mit Ehrenwort, solange er im Kabinett sitze, könnten sie sich darauf verlassen, dass die Regierung die Gelegenheit, Rom zu gewinnen, nicht verstreichen lassen werde. Die Kammer vertraue darauf, mit dieser Entschließung endete die Debatte, »dass die Regierung die Römische Frage im Sinne der nationalen Ansprüche einer Lösung zuführe«. Es ging nicht mehr um das Ob, sondern nur noch um das Wann und Wie. Das zeigte auch die Senatsdebatte über das Militärbudget am 24. August, in der sich die meisten Redner offen für eine Intervention im Kirchenstaat aussprachen.

Der französische Kaiser, von neuen Niederlagen gebeutelt und ohne Verbündete, unternahm am Ende des Monats einen letzten verzweifelten Versuch, den König persönlich unter Druck zu setzen, und schickte seinen Schwiegersohn Jerome Bonaparte an den Florentiner Hof. Die Regierung war darüber höchst beunruhigt, weil Viktor Emanuel immer noch wackelte. Frankreich verlangte weiter sechzig-, gar hunderttausend Mann Hilfstruppen; doch die Forderung war so überzogen, dass es leicht war, auf Zeit zu spielen. Unterdessen sondierte Visconti Venosta mit den übrigen europäischen Mächten, und es stellte sich heraus, dass keine von ihnen ernsthafte Einwände gegen eine Intervention in Rom erhob. Österreich und Russland waren geradezu wohlwollend, England nicht minder, die katholischen Mächte Spanien und Portugal erklärten sich für einvernehmliche Lösungen, allenfalls Belgien und Bayern zeigten größere Reserven, während Preußen, das inzwischen auch von der kurialen Diplomatie bedrängt wurde, keinerlei Festlegung vornahm und im Hintergrund doppeldeutig agierte – die entscheidende Frage für Bismarck war, ob Italien neutral bliebe oder ins französische Lager gezogen würde. Das relative internationale Wohlwollen in einer Frage, die Gläubige in allen Ländern betraf, war auch eine Frucht von Visconti Venostas bisher peinlich eingehaltener Korrektheit. Auch setzte sich allgemein die Ansicht durch, dass der gegenwärtige Schwebezustand nicht lange aufrechtzuerhalten sein würde.

Am 29. August entwickelte der italienische Außenminister zunächst für den internen Gebrauch in einem ausführlichen Memorandum, das den italienischen Vertretern im Ausland zuging, Ideen, die über alles Bisherige hinausgingen. Nun handle es sich darum, die zwei so schwer vereinbarenden Positionen zu versöhnen, die nationalen Ansprüche der Italiener und der Römer einerseits und die Unabhängigkeit des Heiligen Stuhls andererseits; nur so könne Italien zwei gleichermaßen gefährlichen Feinden ausweichen, der Revolution und der Reaktion, und jenen Zwiespalt zwischen religiösem Gefühl und dem Geist der bürgerlichen Freiheit heilen, »der die Gewissen verwirrt und moralische Unordnung in die Bevölkerungen trägt«[33]. Dem Papst sollte nicht nur die Würde und Unverletzlichkeit eines Souveräns garantiert werden, dazu freier Verkehr durch Post und Diplomatie sowie die damit verbundenen Immunitäten; nicht nur Steuerfreiheit und regelmäßige Einkünfte versprach Visconti Venosta anzubieten. Ganz neu war, dass Italien in diesem Moment bereit war, ein territoriales Unterpfand für diese Souveränitätsrechte zuzugestehen: die so genannte Leoninische Stadt, das römische Stadtviertel zwischen Vatikan, Tiber und Engelsburg – benannt nach den Päpsten Leo III. und Leo IV., die es im neunten Jahrhundert durch eine Mauer befestigt hatten. Das wäre mehr Land gewesen, als der heutige Vatikanstaat umfasst.

Das penible Schreiben zeigt, wie schwer der italienischen Regierung der Schritt über den Rubikon immer noch fiel. Visconti Venostas Ideen wurden bald überall in der europäischen Diplomatie bekannt, auch in der Kurie – doch ohne, dass deswegen Bewegung in ihre Haltung gekommen wäre. Italien hoffte weiter auf Unruhen in Rom, die einen Vorwand zum Eingreifen liefern könnten, und munitionierte sogar gemäßigte römische Emigranten mit Geld und ein paar Waffen; doch sie waren derart gemäßigt, dass sie nichts zu Wege brachten, während man die echten Revolutionäre ängstlich überwachte und Versammlungen nur zuließ, wenn sie zwar den Ruf nach Rom laut werden ließen, nicht aber, wenn sie die Regierung der Untätigkeit beschuldigten. Der Ministerrat beriet unuterbrochen, man ventilierte Kongressideen und sogar die Möglichkeit, zwar Rom zur Hauptstadt zu erklären, die Regierung aber in Florenz zu belassen. Dass Rom das

Moskau Italiens werde, während Florenz sein Sankt Petersburg bleiben könne, war eine Formel, die in diesen Tagen durch viele diplomatische Berichte aus Italien geisterte.

Das Zögern wurde immer quälender, da traf am 3. September zwischen 9 und 10 Uhr in Florenz beim Kabinett die Nachricht ein, die es mit einem Schlag rechtfertigte. Am 1./2. September war die französische Armee bei Sedan vernichtend geschlagen worden, und der Kaiser dabei in Gefangenschaft geraten. *La France a perdu ses dents*, kommentierte der Papst mit einem der von ihm geschätzten Wortspiele.[34] Um 14 Uhr wurde die Meldung von Napoleons Untergang auch in der Presse publik, und nun erklärten linke Abgeordnete weiteres Zögern zum Delikt der Vaterlandsbeleidigung – *laesa patria*, in Analogie zur *laesa maiestas* –, ja zum Verrat. Den endgültigen Ausschlag gab aber erst die Ausrufung der Republik in Paris am 4. September. Jetzt ging es um das Überleben der Monarchie in Italien, die bürgerliche Regierung musste einer nationalen Revolution zuvorkommen, die sich sowohl gegen Rom wie gegen Hof und Kabinett in Florenz gerichtet hätte. Das war jene »neue Situation«, von der auch in der Septemberkonvention die Rede war. Das Kabinett fällte endlich den Entschluss zur Okkupation. Am 6. September erhielt Italien auch von der neuen Regierung in Paris freie Bahn: Man werde sich nicht mehr auf die Septemberkonvention berufen, erklärte Außenminister Favre mündlich gegenüber dem italienischen Gesandten, auch wenn man kein formelles Einverständnis zum Einmarsch in den Kirchenstaat gebe.

Gewaltige Truppenmassen drängelten bereits überall an den Grenzen des Kirchenstaats, aber noch immer stand der Tag des Abmarschs nicht fest. Der gesundheitlich angeschlagene, offenbar psychisch kranke Verteidigungsminister trat am 6. September nach einer Nervenkrise zurück, und Ministerpräsident Lanza musste seinerseits erst mit Rücktritt drohen, bevor der König seinen Kandidaten, den erfahrenen General Ricotti, akzeptierte. Am 7. September sandte Visconti Venosta ein weiteres Rundschreiben an die Staaten Europas, in dem er die Aufrechterhaltung der Ordnung auf der italienischen Halbinsel und die Integrität und Sicherheit des Heiligen Stuhls feierlich versprach und zugleich das militärische Eingreifen offiziell ankündigte. »Es handelt sich in der Römischen Frage für uns nicht mehr nur um die legitimen Ansprüche unserer Rechte und Interessen, sondern um die Notwendigkeit, jene zwingenden Pflichten zu erfüllen, welche überhaupt die Daseinsberechtigung von Regierungen sind«, schrieb der Außenminister mit Hinweis auf die Zuspitzung der Lage.[35] Jetzt, da es ernst wurde und die Stunde gekommen war, in aller Form einen Krieg gegen das Papsttum zu beginnen, zeigte sich, wie furcht gebietend die Macht dieser Institution über die Seelen noch immer war. Denn noch immer rückte man nicht ein; ein allerletzter Versuch wurde unternommen, um sich auf friedlichem Weg mit dem Papst zu einigen – ihm also die Zustimmung zur Okkupation seines Reststaats abzuringen.

Im Übrigen war dieser Schritt überfällig. Wochenlang hatte Visconti Venosta das Terrain sondiert, einem Diogenes gleich, der am helllichten Tag mit der Lampe herumgeht, um Menschen zu suchen, die noch etwas gegen die Expedition nach Rom hätten; spottete ein Zeitgenosse. Nur mit der Kurie hatte man keinen Kontakt aufgenommen. Das lag gewiss an dem zwischen den beiden Mächten herrschenden diplomatischen Embargo und jahrelangen vergeblichen Bemühungen, mit der Kurie zu Kompromissen zu kommen; wenn das schon in kleineren praktischen Fragen nicht gelungen war, dann war in der Grundfrage nichts zu erhoffen. Trotzdem hätte die dramatische neue Lage auch eine neue Initiative gerechtfertigt. Doch wurde zunächst nichts dergleichen auch nur erwogen. Inzwischen aber waren beim König Skrupel und Zweifel übermächtig geworden. Also beschloss man, im letzten Moment einen Gesandten mit einem persönlichen Handschreiben Viktor Emanuels an Pius IX. zu schicken. Dies war in der kritischen Lage vor dem Beginn der Feindseligkeiten der einzige gangbare Weg, weil der Papst offiziell nie mit einer italienischen Regierung verhandelt hätte – rechtlich gab es eine solche für ihn gar nicht. Für diese Mission wurde der konservative piemontesische Graf Gustavo Ponza di San Martino ausgewählt. Er war ein Befürworter des Hauptstadtbeschlusses für Rom und ein Gegner des Umzugs von Turin nach Florenz gewesen; er hatte einen Bruder, der Jesuit in Rom war, den er besuchen und der ihm Audienzen bei Kardinal Antonelli und beim Papst selbst verschaffen konnte.

Am Abend des 8. September nahm der Graf in Florenz den Nachtzug nach Rom. Er reiste in einem alten, mit grünem Samt ausgestatteten Salonwagen des letzten Großherzogs der Toskana. In Ponza di San Martinos Zug fuhr auch Ugo Pesci mit, der Korrespondent des *Fanfulla*, um an die Grenze zum Kirchenstaat zu gelangen, wo schon viele seiner Kollegen zusammen mit römischen Emigranten auf den Beginn des Feldzugs warteten. Vom Zugfenster aus bewunderte er die schöne mondbeglänzte Landschaft. »Da alles auf der Welt ermüdet, auch die Betrachtung des Schönen«, versuchte Pesci zu schlafen.[36] Um 6 Uhr früh traf der Abgesandte des Königs von Italien in Rom ein. Der Morgen sei klar und leuchtend gewesen, fast schon herbstlich, berichtete ein Mitreisender; die römischen Straßen waren leer, nur ein Grüppchen von Polizeispitzeln war zu sehen, die den italienischen Grafen und seine Begleiter überwachen sollten.

Ein Wutanfall

Die letzten Wochen des Kirchenstaats verliefen in nervöser Stille. Soeben hatte die Ewige Stadt noch die Prachtentfaltung des großen Konzils erlebt, das nicht nur ein feierliches kirchliches Ereignis darstellte, sondern auch Gelegenheit für einen gesellschaftlichen Festglanz bot, in dem die päpstliche Aristokratie – die vornehmste des Kontinents – gleichsam Abschied von sich selbst nahm, bevor große Teile von ihr sich für Jahrzehnte hinter düsteren Palastmauern verschloss. Ende Juli waren die Konzilsteilnehmer fast überstürzt abgereist, und schon gut zwei Wochen später, nach dem Abzug der französischen Truppen, war der Papst allein in seinem Staat. Dass nun eine überaus kritische Phase begann, die gefährlichste seit 1860, war der Kurie sofort bei Kriegsausbruch klar gewesen. Schon drei Tage nach der französischen Kriegserklärung, am 22. Juli, hatte sich Pius IX. in zwei Schreiben an Kaiser Napoleon III. und an König Wilhelm I. als Vermittler und Friedensstifter angeboten. Die päpstliche Friedensliebe war umso aufrichtiger, als die Kurie, wie ihr wohl bewusst war, in diesem Krieg von keiner Seite etwas zu gewinnen hatte. »Siegt Frankreich und bedroht es Preußen, so müssen wir preußische Bemühungen, Unruhen zu Stande zu bringen, befürchten, siegt Preußen und ist Frankreich einmal machtlos, so droht eine allgemeine revolutionäre Schilderhebung auf der ganzen Halbinsel.« So lautete Kardinal Antonellis Diagnose Mitte August im Gespräch mit dem bayerischen Geschäftsträger.[37] Die Revolutionsfurcht war gewaltig, und auf sie spielte auch der Brief des Papstes an Napoleon an, als er auf die möglichen Auswirkungen der großen europäischen Auseinandersetzung über die Grenzen der kriegführenden Parteien hinwies, »besonders in einem Augenblick, in dem die Gesellschaft sich von so vielen und so widerstreitenden Sehnsüchten hin- und hergeworfen sieht«.[38] Die Antworten von Kaiser und König waren erwartungsgemäß respektvoll ablehnend, trocken bei Napoleon, bedauernd bei Wilhelm, der sich als der Angegriffene fühlte.

Der päpstlichen Diplomatie blieb nichts anderes übrig, als das Kriegstheater tatenlos zu beobachten. Der Nuntius in Paris berichtete über die von Niederlage zu Niederlage steigende Umsturzgefahr. Der Wiener Kollege musste mit ohnmächtiger Erbitterung die kalten Abfuhren nach Rom melden, die der österreichische Staatskanzler v. Beust, ein Protestant, den päpstlichen Hilfeersuchen zuteil werden ließ. Nach dem Ausfall Frankreichs blieb der Kirche nichts anderes übrig, als sich an ihre alte Schutzmacht zu wenden. Doch Österreich hatte sich seit 1866 reformiert und seine Rolle als Vormacht der Reaktion jedenfalls teilweise abgestreift. Längst stand es in guten Beziehungen zu Italien. Der Wiener Nuntius, eine von Antonelli eingesetzte Null – der Staatssekretär fürchtete Konkurrenz von den Inhabern der wichtigen Gesandtschaftsposten –, erreichte nichts. Als »niedrige Rache für das Konzil« empfand er diese Haltung.[39] Nicht einmal zu einem formellen Protest gegen eine mögliche italienische Besetzung des Kirchenstaats konnte er die Regierung der Apostolischen Majestät bewegen. Mehr als Respekt, Wohlwollen und eine verletzende Prise Mitleid durfte der Heilige Vater von den europäischen Mächten nicht erwarten. Die neutralen Staaten, neben Österreich auch England, rieten zu einer friedlichen Einigung mit Italien. Dies lag nicht nur an der umsichtigen Diplomatie Visconti Venostas, sondern auch an der Empfindung, dass eine andere Lösung für dieses, seit zehn Jahren endlos hin- und hergewälzte Problem nicht in Sicht war.

54

Dem Papst blieben nur noch Gottvertrauen und Gebete. In der letzten Augustwoche fand ein Triduum öffentlicher Fürbitten in allen römischen Kirchen statt, und die Gebetstexte, so glaubte man, seien vom Papst selbst verfasst worden; die Muttergottes, so hieß es da, solle Rom beschützen und dafür sorgen, »dass die Engel an seinen Toren wachen«.[40] Im Übrigen scheint es, dass Pius IX. selbst ruhiger war als sein Staatssekretär und seine Armeeführung. Bis zum Besuch des Grafen Ponza scheint er ernsthaft an einen italienischen Einmarsch nicht geglaubt zu haben. Vielleicht lag dies an einem religiös begründeten Sicherheitsgefühl, an mystischem Fatalismus, vielleicht aber vertraute Pius auch auf geheime persönliche Versprechen, die Viktor Emanuel ihm übermittelt hatte, als er 1868 todkrank war und für eine Letzte Ölung den päpstlichen Dispens brauchte. Das würde zu dem offenkundigen Unwillen passen, mit dem der italienische König die Eroberung Roms mehr geschehen ließ, als aktiv betrieb.

Entscheidend war vorerst die Frage, ob Rom und sein Umland ruhig bleiben, oder ob irgendein Aufstand Vorwände für das italienische Eingreifen schaffen würde. Und Rom blieb ruhig. Darüber sind sich alle ausländischen Berichterstatter, die im Rhythmus von wenigen Tagen ihre Berichte in alle Hauptstädte Europas sandten, einig. Unruhe gab es bei französischen und deutschen Soldaten in der kleinen päpstlichen Armee, die in ihre Heimatländer strebten. Man verhaftete ein paar verdächtige Personen, darunter einen Mazzini-Anhänger, der sich ins Priestergewand geworfen hatte. Der Polizeibericht meldete eine Schießerei und einen falschen Bombenalarm im Borgo nahe beim Vatikan. Aus den Provinzstädten kamen Anfragen, wie man es mit den traditionellen Heiligenfesten halten solle, für die man im Krisenfall Massenpaniken befürchtete. Man entschied sich, sie nicht ausfallen zu lassen, denn andernfalls hätte die italienische Presse behauptet, der Kirchenstaat sei nicht mehr stabil. Doch riet man Privatpersonen davon ab, die Sommerzeit im Gebiet von Viterbo zu verbringen, einem wahrscheinlichen Durchmarschgebiet im Kriegsfalle. Die Militärkonzerte auf der Piazza Colonna, mitten im römischen Zentrum, wurden abgesagt. Die Stadt war heiß und still und erfüllt vom Gewisper der Nachrichten und Gerüchte. Die preußischen Siege wurden vielfach mit Beifall kommentiert, denn die

Franzosen waren wenig beliebt. Man diskutierte insgeheim bereits über die Vor- und Nachteile einer italienischen Besetzung und der möglichen neuen Rolle Roms als Hauptstadt des Königreichs. Die kleinen Leute, so glaubte der englische Geschäftsträger, versprachen sich wenig von einem Regime, das hohe Steuern und die allgemeine Wehrpflicht mit sich bringen würde. Doch die höheren Schichten rechneten sich schon verbesserte Karrierechancen im liberalen Staat aus, und man ventilierte die Frage, wie sich die Hauptstadtrolle auf Roms Attraktivität für Fremde auswirken könnte.

Unterdessen trafen den ganzen August über mit fataler Regelmäßigkeit Telegramme von den Gendarmeriestationen und Grenzposten ein, die von enormen Truppenmassierungen auf der italienischen Seite berichteten. Schon in der Mitte des Monats rechnete man im Armeeministerium an der römischen Piazza Pilotta mit dreißigtausend Mann an den Grenzen. Man konnte förmlich spüren, wie sich die Schlinge langsam zuzog. Dass Truppenverschiebungen auch im italienischen Hinterland stattfanden, ließ sich an den Verspätungen in Stazione Termini ablesen. Der Zug aus Ancona-Florenz am 5. September beispielsweise traf zwei Stunden und fünf Minuten später als geplant ein, und das hieß: die Gleise in Italien waren für die Sonderzüge des Militärs blockiert worden. Gerüchte über einen unmittelbar bevorstehenden Einmarsch kursierten schon im August und waren der Hintergrund für die Sorgen wegen Massenpaniken auf Volksfesten. Der Oberbefehlshaber der päpstlichen Armee, der deutsche Graf Hermann Kanzler, ordnete an, man solle die Mittel bereithalten, um an der Grenze die Bahnstrecke nach Rom von einem Moment auf den anderen unbefahrbar zu machen. Ponza di San Martino bemerkte auf seiner Zugfahrt nichts von Verteidigungsanstrengungen in der Campagna. Doch am 7. September sah der englische Beobachter Kanonen am Bahnhof, beim Vatikan, auf Monte Mario und auf dem Pincio, dem »fashionable resort of the roman world«, wie er sich ausdrückte;[41] seine Tore waren für die Öffentlichkeit nun verschlossen.

Am 9. September um 7 Uhr abends wurde Graf Ponza di San Martino von dem Staatssekretär Kardinal Antonelli empfangen. Während des zweistündigen Gesprächs soll der Papst leise seine

Gemächer verlassen und am Grab des Heiligen Petrus für die Kirche gebetet haben. Der Wortwechsel zwischem dem Kurienkardinal und dem Grafen verlief höflich in den Formen, doch er war von der feindseligen Härte geprägt, die der Lage entsprach. Der Italiener kündigte unverhüllt, ja mit einer gewissen Härte den bevorstehenden Einmarsch an und sicherte dem Heiligen Stuhl die Garantien zu, die Visconti Venosta in seinem europäischen Rundschreiben vom 29. August festgelegt hatte. Es gehe darum, die Revolution zu vermeiden, die beide Parteien in den Abgrund ziehen könne. Antonelli wich keinen Millimeter von der bisherigen Position der Kurie ab und erklärte, sie werde auf keines ihrer Rechte verzichten. Und dann wiederholte er das klassische Argument der päpstlichen Diplomatie, dass Garantien für die geistliche Unabhängigkeit des Papstes, die von einer konstitutionellen Regierung mit Wahlen und wechselnden Parlamentsmehrheiten kämen, zu unsicher seien, als dass das Oberhaupt der Kirche sie je akzeptieren könne. »Sagen Sie selbst, Herr Graf: Kann das Haupt der Religion, das verantwortlich ist, die Rechte seiner Unabhängigkeit vor Gott, vor den Mächten, vor den Völkern zu behaupten, die Zusicherungen von Ministerien akzeptieren, deren ungewisse Existenz Sie selbst eingestehen?« Im Kirchenstaat herrsche Autorität, Ordnung und Ruhe; »aber bei Euch gärt die Demokratie«, und diese hoffe, in Rom Papsttum und Monarchie zusammen zu beerdigen. Auf die Frage, mit welchem *Recht* Italien denn in den Kirchenstaat einfalle, habe Graf Ponza, so erzählte es Antonelli wenige Tage später, geantwortet: »Es handelt sich nicht um *Recht*. Wir folgen der nationalen Inspiration.« Unversöhnt schied man.[42]

Am nächsten Morgen um halb elf wurde Graf Ponza zur Audienz beim Papst selbst vorgelassen. Ponza hatte den Brief seines Königs schon Antonelli lesen lassen, so dass Pius unterrichtet war, als er ihn von dem Grafen erhielt. Der Papst zeigte sich, wie Ponza di San Martino hinterher nach Florenz meldete, von tiefem Schmerz erfüllt – *profondamente addolorato*. Das war die vornehme Umschreibung für einen veritablen Wutanfall. Der Heilige Vater überflog den wortreich-gewundenen und etwas öligen Text des königlichen Briefes, schleuderte ihn auf eine Kommode und brach in die Worte aus: »Schöne Loyalität! Ihr seid alle ein Sack voller Vipern, übertünchte Gräber und glaubenslose Gesellen!« Und mit mehr Ruhe: »Ich bin weder Prophet, noch Sohn eines Propheten, doch ich versichere euch: Rom werdet ihr nicht betreten!« Nie würde der Papst die Legitimität der italienischen Eroberung anerkennen, soviel war vom ersten Moment des Gesprächs an klar. Der Graf, der gegenüber Antonelli so selbstsicher aufgetreten war, war von der Ungnädigkeit des Papstes derart verstört, dass er, wie ein Kammerherr später berichtete, beim Verlassen des päpstlichen Kabinetts den Ausgang nicht fand und statt auf die Tür auf ein Fenster zusteuerte.[43]

Der Brief des Königs und die Antwort, die der Papst am folgenden Tag schrieb, haben den folgenden Wortlaut:[44]

Florenz, 8. September 1870

Heiligster Vater,

mit der Zuneigung des Sohnes, dem Glauben des Katholiken, der Loyalität des Königs, dem Herzen des Italieners wende ich mich wieder einmal, so wie Ich es andere Male tun musste, ans Herz Eurer Heiligkeit. Ein Wirbelsturm von Gefahren bedroht Europa. Der Krieg, der die Mitte des Kontinents verwüstet, nützt der Partei der kosmopolitischen Revolution und lässt sie vorwitzig und kühn werden; besonders in Italien und in den von Eurer Heiligkeit regierten Provinzen rüstet sie sich zu den letzten Angriffen auf Monarchie und Papsttum. Ich weiss, Heiligster Vater, dass die Größe Eures Mutes nie geringer wäre als die Größe der Ereignisse. Doch Ich als katholischer König und als Italienischer König und als solcher durch die Anordnung der Göttlichen Vorsehung wie durch den Willen der Nation Wächter und Garant der Schicksale aller Italiener, Ich fühle im Angesicht Europas und der Katholizität die Verpflichtung, die Ordnung auf der Halbinsel und die Sicherheit des Heiligen Stuhls aufrechtzuerhalten.

Nun sind, Heiligster Vater, der Gemütszustand der von Eurer Heiligkeit regierten Bevölkerungen und die Gegenwart fremder Truppen unter ihnen, die mit unterschiedlichen Absichten aus unterschiedlichen Orten gekommen sind, offensichtlich ein Nährboden für Agitation und Gefahren. Im Fall einer Aufwallung der Leidenschaften können sie zu Gewalttaten und einem Blutvergießen führen, das zu vermeiden und zu verhindern meine und Eure

58

Pflicht ist, Heiliger Vater. Ich sehe die unabweisbare Notwendigkeit für die Sicherheit Italiens und des Heiligen Stuhls, dass meine bereits zur Wache an den Grenzen aufgestellten Truppen diese überschreiten, um jene Örtlichkeiten zu besetzen, die für die Sicherheit Eurer Heiligkeit und die Aufrechterhaltung der Ordnung nötig sind.

Eure Heiligkeit wird in dieser Maßnahme der Vorsicht keinen feindseligen Akt sehen. Meine Regierung und meine Truppen werden sich absolut auf eine konservative Aktion beschränken, um die mit der Unverletzlichkeit des Obersten Pontifex, seiner geistlichen Autorität und mit der Unabhängigkeit des Heiligen Stuhls leicht zu vereinbarenden Rechte der römischen Bevölkerungen zu schützen. Eure Heiligkeit, wie ich nicht bezweifle, und wie Ihr heiliger Charakter und Ihr wohlwollendes Wesen zu hoffen mir das Recht geben, von dem gleichen Wunsch beseelt, jeglichen Konflikt zu vermeiden und der Gefahr einer Gewalt auszuweichen, Eure Heiligkeit kann mit dem Grafen Ponza di San Martino, der diesen Brief überbringen wird und der mit den geeigneten Instruktionen meiner Regierung versehen wurde, jene Vereinbarungen treffen, die sich der gewünschten Absicht als die Günstigsten zeigen. Eure Heiligkeit möge mir die Hoffnung gestatten, dass noch dieser für das Papsttum so feierliche Moment jenem Geist des Wohlwollens gegenüber diesem Land Wirksamkeit verleihe, das auch Euer Vaterland ist, und der sich in Eurem Sinn nie auslöschen ließ, und jene Gefühle der Versöhnung [nähre], die in die Tat umzusetzen ich mich immer bemühte, auf dass durch die Befriedigung der nationalen Ansprüche das von der Verehrung der italienischen Bevölkerungen getragene Haupt des Katholizismus einen ruhmreichen und von jeglicher menschlichen Oberherrschaft unabhängigen Sitz am Tiberufer bewahre. Eure Heiligkeit wird durch die Befreiung Roms von fremden Truppen und dadurch, dass Sie die Stadt der ständigen Gefahr, zum Schlachtfeld subversiver Parteien zu werden, entzogen haben, das wunderbare Werk vollenden, der Kirche ihren Frieden wiederzugeben und dem von Kriegsschrecken entsetzten Europa zu zeigen, wie man große Schlachten und unsterbliche Siege mit einem Akt der Gerechtigkeit und einem Wort der Liebe gewinnen kann.

Ich bitte Eure Heiligkeit, mir Ihren Appostolischen [sic] Segen zu erteilen. Ich versichere Eure Heiligkeit der Gefühle meines tiefen Respekts.

Eurer Heiligkeit

Demütigster Gehorsamster und Ehrerbietigster Sohn

VITTORIO EMANUELE

Majestät,

vom Grafen Ponza di San Martino wurde mir ein Brief, den E. M. an mich zu richten geruht hat, überreicht, der jedoch nicht eines *liebevollen Sohnes* würdig ist, der sich rühmt, *den katholischen Glauben zu bekennen*, und sich mit *königlicher Loyalität schmückt*. Ich trete nicht in die Einzelheiten des Briefs selbst ein, um nicht den Schmerz zu erneuern, den die erste Lektüre mir verursacht hat. Ich segne Gott, dass er E. M. erlaubt hat, die letzte Periode meines Lebens mit Bitterkeit zu erfüllen. Im Übrigen kann Ich gewisse Anliegen nicht zugeben, noch Mich gewissen in Ihrem Brief enthaltenen Prinzipien angleichen. Von neuem rufe Ich Gott an und lege Meine Sache, die ganz seine ist, in seine Hände. Ich bitte ihn, E. M. viele Gnaden zu gewähren, Sie von den Gefahren zu befreien und Ihr jene Barmherzigkeit zuzubilligen, derer Sie bedarf.

Im Vatikan 11. September 1870

PIO PP. IX

Am Nachmittag des 10. September 1870 hatte Pius IX. seinen letzten öffentlichen Auftritt als Landesherr. Bei Stazione Termini weihte er eine neue Wasserleitung ein, die auf den Namen Acqua Pia getauft wurde und den Neubaugebieten zwischen dem Bahnhof und dem Quirinal entlang der später so genannten Via Nazionale dienen sollte; dieses Gebiet wurde später die erste Boomregion der neuen Hauptstadt. Ein Thron mit ein paar Bänken für die Ehrengäste war errichtet worden; doch diese ließen sich nur in kleiner Zahl blicken, manche sagten, mit Rücksicht auf die neuen

Horizonte, die sich soeben öffneten. Doch die Volksmenge war unübersehbar, und die Rufe der Wachen »Viva Pio Nono, König, König, König« wurden lebhaft applaudiert. Der Papst trank ein Glas des frischen Wassers und lobte dessen Reinheit und Kühle. Dieses Glas wanderte dann von Hand zu Hand wie eine Reliquie, bevor es weggetragen wurde. Kurz vor diesem sommerlichen Staatsakt waren in zwei Kübeln voller Äpfel auf dem Rücken eines Maulesels zwei Bomben versteckt worden, die ein fanatischer Mazzinist auf den Papst hatte werfen wollen; die Sache drang bis zu einem der Begleiter des Grafen Ponza di San Martino, der dafür sorgte, dass die Bomben, die im Übrigen fehlerhaft hergestellt und unbrauchbar waren, im Tiber verschwanden.

Am 11. September war Graf Ponza zurück in Florenz, und nun war der Beginn des Feldzugs nicht mehr aufzuhalten. Ponza selbst drängte dazu und warnte zugleich davor, Rom italienisch zu besetzen, ohne es gleich zur Hauptstadt zu machen; nie würden die Römer sich zu Bewohnern einer Provinzhauptstadt herabdrücken lassen. Die wichtigste Mitteilung, die Ponza nach Hause gebracht hatte, war der Eindruck von Verteidigungsunwilligkeit auf Seiten des Papstes. Von den Blutopfern Frankreichs und Preußens habe er so entsetzt gesprochen, dass man hoffen dürfe, dies sei kein Vorbild für ihn. Vor zwei Dingen fürchtete man sich in Florenz: Vor einer blutigen Verteidigung Roms und vor einer Abreise des Papstes. Beides hätte die italienische Regierung in schwere Verlegenheit versetzt und ihren moralischen Kredit beschädigen können. Doch auch der Papst konnte es sich nicht erlauben, eine am Ende wirkungslose Abwehr mit einer großen Zahl von Opfern zu erkaufen. Dass die Kurie sich auf einen bewaffneten Protest, eine *démonstration sanglante* beschränken würde, galt ausländischen Beobachtern als sicher. Auf der anderen Seite hoffte auch der italienische Ministerrat – vor allem Visconti Venosta – um eine formelle Eroberung Roms herumzukommen und die Armee nur bis unter die Mauern der Stadt führen zu müssen; auf keinen Fall wolle man die Stadt mit Gewalt einnehmen. In diesem Sinne beruhigte er die europäischen Gesandten. Über Fluchtpläne des Papstes kursierten widersprüchliche Gerüchte, doch hat sich keine Spur ernsthafter praktischer Vorbereitungen erhalten. Bereits am 9. September erhielt Visconti Venosta von einem der Begleiter des

Grafen Ponza die folgende Einschätzung: »Der Papst unnachgiebig. Er will als Gefangener in Rom bleiben. Mehr zum Protest als um Widerstand zu leisten, werden einige Kanonenschüsse abgegeben werden.«[45] Wer immer in Rom dem italienischen Diplomaten diese Mitteilungen zukommen ließ – sie erwiesen sich als zutreffend, sowenig sie im Moment die Nervosität mildern konnten. Dass offenbar an eine Abreise in der Kurie ernsthaft nicht gedacht wurde, zeigt entweder, dass man immer noch nicht mit dem Schlimmsten rechnete, oder dass man die persönliche Integrität des Papstes auch im Falle einer Eroberung nicht für gefährdet hielt. Wenn der Papst geflohen wäre, dann wäre eine Rückkehr weit schwieriger gewesen als 1815, nach dem napoleonischen Exil, oder nach der Revolution von 1848.

Noch am 10. September wurde in Rom der Belagerungszustand verhängt, die Bürger wurden aufgefordert, in ihren Wohnungen zu bleiben. »Rom ruhig, großartige und bewegende Demonstration der Römer für Papst gestern Inauguration Aqua Pia«, konnte am 11. September General Kanzler beruhigend nach Viterbo telegrafieren.[46] Das einzige Zeichen von Aufstand blieb ein Flugblatt der Aktionspartei, das die römischen Bürger aufforderte, sich wie 1848/49 als wahre Söhne des antiken Rom zu bewähren und nicht gegen die Waffenbrüder zu kämpfen, »die euch von einer schändlichen Sklaverei befreien«. »Es lebe Rom, die Hauptstadt Italiens. Es lebe König Viktor Emanuel auf dem Kapitol«, schloss der gedruckte Zettel. Am 11. September um 20.30 Uhr traf ein Telegramm im Kriegsministerium ein, die ersten piemontesischen Truppen – Italiener gab es für den Kirchenstaat noch immer nicht – hätten bei Orte die Grenze überschritten. Um 20.45 Uhr kam Nachricht vom Bahnhof in Rom, der Zug aus Florenz, der um 22 Uhr ankommen solle, sei verloren gegangen: »Orte telegrafiert, dass er nicht auf die päpstliche Linie gelangt ist, kennt aber den Grund der starken Verspätung nicht.«[47] Zur selben Uhrzeit wurde König Viktor Emanuel in Florenz bei seinem Erscheinen im Theater *Principe Umberto* durch eine stürmische Ovation gefeiert.

Der Feldzug

Der kleine große Krieg, der nun begann, war nicht nur diplomatisch minutiös vorbereitet worden. Was den Teilnehmern im militärischen und journalistischen Fußvolk wie die rauschhafte Erfüllung eines nationalen Traums vorkam, war in Wirklichkeit auch
militärisch bis ins Kleinste nach politischen Vorgaben geplant
worden. Zu viele Emotionen hingen auf beiden Seiten an dieser
Aktion, zu belastet mit widerstreitenden Rechten, Ansprüchen,
Ideen war sie, als dass man irgendetwas dem Zufall überlassen
wollte. Man muss auch hier die Umsicht der Regierung in Florenz
rühmen, die alles daran setzte, dass die aufgewühlten öffentlichen
Leidenschaften nicht auf die eigentlichen diplomatisch-militäri-
schen Abläufe übergriffen. Mit General Raffaele Cadorna hatte
man am 10. August für das zunächst so genannte »Beobachtungs-
corps«, das an den Grenzen des Kirchenstaats aufgebaut wurde,
einen äußerst verlässlichen, fast pedantischen militärischen Fachmann zum Oberbefehlshaber ernannt, der sich strikt an alle An-
weisungen hielt, sosehr sie ihm teilweise gegen den Strich gingen.
Der fünfundfünfzigjährige General hatte sich bei ähnlich heiklen
Missionen im Jahre 1860 bewährt, als es darum ging, die Toskana
und Sizilien anzuschließen. Zudem war Cadorna Mitglied im flo-
rentinischen Parlament, und zwar für die gemäßigte Linke; die
diplomatischen Fallstricke seiner Aufgabe mussten ihm also wohl
bewusst sein.

Der Primat der Politik zeigte sich auch daran, dass der römische Feldzug weitgehend vom Schreibtisch des Kriegsministers in
Florenz überwacht und gelenkt wurde – Cadorna und Ricotti
standen ständig in telegraphischem Kontakt, und vielleicht war
die Eroberung Roms 1870 überhaupt der erste Feldzug der Geschichte, der in dieser Weise bürokratisch-politisch gesteuert
wurde. Das führte zwangsläufig zu Missverständnissen und Ge-
reiztheiten, denen Cadorna noch zwei Jahrzehnte später freien
Lauf ließ, als er sein Buch über die »Befreiung Roms im Jahre
1870«, einen äußerst trockenen Feldzugsbericht, mit starken Polemiken gegen seinen Chef würzte, die dieser umgehend mit
Rechtfertigungen erwiderte. Und noch dieser Dissens zwischen
dem strategischen Fachmenschen und dem Vorgesetzten im Kabi-

General Raffaele Cadorna (1815-1897), der Eroberer Roms im Jahre 1870.

nett enthüllt den politischen Charakter aller Entscheidungen in diesem Krieg.

Unstrittig war, Rom möglichst weit entfernt vom Vatikan anzugreifen, an einem besonders schwachen Punkt des Mauerrings, zwischen Porta Salara und Porta Pia im Nordosten der Stadt. Eventuelle Kriegshandlungen sollten fern vom Sitz des Papstes stattfinden, außerdem erinnerte man sich an die wochenlange blutige Verteidigung, die Garibaldi als General der Römischen Republik 1849 am Gianicolo auf der Westseite mit nicht einmal zehntausend Mann gegen die dreifach überlegenen französischen Truppen durchgehalten hatte. Um zu Porta Pia zu gelangen, wäre Cadorna am liebsten bei Passo Corese im Tibertal knapp fünfzig Kilometer nördlich von Rom über die Grenze gegangen. Er hätte seine Truppen von dort aus den Tiber abwärts auf zwei Konsularstraßen, der Via Flaminia und der Via Salaria, bequem in anderthalb Tagen unter die Mauern Roms führen können. Wäre Rom gefallen, dann hätte sich auch der kleine Rest des Kirchenstaats mit seinen Provinzstädtchen und Garnisonen nicht halten können. Nach Cadornas Vorstellung hätte sich die ganze Aktion leicht in drei oder vier Tagen abwickeln lassen können.

Stattdessen zwang man ihn, mit seiner Hauptmacht viel weiter im Norden, bei Ponte Felice, südlich von Orte, in den Kirchenstaat einzudringen, um dann den Weg über Civita Castellana durch gebirgiges Land der Via Cassia folgend nach Süden zu nehmen; um von dort zur Via Flaminia und zu Porta Pia zu gelangen, waren ein steiniger Querfeldeinmarsch und zudem eine Tiberüberquerung nötig – beides mit einem großen Heerescorps eine physisch-technische Strapaze, die Cadorna nur mit äußerstem Widerwillen auf sich nahm und die ihn noch Jahrzehnte später ob ihrer militärischen Überflüssigkeit zur Weißglut brachte. Doch die Wahl dieses unpraktischen Wegs, der die Dauer des Feldzugs glatt verdoppelte, hatte einen kleineren technischen und mehrere große politische Gründe. Der technische Grund lag darin, dass die Eisenbahnstrecke in diesem Grenzabschnitt zwei Mal zwischen Italien und dem Kirchenstaat wechselte, so dass bei einem nördlicheren Einmarsch ihre Funktionsfähigkeit für einen längeren Streckenabschnitt von den Italienern gesichert werden konnte; und dies war für die Aufrechterhaltung des Nachschubs von großer

Bedeutung. Entscheidend aber waren die politischen Motive. Langsamkeit des Vorrückens war im Prinzip erwünscht. Sie sollte maximale Sicherheit ermöglichen und hinreichend Raum für Verhandlungen lassen, also die Möglichkeit eröffnen, dass die eigentliche Okkupation Roms kampflos vonstatten gehen könne. Man kalkulierte hier mit einem Stimmungsfaktor: Der Fall der nördlichen und südlichen Provinzstädte – auch auf dieser Seite sollte eine Division über die Grenze gehen – und der Jubel für die italienischen Truppen, den man sich dabei erhoffte, sollten die materielle wie auch die moralische Unmöglichkeit weiteren Widerstands offenbaren. Die militärisch so beschwerliche Marschroute enthüllt also mehr als alles andere in diesem Krieg den ideologisch-politischen Schaucharakter der Operation. Die Journalisten, die Cadorna so lästig fielen wie Malaria bringende Moskitos, waren also ganz richtig an ihrem Platz.

Politisch begründet war schon die schiere Übermacht, die auf italienischer Seite gegen den Kirchenstaat mobilisiert wurde. Annähernd 52 000 Mann standen Cadorna zur Verfügung, fast vier Mal so viel wie die Armee des Papstes zählte. Schon der logistische Kraftakt war enorm. Die Zusammenziehung dieser Truppenmenge – vier Jahrgangsklassen waren einberufen worden – hatte anderthalb Monate gedauert. Um achttausend Mann, tausend Pferde und 24 Stück schwere Artillerie nur von Bologna nach Orte zu transportieren, brauchte die italienische Bahn vier Tage; voller Neid blickte man da auf die preußischen Glanzleistungen von 1866, als in zehn Tagen mit 220 Zügen, die längsten angeblich 1500 Meter lang, siebzigtausend Mann, achtzehntausend Pferde und über achtzehnhundert Wagen von Potsdam zum Kriegsschauplatz befördert wurden – über 425 Kilometer, und das improvisiert! Warum die große Anstrengung? Italien hatte 1866 gegen Österreich demütigende Niederlagen hinnehmen müssen. Seit dieser demoralisierenden Erfahrung war das italienische Heer durch Einsparungen weiter geschwächt worden. Doch schon die kleinste Schlappe gegen den Papst, dessen Soldaten als vaterlandslose, gewissenlose und nicht selten sittenlose Mietlinge aus fremden Ländern zu brandmarken man nicht müde wurde, wäre für das patriotische Wehrpflichtigenheer der italienischen Nation eine furchtbare Blamage gewesen. Man gehe hier mit dem Mut der Angst in den Kampf, berichtete der österreichische Gesandte am 10. September aus Florenz, und die Sorge galt nicht zuletzt dem geringen Prestige der italienischen Waffen. Die Übermacht sollte aber vor allem der Gegenseite jegliche Lust auf einen ernsthaften Kampf von Anfang an nehmen. Ihr eigentlicher Zweck war es, ein Blutvergießen auszuschließen. Die Soldaten des Papstes hätten freilich von sich aus sehr wohl gekämpft; doch der Papst selbst konnte sich, so kalkulierte man, schwerlich für ein so sinnloses Blutbad entscheiden.

Eine besondere Zumutung war für Cadorna die Einsetzung eines nicht ihm, sondern dem Kriegsministerium in Florenz direkt unterstellten Generals, der von Orvieto ganz im Norden des Kirchenstaats eindringend direkt nach Civitavecchia marschieren und es sogleich einnehmen sollte. Die Hafenstadt wäre der einzige denkbare Landepunkt für eine übers Meer kommende Hilfsarmee gewesen; über Civitavecchia waren regelmäßig die französischen Corps ins päpstliche Gebiet gelangt. Keine solche Hilfsarmee war in Sicht; doch war dieser Flankenschutz auf jeden Fall ein Gebot der militärischen Professionalität. Schlimm für Cadorna aber war, dass auf Drängen Finanzminister Sellas mit dieser Operation General Nino Bixio betraut wurde – ein fanatischer Draufgänger, glänzender Soldat, glühender Anhänger und enger Freund Garibaldis. Der fünfzigjährige Bixio blickte auf ein abenteuerliches Leben zurück, das den Genueser Halbwaisen bis in den pazifischen Ozean geführt hatte, und dessen Höhepunkte lebensgefährliche Heldentaten auf allen Schlachtfeldern der italienischen Unabhängigkeitskriege waren, vor allem bei der Verteidigung Roms 1849. Mit Bixio, auch ein Parteigänger Mazzinis, war gewissermaßen die linksnationalistische Richtung des Risorgimento in den politisch so umsichtig vorbereiteten, konstitutionell-monarchisch geleiteten Feldzug nach Rom eingebunden worden. Nicht ganz zu Unrecht grauste es Cadorna vor der gefühlsstarken Unberechenbarkeit des Generals, der es sich dann auch nicht nehmen ließ, noch in der letzten Minute aus Civitavecchia herbeizueilen, um an derselben Stelle, an der er schon 1849 gekämpft hatte, bei der Eroberung Roms dabei zu sein. Schon Bixios Name klinge wie ein Projektil, das die Luft durchschneide, sagten die Zeitgenossen. Sein Einsatz signalisierte auch, dass man durchaus bereit war, der anderen Seite die Instrumente zu zeigen – auf dass sie erkenne, wie wohltuend im Grunde die »rein konservative und schützende Aktion« war, die man da in Gang setzte.

Dem konservativen Charakter des Feldzugs dienten alle Instruktionen, die Cadorna vorab gegeben wurden: Möglichste Vermeidung aller Kämpfe, Einsatz der Übermacht, gute Behandlung der feindlichen Truppen, auch der Söldner, ihr Schutz vor Übergriffen – das war die militärische Richtschnur. Die politische war: Schutz aller geistlichen Personen und Einrichtungen, höfliches und diszipliniertes Auftreten gegenüber der Bevölkerung, die durch die militärischen Operationen so wenig wie möglich beschwert werden sollte. Außerdem wurde festgelegt, die Leoninische Stadt, das Viertel um den Vatikan, auf keinen Fall zu besetzen. Die wichtigste Maßgabe aber war: Volle Bewegungsfreiheit für den Papst und die Kardinäle – wenn der Papst den Kirchenstaat hätte verlassen wollen, dann hätte Italien ihn schweren Herzens ziehen lassen. Im Übrigen galt: »Dem Papst werden wie einem souveränen Fürsten die militärischen Ehren erwiesen.«[48] Ihm und den seinen sollte kein Haar gekrümmt werden – der Papst war neben der Stadt Rom noch immer das Wertvollste, was Italien besaß. Der Traum, den Besitz beider Güter zu versöhnen, formuliert die Proklamation, die General Cadorna am 11. September 1870 noch von italienischem Boden aus an die »Italiener der römischen Provinzen« erließ:

»Der König Italiens hat mir einen hohen Auftrag erteilt, dessen wirksamste Mitarbeiter Ihr sein sollt.

Das Heer, Symbol und Beweis der Einheit und der nationalen Eintracht, kommt mit brüderlicher Zuneigung zu Euch, um die Sicherheit Italiens und Eure Freiheiten zu schützen. Ihr werdet Europa beweisen, dass die Ausübung aller Eurer Rechte sich mit dem Respekt für die Würde und die geistliche Autorität des Obersten Pontifex verbinden lässt. Die Unabhängigkeit des Heiligen Stuhls wird unverletzlich inmitten der bürgerlichen Freiheiten bleiben, sicherer, als sie es je unter dem Schutz fremder Interventionen war.

Wir kommen nicht, um den Krieg zu bringen, sondern den Frieden und die wahre Ordnung. Ich darf nicht in die Regierung

*Die Zuaven, ein ursprünglich nordafrikanisches Corps und die schlag-
kräftigste Einheit der päpstlichen Armee, trugen eine türkische Uniform.
Bei den Zuaven dienten viele Freiwillige aus Salzburg und Bayern.*

und die Verwaltung eingreifen, für die Ihr selber sorgen werdet.
Meine Aufgabe beschränkt sich darauf, die öffentliche Ordnung
aufrechtzuerhalten und die Unverletzlichkeit des Bodens unseres
gemeinsamen Vaterlandes zu verteidigen.«[49]

Die Armee des Papstes zählte am 12. September 1206 Pferde und
13 157 Männer. Die eine Hälfte der Mannschaften war italienisch, die andere setzte sich aus den verschiedensten Nationen zusammen, darunter waren etwa 3000 Franzosen – meist aus der
Legion von Antibes –, 700 Belgier, 900 Holländer, 1200 Deutsche
und Österreicher, 1000 Schweizer, 300 Kanadier. Aber auch Rus-
sen, Engländer, Spanier, Portugiesen, Nordamerikaner fehlten
nicht. Es hat bis zu den modernen Corps der Vereinten Nationen
eine so multinationale Armee nicht mehr gegeben. Die Universalität der katholischen Kirche, die alle Völker und Rassen als gemeinsame Gotteskinder auffasst, zeigte sich auch darin, dass

1870 auf ihrer Seite drei Türken, vier Tunesier, drei Syrer, ein Marokkaner, zwei Brasilianer, ein Peruaner, ein Mexikaner, zwei Schweden vom Nordkap und ein Ureinwohner aus Neuseeland fochten. Selbst etwa 140 Protestanten waren unter den Soldaten der Kirche; sie sahen sich allerdings heftigen Bekehrungsversuchen ausgesetzt. Die national gesinnten Italiener haben dieses bunt zusammengesetzte Heer vielfach geschmäht, als Mietlinge und Feiglinge, als abergläubische Fanatiker oder als kriminelle Strolche. Namentlich die so genannten »Squadriglieri«, Briganten aus dem Süden des Kirchenstaats, die man mit Strafnachlässen in die päpstliche Armee gelockt hatte, um sie gegen das kriminelle Bandenwesen einzusetzen, wurde als Abschaum dargestellt. Nach allem, was man weiß, war die italienische Propaganda gegen das kirchliche Heer durchaus im Unrecht. Die erhaltenen Berichte päpstlicher Soldaten und Offiziere zeigen aufrichtige Ergebenheit für die ja völlig legitime Sache ihres obersten Kriegsherrn, Frömmigkeit und Opferbereitschaft. Natürlich dachten diese Soldaten und Offiziere an die Kreuzzüge, und die römischen Freiwilligen sollen aus den besten Familien der Stadt gekommen sein. Das auffälligste Corps waren die päpstlichen Zuaven, ursprünglich eine Truppe aus dem französischen Nordafrika, die in weiten Pumphosen auftrat, zu der aber bald auch viele Franzosen und Italiener, selbst einige Bayern und Salzburger stießen; diese passten sich der osmanischen Tracht wie selbstverständlich an – und das auf dem Höhepunkt des Zeitalters der Nationen!

Der Papst hatte seine Armee seit 1865 im Gefolge der Septemberkonvention neu konstituieren müssen. Was zuvor im Wesentlichen eine Polizeimacht zur Aufrechterhaltung der inneren Ordnung gewesen war, musste nun in den Stand gesetzt werden, auch größere revolutionäre Erhebungen zu unterdrücken und einem eventuellen Angriff von italienischem Boden so lange standzuhalten, bis ausländische – das hieß französische – Schutztruppen eintrafen. In der Krise von Mentana hatte das neue Heer seine Feuertaufe erfolgreich bestanden, allerdings mit massiver Unterstützung durch Frankreich. Chef der Armee und des Kriegsministeriums war der badische Graf Hermann Kanzler, der mit einer Römerin verheiratet war und seit Jahrzehnten im päpstlichen Dienst stand. Ihn nennt der bayerische Geschäftsträger eine

»höchst enthusiastische Natur«.[50] Kanzler war seinem Dienstherrn leidenschaftlich ergeben, ein feuriger Glaubenskrieger und kein schlechter Soldat. Er wollte unbedingt kämpfen, anders als der Staatssekretär Antonelli, der vorschlug, das römische Umland ganz von Militär zu entblößen und die Armee vollständig hinter die römischen Mauern zurückzuziehen und abzuwarten, ob die Italiener einen Angriff auf die Ewige Stadt wagen würden. Kanzler setzte sich mit seinem Konzept, in den wichtigsten Festungen und Städten des Kirchenstaats Garnisonen zu stationieren, schon Anfang August durch. Eine Entblößung des römischen Umlands hätte freie Bahn für revolutionäre Aufstandsversuche bedeutet, die den Italienern wiederum Vorwände für ein Eingreifen geboten hätten. Der Papst befahl allerdings, in jedem Fall der Übermacht der Italiener zu weichen. Es sollte sichtbar werden, dass der Heilige Stuhl nur der Gewalt nachgebe, aber zum Austrag des Kampfs sollte es zunächst nicht kommen. »Wir verlangen, dass ihr weicht, nicht dass ihr sterbt«, beschwor er seinen Kriegsminister.[51] Die Truppen sollten sich vor den Italienern konzentrisch nach Rom zurückziehen. Die Stadt selbst wurde überall befestigt, die Tore verbarrikadiert, auch an der Eisenbahneinfahrt bei Porta Maggiore wurden Sandsäcke und Artillerie aufgebaut. Es fiel den Soldaten auf beiden Seiten schwer, sich an die entschieden unkämpferischen Vorgaben ihrer politischen Herren zu halten; und dem feurigen Kanzler fiel es wohl noch etwas schwerer als dem kalten Cadorna. Kanzler hätte gern eine »glänzende Verteidigung« geliefert, so äußerte er sich gegenüber dem bayerischen Vertreter. Doch auch ein italienischer General sprach geradezu von Tantalusqualen, man halte Durstige vom Brunnenrand fern. So aber mussten die beiden Armeen aufeinander losgehen wie wütende Hunde, die sich gern zerfleischen würden, aber von ihren verfeindeten Besitzern am Halsband zurückgehalten werden – der Vergleich stammt von Kanzler.

Militärisch verlief die Operation für die Italiener zunächst nach Plan und dabei so gut wie unblutig. Fünf italienische Divisionen überschritten die Grenzen. Bixio war der Erste, am 11. September abends bei Orvieto, von wo aus er am 13. bis Toscanella (dem heutigen Tuscania) gelangte und über Vetralla nach Civitavecchia vorrückte. Die Hafenstadt ergab sich am 16. frühmorgens; die Bürger der Stadt hatten den päpstlichen Kommandanten zum Aufgeben veranlasst, um die Bombardierung von Land- und Seeseite aus zu verhindern. Offenbar tat der Ruf des schneidigen Bixio seine Wirkung. Unter Jubel und wehenden Trikoloren zog die Division Bixio am Vormittag auf dem Stadtplatz auf. Cadorna drang mit der Hauptmacht von drei Divisionen – über 30 000 Mann – am 12. September um halb sechs Uhr morgens bei Orte über den Tiber in den Kirchenstaat ein. Um 9 Uhr war Civita Castellana von einem angstschlotternden Kommandanten übergeben worden – nur ein französischer Zuave schrie den Italienern, die zwei Tote und sieben Verwundete beklagten, entgegen: »Schöne Glorie, Zehntausend gegen Zweihundert!«[52] –, mittags fiel Nepi, um 14 Uhr war Viterbo weiter nördlich in italienischer Hand. Von neapolitanischem Gebiet aus rückte gleichzeitig eine weitere Division kampflos und unaufhaltsam auf der Straße von Ceprano nach Frosinone voran. Schon zwei Tage später, am 14. September abends, konnte General Cadorna sein Hauptquartier bei Posta della Storta an der Via Cassia einrichten – gut zwanzig Kilometer von Rom entfernt. Ein Trupp der Vorhut lieferte sich sogar schon in Sichtweite Roms ein Scharmützel mit päpstlichen Zuaven. Im Süden eroberten die Italiener zur gleichen Zeit Anagni. Am 15. stand die Hauptmacht bei Tomba di Nerone, fünf Kilometer vor der Milvischen Brücke – *Ponte Molle* –, und vierzig Kilometer südlich von Rom war Valmontone gefallen. Der Ring um die Stadt war nunmehr fast geschlossen. Dass bis zum Angriff auf die Stadtmauern noch einmal fünf Tage vergingen, hatte militärische und politische Gründe gleichermaßen.

Von der Cassia musste Cadorna sein Heer quer durch so gut wie unbewohntes Gebiet über die Via Flaminia hinüber, dann auf die andere Seite des Tibers zur Via Salaria und zur Via Nomentana führen, um die Zugangsstraßen für jenen Teil der römischen Stadtmauern zu erreichen, der für den Angriff vorgesehen war. Das war in der Hitze des römischen September mit über 30 000 Mann und dem dazugehörigen Tross für den Nachschub kein Spaziergang, sondern logistische Schwerarbeit, die bis zum Morgen des 18. September dauerte. Der Tiber musste dafür eigens überbrückt werden, und brauchbare Straßen gab es praktisch nicht, denn gerade in der unmittelbaren Nähe der Stadt galt der

Satz, dass alle Wege nach Rom führen, nicht aber darum herum. Am 18. September konnte Cadorna sein Hauptquartier endlich auf der Nomentana fünf Kilometer entfernt von Porta Pia aufschlagen, in einem Anwesen, das *Casale dei Pazzi* – Haus der Irren – hieß. Hätte er den Humor besessen, den sein Feldzugsbericht an kaum einer Stelle durchblicken lässt, er hätte in diesem Namen eine gewisse treffende Ironie nicht verkannt. Aus Florenz kamen auf einmal Anordnungen, die der Vorausplanung, die auf langsames Vorgehen berechnet war, krass widersprachen. Nun konnte es nicht schnell genug gehen. Das ärgerte Cadorna, den die Ablehnung seines ursprünglichen elegant-raschen Marschplans immer noch wurmte, maßlos. Dann bekam der General zu allem Überdruss im unpassendsten Moment, bei der Überschreitung des Tibers über die eilig mit vertäuten Booten und Brettern hergestellte Pontonbrücke, Besuch aus Rom von Harry Graf von Arnim, dem Gesandten des Norddeutschen Bundes. Beides, die verwirrenden Telegramme vom Kabinett in Florenz und der Besuch des Diplomaten, hing miteinander zusammen. Was war geschehen?

Graf Arnim greift ein

Anfang September hatte Bismarck, der Kanzler des Norddeutschen Bundes, angesichts der Zuspitzung der Situation um Rom angeordnet, dass der zuständige Gesandte Graf Arnim – er war seit 1864 der Vertreter Preußens beim Heiligen Stuhl und hatte sich während des Konzils um eine diplomatische Aktion gegen die Erklärung der Unfehlbarkeit bemüht – seinen Urlaub abbreche und auf seinen Posten zurückkehre. Vor seiner Reise wurde Arnim noch eigens in persönlichen Gesprächen mit Bismarck und König Wilhelm I. instruiert. Wie immer diese Instruktionen gelautet haben mögen, sie können nicht mit dem übereinstimmen, was Arnim dann tatsächlich ins Werk setzte, sonst wäre die entgeisterte Reaktion aller seiner Kollegen und Vorgesetzten und namentlich der Zorn Bismarcks selbst nicht begreiflich. Möglich ist allerdings, dass der König, welcher dem Papst, auch durch den Einfluss seiner Gemahlin, wohlgesonnen war, Arnim eine etwas andere Haltung nahe legte als sein Kanzler. Bismarck hat sich später mit dem eigenwilligen, sehr witzigen, aber auch eitlen und ziemlich flamboyanten Diplomaten, den man den »schönen Grafen Arnim« nannte, entsetzlich verkracht; er unterstellte Arnim, der sich nicht an die eiserne Disziplin im preußischen auswärtigen Dienst halten wollte, dass er ihm nach dem Amt trachte, und verfolgte ihn mit allen dienstlichen und juristischen Mitteln so nachdrücklich, dass der Graf sein Heil nur durch die Flucht in die Schweiz fand. Das Porträt, das Bismarck von Arnim in »Gedanken und Erinnerungen« zeichnet, ist für einen Berufsdiplomaten vernichtend: »Er posierte damals in der Rolle eines Ehrgeizigen, der keine Skrupel kannte, spielte hinreißend Klavier und war vermöge seiner Schönheit und Gewandtheit gefährlich für die Damen, denen er den Hof machte.«[53] Eine Probe seines impulsiven, eigenwilligen und zuweilen undurchdachten Agierens gab Arnim in dem heikelsten Moment des römischen Feldzugs der Italiener; er stiftete damit heillose Verwirrung und jagte Visconti Venosta einen furchtbaren Schrecken ein.

Die italienische Regierung hatte sich vor Beginn der militärischen Operationen bei Preußen einer wohlwollenden Neutralität versichert; und Bismarck hatte in der Tat keinen Anlass, Italien gegen sich aufzubringen oder sich das unlösbare römisch-katholische Rom-Problem aufzuladen. Im Gegenteil: Je entschiedener Italien sich nach Rom wandte, umso sicherer wurde, dass es als potenzieller Bündnispartner für Frankreich ausfiel. Als Arnim aber einen Tag nach dem Einmarsch im Kirchenstaat am 13. September auf seiner Durchreise nach Rom in Florenz Halt machte und bei Visconti Venosta vorsprach, war das Entsetzen groß; Arnim riet ganz offen von der Okkupation Roms ab und empfahl, der Stadt den Status eines Freistaats nach dem Vorbild Hamburgs oder Bremens zu geben und sie unter der Oberherrschaft des Papstes zu belassen. Vor Visconti Venosta tat sich eine höchst beunruhigende Perspektive auf: Das mit Süddeutschland vereinte, also um einen starken katholischen Anteil vermehrte neue Preußen-Deutschland, siegreich gegen Frankreich und auf dem Kontinent politisch konkurrenzlos, könnte Frankreich als Schutzmacht des Papstes beerben und auf diese Weise Italien in eine neue Abhängigkeit bringen. Sofort ließ der italienische Außenminister in

Harry Graf von Arnim (1824–1881) war Gesandter des Norddeutschen Bundes beim Heiligen Stuhl von 1864 bis 1871.

Berlin anfragen, ob sich die preußische Politik in der Römischen Frage geändert habe. Und an Cadorna sandte die Regierung jenes, den General so verärgernde Telegramm, das ihn anwies, den Vormarsch auf Rom möglichst zu beschleunigen. Unterdes ließ sich Arnim, dessen Äußerungen seine preußischen Kollegen in Florenz völlig vor den Kopf gestoßen hatten, umständlich zwischen den Fronten der Italiener und der päpstlichen Truppen nach Rom zurückgeleiten, wo sein Eintreffen sogleich eine Rauchwolke von Gerüchten erzeugte. Um Rom sah der Graf zerstörte Brücken, aufgerissene Eisenbahnen und gesprengte Häuser, »ohne dass es möglich war, einzusehen, in welchem Verhältnis diese Maßregeln zu der beabsichtigten militärischen Kraftäußerung stehen«.[54] Diese Kraftäußerung zu unterbinden und sich als glänzender Schiedsrichter über den Parteien zu erweisen, wurde in den folgenden Tagen das Ziel des ehrgeizigen, im Hochgefühl der preußischen Siege agierenden Diplomaten.

Erst versuchte er, den Papst von dem Plan einer demonstrativen Verteidigung abzubringen; die Kurie lehnte trotz ihrer Hilflosigkeit, die ihr nahe legte, sich in die Arme des schönen Grafen zu werfen, ab. Der Papst sprach ihm gegenüber sogar von Abreiseplänen nach der Okkupation, was noch einmal die Federn aller europäischen Geschäftsträger in Rom hektisch über das Kanzleipapier kratzen ließ und Arnim veranlasste, den britischen Vertreter sehr aufdringlich nach dem Zweck des bereitgestellten englischen Schiffs zu fragen. Dann schlug Arnim der italienischen Regierung vor, auf die Okkupation Roms unter der Bedingung zu verzichten, dass der Papst dafür sofort alle fremdländischen Truppen entlasse. Das wurde im Kabinett in Florenz selbstverständlich ebenfalls abgelehnt. Arnim motivierte sein Tun mit der Sorge um die nichtitalienischen Soldaten in der Armee des Papstes, für die die fremden Diplomaten in Rom nun sorgen müssten, da es der Papst bald nicht mehr könne. Inzwischen hatte der alarmierte Visconti Venosta noch einen Sekretär seines Ministeriums in Cadornas Hauptquartier entsandt, damit der General angesichts der neuen Unruhe an der diplomatischen Front kompetent beraten sei – wiederum nicht zur Freude des geplagten Cadorna. Dieser hatte unterdessen am 15. September, gleich nach Arnims Durchreise, noch von der Via Cassia aus eine erste Aufforderung an General Kanzler ergehen lassen, sich zu ergeben – der Überbringer der Kapitulationsforderung war mit verbundenen Augen nach Rom ins Armeeministerium gebracht worden –, was der päpstliche Oberbefehlshaber trocken abgelehnt hatte: »Seine Heiligkeit wünscht Rom von seinen eigenen Truppen besetzt zu sehen und nicht von denen eines anderen Souveräns.«[55] Das italienische Ansinnen wurde dann am folgenden Tag, nach der Eroberung Civitavecchias, mit Verweis auf die Nutzlosigkeit eines möglichen

Blutvergießens und den Jubel der Bevölkerung beim Vorrücken der Italiener, wiederholt – Cadorna und seine Regierung hofften inständig, die römische Aktion endlich ohne weitere Einmischung von außen abschließen zu können. Kanzlers ablehnende Antwort wurde am 16. September um 23 Uhr abgesandt, erreichte Cadorna also vor Arnims Besuch bei der Tiberüberschreitung am Vormittag des 17. Arnim verlangte von dem italienischen Oberbefehlshaber einen Aufschub des Angriffs auf Rom um 24 Stunden, die er dazu nutzen wolle, den Papst zum Verzicht auf gewaltsamen Widerstand zu bewegen. Cadorna, in seinem Stolz verletzt, gereizt und wütend auf Arnim und die eigene Regierung, verweigerte sich dem Ansinnen gleichwohl nicht, denn ihm war klar, dass er vor dem 19. September ohnehin nicht im Stande sein würde, den Angriff auf die Stadt ins Werk zu setzen.

Der von Arnim so glänzend durchgesetzte »Aufschub« gab dem preußischen Diplomaten Gelegenheit für die bizarrste seiner Aktionen. Am 17. September abends ließ er die in Rom anwesenden Diplomaten zu einem gemeinsamen Diner in die österreichische Botschaft einladen, um ihnen einen wichtigen Vorschlag zu unterbreiten. Sein Inhalt fiel in die Runde, so formulierte es der englische Vertreter, »wie eine Bombe«. Der Vorschlag lautete: Die europäischen Gesandten in Rom sollten eine Kollektivnote an den Papst richten, um ihn von einer bewaffneten Verteidigung abzubringen. Da die Übermacht der Italiener ausreichend festgestellt worden sei, erübrige sich der Kampf, den man sich aus Menschlichkeitsrücksichten also ersparen solle. Diesen Vorschlag brachte Arnim aber nicht persönlich vor, denn er war zu dem Diner, zu dem er geladen hatte, gar nicht erschienen, vielmehr hatte er den österreichischen Kollegen zu seinem Stellvertreter an diesem Abend ernannt. Grund von Arnims Nichterscheinen war vor allem, dass er dem französischen Geschäftsträger nicht begegnen wollte – schließlich lag Preußen mit Frankreich im Krieg. Arnims merkwürdige Idee wurde nach kurzer Diskussion einmütig abgelehnt, nachdem sich vor allem die katholischen Länder Frankreich, Bayern und Belgien scharf dagegen ausgesprochen hatten. Sie erkannten, was dem Preußen selbst offenbar gar nicht klar war: Hätten die italienischen Truppen auf Grund einer auswärtigen Intervention kampflos in Rom einziehen können, wäre dies vor allem der italienischen Seite zugute gekommen; es hätte ausgesehen wie eine europäische Zustimmung zur Okkupation Roms. Was am 13. September in Florenz wie die Einleitung eines papstfreundlichen Kurses ausgesehen hatte, mündete nun also in einen objektiv proitalienischen Vorschlag. Nichts zeigt die Unüberlegtheit von Arnims Agieren mehr als diese Widersprüchlichkeit. »Ich bin mir wohl bewußt«, meldete am selben Abend der bayerische Vertreter nach München, »daß gewisse Momente sich manchmal ergeben, in welchen ein Diplomat, ohne vorhergehende Instruktionen einholen zu können, auf seine eigene Verantwortung reden und handeln muß. Allein, im gegebenen Falle war, meiner Überzeugung nach, eine solche Notwendigkeit nicht vorhanden. Meines Erachtens wäre ich meiner Pflicht untreu gewesen, hätte ich, *ohne Befehl Eurer königlichen Majestät*, den Hl. Vater offiziell, in meiner Eigenschaft als bayerischer Geschäftsträger, aufgefordert, die Tore Roms ohne jedweden Widerstand einer fremden Armee zu öffnen.«[56]

Auch der Papst lehnte erwartungsgemäß die Aufforderung ab, auf Widerstand ganz zu verzichten. Am 18. September erreichte Cadorna im »Haus der Irren« ein kurzes Schreiben Arnims, das die Ergebnislosigkeit von dessen Aktion meldete. Mittags war der »Aufschub« abgelaufen, und Cadorna konnte weiter daran arbeiten, den Befehl aus Florenz umzusetzen, nun ohne weitere Umstände Rom einzunehmen – »mit Vorsicht, Mäßigung und ohne Aufschub«.[57] Während Graf Arnim in Rom den 19. September – den letzten Lebenstag des Kirchenstaats – damit verbrachte, sich in zwei langen Schreiben an seine Vorgesetzten zu rechtfertigen, traf Cadorna draußen die letzten Dispositionen für den Angriff.

Vor dem Sturm

Die römischen Stadtmauern – immer noch weitgehend die im dritten Jahrhundert vom Kaiser Aurelian errichteten Befestigungen – wurden abschnittsweise den vier regulären Divisionen zugewiesen. Zugleich teilte man die Stadt in vier entsprechende Besatzungszonen auf. Besondere Vorsicht und Schonung für die Monumente und Kunstschätze der Stadt schärfte Cadorna seinen

Divisionskommandanten ein. Kriegsgefangene sollten in Castro Pretorio gesammelt werden, ihre Behandlung würde Gegenstand der Kapitulationsverhandlungen sein und je nach Status und Nationalität unterschiedlich ausfallen. Bixios Division war in Cadornas Angriffsbefehl zunächst nicht vorgesehen, doch kündigte der ungeliebte Haudegen mit einem Telegramm sein Eintreffen für den Abend des 19. September an. Er hatte seine Division in Civitavecchia kurzerhand auf die Eisenbahn verladen und in die Nähe Roms gebracht und rückte in Gewaltmärschen auf die rechte Tiberseite zu, ausgerechnet ins unmittelbare Hinterland des Vatikans, was Cadorna im Hinblick auf die von Florenz anbefohlene »Vorsicht und Mäßigung« stark beunruhigte. Cadorna sah daher vor, dass die Division Bixios, ebenso wie das von Süden kommende Corps, keinen eigenen Angriff beginnen sollte, sondern lediglich durch heftigen Beschuss der Mauern und der Tore die Verteidiger vom eigentlichen Angriffspunkt um Porta Pia ablenken sollte. Im Übrigen drang der Angriffsbefehl des Generals – er war so detailliert und ausführlich, dass einer der mit dem handschriftlichen Vervielfältigen betrauten Stabsoffiziere noch vierzig Jahre später über die Tortur stöhnte und ihn *lungo lunghissimo affaticante* nannte[58] – noch einmal auf höchste Ordnung und schärfte die Respektierung des Eigentums bei der Eroberung ein, denn »die Nationen richten ihre Augen auf uns, und wir sind dabei, unsere eigene Hauptstadt zu gewinnen«. Im Morgengrauen des 20. September würde der Angriff beginnen. Die Soldaten sollten dann bereits gefrühstückt und sich für den Tag mit Brot, Fleisch und Wein ausreichend versorgt haben. »Der Gesundheitszustand der Truppen war exzellent«, so Cadorna in seinem Bericht. »Die Anzahl der Erkrankten, zuvor schon bei mageren 0,47 Prozent, war auf 0,38 Prozent gesunken.«[59]

In Rom befanden sich, als der italienische Ring um die Stadt sich geschlossen hatte, annähernd 9000 Soldaten, die locker auf die etwa 18 Meilen der Umfassungsmauer verteilt waren und über 30 Kanonen geboten, die ein Augenzeuge als »verstaubt« beschreibt. Die Erdarbeiten an den Toren wirkten auf die Angreifer wenig beeindruckend, noch weniger die an Seilen aufgehängten Matratzen, mit denen man die Mauern bei Porta Pia und den anderen großen Toren tapezierte. Auf der Peterskuppel, auf dem

Turm von Santa Maria Maggiore und auf San Giovanni in Laterano waren Beobachtungsposten eingerichtet worden, die jede feindliche Bewegung telegraphisch ins Hauptquartier meldeten.

Wie zuweilen bei großen historischen Ereignissen, die sich lange vorher angekündigt hatten, war die Stimmung in den allerletzten Tagen des päpstlichen Rom halb feierlich, insgeheim aber auch halb unernst – die Spannung hielt nicht mehr recht. Manche Häuser des städtischen Patriziats sowie die geistlichen Institute waren verbarrikadiert, so als stünden die Türken vor den Toren. Doch die Furcht war mehr gespielt als real, sozusagen eine Sache der guten Form. Ganz aufrichtig dagegen waren die Anteilnahme und die Sympathie, mit denen der fast achtzigjährige Papst in diesen Tagen umgeben wurde. Trotz aller politischen Opposition war er persönlich beliebt, und das Mitgefühl war groß. Von einem Gebetstriduum, das am Abend des 14. September seinen Abschluss fand, wird übereinstimmend berichtet, die Beteiligung aller Schichten der römischen Bevölkerung sei überwältigend gewesen. »Ich war tief beeindruckt von dem, was ich sah«, schrieb der sonst kühle britische Vertreter. Als der Papst nach der Anrufung der Muttergottes die Peterskirche verließ, konnte er kaum einen Weg durch die Menge finden. Nie sei die Kirche überfüllter gewesen, nie die Menge stärker bewegt, die sich da mit Pius IX. zum Gebet vereint habe, berichtete der französische Geschäftsträger. Für ihn waren diese Tage besonders melancholisch. Er musste den bevorstehenden Sturz der weltlichen Herrschaft des Papstes auch als Niederlage seines Landes empfinden. »Und in Folge einer jener grausamen Ironien, von denen der Augenblick derzeit so bedeutungsschwer ist«, schrieb er, »traf es sich, dass die Rückkehr des Barons von Arnim, des preußischen Ministers, nach Rom den Hauptgegenstand der Gespräche in der Menge darstellte, die Sankt Peter verließ.«[60]

Erst in diesen Tagen entschied sich eine Auseinandersetzung, die sich verborgen hinter den Mauern des Vatikans über fast zehn Tage hingezogen hatte, und in die Arnims irregeleitete Aktion unvorhergesehen hineingeschlagen war. Es ging um die Frage, wie man es mit der Verteidigung der Stadt Rom halten solle. Erst der Besuch des Grafen Ponza di San Martino hatte den Papst davon überzeugt, dass die Italiener wirklich im Kirchenstaat einmarschieren würden. Doch während der ganzen Woche, die der Vormarsch von Cadornas Truppen beanspruchte, scheint Pius IX. noch immer daran gezweifelt zu haben, dass die Italiener es wagen würden, die Ewige Stadt mit Gewalt anzugreifen. Was in dem Fall, dass dieses ungeheure Sakrileg begangen würde, geschehen solle, darüber waren die Meinungen geteilt. General Kanzler war für eine militärische Verteidigung, die ihm und seinen Soldaten Gelegenheit geben würde, endlich ihre Opferbereitschaft, ihren Glaubensmut und auch ihr Können unter Beweis zu stellen; Kanzler wollte in einer heldenhaften Schlacht, gewissermaßen mit wehenden Fahnen, untergehen. Kardinal Antonelli war ganz gegen die Inszenierung eines solchen kreuzzughaften Schauspiels; es würde nichts am Ausgang ändern, einige Menschen das Leben kosten und so den Papst moralisch belasten. Der Staatssekretär plädierte dafür, die Tore Roms zu schließen und sonst keine Verteidigungsanstrengungen zu unternehmen. Die italienische Armee hätte dann die Tore mit Gewalt aufbrechen müssen und wäre im Übrigen von den päpstlichen Truppen mit Gewehren bei Fuß, sozusagen mit vorwurfsvollem Schweigen empfangen worden – ohne heldenhaften Kampf, ohne Menschenopfer und ohne moralische Verluste für die Kirche. Der Papst in seinem Unglauben, dass die Italiener angreifen würden, schwankte. Dieses Schwanken zeigt sich darin, dass der schriftliche Befehl, in dem der Papst seinem oberkommandierenden General die Verteidigung Roms auftrug, in zwei Versionen überliefert ist. Die erste – sie kam unter dem Eindruck von Ponzas Besuch zu Stande und ist auf den 14. September datiert – legte fest, dass die Verteidigung »allein in einem Protest bestehen dürfe, der geeignet ist, die Gewalt festzustellen, und nicht mehr: das heißt in wenigen Schüssen auf den Feind.« In einem Moment, in dem ganz Europa zahllose Opfer beklage, »Folge eines Krieges zwischen zwei großen Nationen«, schrieb der Papst eigenhändig, »soll man nicht sagen, dass der Vikar Jesu Christi, wie ungerecht auch immer überfallen, einem großen Blutvergießen zuzustimmen habe. Unsere Sache ist die Gottes, und Wir legen ganz unsere Verteidigung in seine Hände.« Noch am Abend des 19. September freilich erreichte Kanzler eine Veränderung dieses Befehls. Der Satz, der von wenigen gegen den Feind abzufeuernden Schüssen gesprochen hatte, ordnete nun an, die Verhandlungen zur Übergabe zu eröffnen, »sowie die Bresche offen ist«. Diese zweite Version wurde schon am Tag nach der italienischen Okkupation in der *Civiltà Cattolica* publiziert. Da auch die erste Fassung bald bekannt wurde, begann ein sich über Jahrzehnte hinziehendes Rätselraten über die Umstände und Motive der Veränderung. Lange Zeit hat man geglaubt, sie habe eine Unbotmäßigkeit Kanzlers decken sollen, der länger kämpfen wollte, als es ihm zugestanden worden war. Die italienische Seite sah sich in ihrem Verdacht bestätigt, der Papst sei Gefangener seines Militärs gewesen, und eigentlich hätten die Militärs der Kurie die Italiener gezwungen, sich ihre Hauptstadt mit Waffengewalt zu erobern. Erst die 1978, hundert Jahre nach dem Tod von Pius IX., publizierten Memoiren von General Kanzlers Sohn haben den richtigen Ablauf geklärt. Etwas mysteriös bleibt freilich, dass die neue Formulierung des Befehls von einer Bresche, noch dazu mit dem bestimmten Artikel spricht. Kanzler muss, als er den Papst zur eigenhändigen Veränderung des Befehls überredete, genau gewusst haben, was ihn und seine Truppen erwartete.[61]

Der Papst selbst war in den letzten Tagen vor der Eroberung nach Auskunft seines Kammerherrn sehr erregt und verzweifelt. Am 18. September fand er ihn an seinem Schreibtisch sitzend, wie er eine Scharade auf das Wort *Tremare* (Zittern) schrieb, ein anspruchsloses Gedicht, welches das Verbum in die Zahl Drei (*tre*) und das Wort Meer (*mare*) zerlegte. Am 19. verließ Pius IX. zum letzten Mal in seinem Leben den Vatikan. Er begab sich zur Scala Santa bei San Giovanni in Laterano. Auf Knien kroch der beleibte, weiß gekleidete Hohepriester, unterstützt nur von dem Kammerherrn, der uns die ganze Szene überliefert hat, die Stufen nach oben. Dort hielt er vor dem Kreuz und betete mit lauter und bewegter Stimme für die Kirche und sein römisches Volk, »mit einer Empfindung, dass es zum Weinen war«. Unten segnete er, den seine Emotionen schon zu überwältigen drohten, auf Bitten eines seiner Generale die angetretenen Truppen. »Ihre Begeisterung war unsagbar.« Als der Papst seine Kutsche bestieg, um in den Vatikan zurückzukehren, schrie die Menge: »Santità, non partite! Heiligkeit, verlasst uns nicht!«[62] Am selben Tag hatte Antonelli auf Bitten Kanzlers noch Einfuhrerleichterungen für Tiere, Fisch und andere Lebensmittel angeordnet, deren Preise stark gestiegen waren, so die vielhundertjährige päpstliche Tradition einer paternalistischen Nahrungssicherung für die Urbs abschließend. Im Armeeministerium trafen stündlich Telegramme ein, die ungeheure Truppenmengen an allen Horizonten meldeten.

Die patriotisch-kämpferische Leidenschaft auf italienischer Seite war in jenen Stunden gewaltig, die Ungeduld fast unerträglich. Doch nicht weniger passioniert haben die päpstlichen Soldaten sie durchlebt. Sie beichteten, wenn wir den Berichten trauen dürfen, immer wieder und an allen Stellen der Stadt – Kreuzritter müssen ohne Sünde sein. Freunde übergaben einander Abschiedsbriefe für den Fall des Heldentodes. Mit verletztem Rechtsgefühl starrten sie auf die schwarzen, in hohe Staubwolken gehüllten Reihen der Italiener. Am 19. September, einem Montag, dröhnten die Kanonen schon wie aus Gewittern, und der Himmel schien düster und stürmisch. Erst als die Sonne untergegangen war, folgte eine grabesstille und schwarze Nacht. »Ich spazierte über die Mauern der Ewigen Stadt«, berichtete ein am Gianicolo stationierter Soldat, der Bologneser Zuave Antonio Maria Bonetti, »und betrachtete das Leuchten von tausend Fackeln zu meinen Füßen und starrte auf die überall von den Feuern der Feinde erleuchtete Campagna. So stand ich lange Zeit und genoß die Schönheit dieses kriegerischen Bildes. Schon zeigte sich die erste Morgenröte des 20. Septembers 1870, eines Tages der Trauer, der Qual, der Verzweiflung für alle Gläubigen, der in den Annalen des menschlichen Unrechts unauslöschbar bleiben wird, bis der höchste Richter über die Lebenden und die Toten alle Erschaffenen vor sein Antlitz ins Tal des Schicksals rufen wird, auf dass sie ihm Rechenschaft geben über ihre Taten, über ihre Verbrechen.«[63] Vor den Toren Roms stand die Nation mit ihren wehrpflichtigen Soldaten und ihrer freien Presse.

20. September 1870

Die Anspannung, mit welcher der 20. September erwartet worden war, zeigt sich auch darin, dass so viele Berichte die feierliche Morgenstille vor dem Beginn der Kämpfe erwähnen. Ein Schweizer Kanonier erzählt von den leeren Straßen im Inneren der Stadt, über die die päpstlichen Einheiten zu ihren Einsatzpunkten marschierten – laut mit Stiefeln die regulären Truppen, lautlos wie Katzen dagegen die Squadriglieri, jene Brigantenbataillone aus dem Süden, die man nur sah, nicht aber hörte, denn sie trugen bloß Sandalen aus weichem Leder. An den Häusern, in denen Fremde wohnten, sah man Flaggen der betreffenden Nationen, besonders häufig waren die englischen und amerikanischen Farben vertreten; die angelsächsischen Länder stellten damals das Gros der Reisenden zu den klassischen Stätten.

Großartig wie nur je war der Anblick Roms im Morgengrauen von der Ferne – Ugo Pesci, der Gewährsmann vom Florentiner *Fanfulla*, malt in Worten Bilder, wie wir sie aus Galerien zu kennen meinen. Die Mauern der Stadt, auch die um Porta Pia, lagen damals zwischen Weinfeldern und Villengärten, in einem dunkelgrünen Meer. Der Tag geriet wolkenlos, und das langsam aus der Nacht in ein blasses Violett, dann in Rosa und flammendes Orange sich tönende Licht ließ die braunen Massen dieser Mauern, die Tore, Häuser, Paläste, schimmernden Kirchenkuppeln immer klarer hervortreten. Schweigend schlichen die Soldaten sich an die Mauern heran, und auch die Kriegsberichterstatter unterbrachen ihre Gespräche und hielten den Atem an. »La nostra trepidazione solenne«, sagt Pesci in lyrischem Telegrammstil: »Unser Schauer feierlich.«[64] Eine, dann zwei, dann drei, dann ungezählt viele Kirchenuhren schlugen, einander in die Töne fallend, die fünfte Morgenstunde an. Wie viele verschiedene und fremdartige Stimmen die Glocken der Uhren haben können, das bemerkten die gespannt Lauschenden in diesen Augenblicken. Um 5.15 Uhr begannen die italienischen Kanonen mit dumpfem Lärm bei Porta Maggiore, Tre Archi und Porta San Giovanni auf die Stadt zu feuern; um 5.30 Uhr setzte das Bombardement zwischen Porta Pia, Porta Salara und Porta del Popolo ein; um 5.45 Uhr hatte Bixio im Westen die Villa Pamfili besetzt und schoss auf Trastevere. Der Lärm hatte die Stadt ein Mal umrundet. In denselben Minuten betrat der Papst, den man bei den ersten Kanonenschlägen geweckt hatte, sein Arbeitszimmer.

Bald stiegen überall, wo geschossen wurde, aus den Trümmern enorme Staub- und Rauchwolken, die den Himmel verdüsterten, und mit dem Heranrücken der italienischen Truppenmassen vervielfältigte sich der Lärm. Es schien wie das Ende der Welt, erzählte der päpstliche Freiwillige Bonetti von Porta San Pancrazio. Bixio warf Brandbomben in die Wohngebiete unterhalb des Gianicolo, wo Wohnhäuser, eine Mühle und eine Bäckerei in Flammen aufgingen. Eine Granate flog ins Innere von San Giovanni in Laterano. Die barocken Statuen, die die Fassade dieser Kirche krönen, schwebten wie Gespenster über den Rauchwolken. Die Matratzen, die um die Tore aufgehängt worden waren, mögen zunächst manchen antiken Ziegel geschützt haben, doch schon bald gingen sie in Flammen auf und vermehrten die Hitze, den Qualm und den Gestank. Bei San Giovanni war auch das einzige zivile Todesopfer dieses Kampfes zu beklagen, ein junges Mädchen, das sich unvorsichtig auf die Straße gewagt hatte und von einer Granate in Stücke gerissen wurde. Doch im Ganzen entsprachen die Gefahren dieser Kriegshandlung keineswegs dem Lärm, den sie verursachte. Die Weinbauern draußen vor den Mauern jedenfalls rückten immer näher hinter den Soldaten heran und stiegen neugierig auf die Dächer oder auf Erdhügel, um besser zu sehen. Die Journalisten machten sich die Aussichttürme der Villen zu Nutze, die so nahe gelegen waren, dass man sich vor den Kugeln der päpstlichen Remingtongewehre bücken musste. General Cadorna verlegte bald sein Hauptquartier in die von Porta Pia weniger als 800 Meter entfernte Villa Albani, wo Winckelmann ein Jahrhundert zuvor die Antikensammlung geordnet hatte. Vom Belvedere der Villa konnten Cadorna und sein Stab die Kämpfe wie auf einer Landkarte verfolgen.

Im Nebel der Gefühle und im Staub des Kampfes fehlte freilich den meisten der Kämpfer auf beiden Seiten diese Übersicht, und so hat jeder etwas anderes erlebt. Die päpstlichen Soldaten fochten mit Feuereifer, doch an vielen Stellen schon deshalb wirkungslos, weil die Geschütze nicht funktionierten und weil die Zahl der Truppen viel zu gering war. Auf der Seite Bixios entstand zunächst der Eindruck, die Mauer werde überhaupt nicht verteidigt, und ein Augenzeuge bricht noch in einem nachträglichen Bericht in wüstes Schimpfen über die Feigheit des päpstlichen Militärs aus; denn als vom Vatikan doch geschossen wurde, erzeugte dies eine überraschte Wut, die umso größer war, als die italienischen Truppen strikte Anweisung hatten, auf keinen Fall gegen den Vatikan vorzugehen, auf dieser Seite also wehrlos waren. Doch war eben auch nicht vorgesehen, dass Bixio auf dieser Seite so weit vorrücken sollte. Er hatte sich und seine Division aus lauter Draufgängertum in diese Lage gebracht und musste einen Teil seiner Truppen aus dem Bereich der vatikanischen Schützen herausbringen. Noch in der Erinnerung galt der Hass der beteiligten Italiener den Glaubenskämpfern aus Bayern und Salzburg, die dort hinterrücks auf sie geschossen haben sollen. Bixio, dessen Division wie alle Einheiten außer der bei Porta Pia nur zur Ablenkung feuern sollte, war der Einzige, der der Stadt Rom in ihrem Inneren ernsten Schaden zuzufügen drohte, und das wiederum löste auf der päpstlichen Seite Empörung und Wut, bei den europäischen Diplomaten Befremden und Missbilligung aus. Das also seien die »moralischen Mittel« gewesen, mit denen man zu den Römern als »Brüdern und Italienern« gekommen sei, um sie zu »befreien«, verhöhnte Bonetti in seinem Bericht die amtlichen italienischen Formeln.[65] Freilich konnte kaum jemand über Bixios Eigenmächtigkeit erzürnter sein als Cadorna, der noch viele Jahre später den Einsatz des Garibaldiners im Feldzug nach Rom für einen schweren Fehler erklärte.

Militärisch war die Sache in kürzester Zeit entschieden. Schon kurz vor 9 Uhr, dreieinhalb Stunden nach dem Beginn des Bombardements, war eine Bresche in die Mauer nördlich von Porta Pia gelegt. Um 9.20 Uhr wurde im Armeeministerium des Papstes die Kapitulation beschlossen, um 9.50 Uhr wehte eine weiße Fahne auf der Kuppel von Sankt Peter, auf dem Quirinal und bald an allen umkämpften Punkten im Mauerring – oft waren es nur weiße Hemden oder Bettlaken, denn man hatte die Zeichen der Ergebung nicht vorbereitet. Bei Porta Pia gingen die Kämpfe noch über eine Viertelstunde weiter, und an dieser Stelle kam es, als die Italiener haufenweise in die Bresche drängten, auch zu dem einzigen direkten Gefecht zwischen den verfeindeten Truppen; zahlreiche Todesopfer und schwere Verwundungen waren zu beklagen. Italien durfte sich hinterher also einiger echter Helden bei der Eroberung seiner Hauptstadt rühmen, nicht nur des Unteroffiziers Federico Cocito, der als Erster den Rand der Bresche überwand und Rom betrat, wie ihm eine eigens eingesetzte Kommission und ein königliches Dekret am 11. Dezember 1870 bescheinigten, sondern auch jene Offiziere, die noch als Verwundete ihre Einheiten vorantrieben zum großen vaterländischen Sieg. Schließlich wussten alle, so behauptet es Pesci, dass dies einer der größten Tage der Weltgeschichte sein würde, und wer wollte sich da unwürdig zeigen?

Um den am Ende doch blutigen Kampf an der Bresche bei Porta Pia wurde danach noch lange gestritten. Wie Antonelli es erwartet hatte, kam gleich Unbehagen darüber auf, dass der Papst überhaupt hatte kämpfen lassen, und dass die Feststellung, er weiche nur der Gewalt, so viele Menschenleben gekostet hatte. Auf der Seite des Papstes waren insgesamt neunzehn Soldaten gefallen und achtundsechzig verwundet worden, bei den Italienern gab es neunundvierzig Gefallene und hundertzweiunddreißig Verwundete. Als die weiße Fahne schon aufgezogen war, ging der Kampf der ineinander verkeilten Truppen minutenlang erbittert weiter, und beide Seiten beschuldigten einander, noch geschossen zu haben, als das Friedenszeichen schon sichtbar war. Die Schwierigkeit, das Ende der Kämpfe an dieser Stelle durchzusetzen, nahmen die Italiener als weiteren Beleg dafür, dass der Papst nicht Herr über seine fremdländischen, blutrünstigen Truppen gewesen sei. Die zögerliche Beendigung des blutigen Scharmützels bei Porta Pia zeigte ebenso wie die schon bald über den Papstbefehl und seine beiden Fassungen ausbrechende Debatte, wie Recht Antonelli mit seiner Haltung gehabt hatte; denn wie hätte eine rein »demonstrative« Verteidigung aussehen können? Man hätte sie nach wenigen Minuten abbrechen müssen. Es zu einer Bresche kommen zu lassen aber bedeutete in jedem Fall, einen verhältnismäßig blutigen Kampf in Kauf zu nehmen. Der Befehl wurde in der Version, die ihm der Papst auf Kanzlers Drängen am Vorabend gegeben hatte, um 9.50 Uhr im Armeeministerium verlesen, als man sich zur Kapitulation entschloss. Da standen also die Sätze, die davon sprachen, der Vikar Christi dürfe keinem großen Blutvergießen zustimmen. Doch das sahen seine Soldaten, einmal losgelassen, zwangsläufig anders. Sie mussten sich als Kreuzritter fühlen. »Palästina liegt heute in Rom«, sang ein Zuave mit gezücktem Schwert noch im Kugelhagel auf der Bresche, und der Freiwillige Bonetti auf dem Gianicolo erlebte, wie er selbst berichtet, den quälendsten Moment erst, als die weiße Fahne aufgezogen wurde. Er legte sich unter einen Baum, »Beute der finstersten Melancholie«, bis der Befehl kam, mit Waffen und Gepäck zum Petersplatz zu marschieren.[66]

Der Papst war am frühen Morgen bei den ersten Kanonenschlägen geweckt worden. Eine Stunde später trafen im Vatikan, wie vorher abgemacht, die in Rom anwesenden Gesandten und ausländischen Geschäftsträger ein, um durch ihre Gegenwart das Oberhaupt der katholischen Kirche zu schützen und seine Unverletzlichkeit zu bezeugen. Mitten im Zeitalter der Nationalstaaten erschien das Papsttum in diesem Vorgang als letzte Einrichtung der christlichen Ökumene und zugleich als erste internationale Institution. Die Diplomaten, die mit ihren prunkvollsten Karossen und in Galauniformen erschienen waren, wurden um 7.15 Uhr in die Privatkapelle zur stillen Messe eingeladen, die der Papst selbst mit heller kräftiger Stimme las, während die Kanonen Bixios die Fensterscheiben der päpstlichen Gemächer erklirren ließen. Nach einer zweiten Messe wurde um 8.45 Uhr das diplomatische Corps vom Papst in seinem Arbeitszimmer empfangen. Die ganze Zeit über fiel Arnim, der ein Fernglas mitgebracht hatte, mit dem er die Stellungen Bixios zu rekognoszieren hoffte, durch seine zapplige Unruhe auf; was ihm, weil er Protestant war, nachgesehen wurde. Die Diplomaten – anwesend waren die Vertreter Boliviens, Preußens, der Niederlande, Belgiens, Portugals, Brasiliens, Österreichs, Spaniens, Frankreichs, Bayerns und Monacos – saßen im Halbkreis um den Papst, der, so Arnim, »die Lasten der Konversation ganz allein trug, indem er in gezwungen scherzhafter Weise einen Vortrag über seine eigenen Erlebnisse hielt«.[67] Pius erinnerte sich aber nicht nur an seine Jugendzeit, sondern auch an einen ähnlich schmerzlichen Moment am Beginn seines Pontifikats, als er 1848 auf dem Quirinal von den Revolutionären Roms angegriffen worden war und schon einmal von den in Rom anwesenden Diplomaten hatte geschützt werden müssen. Der bayerische Vertreter spricht von der »auffallenden Ruhe und Geistesgegenwart« des Papstes, und Arnim erzählt, dass der Heilige Vater zwar bei jedem Schuss Bixios zusammenfuhr, aber doch nicht die priesterliche und weihevolle Würde verlor, »welche der tragischen Stunde entsprach«. Tragisch aber war diese Stunde vor allem für die über fünfzig Menschen, die während des päpstlichen Plauderns ihr Leben ließen.

Pius IX., geboren 1792 als Giovanni Maria Graf Mastai-Feretti, Papst von 1846 bis 1878.

Um 9.50 Uhr wurde gemeldet, dass die Bresche bei Porta Pia offen sei und dass der Kampf auf den Straßen Roms hätte weiter-geführt werden müssen. Darauf befahl der Papst, dass die weiße Fahne aufgezogen würde, die zehn Minuten später auf der Peters-kuppel für ganz Rom sichtbar wurde. Kurz danach kehrte Stille ein, nur Bixio setzte das Bombardement noch minutenlang fort. Pius verabschiedete die Diplomaten im Stehen mit einem förmlichen anklagenden Protest gegen das ihm zugefügte Unrecht, den er unter lautem Weinen vorbrachte. Er habe nur einen Wunsch, dass die göttliche Vorsehung ihm gestatten möge, die letzten Stunden seines langen sturmbewegten Lebens in Frieden und im Gebete zu beschließen. Er sprach jeden einzelnen Gesandten an und legte ihm die Fürsorge für die Soldaten seines Landes ans Herz. Als er bemerkte, dass niemand aus der Englisch sprechenden Welt anwesend war, fragte er beunruhigt, wer sich denn der Briten, Iren und Kanadier annehmen könne – gerade Letztere waren zahlreich in der päpstlichen Armee vertreten. Doch Arnim entsprach seiner Bitte, den englischen Geschäftsträger zu benachrichtigen, aus Etiketterücksichten nicht; der Brite war nicht eingeladen worden, da er nur die Stallwache in seiner Botschaft hielt, und so erachtete ihn Graf Arnim nicht als würdigen Gesprächspartner.

Der Papst bat die europäischen Diplomaten, sich sogleich zu Cadorna zu begeben, um bei den Kapitulationsverhandlungen, die unterdessen begonnen hatten, für die päpstlichen Soldaten einzutreten. So machte sich ein sonderbarer Zug von altmodisch verzierten Staatskarossen mit livrierten Dienern auf den Trittbrettern auf den Weg nach Porta Pia. Dort wurden sie von einer johlenden Menge Schaulustiger empfangen, die sich um die Bresche versammelt hatte – ob es Römer waren oder mit den Italienern von außen eingedrungene Emigranten, Journalisten und Weinbauern, ist unklar. In den indignierten Berichten der so Verspotteten ist viel von dem »Gesindel« die Rede, das sie da empfangen habe. Nur der Bayer vermutet, dass man die Gesandten wegen der Phantasieuniformen ihrer Diener für päpstliche Beamte gehalten haben könnte. Die Diplomaten mussten, da das Tor unpassierbar war, ihre Kutschen verlassen und sich, schwitzend in ihren Uniformen, erstickt von ihren Federhüten, gestützt auf ihre bunt gekleideten Diener, die aussahen, als seien sie einer ornithologischen Sammlung entkommen, in der Mittagshitze über Trümmer und Sandsäcke quälen, vorbei an den staubbedeckten, breit grinsenden Soldaten, dem machtvollen Volk, das höhnisch auf die ohnmächtigen kosmopolitischen Vertreter einer überlebten internationalen Ordnung blickte – so hat Ugo Pesci uns die Szene nicht ohne demagogische Untertöne überliefert.

Die Villa Albani liegt in Schussweite von Porta Salara entfernt, weniger als einen Kilometer von Porta Pia. Doch die schwerfällige Gruppe der Diplomaten brauchte zwei Stunden, um querfeldein, durch die im Sturmschritt zur Besetzung Roms anrückenden italienischen Kolonnen sich mühselig Bahn brechend, zum italienischen Hauptquartier zu gelangen. Dort aber verließ in dem Augenblick, in dem das von Bersaglieri geleitete Diplomatencorps ankam, Graf Arnim den Schauplatz und verkündete zum großen Ärger vor allem des Franzosen, alles sei schon geregelt. Er war separat vorangeeilt, hatte die Villa nach einer halben Stunde erreicht und mit Cadorna bereits gesprochen, während seine unsportlicheren Kollegen von ihrer italienischen Eskorte vielleicht sogar im Kreis herumgeführt worden waren, was der italienische Ausdruck dafür ist, wenn man jemandem einen Streich spielt: *prendere in giro*.

Cadorna empfing die europäischen Vertreter, die da an seinen Waffenstillstandsverhandlungen teilzunehmen verlangten, höflich, lehnte aber jede Beteiligung Fremder an der Kapitulation der päpstlichen Armee mit Bestimmtheit ab. Ihm und dem ihm von Visconti Venosta beigegebenen Außenamtssekretär war klar, welche unberechenbaren Folgen jede Form von Internationalisierung der Übergabe Roms hätte haben können. In dieses »Wespennest« (Cadorna) durfte er auf keinen Fall treten. Er versicherte daher die Diplomaten der guten Absichten der italienischen Regierung, was Arnim, der Dekan des Kollegiums, als ausreichend akzeptierte, so dass es bei diesem »acte de présence« (Arnim) verblieb. »Und alsbald«, so Cadorna mit ungewohnter Ironie, »beurlaubte sich das diplomatische Corps mit vielem wechselseitigem Händeschütteln vom General, der ihm feierliche Ehren erweisen ließ, bis es Rom wieder erreicht hatte.«[68]

Die Kapitulationsverhandlungen zwischen Cadorna und Kanzler verliefen in frostiger Atmosphäre, und der Abschluss zog sich bis nach 15 Uhr hin. Cadorna war verärgert über eine Formulierung in Kanzlers Verhandlungsangebot, in der es hieß, der Papst »weiche nur der Gewalt«. Angesichts der Aufforderungen vor und während des Feldzugs, die auf eine friedliche Übergabe Roms zielten, sowie mit Blick auf die unnötig langen und blutigen Kämpfe an der Bresche, fand Cadorna den Verweis Kanzlers auf italienische »Gewalt« ungehörig. Noch am Tag danach hielt der General in einem Brief an Kanzler fest, dessen erstes Schreiben habe ungerechte und unpassende Ausdrücke enthalten. Außerdem verlangte Cadorna das persönliche Erscheinen Kanzlers zu den Verhandlungen. Also kam der päpstliche Oberbefehlshaber in großer Uniform, ordensbedeckt und mit gefiedertem Hut, jedoch zu Fuß, zur Villa Albani, insgeheim belächelt von den salutierenden italienischen Soldaten. Cadornas Abmachungen mit ihm beschränkten sich strikt auf militärische Fragen und erwähnten die Stellung des Papstes und der kirchlichen Institutionen mit keinem Wort. All das war Regierungssache und bereits im Voraus geklärt worden. Es wurde also vereinbart: Rom wird übergeben, mit Ausnahme des Gebiets zwischen der Engelsburg und der Festung von Santo Spirito, das den Vatikan umfasst – also der Leoninischen Stadt, die dem Papst verbleiben sollte. Die päpstliche Armee durfte mit militärischen Ehren die Stadt verlassen und musste nun ihre Waffen abliefern. Die fremden Soldaten sollten an die Landesgrenzen verfrachtet werden, und ihre Pensionsansprüche wollte man wohlwollend prüfen. Die Italiener sollten über Civitavecchia aus dem Gebiet des Kirchenstaats entfernt werden; über ihre Zukunft würde die Regierung später entscheiden. Cadorna rühmte sich, dass diese Bedingungen in vielen Punkten großzügiger waren als Kanzlers ursprünglicher Entwurf, der beispielsweise nichts von militärischen Ehren enthalten hatte. Doch stand dem italienischen General angesichts der internationalen Interessen, die sich an die Armee des Papstes knüpften, gar kein anderer Weg offen als die höchste Courtoisie, und ihn hat Cadorna mit bewährter Umsicht auch beschritten. Trotzdem sträubte sich Kanzler pflichtgemäß noch ein wenig, dann kamen die Diplomaten dazwischen, und so konnte der Vertrag erst am frühen Nachmittag unterzeichnet werden.

All das spielte sich im phantastischen Ambiente der Villa Albani ab, unter den Statuen von Kaiser Hadrian, von Pallas Athene, der Faustinen und Agrippinen. Die Stabsoffiziere ließen sich auf damastbezogenen Sofas nieder und bedienten sich aus großen Schalen mit Früchten aus dem Garten. Die Villa war von der Mauer bei Porta Salara aus heftig beschossen worden, und um Cadorna und seine Adjutanten flogen die Kugeln, wenn sie das Belvedere bestiegen, um die Lage zu überblicken. Eine dieser Kugeln aus den Gewehren der amerikanischen Firma Remington, über die die Italiener den ganzen Feldzug über so oft gespottet hatten, flog noch während der Verhandlungen quer durch einen Raum, in dem ein Hauptmann gerade eine Anordnung zu Papier brachte. Er hatte sich erhoben, um sich eine Weintraube aus einer der Obstschalen zu nehmen. Als er zu seinem Sessel zurückkehrte, steckte in dessen Rückenlehne die Gewehrkugel. Dass Cadorna selbst unverletzt blieb, wurde als Wunder erachtet.

Während der Morgenstunden hatte das Kabinett in Florenz ungeduldig auf Nachrichten aus Rom gewartet. Wie ganz Italien fieberte es nach Neuigkeiten vom großen nationalen Schauplatz. Doch die sonst so regelmäßig kommenden Telegramme Cadornas trafen nicht ein. Dabei hatte Cadorna in jeder einzelnen Phase des Angriffs ein knappes Bulletin für die Regierung diktiert, zuletzt um 11.30 Uhr: »Bewundernswert war Schwung und Leidenschaft beim Angriff auf die Stadt, dem bis zum letzten Augenblick von den Päpstlichen Widerstand geleistet wurde.«[69] Aber alle diese Telegramme waren liegen geblieben, weil die Angestellten der nächstgelegenen Station die Linie für die Organisation des Nachschubs freihalten wollten. Erst mittags wurden sie in einem einzigen Schwung nach Florenz durchgegeben, zur Erleichterung und Freude der Minister und der selbstlosen Freude der Stadt, die von nun an Kapitale Italiens nur noch auf Abruf war. »Man kann vor Lärm auf der Straße, Kanonendonner, Glockengeläute, Fahnenzeigen kaum seine Gedanken zusammenfassen«, schrieb der bayerische Gesandte Doenniges in diesen Stunden aus Florenz.[70]

Für Rom begann mit der Kapitulation eine lange Stunde null. Die Besetzung der Stadt durch ausgewählte italienische Einheiten – jeder der fünf an der Eroberung beteiligten Divisionen war ein Stadtbezirk zugeteilt worden – ließ sich erst im Lauf des Nachmittags umsetzen. Die Römer trauten sich noch nicht vor die Tür, und so lagen viele Straßen verlassen in der Mittagsstille. Die päpstlichen Soldaten harrten teils finster und besorgt mit ihren Waffen auf weitere Befehle, teils trotteten sie schon zum Petersplatz. So groß das Gedrängel beim Hereinstürzen in die

Bresche gewesen war, ins Innere der abwartenden Stadt rückten zunächst nur vereinzelte Italiener vor, ein paar Berichterstatter und höhere Offiziere. Mit fast unsicherem Schritt betraten sie den ersehnten Ort. »Wir sahen alles nur verschwommen, wie hinter einem Nebel«, heißt es in einer Erinnerung,[71] und dieser Nebel setzte sich aus dem Rauch der Trümmer und dem Tränenschleier der Gefühle gleichermaßen zusammen. Der junge Stabsoffizier Albertone ritt in dieser panischen Stunde auf seinem Pferd *Sorriso* allein in Rom ein. Bei Termini traf er auf eine größere Runde bärtiger päpstlicher Offiziere, die es sich unter freiem Himmel an den Tischen eines Cafés bequem gemacht hatten. Misstrauisch musterte man einander, und als der Italiener ein Bier bestellte, luden die Päpstlichen ihn ein und ließen das Glas vom Kellner zu dem einsamen Reiter hintragen.

Dann aber erwachte die Stadt, besann sich und erhob sich zu einem Festrausch, der die ganze Nacht durch bis in den kommenden Tag dauerte, wo er in einem Paroxysmus der Begeisterung gipfelte. Zunächst muss es die Erleichterung darüber gewesen sein, dass eigentlich gar nichts passiert war. Das wochenlange Warten und die Unsicherheit waren zu Ende. Außer den Bränden in Trastevere, der Bresche an der weit draußen gelegenen Mauer, den Einschüssen bei San Giovanni in Laterano und ein paar zerborstenen Fensterscheiben war Rom unversehrt geblieben. Die einrückenden italienischen Truppen zeigten sich, so berichten es römische, italienische und ausländische Beobachter übereinstimmend, von der angenehmsten Seite. Sie waren zurückhaltend, höflich, wohl voller ehrlicher Bewunderung für die große, machtvoll prunkende Stadt, die sie da erobert hatten, und die Römer dankten ihnen für ihr tadelloses Betragen und ihre sympathische Ausstrahlung mit einem Exzess der Verbrüderung. Von 3 Uhr an waren die Straßen und Plätze voll, überall spielte Musik, am häufigsten die Marcia Reale, der Marsch des Königshauses; man ließ den König hochleben und hängte Trikoloren an die Statuen der Heiligen und aus den Fenstern am Rand der großen Straßen. Die Fremden, auch die staubbedeckten Journalisten, wurden aufs Zutraulichste zu Kaffee und Limonade eingeladen, und es sei gewesen, als habe ein lange betäubtes Volk sich erhoben und die Lust am Leben mit einem Mal wiederentdeckt, sagt Ugo Pesci in seiner verklärenden Erinnerung. »In den Herzen aller brach sich das Gefühl der Italianità Bahn«, so Pesci, vor allem als die Soldaten und die Römer ihre unterschiedlichen klangreichen Mundarten miteinander verglichen. Die Berichte der Italiener lassen noch Jahre später einen ekstatischen Ton hören, wenn sie auf die Euphorie dieser Stunden zu sprechen kommen. Da war das liebenswürdige römische Volk mit seinen vielen schönen Frauen, da waren die überwältigenden Monumente dieses von Geschichte überladenen Bodens, und überall feierte man in der ausgelassensten Weise. Auf dem Kapitol wurde eine Gipsbüste des Königs aufgestellt, mit einer Frenesie der Begeisterung, »die kein Wort beschreibt, denn das Erhabene lässt sich nicht beschreiben« (Pesci)[72].

Das war die eine Seite. Die andere war, dass ein gesetzloser Zustand herrschte, in dem es keine öffentliche Sicherheit gab. Nun begann sich ein gegen die fremden Soldaten, übrigens, soweit die Berichte es erkennen lassen, fast ausschließlich gegen die französischen Zuaven gerichteter Hass auszutoben. Sie wurden bedroht und bespuckt, manche zitterten um ihr Leben, andere bekundeten todesmutig ihre Verachtung für die verspätete Rache an Wehrlosen. An mehreren Stellen der Innenstadt mussten italienische Bersaglieri ihre feindlichen Kollegen vor tätlichen Angriffen schützen. Päpstliche Wappen wurden von den Palästen, darunter ausländischen Gesandtschaften, gerissen, und hier zeigte sich ein politischer Hass, der zuvor nie ans Tageslicht gelangt war. War dies dasselbe Volk, das noch am Tag zuvor gerührt den Papst zu seinem letzten öffentlichen Gebet begleitet hatte? Wir wissen es nicht. Aber viel spricht dafür, dass es nicht nur klare politische Affekte waren, die sich am 20. September auf den Straßen auslebten, sondern dass es schon der Ausnahmezustand an sich war, der die Spannungen löste und die widersprüchlichsten Emotionen entfesselte. Die ausländischen Beobachter zeigen sich empört und indigniert über das, was sie sahen. Von einem »wüsten revolutionären Treiben« spricht Arnim und von einem »revolutionären Carneval«.[73] Die Preußen sahen überall Bassermannsche Gestalten durch die Straßen toben, jenes Fußvolk der Catilinarischen Existenzen, die aber diesmal nicht auftraten, um der Revolution eine Richtung zu geben. Allgemein war bei den Diplomaten die Verachtung für die Behandlung, die ein Teil der Römer den wehrlosen päpstlichen Soldaten zuteil werden ließ. Doch war es eigentlich ein Wunder, dass in den langen Stunden dieses Nachmittags und der darauf folgenden Nacht nicht mehr passiert ist. Das neunzehnte Jahrhundert, gebrannt von seinen vielen Revolutionserfahrungen, war wenig geübt, mit Krawallen zu leben. Und in Rom spielte sich ganz ohne Polizei etwas ab, was heutzutage von einem riesigen Aufwand an Sicherheitskräften begleitet würde: ein gigantisches Straßenfest mit einer politischen Demonstration. »Die Zahl derjenigen, welche den Fall der weltlichen Macht des Papstes wirklich bedauern, ist verschwindend klein«, schrieb Arnim. »Der Haß gegen die fremden Regimenter, gegen die Polizei, gegen das ganze alte Regierungssystem ist zu allgemein und zu tief gewurzelt, als daß das Mitleid mit dem Geschick des Papstes eine große Bedeutung haben könnte.«

Am Abend waren dann alle päpstlichen Truppen auf dem Petersplatz konzentriert – fast 9000 Mann mit ihren Waffen, Geschützen und Pferden. Dort lagen sie, zunächst nach Einheiten geordnet, doch schon bald ameisenhaft durcheinander laufend, ohne Nahrung auf dem nackten Steinboden des riesigen Platzes zwischen Berninis Kolonnaden. Und was hätte nicht alles passieren können, wenn diese Bombe der Frustration hochgegangen wäre! Italien hatte in dieser Nacht einen guten Stern, sagt Pesci. Einzelne Feuer wurden vor der Fassade der Basilika entzündet, und die Soldaten starrten auf das bis lange nach Mitternacht erleuchtete Fenster des Papstes. Immer wieder hörte man den Hymnus auf Pius IX. von Gounod, den die Militärorchester erklingen ließen.

Am nächsten Morgen trugen die Italiener einen bei der Bresche gefallenen Hauptmann mit vaterländischem Pomp zu Grabe. Dann zog Cadorna, der sein Hauptquartier erst jetzt in die Stadt verlegte, an der Spitze seiner Truppen quer durch die Stadt, von Porta Pia bis zu Porta San Pancrazio auf dem Gianicolo, wo die Sieger den Besiegten die militärischen Ehren erweisen und ihre Waffen entgegennehmen sollten. Es wurde ein Triumphzug, der mehrere Stunden in Anspruch nahm, so gedrängt voll waren die Straßen. Der Jubel war wieder einmal unbeschreiblich, überall wehten Trikoloren, die allerdings nicht überall freiwillig angebracht worden waren, wie ein preußischer Sekretär giftig notierte.

Doch ist an der Ehrlichkeit der Begeisterung im Ganzen nicht zu zweifeln. Kleine, zu Italienern gewordene Römer waren in Uniformen der Bersaglieri oder der Nationalgarde gesteckt worden und wurden dem einreitenden General aufs Pferd gereicht, damit er sie der frenetisch applaudierenden Menge zeige. Wolken von Blumenblättern sanken auf Cadorna hernieder. »In Rom einmarschieren an der Spitze eines italienischen Heeres, und dazu noch bejubelt einmarschieren«, schreibt Pesci, »wer hätte dafür nicht zehn, zwanzig Jahre seines Lebens oder Regierens gegeben!« Man sah beim Einzug sogar auf den Zügen des pflichtbewussten Generals sich ein Lächeln abzeichnen, obwohl noch immer nicht alle heiklen Aufgaben seiner Mission abgearbeitet waren.[74]

Oben auf dem Gianicolo stellten sich Cadorna, einer seiner Divisionskommandanten und – uneingeladen – General Bixio mit ihren Truppen auf, um die Parade der päpstlichen Armee abzunehmen. Die Truppen des Papstes waren um 12 Uhr vom Petersplatz aufgebrochen, um den Vatikan durch die Porta Cavalleggieri zu verlassen und auf der Außenseite der Mauern am Gianicolo entlangzumarschieren – außerhalb der Stadt, damit ihnen der Spott der Römer erspart bleibe. Der Abschied geriet herzzerreißend. Viele Soldaten hatten am Morgen an einer Andacht in Sankt Peter teilgenommen und küssten zu Hunderten kreuzschlagend den Fuß der Statue des heiligen Petrus, dem sie das Schicksal des Papstes und ihr eigenes anempfahlen. Als die Armee sich zum Abmarsch formierte, erschien Pius IX. am Fenster seines Schlafgemachs und segnete die Truppen. Der Anblick der fernen weißen Gestalt mit den erhobenen Händen öffnete noch einmal alle Schleusen der Rührung, so dass die Soldaten mit nassen Augen ihren Gang zur Parade antraten. Voran marschierten die Zuaven, die Italiener bei Porta San Pancrazio salutierten, dann warfen die Päpstlichen ihre Waffen beim Belvedere am Eingang der Villa Pamfili auf einen Haufen. Vereinzelte Rufe, die den Papst hochleben ließen, störten noch niemanden; doch als die Antiboini vorbeimarschierten und »Wiedersehen, auf bald!« (*Au revoir – à bientôt*) schrien – einige von ihnen sollen sogar Zigarren im Mund gehabt haben –, verlor Bixio die Beherrschung und schrie die französischen Freiwilligen an, sie hätten kämpfen müssen, wenn sie nun frech sein wollten. Über diesen Ausbruch ärgerte sich Cadorna, der eine Begabung dafür hatte, sich die Laune verderben zu lassen, wieder so heftig, dass es noch zwei Jahrzehnte später aus seinem Bericht raucht. Doch Cadorna hatte gar nicht recht wahrgenommen, was auf der Parade vor sich ging, denn er war von ganz anderer Seite in Anspruch genommen. Hinter einer Hecke versteckt – er wollte bei dem päpstlich-italienischen Vorgang offiziell nicht dabei sein –, wartete wer? Graf Arnim, der Gesandte des Norddeutschen Bundes.

Er war auf Bitten von Kardinal Antonelli zu Cadorna geeilt und hatte ihn gerade in dem Augenblick erreicht, als der Vorbeimarsch der päpstlichen Soldaten begann. Der Staatssekretär bat dringend um die Besetzung der Leoninischen Stadt, da man im Vatikan um die persönliche Sicherheit des Papstes bangte. Offenbar hatte der Jubelrausch der Stadt die Kurie in Panik versetzt, und die Vorstellung, sich nun allein auf Palastgarden und Schweizer verlassen zu müssen, konnte die Sorge nicht beschwichtigen. Auch kam es an den Toren des Vatikans bereits zu unschönen Szenen zwischen Angehörigen der Kurie und vereinzelten Volkshaufen. Angeblich wurde der Papst selbst beschimpft. Die Italiener sollten nun die Verantwortung übernehmen. Antonelli bat Arnim um Vermittlung, und der preußische Diplomat verbrachte den tumultuösen Vormittag damit, eilig zwischen den Italienern, dem päpstlichen Hauptquartier und dem Vatikan hin und her zu kutschieren. Denn Cadorna verlangte eine schriftliche Bitte aus dem Vatikan, bevor er einen so weit tragenden politischen Schritt unternehme. Also musste ein von Antonelli entworfener, von Kanzler unterschriebener Brief herbeigeschafft werden, den Arnim schließlich noch während der Parade aus seiner Hecke heraus weiterreichen konnte. Daraufhin rückten zwei italienische Bataillone über die Engelsbrücke in den Borgo ein.

Dieser Vorgang hatte lang nachwirkende Konsequenzen. Er beendete gleich im Ansatz den Versuch, dem Papst einen symbolischen Reststaat zu schaffen, um ihn ein äußeres Unterpfand seiner geistlichen Souveränität zu belassen. Die Vatikanstaatslösung wurde erst sechzig Jahre später, in den Lateranverträgen von 1929, Wirklichkeit. Dieser Verzicht auf die Leoninische Stadt geschah wohl nicht nur aus Furcht, sondern auf Antonellis Seite gewiss auch aus diplomatischem Kalkül. Die Annahme des winzigen Restgebiets von italienischen Gnaden hätte unausgesprochen einen Verzicht auf den großen Rest, das Patrimonium Petri, impliziert, also doch so etwas wie eine Anerkennung der italienischen Eroberungen bedeuten können. Warum sollte der Papst unter diesen Umständen ein römisches Stadtviertel behalten? Die Furcht war in diesen Stunden gewiss nicht gespielt, doch noch unter Druck verließ die päpstliche Diplomatie ihr kühler Kopf nicht. Diese Überlegungen lassen spätere klerikale Verdächtigungen, die Zwischenfälle am Vatikan seien von den Italienern provoziert worden, hinfällig werden.

Die päpstlichen Soldaten marschierten nach Ponte Galera, von wo sie über Civitavecchia nach Norden zu ihren verschiedenen Bestimmungsorten, entweder an die Landesgrenzen oder in ein Sammellager bei Alessandria, gebracht wurden – in verschmutzten Viehwagen und an manchen Bahnhöfen teils mit Beschimpfungen, teils aber auch mit ritterlichem Beifall bedacht. Viele der Franzosen kämpften dann weiter in dem großen Krieg gegen die Deutschen und sollen sich da aufs Tapferste bewährt haben.

Rom machte sich daran, eine weitere Nacht durchzufeiern. Viele Römer trugen Papierhüte mit einem großen *SÌ* darauf, in Erwartung des bevorstehenden Plebiszits. Auch als Cadorna sich abends am Fenster seines Hauptquartiers an der taghell erleuchteten Piazza Colonna zeigte, brach die Menge immer wieder in Sì-Rufe aus. In der ersten Proklamation des italienischen Generals an die Römer hieß es: »Nun ist eure Zukunft und jene der Nation in euren Händen. Stark durch eure freien Wahlstimmen, wird Italien den Ruhm haben, endlich eines der großen Probleme zu lösen, das die moderne Gesellschaft so schmerzlich ermüdet. Dank, ihr Römer, auch im Namen des Heeres, für den fröhlichen Empfang, den ihr uns bereitet habt. Die bisher bewundernswert eingehaltene Ordnung, bewahrt sie auch weiter; denn keine Freiheit ohne Ordnung. Römer! Der Vormittag des 20. September 1870 bezeichnet eins der denkwürdigsten Daten der Geschichte. Wieder ist Rom, und nun für immer, die große Hauptstadt einer großen Nation.«[75]

Der Anschluss

»Endlich sind wir in Rom! *Grande grandissimo avvenimento*«, schrieb Finanzminister Sella aus Florenz am 21. September an seinen Freund Marco Minghetti, den Gesandten in Wien. »Die Parole ›Rom ist unser‹ war ein elektrischer Funke, der vom einen Ende Italiens zum anderen raste und tiefe Begeisterung erregte. Auch Florenz war wunderbar«[76] – die provisorische Kapitale zeigte sich selbstlos glücklich über den Gewinn der Metropole, die ihr den Hauptstadtrang wieder nehmen würde. Selbst aus Frankreich, der völkerrechtlich am nächsten interessierten europäischen Macht, trafen Glückwünsche ein, die Visconti Venostas immer noch fortbestehende Sorgen ein wenig beruhigten.

Nun musste die neue Lage so schnell wie möglich legalisiert werden. Denn in Rom drohte der revolutionäre Karneval in eine basisdemokratische Aktion überzugehen. Am 22. September wurde im Kolosseum eine Volksversammlung anberaumt, die einer der nach zwanzig Jahren aus der Emigration zurückgekehrten Revolutionäre der Republik von 1849 leitete – der Triumvir Mattia Montecchi. Montecchi wollte eine provisorische Junta akklamieren lassen. Mit rauer Stimme, immer wieder von Rührung übermannt, sprach Montecchi vor einem unruhigen Publikum und verlas die Namen seiner Stadtregierung. Doch rasch endete alles in einem großen südlichen Durcheinander: wechselnder Applaus, Pfiffe, ständiges Kommen und Gehen ließen bald unklar werden, welcher der Kandidaten vom Volk nun akzeptiert oder abgelehnt sei. Montecchis Liste enthielt überwiegend gemäßigte Namen und nur wenige Radikale und Mazzinisten wie ihn selbst. Trotzdem wurde Cadorna, der sich ursprünglich in die Zivilregierung nicht hatte einmischen wollen, die Sache zu gefährlich. Was in den kleinen Provinzstädten Latiums reibungslos funktionierte – parteiübergreifende Verwaltungen der örtlichen Eliten –, das war in Rom praktisch kaum realisierbar. Im Kolosseum schauten Beobachter der europäischen Botschaften besorgt zu, und Cadorna fürchtete, dass ein revolutionäres Regime das heikle Verhältnis zum Papst irreparabel stören würde; in dieser für die italienische Zukunft entscheidenden Frage nichts zu präjudizieren, musste sein oberstes Ziel sein. Am 23. September ernannte Cadorna eine eigene Junta mit achtzehn Mitgliedern, darunter nicht nur verwaltungskundige Rechtsanwälte und Geschäftsleute, sondern auch große Namen der römischen Aristokratie, zwei Herzöge und zwei Fürsten, an der Spitze der betagte, blinde Michelangelo Caetani, Herzog von Sermoneta, aus der Familie Bonifaz' VIII., des Papstes, der 1300 das erste Jubeljahr in Rom verkündet hatte. Caetani akzeptierte die Nominierung »im Namen jenes Roms, das weder für die Revolution noch für die Knechtschaft ist«.[77]

Normalität kehrte wieder ein. Cadorna ließ die Zivilverwaltung weiterlaufen; die Gerichte sprachen ihre Urteile seit dem 24. September im Namen König Viktor Emanuels II.. Geschäfte und Lokale öffneten wieder, die Cafés wimmelten von den Neuankömmlingen. Am 23. September gestattete der Papst den italienischen Offizieren den Besuch der Vatikanischen Museen. Die einfachen Soldaten wagten sich auf Zehenspitzen in die Peterskirche, wo sie sich endlos bekreuzigten und den abgewetzten Fuß der Statue des Apostelfürsten küssten. Der Papst musste vor jenen Neugierigen geschützt werden, die ihn von der Kuppel aus bei seinen Spaziergängen in den Gärten des Vatikans beobachten wollten. Die Wände bedeckten sich mit Proklamationen und Ankündigungen, in jeder kleinen Druckerei etablierte sich eine Zeitungsredaktion – Cadorna übte eine strenge Aufsicht, um Beleidigungen des Papstes zu verhindern. Die Immobilienpreise vervielfachten sich innerhalb weniger Tage: Die Geschichte des modernen Roms sprang nach den Jahren der Lethargie und der Friedhofsruhe von einem Moment auf den anderen um. Doch das ist schon eine neue Geschichte.

Am 2. Oktober fand in Rom und Latium das Plebiszit statt, das den Anschluss sanktionierte. »Wir wollen unsere Vereinigung mit dem Königreich Italien, unter der Regierung von König Vittorio Emanuele II. und seiner Nachfolger.« So lautete die Formel, die bereits 1860 und 1866 gebraucht worden war. Eine längere und kompliziertere Formel, die den Vorsatz enthalten hatte, die Unabhängigkeit des Papstes zu sichern, hatte die römische Junta abgelehnt – sie befürchtete eine Konditionierung, die den Umzug der Hauptstadt von der Einigung mit dem Papst abhängig machen würde und so endlos verschieben könnte.[78] Die Volksabstimmung verlief als großer patriotischer Ritus mit Umzügen, Fahnen und Musik. Die vierzehn Stadtbezirke stellten jeweils eine Urne auf, die nach Ende der Abstimmung feierlich aufs Kapitol gebracht wurde. Der erste moderne Wahlakt in Rom wurde teilweise noch in altständischen Formen vollzogen: Zünfte und Korporationen begaben sich in geschlossenen Zügen zu den Wahllokalen. In Trastevere nahmen die Familienväter ihre nicht stimmberechtigten Frauen und Kinder mit, um die allgemeine Zustimmung sichtbar zu machen. Auch die Leoninische Stadt hatte darauf bestanden, mitstimmen zu dürfen, und ihre Bürger warfen die Stimmzettel in eine Urne, die auf der Engelsbrücke, direkt an der Bezirksgrenze, aufgestellt worden war. Unter frenetischem Jubel wurde die Leoninische Delegation mit ihrer Urne auf dem Kapitol empfangen. Damit war die Idee, dem Papst ein eigenes Viertel zu überlassen, endgültig gestorben – Arnim nannte sie in seinem Bericht eine »unwürdige Phantasmagorie«. Aus der Leonina kam keine einzige Nein-Stimme.[79]

Viel Ablehnung war unter den Umständen des Plebiszits nirgendwo zu erwarten. Das Ergebnis war so, wie es unter den Umständen einer rituellen Begeisterung zu erwarten war: 40 785 Ja- und 46 Nein-Stimmen. Riesiger Applaus bei der Auszählung auf dem Kapitol, Jubel als der blinde Herzog von Sermoneta in der Nacht das Ergebnis verkündete: die enormen Treppen, die zur Kirche in Araceli und auf das Kapitol führten, waren voll besetzt, und das Standbild des Kaisers Marc Aurel schien über ein Pflaster von menschlichen Köpfen zu reiten, so dicht war die Menge. Die ausländischen Beobachter rechneten nach: Etwas über 200 000 Einwohner hatte Rom zu diesem Zeitpunkt, darunter schätzte Arnim 110 000 Frauen (nicht stimmberechtigt), fast 20 000 Priester, Kurienangehörige und deren Abhängige, die nicht mitstimmen durften; die Zahl der eigens für die Abstimmung zurückgekehrten Emigranten schätzte man auf 15–20 000. Man musste sich ausliegender Ja- oder Nein-Zettel bedienen, so dass es mit dem Wahlgeheimnis nicht weit her war. 20 000 bis höchstens 30 000 eingesessene Römer hatten sich unter diesen Umständen für den Anschluss ausgesprochen – keine beeindruckende Zahl; die meist adligen Diplomaten der europäischen Mächte gaben nicht viel darauf. Unter der festlich bewegten Oberfläche behielt Rom seine ererbte schwerblütige Lethargie. Die Stadt war imstande, sich in einem Ausnahmezustand gehen zu lassen, doch aller inszenierte Patriotismus behielt etwas Künstliches. Schon am 20. Oktober wurde nach einem Monat das erste Jubiläum des 20. September gefeiert, unter anderem mit einem Bersaglieri-Ballett »Flik e Flok«, das unter der nun schon gewohnten delirierenden Begeisterung, die aber vor allem den Beinen der Tänzerinnen galt, über die Bühne des Teatro Argentina ging. Am 29. Oktober starb einer der Verwundeten von Porta Pia, der Leutnant Andrea Ripa, um dessen Pflege sich wochenlang die ganze römische Gesellschaft, vor allem die Damen, gekümmert hatte. Dem 29 Jahre alt gewordenen Helden wurde ein prunkvolles Leichenbegängnis bereitet. Ferdinand Gregorovius, der Historiker des mittelalterlichen Rom, der den Sommer auf dem französischen Kriegsschauplatz verbracht hatte, traf Ende Oktober wieder in der Ewigen Stadt ein, um seine »Geschichte der Stadt Rom im Mittelalter« abzuschließen. Da er von einem wirklich blutigen Krieg kam, war ihm das patriotische Treiben der Italiener widerlich.

Eine römische Delegation reiste wenige Tage nach dem Plebiszit nach Florenz, um dem König das Resultat zu überbringen. Überall, wo sie durchkam, fanden Feiern zu ihren Ehren statt. Am 11. Oktober empfing Viktor Emanuel sie im Palazzo Pitti mit den Worten: »Endlich ist das schwierige Unternehmen vollendet und das Vaterland hergestellt. Der Name Roms, der größte, der in Menschenmund erklingt, verbindet sich heute mit dem Italiens, dem Namen, der meinem Herzen am liebsten ist. Nun sind die Völker Italiens wirklich die Herren ihres Geschicks. Sie sammeln sich nach der Zerstreuung so vieler Jahrhunderte in der Stadt, die der Mittelpunkt der Welt war, und sie werden ohne Zweifel aus den Spuren antiker Größe die Auspizien einer neuen und eigenen Größe ziehen und mit ihrer Ehrfurcht den Sitz jenes geistlichen Reiches umgeben, das seine friedlichen Feldzeichen auch dort aufpflanzte, wohin die heidnischen Adler nicht gelangt waren.«[80] Es war auch jetzt nicht möglich, von Rom zu sprechen, ohne den Papst zu erwähnen.

Durch ein Dekret des Königs waren Rom und seine Provinz bereits am 9. Oktober angeschlossen worden. Am 20. November fanden allgemeine Wahlen in Italien statt, um die nun endgültig geeinte Nation gemeinsam an den Urnen zu haben. Am 21. Dezember beschloss das Parlament ein weiteres Anschlussgesetz, so dass, das Plebiszit mitgezählt, die Vereinigung Roms mit Italien drei Mal formalisiert wurde – sehr viel legitimierender Zauber für einen von viel ängstlichem Schauder begleiteten Erwerb. Noch in seiner Eröffnungsrede vor dem neuen Parlament sprach der König am 5. Dezember vom »nationalen Recht«, dem »Pakt, der alle Italiener zur Einheit der Nation verbindet«, und er wiederholte die Zusage, dass die Kirche frei und unabhängig bleiben solle.

Die größte Sorge der italienischen Regierung blieb die Frage, ob der Papst in Rom bleiben würde. Schon am 21. September hatte Pius IX. zehn seiner Kardinäle um Rat gefragt, und die Mehrheit hatte für das Bleiben votiert. Doch die Gerüchte von einer bevorstehenden Abreise verstummten nicht, und von Katholiken aus mehreren europäischen Ländern ergingen Einladungen an den Papst, sich zu ihnen zu flüchten. Die Regierungen blieben aber zurückhaltend. Der österreichische Gesandte erklärte Antonelli, wenn der Heilige Vater um Gastfreundschaft bitte, würde der Kaiser mit Vergnügen die Arme für ihn ausbreiten. Doch zu seinem bayerischen Kollegen sagte er: »Im übrigen hoffe ich, daß er sich hüten wird, sich uns in die Arme zu werfen!«[81] Ähnlich war die Haltung Bismarcks und der anderen europäischen Regierungen. Visconti Venosta erklärte, der Papst sei frei zu gehen, nur solle er es nicht im Geheimen tun. Antonelli ließ verlauten, der Papst habe bis jetzt nichts entschieden. So blieb die Frage lange Zeit drohend in der Schwebe.

Die ersten Kontakte zwischen Antonelli und den italienischen Besatzern waren nicht unfreundlich gewesen. Auf unterer Ebene arbeitete man reibungslos zusammen, was vielleicht eine Folge der Furcht war. Antonelli akzeptierte sogar eine Rate aus dem von den Italienern konfiszierten Staatsschatz des Kirchenstaats. Als er das nächste Mal eine Quittung, die auf den Namen Viktor Emanuels ausgestellt war, unterschreiben sollte, verweigerte er allerdings die Annahme des kompromittierenden Geldes. Dagegen gelang es ihm, von den Italienern den Peterspfennig, der bei den Gläubigen in der ganzen Welt für den Papst persönlich gesammelt wurde, zurückzuerhalten. Auf die Leonina verzichtete er leichten Herzens, ebenso auf die Kasernen und Unterkünfte der päpstlichen Armee, die von den Italienern bezogen wurden. Doch der

Wunsch Cadornas, vom Papst empfangen zu werden, wurde nicht erfüllt.

Und bald verhärteten sich die Fronten wieder, auf Dauer, wie sich zeigen sollte. Das Staatssekretariat produzierte Protest auf Protest. Der Papst erklärte sich zum »Gefangenen«. Er schrieb am 29. September an die Kardinäle, er sei nicht mehr frei, verfüge nicht über ungehinderten Postverkehr, Besucher im Vatikan würden durchsucht, er und die Kirche seien Ziel des Spotts einer entfesselten öffentlichen Meinung. Diese Vorwürfe wurden von nun an immer wieder vorgebracht. »Rom hat in einer einzigen Woche seine Physiognomie verändert«, schrieb Pius im Oktober an König Wilhelm I. von Preußen, »jede Art Unmoral zeigt sich und verbreitet sich.«[82] All das war nicht ganz ehrlich. Die italienische Regierung hatte sofort die Einrichtung eines eigenen Post- und Telegraphenamts für den Papst angeboten – Antonelli hatte abgelehnt. Arnim wies in einem Bericht vom 8. Oktober nach Berlin auf die Haltlosigkeit der meisten Anklagen des Papstes hin: »Er ist im Vatikan eingeschlossen, weil er nicht hinausgehen will. Ebenso könnte der Herzog von Nassau behaupten, er sei ein Gefangener, weil er keine Lust hat, nach Bieberach zu gehen.« Auch die Unabhängigkeit bei der Kirchenregierung sei dieselbe wie immer: »Denn, was die Klage über den Mangel einer eigenen Post betrifft, so ist es doch ziemlich einerlei, ob das päpstliche Postgebiet 15 Meilen von Rom bei Passo Correse oder an der Engelsbrücke oder an der Tür des Vatikans aufhört.«[83] Niemand würde sich an Fahrten kurialer Würdenträger durch die Stadt stören, und auch die Durchsuchungen hätten nur in den ersten Tagen stattgefunden.

Am 20. Oktober vertagte Pius IX. das Vatikanische Konzil für unbestimmte Zeit. Die Urbs biete nicht mehr die nötige Ruhe und Sicherheit. Die große Enzyklika *Respicientes* vom 1. November schließlich schleuderte den großen Kirchenbann gegen die Invasoren und alle, die an der Okkupation des Kirchenstaats mitgewirkt hatten – der Fluch erscholl in einem wuchtigen Latein, das der großen Vergangenheit dieses Textgenres alle Ehre machte. Italien ließ sich zur Konfiszierung der Enzyklika hinreißen. Einige Wochen später kam es zwischen Anhängern der Kirche und radikalen Liberalen zu Schlägereien am Petersdom. Einen Kirchenverächter aus Tirol, der mit Hut auf dem Kopf und brennender Zigarre im Mund durch das Kirchenschiff wandelte, warf ein Kardinal – der ehemalige päpstliche Armeeminister Monsignore de Mérode – eigenhändig hinaus. Kein Zweifel, die Atmosphäre war vergiftet.

Dazu trug viel bei, dass die Italiener den Quirinal, die traditionelle Sommerresidenz der Päpste, konfiszierten. Ein Rechtsstreit entbrannte, denn die Kurie behauptete, der Palast sei Kirchenbesitz, während die Italiener ihn für Staatseigentum erklärten; er gehöre zu den vom aufgelösten Kirchenstaat übernommenen Gütern. Man suchte eine Residenz für den König, auf dessen Kommen Rom inständig hoffte und drängte. Also brach man am 8. November mit Gewalt über hundert Türen auf, scheuchte die letzten Bedienten aus den kahlen Räumen und entfernte Mobiliar mit den Insignien Pius' IX., schleppte Altäre und geistliche Kunst heraus. Am Platz vor dem Palast jubelte die liberale Menge unter den Klängen vaterländischer Musik.

Die Anreise des Königs ließ auf sich warten. Die Römer hatten guten Grund, besorgt zu sein, denn seit der Eroberung der Stadt mehrten sich die Stimmen, die dafür plädierten, die Verlegung der Hauptstadt aufzuschieben. Nach dem Plebiszit hatte man den General Lamarmora, einen sehr patriotischen, aber auch für seine unparteiische Rechtlichkeit berühmten Mann, als Statthalter nach Rom entsandt. Lamarmora empfahl, mit dem Hauptstadtumzug bis zum Tod von Papst Pius zu warten und Rom bis dahin als nominelle Kapitale wie Moskau in Russland zu halten. In der neuen Sitzungsperiode des Florentiner Parlaments wurde heftig über die Annexion, den Umzug und das Garantiegesetz für den Papst debattiert. Die Meinungen derer, die für die rasche Umsetzung des Hauptstadtbeschlusses waren, prallten hart auf die Gegenseite, die ängstlich zögerte. Der König jedenfalls wollte auf keinen Fall kommen, bevor das Parlament das Anschlussgesetz verabschiedet habe. Die Kammer tat dies am 21. Dezember, der Senat erst nach Weihnachten, am 30. Dezember. So dachte man an einen ersten königlichen Besuch im Januar. In Rom wurden unterdessen Pläne geschmiedet und Projekte gewälzt. Lokalpatrioten wünschten sich einen Einzug des Königs hoch zu Ross, an der Spitze seiner Truppen, am besten wie ein triumphierender rö-

Viktor Emanuel II. (1820–1878), König von Sardinien seit 1849, wurde im Jahre 1861 der erste König von Italien.

mischer Kaiser auf der Via Sacra über das Forum Romanum hinauf zum Kapitol. Hier zeigte sich zum ersten Mal jene symbolische Überforderung, mit der Rom den jungen Nationalstaat fortan belastete. Vorerst allerdings blieb man kühl; Visconti Venosta muss es bei derlei Vorschlägen geschaudert haben.

In dieser Unsicherheit kam den Italienern der Himmel zu Hilfe. Der Herbst war ungewöhnlich regenreich. Seit Weihnachten goss es ununterbrochen. Am 26. Dezember wurde der Beginn des Karnevals gefeiert, man musste die in Tibernähe gelegenen Theater über Holzstege verlassen. Aus dem Norden wurde gemeldet, dass die Tiberbrücke bei Orte von den Fluten weggerissen worden war – seither kamen keine verlässlichen Wetternachrichten mehr nach Rom. Am 28. war der Corso überschwemmt, und die Piazza del Popolo glich einem enormen Bassin, aus dessen Mitte der Obelisk ragte. Vom Pincio tiberaufwärts bot sich ein alttestamentarisches Bild: Der Lauf des Flusses, der seine Ufer überschwemmt hatte, war nur noch an den aus dem Wasser ragenden Baumwipfeln zu erkennen. Gebälk und Müll trieb auf den Fluten. Solche schweren Überschwemmungen verzeichnen die Annalen Roms alle paar Jahrhunderte. In der Innenstadt war der Tiber noch nicht wie heute befestigt, sondern spülte in die ärmsten Wohngegenden, darunter das jüdische Ghetto. Das Wasser, das die vornehmen Theaterbesucher zunächst nicht ernst genommen hatten, verursachte ein unbeschreibliches Elend. Die Stadt musste die in die oberen Stockwerke geflüchteten Menschen mit Booten versorgen – die erste große Bewährungsprobe der neuen Verwaltung. Bald traf es auch die Besitzer der Luxusgeschäfte am Corso und in der Via Condotti. Ein Juwelier verlor sein gesamtes Vermögen, Gemäldehändlern und Uhrmachern ging es nicht besser. Am 30. Dezember sank das Wasser wieder, und zugleich wurde das ungeheure Ausmaß der Schäden sichtbar. Der Corso war eine Schlammschlucht voller zerstörtem Mobiliar geworden.

Da verbreitete sich das Gerücht, dass der König komme. Stundenlang währte die Unsicherheit, denn der Zustand der Straßen erlaubte keinen Verkauf von Zeitungen. Doch bald war gewiss: Ein Sonderzug hatte Florenz verlassen, seine Ankunft war für 3 Uhr am frühen Morgen des 31. Dezember angekündigt. Der Bahnhofsvorplatz war voller Menschen, die mit Fackeln warteten, außerdem hatte man eine bengalische Beleuchtung auf die Beine gestellt, die die Ruinen der Diokletianischen Thermen in ein rötlich flackerndes Licht tauchten. Um 3.40 Uhr ertönte der Pfiff der Lokomotive, dem der begeisterte Jubelruf der Menge antwortete. Der König kam in Zivil, mit seinen Ministern Lanza, Sella und Visconti Venosta, und fuhr unter Fanfarenklängen, doch in einem einfachen Landauer, zum Quirinal, wo er ebenfalls von einer fröhlichen Menge begrüßt wurde. Bevor er sich zur Ruhe legte, zeigte er sich in dem winzigen Fenster eines Seitentrakts, wo sein Kopf über der bürgerlichen Krawatte in einem kleinen Rahmen wie bei einem Brustbild erschien. Am nächsten Vormittag bestand der König darauf, die besonders geschädigten Quartiere zu besuchen. Man brachte ihn zum Corso, wo über den Bergen von Dreck schon festliche Teppiche und Fahnen hingen. Danach ging es aufs Kapitol zu den Stadtoberen, wo er wiederum am Fenster »die Huldigungen seiner ebenso zahlreichen wie unreinlichen Untertanen entgegennahm«, wie der arrogante Arnim bemerkte. »Die Einstellung der national gesinnten Aristokratie fand dagegen in dem Kortage Ausdruck, welchen die von den Söhnen der Principi und ihrer Wächter gebildete berittene, vortrefflich angezogene Nationalgarde lieferte.«

Als die Unwetter losbrachen, hatten kirchliche Kreise von einem Fingerzeig Gottes gegen die Usurpatoren geunkt. Doch nun zeigte sich, dass diesen politisch nichts Besseres hatte passieren können. Der König kam nicht als Triumphator oder Eroberer, er musste sich nicht einmal bemühen, an Prunk mit einem amerikanischen Kunstreiterverein zu konkurrieren, der in denselben Tagen seinen viel applaudierten Einzug in die Stadt hielt, sondern er kam als einfacher Bürgerkönig, mit der Eisenbahn, nachts, hilfsbereit herbeieilend, in einer so perfekten Inszenierung, wie nur eine günstige, klug ergriffene Gelegenheit sie ermöglicht. Es sei das eigentliche Vorrecht Italiens, so Arnim, nationale Unglücksfälle, Niederlagen und Fehler zum Nutzen der nationalen Aufgabe ausbeuten zu können, darin liege sein guter Stern, die *Stella d'Italia*.[84]

König Viktor Emanuel muss froh über diesen Stern gewesen sein. Er litt unter dem Zwist mit der Kirche. Noch im November hatte er dem Papst die Geburt eines königlichen Prinzen angezeigt, und dieser hatte ihm immerhin geantwortet, wenn auch mit leidendem Ton. Nun schickte der König in Rom gleich einen Boten mit einem kurzen Brief in den Vatikan. Der Papst ließ ihn unbeantwortet, doch hörte man, diese Art des Besuchs sei weniger verletzend für ihn, als es ein förmlicher Einmarsch gewesen wäre. Um 17 Uhr verließ Viktor Emanuel die Stadt Rom wieder. Die Silvesternacht verbrachte er in der Eisenbahn, um rechtzeitig zum Neujahrsempfang am nächsten Morgen in Florenz zu sein.

Auch der Papst empfing am 1. Januar 1871 das diplomatische Corps. Um ihn zu schonen, schwieg man allerseits über den königlichen Besuch in der vorangegangenen Nacht. Da fragte Pius IX. einen Konsul, der seine Wohnung am Beginn des Corso hatte, ob er gesehen habe, wie der König von Sardinien vorbeigekommen sei. Der Diplomat bestritt es erst, musste dann aber zugeben: »Kann sein.« – »Für Sie ist es praktisch«, ergänzte der Papst, »dass Sie Ihre Fahne jetzt gleich für zwei Souveräne heraushängen können.«[85]

DER GLAUBENSKRIEG

Von der Revolution bis zum Garantiegesetz für den Papst
1848–1871

18. Juli 1870:
In der Peterskirche in Rom verkündet Pius IX.
die Unfehlbarkeit des Papstes.

Ideologie und Diplomatie

Als das erste italienische Parlament im Herbst 1860 in die Erörterung der Hauptstadtfrage eintrat, erklärte Ministerpräsident Camillo Graf Cavour nicht ohne Feierlichkeit: »Unser Stern ist es, zu bewirken, dass aus der Ewigen Stadt, auf die fünfundzwanzig Jahrhunderte alle Arten von Ruhm gehäuft haben, die glanzvolle Kapitale des italischen Königreiches werde.« Das Protokoll verzeichnet an dieser Stelle brausenden und lang anhaltenden Beifall – *strepitosissimi e prolungati applausi*. Und ein halbes Jahr später, als der Hauptstadtbeschluss vor seiner Verabschiedung stand, überbot der sonst so nüchterne Staatsmann diese Äußerung noch: »Die aktuelle Frage ist vielleicht die schwerstwiegende, die je dem Parlament eines freien Volkes unterbreitet wurde. Die Römische Frage ist nicht nur lebenswichtig für Italien, sondern ist auch eine Frage, deren Einfluss sich auf zweihundert Millionen Menschen, die über den ganzen Erdball verteilt sind, erstreckt; es handelt sich um eine Frage, die nicht nur politische Auswirkungen hat, sondern zugleich einen unermesslichen Einfluss in der Welt von Moral und Religion ausübt.«

Cavour hatte Recht. Rom und der Kirchenstaat, dieser letzte Rechtsnachfolger des Imperium Romanum in der modernen Welt, die Zentrale des Katholizismus, war nicht das alleinige Eigentum der italienischen Nation. So empfanden es jedenfalls die öffentlichen Meinungen Europas und Amerikas, zumindest die Hunderttausende von Gläubigen, die in jenen kritischen Monaten für den Papst beteten, demonstrierten, Petitionen verfassten und Geld sammelten, in Frankreich und Deutschland, aber auch in den Vereinigten Staaten von Amerika. Cavours hochgestimmte Äußerungen bezeugen nicht nur den schwungvollen Ernst, mit dem das italienische Parlament die Probleme der jungen Nation behandelte und der die Lektüre seiner Protokolle aus jenen Jahren für jeden Freund der Demokratie zu einem so großen Vergnügen macht; vor allem enthielten sie eine Warnung an die nationalen Fanatiker im eigenen Land. Cavour musste dem Drängen der Aktionspartei, namentlich Garibaldis, entgegentreten, die Rom handstreichartig mit Waffengewalt erobern und den revolutionären Siegeslauf der italienischen Einigungsbewegung mit einer spektakulären Heldentat krönen wollten. »Das Problem von Rom kann meiner Meinung nach nicht mit dem Schwert allein gelöst werden«, erklärte Cavour, »die moralischen Kräfte müssen zu seiner Lösung beitragen.«[1]

Das Bewusstsein, mit der Gewinnung Roms einen weltanschaulichen und weltgeschichtlichen Kampf auszufechten, hat die Politiker, Diplomaten und Soldaten auf beiden Seiten bis 1870 nicht mehr verlassen. Bettino Ricasoli, einer der Gefolgsleute Cavours und eine Zeit lang auch sein Nachfolger als Ministerpräsident, sagte im italienischen Senat 1862: »Wir werden in Rom nicht bloß unsere eigene Geschichte zur Entscheidung bringen, sondern auch jene der Menschheit.« Damit meinte er die Trennung von Kirche und Staat, die für ihn eine Befreiung und Vergeistigung der Religion bedeutete, eine politisch-soziale Revolution von ähnlicher Tragweite wie die Begründung des Christentums.[2] Als Außenminister Visconti Venosta am 18. Oktober 1870 in einer Zirkularnote der Welt den Anschluss Roms durch das Plebiszit bekannt gab, verkündete er stolz: »Italien geht nach Rom und findet dort eines der größten Probleme der modernen Zeiten. Es handelt sich darum, religiöses und nationales Gefühl miteinander in Einklang zu bringen.«[3] Diese ideologische Sprache berührt merkwürdig im diplomatischen Schriftverkehr, in dem üblicherweise der Gesichtspunkt der Legitimität und nüchterne Interessenfragen vorherrschen. Auch hatte Italien am Ende, trotz des langen Zauderns der Regierung, die Römische Frage ja doch nicht mit moralischen Mitteln lösen können, sondern nur mit dem Schwert. Weder hatte die Kurie sich zu einem Kompromiss überreden lassen, noch hatte ein Aufstand in Rom einen Anlass zum Eingreifen geboten. Die Eroberung Roms war nach den Maßstäben der internationalen Beziehungen ohne Zweifel rechtswidrig. Der Kirchenstaat war zu jenem Zeitpunkt von allen

Mächten Europas anerkannt, was die Diplomatenrunde am Vormittag des 20. September beim Papst noch einmal eindrucksvoll sichtbar gemacht hatte. Noch am 19. September hatte der Jubel des Volkes den Papst umgeben, darauf wurde von kurialer Seite seither immer wieder hingewiesen. Mit welchen »moralischen Mitteln« hätte Italien Rom gewinnen können? Mit der Attraktivität des Fortschritts, so lautete jedenfalls die offizielle Sprachregelung der italienischen Regierung in jenen Jahren. 1864 sprach Visconti Venosta im Parlament vom »Anblick des Gedeihens, der Lebensfülle und Sicherheit, die die freiheitlichen Einrichtungen, das Ansehen, die Größe, der Reiz der wiedergewonnenen Nationalität gewähren«, kurz: Freiheit, Prosperität und Nation.[4]

In seiner Antwort auf Visconti Venostas Zirkularnote vom 18. Oktober leugnete Kardinal Antonelli am 8. November nicht nur die völkerrechtliche, sondern auch die moralische Legitimität der italienischen Eroberung. Der Jubel beim Einmarsch der Truppen kam für ihn von zurückgekehrten Emigranten und niedrigen Volksschichten, das Plebiszit sei durch Einschüchterung zu Stande gekommen, vor allem aber sei auf die Freiheitsgarantien einer vertragsbrüchigen Regierung nichts zu geben. Der »Fortschritt« und die »moralischen Mittel«, die die Italiener für sich beanspruchten, zeigten sich in den Exzessen der freien Presse, namentlich der illustrierten Blätter, und in den »hohlen Doktrinen, die nun von den Kathedern der Universitäten verkündet werden, bis zu dem Punkt, dass man lehrt, der Mensch stamme vom Affen ab und der Ursprung der Seele liege im Phosphor«. Selbst Visconti Venostas Behauptung, mit dem Ende des Kirchenstaats verschwinde nur der letzte Rest des Mittelalters, mit seiner Vermengung von Souveränität und Eigentum, bestritt der Kardinal: »Die Einrichtung des Dominium Temporale liegt früher als das Mittelalter.«[5]

Wer die diplomatischen Akten der Römischen Frage studiert, glaubt oft nicht, dass sie aus dem Zeitalter der Realpolitik kommen, das nach der Revolution von 1848 angebrochen sein soll. Dieses Weltproblem wurde jedenfalls nicht mit Blut und Eisen allein entschieden, sondern auch mit Emotionen und Argumenten, mit Zeitungen, Broschüren und Büchern. Dies hatte zwei Ursachen: Die erste liegt in der universalen Bedeutung Roms, die zweite in dem Umstand, dass die italienische Frage im Rahmen des 1815 begründeten europäischen Staatensystems und seiner Legitimität nicht lösbar war. Italien war der große Verlierer der Ordnung des Wiener Kongresses: aufgeteilt unter fremde Dynastien, die vom Habsburgischen Kaiserhaus abhängig waren, sofern dieses nicht unmittelbar herrschte wie in der Lombardei und Venezien, dabei engstirnig und ineffizient regiert, konnte das Land Freiheit und Einheit nur durch Krieg und Revolution erlangen. Als es Cavour auf dem Friedenskongress von Paris 1856, der den Krimkrieg beendete, gelungen war, außerhalb der Geschäftsordnung die Situation Italiens und namentlich die Lage im Kirchenstaat zur Sprache zu bringen – an sich schon ein großer diplomatischer Erfolg –, war sein Resümee ernüchtert und hitzig zugleich: »Irgend etwas muss geschehen. Italien kann in den gegenwärtigen Umständen nicht verbleiben. Napoleon ist überzeugt davon, und wenn die Diplomatie nichts vermochte, greifen wir auf außerlegale Mittel zurück. Gemäßigt in meinen Ansichten, neige ich doch zu extremen und kühnen Mitteln. In diesem Jahrhundert ist die Kühnheit oft die beste Politik.«[6]

Wenn aber die Legalität verlassen wird, werden ideologische Begründungen wichtig. Die italienische Variante der Realpolitik bestand nicht nur aus Blut und Eisen, sondern auch aus Volksabstimmungen und Geschichtsphilosophie. Nur so konnte aus Metternichs »geographischem Begriff« eine moderne Nation werden. Und mitten in diesem an sich schon steinigen Problemfeld lagen Rom und der Kirchenstaat, das Zentrum der katholischen Kirche, ein besonders schlecht regiertes kleines Land, aber auch der Hort der ältesten weltanschaulichen Macht des Kontinents. Diese einzigartige historische Konstellation erklärt, warum der Eroberung Roms durch die Italiener eine Meinungsschlacht vorausgehen musste, ein Glaubenskrieg, an dem ganz Europa teilnahm, einer der dramatischsten Ideologiekämpfe des revolutionären Zeitalters.

Der Papst und die Religion von Rom

Der erste lange Monolog in diesem Drama war ein Hymnus auf das Papsttum. Er stand in einem umfangreichen zweibändigen

Werk, das 1843 auf Italienisch in Brüssel erschien. Verfasser war der emigrierte liberale Geistliche und Philosoph Vincenzo Gioberti, damals ein vierzigjähriger Mann. Seine Schrift »Über den moralischen und kulturellen Vorrang der Italiener« (*Del primato morale e civile degli Italiani*) ist die einflussreichste Programmschrift des frühen Risorgimento. Giobertis Ziel war eine Reform und Einigung Italiens, deren Führer das römische Papsttum sein sollte: »Ich sage euch, was das wahre Prinzip der italienischen Einheit ist: Dieses Prinzip ist höchst unsrig und national, denn es schuf die Nation und ist in ihr seit achtzehn Jahrhunderten verwurzelt: es ist konkret, lebendig, real und nicht abstrakt und chimerisch, denn es ist eine Institution, ein Orakel, eine Person: es ist ideal, denn es drückt die größte Idee aus, die es auf Erden gibt: es ist höchst wirksam, denn es ist Bild geworden in einem Kultus, befestigt durch das Gewissen, geheiligt durch die Religion, verehrt von den Fürsten, angebetet von den Völkern, und es ist wie ein Baum, der seine Wurzeln im Himmel hat und seine Äste über die ganze Erde verteilt: es ist ewig wie unsere Familie und das irdische Reich des Wahren, es ist dem Wesen nach friedlich und zivil und gleichsam das Patriarchat des Menschengeschlechts.« Der Satz rollt noch über mehrere Seiten weiter.

Gioberti war Reformist. Er wollte die italienischen Staaten weder auflösen noch umstürzen, denn ein einheitliches italienisches Volk gäbe es noch nicht. Die Staaten sollten sich in ihrem Inneren reformieren und liberalisieren, und sich nach außen zu einem Bund zusammenschließen. Den Vorsitz sollte der Papst übernehmen, das Schwert des Bundes der Staat Piemont führen, die einzige Macht Italiens mit einer einheimischen Dynastie und einer schlagkräftigen Armee. Die Befreiung des Landes von Missregierung und Spaltung würde ihm, so hoffte Gioberti, jenen Vorrang wiedergeben, den es im christlichen Mittelalter besaß: Es würde wieder das Zentrum einer erneuerten Religion und Kultur in Europa werden, von neuem die geistige Führung Europas übernehmen und so die Wunden der Französischen Revolution heilen. Das Fundament dieses altneuen italienischen Primats aber ist die Stadt Rom, »die Ewige Stadt, die nicht den Schwächen und der Gewalt der Zeit unterliegt, denn sie repräsentiert die immanente Idee im Gegensatz zu den transitorischen Dingen, die Seele des geistigen Verbunds der Menschen in seinem Kontrast zum Körper, der sich wandelt und verändert, den unbeweglichen Angelpunkt der Religion und des Priestertums im Gegensatz zur Bewegung und zum Fluss der Laienschicht und der gesellschaftlichen Verhältnisse.«[7]

Seine Konzeption nannte der emigrierte Priester »guelfisch«, die Geschichtswissenschaft spricht von »Neoguelfentum«. Der Begriff erinnerte an die mittelalterlichen Kämpfe zwischen Päpsten und Kaisern, die in den italienischen Städten die Parteien der »Guelfen« und der »Ghibellinen« hervorgebracht hatten. Dieser historische Konflikt wurde vor 1848 in Italien allgemein als nationale Auseinandersetzung verstanden: Der Papst habe Italien gegen die deutschen Kaiser, gegen fremde Eindringlinge aus dem Norden verteidigt. »Guelfisch« wurde seit Gioberti, und nachwirkend bis in die Zeit nach dem Zweiten Weltkrieg, zum Begriff für die Verbindung des Nationalen mit dem Katholischen – und für die Berufung auf die kommunalen und lokalen Traditionen Italiens. Im Zentrum der guelfischen Idee stand das Papsttum: Immerhin war die römische Kurie auch politisch die mächtigste Institution, welche Italien nach dem Untergang des römischen Reichs hervorgebracht hatte. Seit Jahrhunderten waren alle Päpste Italiener gewesen, keine Selbstverständlichkeit in einem Land, in dem die meisten Staaten von ausländischen Dynastien – Habsburgern und Bourbonen – regiert wurden. Und der spirituelle Charakter dieser Institution ließ auch hoffen, dass sich mit ihr ein moralisch-kultureller Wiederaufstieg des zurückgebliebenen Landes verbinden lasse.

Giobertis kühnem, romantischem Entwurf wurde ein enormer Erfolg zuteil, denn er zeigte einen nichtrevolutionären Ausweg aus der aktuellen italienischen Misere. Die erneute Teilung des Landes im Jahre 1815, das Zurückschrauben der napoleonischen Reformen, die teils direkte, teils indirekte Fremdherrschaft der Österreicher, die die Halbinsel durch dynastische Nebenlinien und Garnisonen fesselten, Zensur, barbarische Polizeimethoden, Korruption und Stagnation hatten seit 1821 zu einer ununterbrochenen Serie erfolgloser, oft blutig niedergeschlagener Verschwörungen, Aufstände und Revolutionen geführt. Zwischen den reaktionären Obrigkeiten und den radikalisierten Terroristen gab es

Vincenzo Gioberti (1801–1852),
Vordenker der italienischen Einheit.

keine politische Mitte. Sie wurde mit einem Schlag durch Giobertis Buch wenn nicht geschaffen, so doch ans Licht gebracht, durch
seine kühne Verkoppelung liberaler Gedanken mit der konserva-
tivsten und ehrwürdigsten Macht Italiens, der Kirche. Die Idee
eines päpstlich geführten italienischen Reformbundes sollte den
einheimischen Führungsschichten die Revolutionsangst nehmen,
ihnen Mut zu Reformen geben und den fortschrittlichen Kräften
Zutrauen und Geduld zum Abwarten einflößen. Dass der Antrieb
zu alldem aus der Kultur und der Religion, aus Literatur, Philosophie und Frömmigkeit kommen sollte, entsprach der realen Lage
in einem Land, in dem es kaum Ansätze einer modernen Wirt-

schaftsentwicklung gab, das immer noch bäuerlich, feudal, stadt-patrizisch geprägt war und in dem die Kirche noch immer die stärkste moralische Macht darstellte. Nach dem Erscheinen von Giobertis Buch war nicht nur die geistige Lage eine andere als zuvor: Die politischen Kräfte hatten sich verschoben.

Zwar war es gedacht als Alternative zum gewaltsamen Utopismus der revolutionären Sekten und ihres ergebnislosen Agierens im Untergrund. Doch natürlich war auch Giobertis Entwurf utopisch, nicht so sehr wegen seines universalen, religiös-geschichtsphilosophischen Zuges – das war damals der intellektuelle Zeitstil in Europa –, sondern weil er wohl oder übel von den konkreten politischen Verhältnissen in Italien selbst absehen musste. Unter den schlecht regierten Staaten der Halbinsel war der Kirchenstaat damals der am schlechtesten regierte. Die Situation war so Besorgnis erregend, dass schon kurz nach der Revolution von 1830 die europäischen Großmächte (darunter auch die konservativen Staaten der Heiligen Allianz), Österreich, Russland, Preußen, Frankreich und England, dem Papst in einem Memorandum vom 21. Mai 1831 dringend innere Reformen nahe gelegt hatten, die vor allem eine Stärkung der Lokalverwaltungen, eine Laisierung des Beamtenapparats und eine Verbesserung der Justiz betrafen.[8] Doch wenig geschah selbst nach diesem in den zwischenstaatlichen Beziehungen außergewöhnlichen Vorgang, und die Zustände im Kirchenstaat hörten nicht auf, ein viel beredeter europäischer Skandal zu sein. Eines der Gründungsdokumente des italienischen Liberalismus, das dessen Forderungen nach Rechtsstaatlichkeit bündig und wirksam formulierte, ist ein Buch über eine Provinz des päpstlichen Staats, die Streitschrift »Über die jüngsten Vorfälle in der Romagna«, die der piemontesische Graf Massimo d'Azeglio im Jahre 1846, nach der blutigen Unterdrückung eines Aufstands in Rimini im Jahr zuvor, herausbrachte, und das sofort in ganz Europa Beachtung fand. Die Schilderungen über die Behandlung politischer Gefangener durch die kirchliche Justiz waren haarsträubend; D'Azeglio weitete sie aus zur Diagnose eines Regimes, das seine Untertanen durch die Zensur zu geistiger Zurückgebliebenheit und durch die Weigerung, sich an ein italienisches Eisenbahnnetz anzuschließen, auf Dauer auch zu wirtschaftlicher Verarmung verdammte.[9]

Und diese Regierung wollte Gioberti zur Führerin der italienischen Erneuerung machen! Der Kirchenstaat hatte in jenen Jahren die Ordnung in seinen nördlichen Gebieten nur mit Hilfe österreichischer Garnisonen aufrechterhalten können. Das war das zweite Problem, von dem Giobertis hochfliegender Entwurf absichtsvoll und vielsagend schwieg: die Fremdherrschaft, genauer, die österreichische Hegemonie in Italien. Sie stand im Mittelpunkt einer weiteren politischen Programmschrift dieser vorrevolutionären Jahre, der »Hoffnungen Italiens« (*Delle Speranze d'Italia*) des piemontesischen, mit D'Azeglio verwandten Grafen Cesare Balbo – es ist kein Zufall, dass die meisten wichtigen Debattenbeiträge damals aus dem Königreich von Piemont-Sardinien, dem modernsten, Westeuropa am engsten verbundenen Teil Italiens, kamen. Balbo hielt eine kriegerische oder revolutionäre Vertreibung Österreichs für ebenso unrealistisch wie eine päpstlich geführte italienische Liga. Auch er hoffte auf eine religiössittliche Erneuerung des Landes, aber die Befreiung von der Fremdherrschaft hielt er nur durch eine gesamteuropäische Machtverschiebung für möglich: Österreich sollte langfristig auf dem Balkan das zerfallende Osmanische Reich beerben und dafür auf seine italienischen Provinzen in der Lombardei und Venezien verzichten, also nach Osten verschoben werden. Auch dies vorerst kein sehr realistisches Projekt; von den »Hoffnungen eines Hoffnungslosen« hat man damals gesprochen. Doch selbst diese ernüchterte außenpolitische Konzeption hatte eine ideelle Seite. Der Rückzug des türkischen Imperiums von europäischem Boden würde schließlich, so glaubte Balbo, zu einem erneuten Vordringen des Christentums auf dem Balkan führen; die christliche Religion sah der fromme Graf damals in vollem Aufschwung und in beschleunigter Ausbreitung in der Welt, und zwar vor allem den Katholizismus: ein Viertel der Menschheit sei schon katholisch, bei wachsender Tendenz. Der Islam dagegen sei längst stagnierend oder rückläufig. Doch mit dem neuen Erstarken des Katholizismus – das in der Mitte des neunzehnten Jahrhunderts viele Beobachter, darunter auch Nichtkatholiken wie der englische Historiker Macaulay, wahrnahmen – wachse auch ein universales Interesse an der Unabhängigkeit jenes Landes, welches das katholische Zentrum beherberge. Es sei in der Arbeitsteilung der

Völker, von denen keines mehr einen universalen Primat bean-spruchen dürfe, die besondere Aufgabe Italiens, unabhängig im Interesse des Papsttums zu werden: »Die Unabhängigkeit ist eine Pflicht aller Nationen, ohne Zweifel. Doch für uns ist sie eine Pflicht nicht allein gegen uns selbst, sondern eine gegenüber der gesamten Christenheit, das heißt inzwischen gegenüber dem gan-zen Menschengeschlecht.«[10] Italien als von der Geschichte be-stimmter Hüter der päpstlichen Freiheit – ein schöner Traum, und im Blick auf das, was kommen sollte, auch ein trauriger.

Dies war die Diskussionslage 1846, als nach dem Tod von Gre-gor XVI. die Wahl eines neuen Papstes anstand: Auch bei den konservativen und gemäßigten Eliten des Landes begann sich die Meinung durchzusetzen, dass es so wie bisher in Italien nicht mehr weitergehen könne. Fremdherrschaft, Repression, Stagna-tion hatten einen enormen Leidensdruck und verzweifelte Hoff-nungen erzeugt. Die bürgerlich-patrizischen Vordenker hatten das religiöse Erbe der italienischen Vergangenheit wiederbelebt, romantisch, historistisch und utopisch zugleich, es aber im Wi-derspruch zu den radikalen Umsturzplänen der terroristischen Sekten, die in den zwanziger und dreißiger Jahren die Szene be-herrscht hatten, mit liberalen Forderungen nach Reformen ver-knüpft. In dieser frühen Phase war das italienische Nationalge-fühl noch von universellen Idealen durchdrungen; die Erneuerung Italiens sollte einer moralischen und spirituellen Reform ganz Eu-ropas vorarbeiten. Dieser Grundstrom des Universalen aber kam aus Rom. Dass es einen Widerspruch zwischen dem Römisch-Ka-tholischen und dem Nationalen geben könne, war noch nicht ver-standen worden. Dieser Widerspruch kam erst in den Revoluti-onsjahren von 1848/49 in aller Schärfe ans Tageslicht.

Pius IX., der neue Papst, war vergleichsweise jung, erst 54 Jahre alt, gutwillig, politisch unerfahren, sehr fromm, von der etwas süßlichen Religiosität jener Zeit, gefühlvoll in mehrere Richtungen: durchaus patriotisch empfindend und menschlich zu mitleidig, um die Züge barbarischer Unterdrückung im verknö-cherten System des Kirchenstaats zu billigen. Er erließ, wie üblich, zu Beginn seiner Amtszeit im Sommer 1846 eine Amnestie, die auch politischen Gefangenen zugute kam, und machte den Rö-mern Hoffnungen auf Reformen. Der Jubel, der dem sympathischen und gut aussehenden Papst antwortete, war unbeschreiblich. Es begann eine unheimliche, in der neueren Geschichte beispiellose Komödie der Irrungen zwischen dem Papst und den patriotischen Liberalen in Rom und ganz Italien, die zum eigentlichen Präludium der Revolution von 1848 wurde. Pius IX. schien die Fleischwerdung von Giobertis kühnem Traum zu sein: ein Pontifex als liberaler Führer der italienischen Nation. Die Sehnsucht nach Veränderung war so groß, dass die Verwechslung, die nun stattfand – zwischen dem behutsamen Reformer, den Pius geben wollte, und dem kühnen nationalen Erneuerer, den Italien erwartete –, vielleicht unvermeidlich war. Wie Ludwig XVI. musste Pius IX. die Erfahrung machen, dass es den Jubel als politisches Droh- und Druckmittel gibt. Jeder Schritt des Papstes wurde von Ovationen begleitet, deren Sinn auch darin bestand, ihn auf seiner Bahn voranzutreiben, ihn auf ein politisches Programm festzulegen, das, realistisch betrachtet, mit seiner Rolle nicht vereinbar war. Die Stadt Rom lebte in den ersten Monaten des neuen Pontifikats in einem unablässigen Festrausch: Über 70 Festivitäten in 22 Monaten hat man gezählt, Massenversammlungen auf Plätzen und vor Palästen, öffentliche Bankette mit jeweils vielen Tausenden Teilnehmern – nicht selten war ein Drittel der gesamten römischen Stadtbevölkerung auf den Beinen, um den Papst in Vorsätzen zu stärken, die nicht die seinen waren.

In dieser Situation wandte sich der berühmteste revolutionäre Publizist Italiens, der 1805 in Genua geborene, seit anderthalb Jahrzehnten im Exil lebende Giuseppe Mazzini, in einem feierlichen offenen Brief an den Papst. Seit den dreißiger Jahren hatte Mazzini ein radikales politisches Programm für Italien entworfen und es in Grüppchen und Geheimbünden verbreitet: eine republikanische Vereinigung des Landes zu einem egalitären Volksstaat. Nach dem römischen Reich und der römischen Kirche sollte Italien ein drittes Mal das Prinzip der Einheit Europas hervorbringen, die Gemeinschaft freier Völker, die friedlich zusammenleben. Auch dieses dritte Prinzip sollte von Rom ausgehen, denn nur dort – durch eine religiöse Umwälzung – könne die alte Struktur vollständig zerstört werden. Solche Gedanken trug Mazzinis Flugschrift im September 1847 dem Papst vor: »Ich habe die italienische Tradition studiert und dort Rom zweimal als Lenkerin der Welt gefunden, zuerst durch die Kaiser, später durch die Päpste. Ich habe gefunden, dass jede Manifestation des italienischen Lebens eine Manifestation des europäischen Lebens gewesen ist. Und ich glaube, dass eine neue europäische Welt sich aus der Ewigen Stadt entwickeln muss, die das Kapitol besaß und den Vatikan besitzt.« Das Rom des Volkes, das hier nach dem kaiserlichen und dem päpstlichen Rom entstehen sollte, musste nach Mazzinis Glauben politisch und religiös zugleich sein, nämlich egalitär-urchristlich und republikanisch. »Ich fordere Euch auf, Euch zum Diener aller zu machen«, rief Mazzini dem *servus servorum*, dem Stellvertreter Christi, zu, und fügte an: »Um die Mission zu erfüllen, die Gott Euch anvertraut, sind zwei Dinge notwendig: gläubig sein und Italien vereinigen.« Letzteres freilich sollte der Papst nicht selbst erledigen, sondern die Revolution machen lassen: »Sagt uns, die Einheit Italiens muss eine Tatsache des neunzehnten Jahrhunderts werden; das wird genügen; wir werden sie für Euch ins Werk setzen.« Der Papst sollte dieser Revolution nur seinen Segen geben, denn die Einheit Italiens sei eine Sache Gottes, »sie wird sich mit oder ohne Euch vollenden«.[11]

Mazzinis Flugschrift mutete dem Papst also zu, den überkommenen Glauben der Kirche mit einer geschichtsphilosophisch-politischen Nationalreligion zu vertauschen, sich zum willenlosen Führer einer europäischen Umwälzung zu machen, und schloss mit der Drohung, diese Umwälzung werde so oder so kommen und die alte Ordnung in den Abgrund ziehen, weil sie im göttlichen Geschichtsplan liege. Natürlich glaubte Mazzini nicht im Ernst, gehört zu werden. Bereits im Winter 1846/47 hatte er in einer englischen Zeitschrift das Dilemma des damals noch umjubelten Papstes kühl und treffend analysiert: Selbst wenn Pius IX. allen Reformwünschen innerhalb des Kirchenstaats nachgebe, würde sich danach die nationale Frage nur umso klarer stellen, und diese könne der Papst nicht lösen, »denn sie enthält in sich den Samen zur Vernichtung der weltlichen Herrschaft der Päpste«. Mazzini verglich Pius mit dem Goetheschen Zauberlehrling und schloss: »In Rom ist der Gordische Knoten geknüpft; und sollte die italienische Nation erwachen, dann wird, dann *muss* dieser Knoten zerhauen werden.«[12]

Auch bei Mazzini findet sich also die typische frührisorgimentale Verbindung von Nationalidee und Universalismus, doch unvergleichlich radikalisiert durch eine auf Welterlösung zielende politische Religion, deren irdische Stätte Rom sein sollte. Mazzini, der seit seiner Jugend nicht nur publizistisch agitiert, sondern auch politische Geheimbünde und Aufstände organisiert hatte, galt den Regierungen Europas als gefährlicher Terrorist; seine Wirksamkeit als Schriftsteller beruhte auf einer Verbindung von rhetorischer Sentimentalität mit unerbittlicher Logik, von Schmerzensschrei und Tugendterrorismus. Mazzini war ein Berufsprophet, ein von Verbannung zu Verbannung irrender Exilant; persönlich rein und bedürfnislos, von seiner Sendung durchdrungen, war er politischen Kompromissen gänzlich abgeneigt, ein Autor für junge Leute, für Sektierer und Fanatiker, ein Mann des Untergrunds. Seine Schriftstellerei – Tausende von Artikeln, Reden, Streitschriften, offenen Briefen – hat den italienischen Weg zur Einheit von Anfang bis Ende begleitet, und seine schneidenden Sätze dienten immer einem Zweck: die Option einer revolutionären Lösung offen zu halten.

Dass ein solcher Prophet des Umsturzes es wagte, sich direkt an den Papst zu wenden, war für diesen überaus kompromittierend und erzeugte vor allem in Wien, wo man Pius' Nähe zu nationalen Reformbestrebungen misstrauisch verfolgte, stärkste Indignation. In einer Ansprache vom 17. Dezember 1847 wies der Papst das Ansinnen Mazzinis entsprechend scharf zurück: »Von nun an soll man nicht mehr davon sprechen, den Glauben der universalen Kirche, deren Beruf es ist, alle Länder und alle Völker des Erdkreises mit gleicher Liebe zu umfassen, durch einen nationalen Fanatismus zu ersetzen, der künstlich wiedererweckt wird, und der sich lügenhaft und durchaus heidnisch erweist durch seinen ausschließenden Charakter.«[13]

Diese Äußerung ist damals nicht gebührend beachtet worden; der patriotische Hoffnungsdruck auf den Papst nahm noch zu. Im Frühjahr 1848 erließ er wie die anderen italienischen Staaten eine Verfassung. Piemont begann einen kühnen Befreiungskrieg gegen Österreich, der augenblicklich die gesamte Halbinsel elektrisierte, und auch aus dem Kirchenstaat drängten Soldaten und Freiwillige zur Teilnahme am nationalen Kampf gegen die fremden Unterdrücker. Man verlangte vom Papst, dass er die italienischen Waffen gegen Österreich segne und sich als Landesfürst direkt am Krieg beteilige. Als Pius IX. im Februar 1848 für das Land betete, wurde dieser rein geistlich formulierte Akt sofort nationalpolitisch aufgefasst und entsprechend bejubelt. Die gefährliche Dialektik von Beifall und politischem Druck erreichte im April ihren Höhepunkt. Der Führer der in den Norden des Kirchenstaats zunächst nur zur Sicherung der Landesgrenzen, in Wahrheit zur Teilnahme am Krieg gegen Österreich aufgebrochenen päpstlichen Heereskontingentes ließ sich von Massimo d'Azeglio einen Aufruf verfassen, der den Kampf gegen Österreich als Kreuzzug stilisierte: »Ein solcher Krieg der Zivilisation gegen die Barbarei ist nicht nur ein nationaler Krieg, sondern in hohem Maße christlich. Es ziemt sich daher, und ich habe es angeordnet, dass wir alle uns in ihm geschmückt mit dem Kreuz Christi bewegen. Alle, die dem Operationscorps angehören, werden es auf dem Herzen tragen. Mit ihm und in ihm werden wir Sieger bleiben. Unser Kriegsruf sei: Gott will es!«[14]

Pius IX. war patriotisch erregbar, er hat sein Land geliebt; und wenn er es nicht als Papst, sondern als Mastai – Graf Feretti-Mastai war sein bürgerlicher Name – hätte anordnen können, dann, so sagte er selbst, hätte er gegen Österreich kämpfen lassen. Aber gegen die Indienstnahme der Kirche für nationale Leidenschaften musste er sich wehren. Wer von heute aus die folgenreiche Trennung der katholischen Kirche vom Liberalismus beklagt, muss die tragische Episode vom Frühjahr 1848 bedenken, als päpstliche Truppen sich schon das Kreuz gegen das katholische Österreich auf die Brust hefteten. Liberalismus und Nation gehörten damals zusammen; und dieser Koalition konnte sich die universale römische Kirche unmöglich anschließen – darüber konnten auch die hybriden universalen Züge des frühen Risorgimento nicht hinwegtäuschen. Pius musste dem nationalen Rausch entgegentreten, und nach langem Zaudern tat er es in einer Ansprache am 29. April 1848, einem der folgenreichsten Dokumente der Kirchengeschichte. »Da einige wünschten«, lautet die Kernpassage, »dass auch Wir mit den andern Völkern und Fürsten Italiens Krieg gegen die Deutschen führen sollten, so hielten Wir es denn doch für Unsere Amtspflicht, klar und offen zu bekennen, dass das durchaus Unserem Vorhaben fernliegt, da Wir, wenn auch

126

Revolution in Rom: Am 16. November 1848 wird der päpstliche Palast auf dem Quirinal angegriffen.

unwürdig, die Stelle dessen auf Erden führen, der der Urheber des Friedens und der Freund der Liebe ist, und gemäß Unserem hohen apostolischen Amte allen Stämmen, Völkern und Nationen in gleicher väterlicher Liebe zugetan sind und sie umfassen.«[15]

Der 29. April 1848 bedeutete die Zerstörung des Traums vom nationalen Papsttum. In der erhitzten Öffentlichkeit Italiens wurde die päpstliche Allokution als Verrat aufgefasst, und von nun an wurde der Papst monatelang zum Gefangenen der erregten Volksmassen Roms. Als ein von ihm ernannter Reformminister im November 1848 auf dem Weg zum Parlament auf offener Straße erstochen wurde, entschloss sich Pius zur Flucht. In der Kutsche des bayerischen Gesandten entwich er nach Gaeta, wo er eine Exilregierung einrichtete. Rom erklärte sich zur Republik und verkündete das Ende der weltlichen Herrschaft des Papstes. Eines der drei Oberhäupter, die die Republik kollegial leiteten, wurde der in die Ewige Stadt geeilte Giuseppe Mazzini, der hier das einzige Mal in seinem Leben eine politische Funktion übernahm. Bei Amtsantritt erneuerte er seine Theorie vom Dritten

Rom, dem Rom des Volkes, das nun ohne priesterliche Vermittlung von Gott regiert werde, in einem pompösen Manifest: »Gott, Herr im Himmel und auf Erden; das Volk, Anbeter und progressiver Interpret seines Gesetzes. Rom und der Glauben.« Und: »Wir wollen auf diesem Boden, der schon zweimal, es verbessernd, Europa einte, einen Tempel für die Moral wiedererrichten.«

Mazzinis Reden und Proklamationen aus seiner Zeit als Triumvir der römischen Republik gehören bei allem edlen Schwung in den Zusammenhang des europäischen Revolutionsterrorismus zwischen Robespierre und Lenin. Es hat wirklich, wenn auch anders, als Mazzini selbst es dachte, eine starke Symbolkraft, dass die revolutionäre Religiosität der Neuzeit auch in Rom einmal ihren abstrakten Tempel errichtete. Und auch hier hat diese politische Religiosität ihre Blutopfer gefordert. Im Frühjahr 1849 beschloss Louis Napoleon, der neue Herr Frankreichs, für den Papst die Ewige Stadt wiederzuerobern und der Römischen Republik ein Ende zu machen. Die Eroberung dauerte viele Wochen, denn die Republik leistete erbitterten Widerstand; ihr Feldherr wurde der aus Südamerika herbeigeeilte Giuseppe Garibaldi, der hier seinen Ruhm als italienischer Volksheld begründete. Garibaldi, 1807 in Nizza geboren, war als Matrose auf einem Schiff mit den Gedanken Mazzinis bekannt geworden und hatte sie sich mit der bedenkenlos gutartigen Naivität des praktischen Idealisten zu Eigen gemacht. In Südamerika erlernte er das Handwerk des Freischärlerkrieges, das er bis ins hohe Alter mit großem Erfolg ausüben sollte, als ewiger Condottiere des Guten in einer geschichtlichen Landschaft, die er sein ganzes Leben lang vom Morgenrot des Fortschritts überglänzt sah. Mit beträchtlichem Geschick und unermüdlichem Fanatismus schickte er seine eilig rekrutierten Freiwilligencorps gegen die weit überlegene französische Armee, die sehr vorsichtig operierte, um nach Möglichkeit größere Blutbäder und massenhaftes Märtyrertum zu vermeiden. Dass die Verteidigung sinnlos, die Opfer vergeblich waren, das wusste zumindest Mazzini genau. Rom musste aber als natürliches Zentrum der italienischen Einheit mit Blut geweiht werden: »Die Italiener hatten die Religion von Rom schon fast verloren«, schrieb er später, »sie begannen es Grab zu nennen, und so schien es

Gedanke und Tat: Giuseppe Mazzini (1805–1872) und Giuseppe Garibaldi (1807–1882) wollten ein Italien des Volkes mit Rom als Hauptstadt.

auch. Man musste es erlösen und es wieder hoch aufrichten, damit die Italiener sich wieder daran gewöhnten, es als Tempel des gemeinsamen Vaterlands zu betrachten: alle sollten die Gewalt der Unsterblichkeit, die unter den Ruinen zweier Weltalter bebte, erkennen. Zum Untergang verdammt, mussten wir, an die Zukunft denkend, unser *morituri te salutant* Italien von Rom aus darbringen.«[16]

Und so starben beispielsweise am 3. Juni 1849 Hunderte von Freiwilligen, oft Studenten und andere kaum ausgebildete Soldaten, die von Garibaldi am Gianicolo eine Anhöhe hinauf stundenlang immer wieder ins französische Gewehrfeuer geschickt wurden. Dieser Tag, der bis heute vom italienischen Patriotismus in hohen Ehren gehalten wird, taufte Rom zur künftigen Kapitale eines zu einigenden Italien. »Die Verteidigung Roms gegen die Franzosen«, schrieb einer der überlebenden Soldaten Garibaldis von 1849 fast fünfzig Jahre danach in seinen Memoiren, »sollte die blutige Behauptung des Willens und des Rechts der Italiener werden, zu einer freien und unabhängigen Nation wiederzuerstehen. Die Blüte der italienischen Jugend weihte diesen Willen und dieses Recht, indem sie unter den Mauern Roms kämpfte und starb.«[17] Auch Mazzini war bereit, sich zu opfern. Als die Franzosen Rom eingenommen hatten, blieb er noch mehrere Tage in der Stadt, sich absichtlich möglichen Racheakten ausliefernd. Doch nichts geschah, und auch die Franzosen nutzten die Gelegenheit nicht, den Revolutionär zu verhaften. Hätte er, so schrieb Mazzini später, alle Enttäuschungen seines späteren Lebens vorausgesehen, Undankbarkeit und Verrat, er hätte gesagt: »Lasst mich, wenn ihr mich lieb habt, sterben mit Rom – *lasciatemi, se m'amate, morire con Roma.*«

Der Kirchenstaat unter Anklage

Die Revolution von 1848/49 ist in Italien so gründlich gescheitert wie in Deutschland. Die alte Ordnung im Kirchenstaat wurde auf Betreiben des Papstes, der jeden Kompromiss mit seinen aufständischen Untertanen ablehnte, durch ausländische Interventionsmächte, im Norden durch Österreich und in Rom durch Frankreich, wiederhergestellt. Der Staat des Papstes war von nun an, um fortbestehen zu können, auf die dauerhafte Präsenz ausländischer Truppen angewiesen. Immerhin wurde Italien nun nicht mehr nur durch eine, sondern durch zwei fremde Staaten unterdrückt – ein realpolitischer Gewinn, wie sich bald zeigen sollte. Piemont war besiegt, der erste italienische Unabhängigkeitskrieg gescheitert, überall wurden die alten Dynastien wieder eingesetzt. Entscheidend für die Zukunft wurde, dass im piemontesischen Königreich als einzigem italienischen Staat keine Verfassungsreaktion eintrat: Der 1849, nach der Niederlage, an die Regierung gelangte König Viktor Emanuel II. hielt gegen den Druck aus Österreich an dem von seinem Vater während der Revolution gewährten Statut fest. So konnten sich hier freie Institutionen entwickeln und einwurzeln: Parlament, Senat, Presse ohne Zensur; und all die hochfliegenden Theoretiker, D'Azeglio, Balbo, Gioberti, sammelten Regierungserfahrung als Abgeordnete, Minister, Ministerpräsidenten, Parlamentspräsidenten, Gesandte. Eine neue politische Führungsschicht entstand, die aus der Niederlage das Beste machte und neuen Optimismus in ganz Italien verbreitete. Bald stieg Graf Cavour auf, die größte politische Begabung seiner Zeit. Das subalpine Königreich wurde modernisiert und so zum liberalen Musterstaat für die Halbinsel. Er wurde nun auch säkularisiert; geistliche Sondergerichte verschwanden, die Zivilehe ersetzte als Rechtsinstitut die Trauung vor dem Altar, und die Besoldung der Geistlichen ging in staatliche Regie über, wofür kirchlicher Besitz in großem Umfang eingezogen wurde. All diese Reformen mussten gegen den erbitterten Widerstand aus Rom durchgesetzt werden, und so wurde aus dem Konflikt zwischen dem Verfassungsstaat und der Kurie eine inneritalienische Dauerspannung.

Ernüchterung und Verhärtung der Fronten waren überall sonst die Folge des Revolutionsjahres. Für Pius IX. war seine Erfahrung so traumatisch, dass er auch zu kleinen politischen Zugeständnissen seither nicht mehr zu bewegen war. Der während der Monate seines Exils weißhaarig gewordene Pontifex zog sich in eine eigentümlich unpolitische oder besser: antipolitische, fatalistisch anmutende Religiosität zurück und blieb seither in allem, was er für Prinzipienfragen hielt, unbeugsam. Psychologisch muss man dies als Resultat einer Erfahrung schweren Scheiterns verstehen: Es war ihm nicht gelungen, auf der Welle der Revolution zu schwimmen, also mied er das Wasser von nun an vollständig. Ein traumatisierter Mystiker führte in der jetzt beginnenden Epoche einer nachrevolutionären Real- und Kompromisspolitik die römische Kirche; das persönliche Interesse des Papstes konzentrierte sich ganz auf die dogmatische und pastorale Seite seines Amtes. Eines seiner ersten und wichtigsten Vorhaben nach der Revolution war die Definition der unbefleckten Empfängnis Mariae, die Befreiung der Gottesmutter von der Erbsünde, die am 8. Dezember 1854 aus päpstlicher Lehrbefugnis ohne Zustimmung durch die Bischöfe verkündet wurde – eine wichtige Präzedenz für die Feststellung der Unfehlbarkeit des Papstes in Glaubensfragen.

Die Politik wurde abgetrennt und einem Fachmann übertragen: dem Kardinal Giacomo Antonelli, der für mehr als ein Vierteljahrhundert der Regierungschef, Außenminister, Organisator der Finanzen, kurz, der fast allmächtige Arm des Papstes in allen weltlichen Angelegenheiten nach innen und nach außen wurde. Antonelli, 1806 in kleinen Verhältnissen im Süden des Kirchenstaats zur Welt gekommen, war scharfsinnig, aber geistig borniert. Seine Stärken waren die Verwaltung, der Ausbau der eigenen Hausmacht, das Wirtschaften mit Geld, der taktische Winkelzug, die Diplomatie. Er war ohne theologische Schulung und hatte nur die niederen Weihen erhalten; ein weltlicher Prälat alten Stils, ein Liebhaber der Frauen. Er hat die Grenzen des Kirchenstaats nie verlassen, ja, er kannte nicht einmal die Romagna. Er war zeit seines Lebens die *bête noire* aller Liberalen; dabei war er durchaus ein gemäßigter Reformer, der die Verwaltung des Kirchenstaats stark verbesserte. Aber seine Unkenntnis der Welt und seine konventionelle Religiosität ohne pastorale oder gar theologische Einsicht machten ihn unfähig, sich die grundsätzlichen Probleme des Papsttums in der modernen Umwelt auch nur vorzulegen. Der Papst hielt starr am überlieferten Lehrgebäude fest, sein Staatssekretär ebenso starr an allen überlieferten Rechtspositionen der Kurie; so konnte es erscheinen, als sei beides dasselbe, und das hat den Handlungsspielraum des Papstes in jener Zeit stark eingeschränkt. Was die Kirche seit 1789 – und noch einmal verstärkt durch Liberalismus und Nationalismus im neunzehnten Jahrhundert – bedrohte, war der schwerste Angriff seit der Reformation. Gerade in einem solchen Augenblick hätte auch das staatspolitische Handeln der Kurie eine Glaubensdimension haben und religiösen Kriterien folgen müssen; die Trennung der Sphären zwischen dem vom Politischen neurotisierten Papst und seinem unersetzlichen ersten Minister war für die Kirche ein Verhängnis. Antonellis Starrheit verwandelte sich je länger desto mehr in einen nicht würdelosen, aber nicht unbedingt sehr christlichen Stoizismus: »Es ist aus mit uns! Es ist aus mit uns!«, rief er 1860 aus. »Wenn wir, um uns zu retten, erst dies, dann das aufgeben, wird man immer mehr von uns verlangen. Wenn wir schon untergehen müssen, dann ist es besser, wir verschwinden, bevor wir im bloßen Hemd in den Graben fallen, so wie wir heute sind, mit den großen Idealen und allen Formen unserer vergangenen Größe!«[18]

Auf der Gegenseite war eine verbitterte und fanatisierte revolutionäre Partei zurückgeblieben, die vor allem die heroischen Tage der römischen Verteidigung gegen die französische Armee nie mehr vergaß. Über Rom war, so zeigte sich bald, mit den Anhängern Garibaldis und Mazzinis nun nicht mehr zu reden. Die Debatten über die italienische Frage verloren nach der Revolution das Wolkige, Idealistische, begeisternd Schwungvolle, sie wurden realistischer und argumentierten genauer, waren dabei aber auch instrumenteller, fanatischer und ideologischer als vor der Revolution. Vincenzo Gioberti, der Herold des Neuguelfentums, der in der Revolution einige Wochen lang piemontesischer Ministerpräsident gewesen war und dann als Botschafter nach Paris ging, warf dort kurz vor seinem Tod 1851 eine vielhundertseitige Bilanz des gescheiterten Aufbruchs aufs Papier: *Del rinnovamento civile d'Italia* (»Von der bürgerlichen Erneuerung Italiens«). Er machte den doktrinären Fanatismus der Fortschrittspartei und den rückständigen Munizipalismus der Konservativen für das Scheitern verantwortlich, das Fehlen einer patriotischen Mitte, die den italienischen Gegebenheiten gerecht geworden wäre; stattdessen habe man die französischen Polarisierungen – Revolutionäre hie, Legitimisten da – übernommen und daher scheitern müssen. Nun würde, so glaubte Gioberti, Italien erst in einer gesamteuropäischen Auseinandersetzung zwischen der Demokratie, geführt durch Frankreich, und den konservativen Mächten seine zweite Chance bekommen. Die Zukunft des Landes werde unitarisch sein, die Führung bei Piemont liegen. Die Epoche behutsamer Reformen war für Gioberti vorbei.

Erst im *Rinnovamento* legte Gioberti die Abrechnung mit dem Kirchenstaat vor, dessen Schwächen ihm schon vor 1848 bewusst gewesen waren, über die er aber in seiner Hoffnung auf ein patriotisches Papsttum hinweggegangen war. Staatliche Macht und Pomp seien ohnehin mit der evangelischen Botschaft unvereinbar, und die politischen Abhängigkeiten durch ihre Interessen als Landesherren hätten den Päpsten seit dem sechzehnten Jahrhundert schwer geschadet. Den Reformversuch Pius' IX. hielt Gioberti für unwiederholbar; daher glaubte er, dass die weltliche Herrschaft des Papstes zum Untergang verdammt sei. Dies umso mehr, als Rom und Italien sich wie Haupt und Glieder verhielten, und die römische Unfreiheit immer auch die Unfreiheit ganz Italiens bedeute. Deshalb werde die reaktionäre Politik des Papstes auf längere Sicht auch zur Verjagung aller anderen Fürsten des Landes führen. Die Freiheit der Kirche werde in Zukunft von der Demokratie und der öffentlichen Meinung viel wirksamer geschützt als von einem nur von fremden Mächten und durch innere Unterdrückung aufrechterhaltenen Staatsgebilde. Cavour, der neue Stern am Himmel der piemontesischen Politik, soll seinem König Viktor Emanuel einzelne Passagen aus Giobertis Nachlasswerk vorgetragen haben, und wirklich finden sich hier Sätze, die eine zwanzig Jahre später eingetretene Zukunft vorwegzunehmen scheinen: »Der Papst darf also keine staatliche oder territoriale Souveränität haben. Wohl aber soll er unverletzlich und unabhängig als Person sein: unverletzlich seine Paläste, Villen, Kirchen, wie die von Botschaftern. Für seine Sicherheit und Würde soll ein Gesetz sorgen, das zwischen ihm und dem Staat zu vereinbaren ist.« Eine staatliche Dotation, Zuwendungen aller Katholiken würden die Subsistenz des Papstes sichern. »So geschützt von der italienischen Nation, unterhalten von der europäischen Christenheit und befreit von den Lastern, die die weltliche Herrschaft mit sich bringt, wird die Tiara einen Glanz und eine moralische Autorität wiedererlangen, von der wir uns kaum eine zutreffende Vorstellung machen können.« Rom aber werde zum gemeinsamen Sitz einer gereinigten Kirche und eines demokratischen Italien, das der alten Römerversuchung, die Welt mit Waffen zu beherrschen, entsagt habe. »Der italische Landtag, ein Konsistorium von Laien, wird seinen Platz neben dem kirchlichen einnehmen; und der Sitz dieser beiden Versammlungen, einzigartig in der Welt, wird Forum und Heiligtum zugleich sein, Stadt und Orakel, Band des Friedens, Vorbild der Gerechtigkeit, Prinzip der Tugend und Herd der Zivilisierung.«[19]

Giobertis *Rinnovamento* schloss die frühe, geschichtsphilosophische Phase der Ideengeschichte des italienischen Risorgimento ab. In den fünfziger Jahren wurden Diplomatie und Presse zu den entscheidenden Diskussionsforen, und dabei entwickelte sich ein Zusammenhang zwischen der internationalen Politik und den immer enger miteinander kommunizierenden öffentlichen Meinungen der europäischen Staaten, welcher der italienischen Sache sehr zugute kam, während er der Sache des Papstes und der Kirche in ebensolchem Maße schadete. Das Zusammenspiel von

Diplomatie und Presse wurde von niemandem so meisterhaft orchestriert wie von dem piemontesischen Ministerpräsidenten Cavour. Cavour schaffte es in den frühen fünfziger Jahren, sich dem französischen Kaiser Napoleon III. als Verbündeten im Krimkrieg aufzudrängen; ohne unmittelbare piemontesische Interessen zu verteidigen – die es an den Küsten des Schwarzes Meeres schwerlich geben konnte –, kämpften und starben Soldaten des savoyardischen Königreichs für den einzigen Zweck, den Diplomaten ihres Vaterlands einen Platz am Tisch der Großmächte zu verschaffen und die Lage in Italien wieder zu einem europäischen Thema zu machen.

Und es gelang. Am Ende des Pariser Friedenskongresses von 1856, der den Krimkrieg abschloss, setzte Cavour außerhalb der Tagesordnung und gegen den Widerstand Österreichs eine Erörterung der Zustände im Kirchenstaat durch, die, so das Argument eines piemontesischen Memorandums, auf Dauer den Frieden und das Gleichgewicht in Europa in Gefahr bringen würden. Die Regierung in Turin, die einzige Italiens, die durch ihre Verfassung national legitimiert war, verwies auf den Umstand, dass nach so vielen Jahren noch immer Truppen aus Frankreich in Rom und österreichische Einheiten in der Romagna standen, und dass ein Ende des Regimes fremder Besatzungen im Kirchenstaat nicht absehbar sei. Die Regierung des Papstes werde von der Bevölkerung nicht mehr akzeptiert, weil sie im Widerspruch zu den Bedürfnissen und den Fortschritten der Zeit stehe. Zugleich aber sprach das piemontesische Gutachten der päpstlichen Regierung auf Grund ihres klerikalen Charakters die Fähigkeit zu grundlegenden Reformen ganz ab. Die Logik dieser Argumentationskette lief darauf hinaus, dem Kirchenstaat seine Daseinsberechtigung abzusprechen und ihn als Relikt einer überholten Epoche abzuschaffen. So weit gingen die konkreten Vorschläge aus Turin zwar noch nicht; sie forderten aber starke lokale Autonomien für die päpstlichen Provinzen außerhalb Roms, wodurch der Rückzug der österreichischen Truppen möglich werde – ein Begehren, das im Einklang mit den Interessen Frankreichs stand, dem die massive österreichische Präsenz in Italien missfiel.

In der abschließenden Sitzung des Pariser Kongresses am 8. April 1856 wurde über die piemontesischen Anträge diskutiert,

Der Friedenskongress in Paris 1856 beendet den Krimkrieg. In einer Sondersitzung über die Lage Italiens bezeichnet der englische Vertreter den Kirchenstaat als »Schande Europas«.

und zwar so stürmisch, dass hinterher das Protokoll entschärft werden musste. Der englische Vertreter Clarendon bezeichnete das Regime im Kirchenstaat als »Schande für Europa«; zugleich wurde die Regierung in Neapel im Namen des europäischen Fortschritts ähnlich scharf getadelt. Konkret folgte aus der Pariser Debatte zu Cavours Enttäuschung jedoch zunächst nichts.[20] Doch schon mittelfristig erwies sich die Diskussion als unschätzbarer Erfolg. Spätestens vom Pariser Kongress an stand die päpstliche Regierung im Zentrum der öffentlichen Aufmerksamkeit Europas, vor einem Gerichtshof also, von dem sie nichts Gutes erwarten konnte. Von Antonelli angestiftet, verfasste ausgerechnet der französische Gesandte in Rom, Graf Rayneval, einen Monat nach der Pariser Diskussion eine Denkschrift zur Verteidigung des Kirchenstaats, die nicht nur viele der angeblichen Missstände einfach bestritt, sondern vor allem die Unmöglichkeit einer modernen Regierungsform auf den Nationalcharakter der Italiener zurückführte.[21] Kaiser Napoleon, der Italien aus seiner Jugendzeit gut kannte, schüttelte den Kopf über diese Belehrungen und versetzte den Diplomaten auf einen anderen Posten. Cavour besorgte sich das Papier und ließ es in England drucken; sofort begann eine allgemeine Diskussion darüber. Selbst das englische Parlament widmete der Lage in Italien und im Kirchenstaat eine eigene Sitzung. Dass dieser Staat alle Weihen der diplomatischen Legitimität besaß, wurde nun immer weniger wert; denn er stand unter einem neuen Rechtfertigungsdruck, einer ununterbrochenen Inquisition durch die öffentliche Meinung, die umso leidenschaftlicher war, als es hier nicht um irgendeinen kleinen und schlecht regierten europäischen Staat ging, sondern um das Territorium einer uralten religiösen Macht, die sich, so glaubte man, mit den grundlegenden Prinzipien der modernen Zeit nicht versöhnen lasse, vor allem nicht mit dem Prinzip der Nationalität, das für die Unabhängigkeit und Freiheit der Italiener stand. Die Römische Frage war über Nacht zum Gegenstand eines europäischen Prinzipienstreits geworden, zu einem Lieblingsthema für Intellektuelle und politische Feuilletonisten, und das nicht zuletzt durch ein paar geschickte Schachzüge des piemontesischen Premierministers.

Die brillanteste der vielen publizistischen Anklageschriften gegen die Regierung des Papstes erschien im Frühjahr 1859, im selben Augenblick, in dem ein neuer Krieg Frankreichs und Piemonts gegen Österreich begann, jener, der zur Begründung des Königreichs Italien führen sollte. Das Buch des Pariser Journalisten und Romanschriftstellers Edmond About (1828–1885) über die *Question romaine*, eine heute noch reizvoll zu lesende Polemik, zählte nicht einfach Missstände auf, sondern ließ sie als Folgen eines Prinzips erscheinen, nämlich der autoritären Regierung einer überalterten Priesterkaste, die am wirtschaftlichen und moralischen Leben der von ihr beherrschten Bevölkerung keinen Anteil nimmt. Für 139 Millionen Katholiken in aller Welt – so Abouts Zahl – würden drei Millionen Untertanen des Papstes gefangen gehalten. Rom sei ein Pharaonengrab, das alles Leben unter sich ersticke; die Unzufriedenheit in den nördlichen Gebieten sei besonders groß, weil hier – fern von Rom – noch am meisten eigenes Leben existiere, das sich mit der Unterdrückung besonders schlecht abfinden könne. Die europäischen, vor allem französischen Forderungen nach Reformen hielt About für leer, denn sie beträfen nur die Auswirkungen einer Regierungsform, das man nur insgesamt entweder akzeptieren oder ablehnen müsse. Die Konsequenz aus Abouts schneidender Deduktion war eindeutig: Er nahm das Ergebnis des soeben begonnenen Krieges vorweg, die Abtrennung aller Gebiete des Kirchenstaats außerhalb Roms. Auf Rom solle der Papst sich beschränken, eingesargt in einem Freilichtmuseum, geschützt vom Respekt der Gläubigen aller Welt wie von einer chinesischen Mauer – das war Abouts halb ernsthafte, halb höhnische Schlussvision.[22]

Unter dem Druck einer feindseligen öffentlichen Meinung begann die Kirche auch in Italien, sich publizistisch zu organisieren und ihren Standpunkt in Zeitungen, Zeitschriften und Büchern darzustellen – nach dem Vorbild Frankreichs, wo es längst eine florierende katholische Presse mit berühmten und wirksamen Federn gab. Der wichtigste Anlass dieser journalistischen Modernisierung war ohne Zweifel die Römische Frage, die Verteidigung des Kirchenstaats. Auch die katholische Seite spielte das Thema sogleich auf die höchste Ebene, die Frage nach Fortschritt und Moderne. Davon zeugen vor allem die Schriften des Turiner Geistlichen Giacomo Margotti (1823–1887), des Herausgebers der Zeitschrift *Armonia*, die den antiliberalen Standpunkt vertrat; Margotti soll wegen seines Feuers und Witzes auch von Cavour geschätzt worden sein. Er publizierte 1858 eine vergleichende Studie über »Rom und London«, welche die sozialen Zustände der beiden Städte in »Lebensbildern« – so nennt es die deutsche Übersetzung von 1860 – gegenüberstellte. Rom vertrat dabei die gute alte Welt, London die schreckliche moderne Zivilisation; doch Margotti unterlegte seine äußerst lebhaften Reportagen mit einem theologischen Hintergrund, bei dem es nicht nur um den Widerstreit von Protestantismus (London) und Katholizismus (Rom) ging, sondern, ganz heilsgeschichtlich, um den ewigen Zwist zwischen der Stadt Abels (Rom) mit der Stadt Kains (London), um den augustinischen Antagonismus von *Civitas Dei* und *Civitas terrena*. Unter diesem Gesichtspunkt schüttete der italienische Priester, der sich auf eigene Reiseeindrücke berief, ein reichhaltiges Zahlen- und Faktenmaterial über seine Leser aus. Bis zur

Prostitution und Kleinkriminalität leuchtete diese positivistische Religionssoziologe alle Winkel der Gesellschaft der beiden Städte aus, und noch eine lange Liste englischer Bezeichnungen für Diebe und Betrüger in London musste gegen die moderne Zivilisation zeugen.[23]

Die Schwäche von Margottis heilsgeschichtlicher Argumentation war der geschichtliche Anteil am ewigen Prinzipienstreit. Wenn die Übel Londons modern waren, wodurch konnte dann das bessere Leben Roms, eine fortbestehende gealterte Welt, auf Dauer erhalten werden? Selbst der Papst musste sich modernen Formen der Konsenssuche annähern. Um zu beweisen, dass die Vorwürfe allgemeiner Unzufriedenheit vor allem in den nördlichen Provinzen des Kirchenstaats nicht zutrafen, unternahm Pius IX. im Sommer 1857 eine viermonatige Reise durch seine Provinzen, die ihn bis nach Bologna und Ravenna, die Zentren der Revolution von 1848/49, führte. Hier lagen auch die Quartiere der österreichischen Garnisonen, und noch bis weit in die fünfziger Jahre hinein waren Unruhen und standrechtliche Erschießungen an der Tagesordnung. Pius begab sich also direkt in die Höhle des Löwen. Freilich war die Reise von Antonelli minutiös vorgeplant und eine veritable Jubelstrecke mit Triumphpforten, Gipsstatuen, Girlanden, untertänigen Deputationen, Chorgesängen, Gottesdiensten und Audienzen organisiert worden. Vorsichtshalber verbot man die Einberufung von Stadträten und die Überreichung nicht genehmigter Petitionen schon im Voraus. So wurde die Reise zu einem Erfolg, der nichts bewies. Und schon dass sie unternommen werden musste, zeigte, dass das Papsttum, das sich da auf die Straßen und Plätze begab, in die Defensive geraten war, auch wenn Pius in einer sechsspännigen Kutsche reiste. In Bologna gelang es immerhin einigen führenden Liberalen, darunter Marco Minghetti, einem der Minister aus Pius' liberaler Zeit, mit dem Papst ins Gespräch zu kommen. Eindringlich rückte Minghetti dem Landesherrn die demoralisierenden Folgen der österreichischen Besatzung vor Augen und beschwor ihn, endlich Reformen zu gewähren. Doch ohne Ergebnis. »Gott segne Euch, mein konstitutioneller Herr«, sagte Pius mit mildem Spott am Ende. »Heiligkeit, diesen Titel nehme ich gern an«, erwiderte Minghetti, »und es schmerzt mich nur, dass meine Ideen es nicht ver-

mochten, Zutritt zum Geist Eurer Heiligkeit zu finden.« Pius IX.:
»Die Welt ist zu aufgewühlt; der Moment unpassend; die Reformen unausführbar.«[24] Das war nicht so weit entfernt von dem, was die liberalen Gegner des Papsttums auch sagten, wenn sie behaupteten, der Kirchenstaat sei gar nicht reformierbar.

»Die römisch-katholische Kirche, die ich aufrichtig respektiere, besteht aus 139 Millionen Individuen, ohne den kleinen Mortara zu zählen.« Das ist der erste Satz von Edmond Abouts Buch gegen den Kirchenstaat. Er ist ein Peitschenhieb, den damals jeder Leser sofort verstand. Nichts hat den Kirchenstaat in seiner letzten Phase so diskreditiert wie die Affäre Mortara. Sie betraf den kleinen Sohn eines jüdischen Ladenbesitzers in Bologna, der als Säugling während einer lebensbedrohlich aussehenden Krankheit von einer christlichen Dienstmagd eine Nottaufe erhalten haben soll. Damit war er nach katholischem Recht zum Christen geworden; christliche Kinder aber durften im Kirchenstaat nicht von Juden erzogen werden. Daher ordnete die Inquisition in Bologna, wo man von der Taufe gehört hatte, an, das mittlerweile sechs Jahre alte Kind seinen Eltern wegzunehmen und es in einer katholischen Erziehungsanstalt unterzubringen. So wurde im Juni 1858 Edgardo Mortara seinen verzweifelten Eltern entrissen, ein Vorgang, der so grausam war, dass er selbst den mit der Entführung betrauten Polizeibeamten die Tränen in die Augen trieb. Es hat vor der Dreyfus-Affäre keinen Fall gegeben, der die europäische Öffentlichkeit so aufgewühlt hätte wie die Entführung des kleinen Mortara. Die jüdischen Gemeinschaften in Italien wandten sich an ihre Glaubensgenossen in London und Paris, und so wurde der Affäre ein internationales Echo zuteil. Petitionen wurden geschrieben, Vereine gegründet, die Zeitungen veröffentlichten lange, oft phantastisch ausgeschmückte Berichte über die Details der Entführung, die Versuche der Eltern, ihren Sohn zurückzubekommen, die kirchlichen Verstecke, die Verbringung des Knaben nach Rom. Pius IX. selbst nahm sich des Falles an und bestand auf unbeugsamer Härte. Er adoptierte das Kind, das von nun an Edgardo Pio Mortara hieß. Die Kompromisslosigkeit des Papstes, die im Widerspruch zu vergleichbaren Fällen in früherer Zeit stand, zeigt brennpunktartig seine religiös bestimmte, um irdischen Schaden unbekümmerte Haltung in dieser für das Papsttum so kritischen Zeit. Für Pius war die Taufe ein Sakrament, das dem jüdischen Kind seine falsche Religion endgültig genommen hatte; nun hatte es aufgehört, Jude zu sein, und daran konnte auch der Papst nichts mehr ändern. Noch Jahre später erklärte er dem ultramontanen französischen Journalisten Louis Veuillot, der Papst dürfe eine Seele, die für Christus gewonnen wurde, um keinen Preis der Welt mehr aufgeben. Daher macht man es sich zu leicht, wenn man den Fall Mortara als Zeugnis für Antisemitismus nimmt; für den Antisemiten bleibt ein Jude immer Jude, auch wenn er den Glauben wechselt. Der Antisemit will den ewigen Juden ausrotten. Für den kirchlichen Antijudaismus ging es dagegen um Bekehrung, um die Überwindung des jüdischen Bekenntnisses. Das war der Standpunkt der Kirche und des Papstes im Mortara-Skandal.[25] Allerdings verteidigte die Kirche hier eben nicht einfach eine dogmatische Position, sondern sie musste sich gegen eine internationale Pressekampagne und die liberalen Prinzipien behaupten; in den Augen des Vatikans verschmolz das humanitäre Anliegen der Juden wieder einmal mit den gefährlichen Auswüchsen der Modernität. Die Juden wurden für die Kurie immer mehr zu den sichtbarsten Exponenten aller sie bedrohenden machtvollen Tendenzen der Gegenwart. Dass der katholische Antijudaismus in der folgenden Generation so nah an den eigentlich unchristlichen Rassenantisemitismus heranrücken konnte, dafür war der Fall Mortara ein wirksamer Schrittmacher.

Der politische Schaden war gigantisch. Die Affäre eröffnete dem europäischen Zeitungspublikum über den menschlich bewegenden Einzelfall hinaus tiefe Einblicke in die Administration des Kirchenstaats, vor allem in die Grausamkeiten der Inquisition, die Starrheit eines mitleidlosen Priesterregimes, das ungerührt von der Verzweiflung liebender Eltern, von dem Unglück einer seelisch zusammenbrechenden Mutter blieb. Wenn man über allgemeine Strukturprobleme hinaus einzelne Ursachen für das Ende des päpstlichen Staats nennen kann, dann muss dieser Skandal an oberster Stelle stehen – dass aus Edgardo Mortara ein frommer katholischer Priester wurde, der seines päpstlichen Ziehvaters bis zu seinem Tod im Jahre 1940 liebevoll gedachte und der es 1870 ablehnte, sich von einem seiner Brüder, der als italienischer Soldat am 20. September in Rom einmarschiert war, aus seinem römischen Konvent »befreien« zu lassen, ändert nichts daran, übrigens auch nichts an den Schmerzen, die den Eltern durch die Entführung zugefügt wurden. Napoleon III., selbst humanitär erregbar, vor allem aber ein feiner Beobachter der öffentlichen Meinung, ließ nicht zuletzt unter dem Eindruck der Affäre Mortara seine Vorbehalte gegen den Krieg in Italien, zu dem Cavour ihn schon seit längerem drängte, endlich fallen. Es war, so schien ihm, ein guter Augenblick, um Rücksichten auf ein moralisch diskreditiertes Priesterregime hintanzustellen. Die französischen und piemontesischen Armeen, die im Frühjahr 1859 in Oberitalien gegen Österreich antraten, waren durch die liberalen Polemiken gegen den Kirchenstaat auch moralisch gut gerüstet.

Der Bruch mit Italien

Nach den ersten Niederlagen der österreichischen Armee brach die päpstliche Herrschaft überall im Kirchenstaat außerhalb Roms und seiner unmittelbaren Umgebung zusammen, zuerst in den so genannten Legationen, also den Gebieten der Romagna um Bologna, dann, ein knappes Jahr später, mit kräftiger Nachhilfe Piemonts, auch in den Marken und in Umbrien. Um sich mit den Truppen Garibaldis südlich von Rom zu vereinigen, marschierte die piemontesische Armee unter fadenscheinigen nationalen Vorwänden und mit schweigender Duldung Frankreichs nach Süden und rieb ein eilig aufgestelltes päpstliches Heer bei Castelfidardo auf. Dessen Offizierscorps bestand, sehr zum Ärger Napoleons III., großenteils aus französischen Legitimisten, also Anhängern der Bourbonen. Rom selbst wurde nach wie vor von den Franzosen geschützt, deren Stellung dort immer zweideutiger wurde: Es kam zu offenen Demonstrationen italienischer Patrioten zugunsten jener Brudernation, die im Norden für die Befreiung Italiens von der Fremdherrschaft gefochten hatte, in Rom aber als fremdes Corps die Herrschaft des Papstes, des schärfsten Gegners der italienischen Revolution, aufrechterhielt. Der Papst reagierte auf den Abfall seiner Provinzen mit ungläubigem Zorn und verletztem Rechtsgefühl – wie gewohnt unpolitisch. Dass die flammenden Anklagen gegen seine Regierung, mit denen sich die

COMIZI DEL POPOLO

Il Popolo vuole
l'Italia una e indipend
con Vittorio Emanuele
Re Costituzionale
e suoi legittimi discender
Decreto 3 Ottob.

21. Oktober 1861: Ein Plebiszit beschließt den Anschluss des König-reichs beider Sizilien an Neapel.

abgefallenen Provinzen lossagten, echte Beschwerden enthielten und eine reale, keineswegs vorgeschobene Wut zum Ausdruck brachten – Wut weniger über einzelne Missstände als über das Regime des Ausnahmezustands mit seiner elementaren Rechtsunsicherheit an sich[26] –, das vermochte er nicht zu glauben. Die Jubelstrecke des Jahres 1857 hatte ihren wichtigsten Adressaten erfolgreich getäuscht: den Herrscher selbst.

In langen Briefen beschworen Napoleon und Viktor Emanuel den Papst, auf die verlorenen Gebiete zu verzichten, mit einem kaum widerlegbaren Argument: Sie wären nur durch einen blutigen Krieg zurückzugewinnen und daher für die Kirche auf jeden Fall moralisch verloren. Eine unbegrenzte Fortsetzung der fremden Besatzungen wäre die Folge, und es sei doch, so schrieb Viktor Emanuel, gewiss nicht Gottes Wille, dass die Völker in Unterdrücker und Unterdrückte geteilt würden. Beide Monarchen erinnerten an die fünfzigjährige Geschichte der Revolutionen und Reaktionen in der Romagna, die eine stabile Regierung des Papstes auch für die Zukunft unwahrscheinlich mache. Das letztere Argument war freilich aus der Feder des zweiten Kaisers der Franzosen einigermaßen heikel: »Wer vermöchte die Revolutionen zu zählen, die seit 70 Jahren in Frankreich aufeinandergefolgt sind«, erwiderte der Papst, »wer würde es aber wagen, der Großen Französischen Nation vorzuschlagen, für die Ruhe Europas die Grenzen des Empire zu verkleinern? Das Argument beweist zu viel, und deshalb mögen Sie mir gestatten, es nicht zuzulassen.« Entscheidend war für Pius IX. aber ein anderer Gesichtspunkt. Der Vorschlag, auf Teile des Temporale zu verzichten, stoße auf unüberwindliche moralische Hindernisse: »Man braucht, um sich davon zu überzeugen, bloß meine Position, meinen heiligen Charakter und die Rücksichten zu erwägen, die ich der Würde und den Rechten dieses Heiligen Stuhles schuldig bin, die nicht Rechte einer Dynastie, sondern vielmehr aller Katholiken sind. Die Schwierigkeiten sind unübersteiglich, weil ich nicht abtreten kann, was mir nicht gehört.«[27] In diesem Zusammenhang berief sich der Papst auf einen Eid, den er, einer alten Tradition folgend, bei der Erhebung zum Kardinal abgelegt hatte und der ihn verpflichtete, alle Rechte der Kirche zu wahren. Das war eine Hürde, die höher als alle Diplomatie lag, denn von einem Papst konnte schwerlich verlangt werden, dass er eine feierlich eingegangene Eidverpflichtung breche.

Die im Winter 1859/60 eingenommene Position hat Pius IX. nie mehr verlassen, allen Verhandlungen und Manövern auf unterer Ebene zum Trotz. »Der Papst wird keine Konzession machen«, erklärte Antonelli noch Jahre später dem französischen Gesandten, »auch ein Konklave hätte nicht das Recht, sie zu machen; ein neuer Pontifex könnte sie nicht machen; seine Nachfolger in allen Jahrhunderten wären nicht frei, sie zu machen.«[28] Eine schreckliche Festlegung! Die andere Seite hoffte auf die Versöhnung von Nation und Religion und sprach vom Fortschritt, der doch auch gottgewollt sei; die Kurie blieb so unverrückbar wie eine Pyramide. Man solle sich doch nach Turin wenden, riet der Papst einem Besucher: »Glauben Sie mir und denken Sie daran, hier sind wir unbeweglich, zurückgehalten durch das Interesse des Glaubens, des Rechts, der Ehre, das heißt alles dessen, was die Welt ehrt. Dort herrschen Bewegung, Fortschritt und die Grundsätze, welche alles erlauben, was der Ehrgeiz wünscht, der Durst nach Geld und Macht; dort sind Konzessionen leicht und natürlich.«[29]

Zu Ostern 1860 belegte die Kirche alle an der Rebellion und der Abtrennung der verlorenen Provinzen beteiligten Personen, Auftraggeber, Begünstiger, Helfershelfer, Ratgeber und überhaupt sämtliche Mitwirkenden einschließlich etwaiger Amtsnachfolger mit dem großen Kirchenbann; sie sollten der Gnade der Absolution nicht teilhaftig werden, bevor sie nicht alle ihre Taten widerrufen und Genugtuung für sie geleistet hätten. Dieser große Kirchenbann, ein maßloser Fluch in mittelalterlichem Latein, trug, wenn man ihn ernst nahm, den Konflikt bis in die Sterbebetten unzähliger Italiener, vielleicht – darüber gab es wechselnde Meinungen – sogar jener Soldaten, die als Wehrpflichtige an der Eroberung des Kirchenstaats mitgewirkt hatten; sie alle sollten die für die ewige Seligkeit nötige Absolution ohne ausdrücklichen Widerruf nicht erhalten können. Erst hatte die liberale Öffentlichkeit den Kirchenstaat delegitimiert; dann hatte eine nationale Revolution ihn bis auf einen kleinen Rest zerstört; nun antwortete die in die Enge gedrängte Kirche mit der letzten Waffe, die ihr blieb, der Verweigerung des Seelenheils.[30]

Für Pius IX. hatte der Besitz des Kirchenstaats heilsgeschichtliche Bedeutung; er verglich ihn in einem Brief an Viktor Emanuel mit »jenem Teil des Gewandes Jesu Christi, der auch auf dem Kalvarienberg intakt blieb«, also dem Lendenschurz, der seine Blöße am Kreuz bedeckte.[31] Die Vorsehung habe der Kirche den weltlichen Besitz gegeben, wiederholte der Papst bei jeder Gelegenheit, damit sie keiner irdischen Herrschaft untertan sei, keinem Fürsten, aber auch keiner zivilen Autorität, und so in vollständiger Freiheit ihre die Seelen leitende Macht und Autorität, die ihr von Christus selbst zuerkannt worden sei, ausüben könne. Der Hirt der Völker dürfe keinen politischen Herrn über sich dulden. Das war der sachliche Kern des Streits, und dieses Problem hat keine der an dem Konflikt beteiligten Parteien je geleugnet, weder Napoleon, noch Viktor Emanuel, noch Cavour und die liberale Partei, nicht einmal die antiklerikale Öffentlichkeit. Es lag noch tiefer als der Zwiespalt von nationalem Staat und universaler, von fremden Soldaten in ihrem Besitz garantierter Kirche. Über diese Kernfrage zu verhandeln war allerdings so lange unmöglich, wie der Papst sich auf unveräußerliche, seiner Verfügungsgewalt entzogene Besitzrechte der Kirche und auf seinen Eid zurückzog – also auf formale, gleichwohl im Gewissen verankerte Gesichtspunkte. Was es heißen könnte, die Freiheit der universalen Kirche in einer gewandelten historischen Umgebung – einer Welt säkularisierter bürgerlicher Nationalstaaten – zu sichern, war da nicht mehr frei zu diskutieren.

Doch auch auf der anderen Seite war der Spielraum gering. Der neuen gesamtitalienischen Regierung stellte sich seit der überstürzten Einigung des Landes im Sommer 1860 die Hauptstadtfrage. Süditalien oder Sizilien auf Dauer von Turin aus regieren zu können, schien ausgeschlossen. Dazu kam der Druck der Aktionspartei, die sich nach den Erfolgen Garibaldis gegen einen offiziellen Verzicht Italiens auf Rom mit Händen und Füßen gewehrt hätte und die Turiner Regierung mit Revolution bedrohte. Italien brauchte Rom als Hauptstadt, und die Kirche brauchte eine Freiheitsgarantie, die ihr den verlorenen Staat ersetzen würde. Beide Anforderungen musste man miteinander versöhnen, wenn die Einheit des Landes Bestand haben sollte, das war Cavours Überzeugung. »Solange die Römische Frage nicht gelöst wird, kann nichts Festes und Dauerhaftes auf der Halbinsel begründet werden. Italien kann, wenn es von Rom durch seinen Antagonismus mit dem Papsttum getrennt bleibt, notwendigerweise nur ein unvollständiges Aggregat bleiben.«[32]

Cavour strebte daher nichts Geringeres an, als die Kirche dazu zu bringen, freiwillig auf ihren territorialstaatlichen Besitz, einschließlich Roms, zu verzichten. Es ging im Streit um Rom für beide Seiten um alles oder nichts; weder Krieg noch Diplomatie noch Kompromisse konnten hier etwas ausrichten. Der Realpolitiker Cavour erkannte, dass an dieser einen Stelle mehr verlangt war als ein Kräftemessen oder ein einfacher Interessenausgleich: der große Sprung über den Abgrund. Das Problem war prinzipiell, gewissermaßen logisch und daher auch nur logisch aufzulösen. Mit der ganzen Ungeduld einer überlegenen Intelligenz machte Cavour sich daran. Über die Schwierigkeit war er sich im Klaren: »Der Papst hat weder einen weiten Geist noch eine große Intelligenz, dagegen hat er eine tiefe religiöse Überzeugung«[33], stöhnte er in einem Memorandum für die französische Regierung im Dezember 1860. Cavour selbst besaß genügend Wagemut, auch genügend optimistisches Zutrauen in die Kraft vernünftiger Vorschläge, um trotzdem den Versuch zu wagen, das römische Problem mit irdischen Mitteln zu lösen.

Im Winter 1860 unterbreitete er unter strenger Geheimhaltung der Kurie einen ebenso kühnen wie stringenten Vorschlag, den er durch zwei römische Verbindungsmänner, den liberalen Arzt Diomede Pantaleoni, dessen Klientel wichtige Teile der römischen Oberschicht umfasste, und den angesehenen Theologen Carlo Passaglia, einen ehemaligen Jesuiten, übermitteln ließ. Der Plan Cavours sah eine Trennung des Begriffs der Souveränität vom Territorialbesitz vor. Der Papst und sein Hof, die Kurie, sollten souverän sein, mit allen Prärogativen des Ranges und der Jurisdiktion sowie des freien diplomatischen und seelsorgerischen Verkehrs; sie sollten, obwohl sie inmitten eines weltlichen Staats lebten, keinen Herrn über sich haben. Die Unverletzlichkeit des Konklaves und ein eigener diplomatischer Dienst mit entsprechender Immunität waren darin eingeschlossen. Die materielle Grundlage sollte im exterritorialen und steuerfreien Besitz von Residenzen und Kirchen in Rom und Umgebung sowie in einer finanziellen

Absicherung liegen, die auch durch kirchlichen Besitz außerhalb Italiens und durch Zuwendungen aus der ganzen katholischen Welt gesichert werden konnte. Darüber hinaus bot Cavour der Kirche sehr weitgehende Freiheiten in Italien an, Freiheit bei der Besetzung der Bistümer, hierarchische Durchgriffsrechte zu den Ortskirchen, kirchliches Schulwesen, staatliche Absicherung der Versorgung von Priestern. Diese Rechte und Zusicherungen sollten Verfassungsrang erhalten und gleichzeitig Gegenstand eines internationalen Vertrags sein.[34] Die vollständige Trennung von Kirche und Staat war die Grundlage dieser Vorschläge, was Cavour in die berühmte Formel von der »freien Kirche in einem freien Staat« – *libera chiesa in libero stato* – brachte. Die von Cavour angebotenen Freiheiten waren im damaligen Vergleich außergewöhnlich, denn sie hätten zur Aufhebung aller seit der Aufklärung auch in den italienischen Staaten eingeführten Einschränkungen ebenso wie zum Verschwinden traditioneller Eingriffsrechte einer sakralen Obrigkeit geführt, beispielsweise zum Verzicht auf die staatliche Zustimmung bei Bischofsernennungen. Allerdings lag in der Logik der radikalen Trennung von Staat und Kirche auch die Laisierung der bürgerlichen Institutionen wie Ehe, Schule, Universitäten sowie die Freiheit der Presse – für die Kirche kaum akzeptable Grundentscheidungen. Doch in einer so katholisch geprägten Gesellschaft wie der italienischen hätten die Vorschläge Cavours der Kirche immer noch eine überragende Stellung gesichert, zumal auch ihr durch die Einheit des Landes eine enorm vergrößerte Bühne zur Verfügung gestanden hätte.

Eines der entscheidenden, von der Kurie nie widerlegten Argumente Cavours war, dass das weltliche Territorium für die Kirche und den Papst längst zu einer Quelle politischer Abhängigkeit von äußeren Mächten, also der Unfreiheit geworden war. Niemand könne daran zweifeln, erklärte Cavour im Oktober 1860 im Turiner Parlament, »dass der ehrwürdige Pontifex, der an der Spitze unserer Religion steht, sein erhabenes Amt in viel freierer, viel unabhängigerer Weise ausüben kann, wenn er von der Liebe und dem Respekt von fünfundzwanzig Millionen Italienern beschützt, als wenn er von fünfundzwanzigtausend Bajonetten verteidigt wird«. Cavour wollte, wie er in einer Senatsrede im April 1861, als sich die Hoffnungen auf eine Einigung mit der Kurie bereits

Der Gründer Italiens: Camillo Benso Graf Cavour (1810–1861).

zerschlagen hatten, ausführte, das Prinzip der Freiheit auf eine katholische Gesellschaft anwenden, also anders als die Revolutionäre von 1789 und ihre Nachfolger die Freiheit im Einklang mit der Religion und nicht gegen sie verwirklichen. Italien sollte zum Vorkämpfer einer Versöhnung von Fortschritt und Glauben werden, und in seiner kühnsten Vision sah der liberale Cavour bereits das Entstehen einer katholischen politischen Partei voraus: »Wenn der römische Hof sich mit Italien versöhnt, wenn er das System der Freiheit übernimmt, dann werden innerhalb weniger Jahre die Anhänger der Kirche, oder besser, jene, die ich die katholische Partei nennen würde, die Oberhand behalten; und ich begnüge mich damit, meine Laufbahn auf den Bänken der Opposition zu beenden.« – »Heiliger Vater«, schloss Cavours Rede, »akzeptiert die Verträge, die das befreite Italien euch anbietet, akzeptiert die Verträge, welche die Freiheit der Kirche sichern, den Glanz des Sitzes, an den die Vorsehung sie hingestellt hat, vergrößern, ihren Einfluß vermehren und zugleich das große Gebäude der Regeneration Italiens zum Abschluss bringen und den Frieden jener Nation sichern müssen, die nach soviel Unglück, so vielen Wechselfällen dem wahren Geist des Katholizismus am treuesten und am engsten verbunden blieb.«[35]

Große Worte für einen großen Entwurf. Cavours Reden vom Frühjahr 1861, in denen er sein Programm öffentlich machte, gehören zu den Höhepunkten politischer Rhetorik; ihre Wirkung erwuchs weniger aus äußerlicher Brillanz als aus ihrer Weitsicht und sachlichen Wahrheit: Hier war die Lösung des unversöhnlichen Prinzipienstreits, ein Vergleich, der beiden Seiten ihr Recht ließ und doch mehr war als ein fauler Kompromiss. Die Versöhnung hätte die Sphären getrennt, um sie in einer neuen Harmonie wieder zusammenzufügen.

Die Kurie nahm, so viel ist gewiss, die Vorschläge zur Kenntnis. Selbst der Papst scheint eines der ihm übermittelten Memoranden Cavours gelesen zu haben, doch enthält das erhaltene Exemplar gegen Pius' sonstige Gewohnheit keinerlei Anmerkungen. Offiziell Stellung genommen hat die Kirche zu Cavours Angebot nie, und jedes unzeitige Bekanntwerden von Verhandlungen hätte sie, wie Antonelli androhte, mit Leugnung beantwortet. Cavours Angebot war vielleicht zu kühn, es verlangte eine Weitsicht und einen Mut, die von einem besiegten und tief gekränkten Feind auch unter günstigeren Umständen kaum zu erwarten waren. Dazu kam ein unüberwindliches Misstrauen gegen die damalige piemontesische Politik. Die rabiate Säkularisierung der fünfziger Jahre hatte zwar nur Maßnahmen nachgeholt, die in anderen Ländern seit der Aufklärung und der Französischen Revolution längst angewendet worden waren, aber sie waren in ihrer Raschheit und Kompromisslosigkeit doch überaus schmerzhaft ausgefallen. Sie hatten zu einem regelrechten Kirchenkampf geführt: Bistümer blieben unbesetzt, missliebige kirchliche Würdenträger lebten im Exil; der Erzbischof von Turin leitete seine Diözese von Lyon aus. Zu den Sedisvakanzen – zeitweise waren mehrere Dutzend Bistümer ohne Oberhirten – kamen Verhaftungen; jüngere Geistliche wurden zum Militär eingezogen, was als besondere Schikane empfunden wurde. Viele der kirchenfeindlichen Maßnahmen wurden seit dem Frühjahr 1860 von übereifrigen Kommissaren auf die von Piemont-Italien neu annektierten Gebiete ausgedehnt – ein schwerer politischer Fehler. Dazu kam der unbestreitbare Machiavellismus von Cavours italienischer Einigungspolitik, die dämonische Schlauheit und Skrupellosigkeit, mit der er Kriege und Aufstände anzettelte, öffentliche Meinung und Diplomatie einsetzte, Vorwände suchte und mit Täuschungen arbeitete, Monarchie und Revolution zu Verbündeten machte. Dass man sich auf einen solchen Vertragspartner nicht verlassen könne, war auf kirchlicher Seite nicht nur eine Redensart. Außerdem misstraute die Kurie einem parlamentarischen System, das alle Jahre neue Regierungen mit neuen Programmen hervorbrachte, und mit dem Erfahrungen zu sammeln sie bisher kaum Gelegenheiten gehabt hatte. Was würde sein, wenn Mazzinisten und Garibaldiner das Ministerium stellten?

Fundamentaler noch war ein religiöser Vorbehalt, der über die Eidfrage hinausging und die pastorale Verantwortlichkeit des Papstes betraf. Pius IX. hielt den liberalen Staat für unvereinbar mit dem Seelenheil der Gläubigen, dessen Sicherung seine eigentliche Aufgabe als Oberhirt war. Die Freiheit der Presse etwa bedeutete für ihn die permanente Versuchung zum Abfall vom Glauben. Ihr durfte er ohne Not keinen einzigen Gläubigen aussetzen, schon gar nicht die Schäfchen seines eigenen Bistums, ohne seine

Pflicht als Priester zu verletzen. Und waren nicht alle Übel, denen die Kirche ausgesetzt war, die Aufstände und die Anklagen, Folgen dieser verderblichen Freiheit, religionsfeindliche Propaganda zu machen? Am Ende scheiterte die Versöhnung zwischen katholischer Kirche und Risorgimento nicht einfach an den unvereinbaren Ansprüchen beider Seiten auf Rom, auch nicht nur an den unverheilten Wunden, nicht einmal an der pedantischen Eidestreue des Papstes, sondern an einem fundamentalen weltanschaulichen Gegensatz, an der Unvereinbarkeit liberaler Freiheitskonzepte mit den seelsorgerischen Aufgaben des Papsttums. Im diplomatischen Verkehr argumentierte Antonelli legitimistisch mit dem Völkerrecht; für den Papst selbst war der Kampf um den Kirchenstaat nur eine Episode im ewigen Streit zwischen Gott und Satan, ein Religionskrieg, und so hegte er auch einen mystischen Glauben an die Vorsehung: Das war eine Sicht, in der nicht nur die Diplomatie und ihre Kompromisse, sondern auch Cavours scharfsinnige Scheidung der Sphären des Geistlichen und des Weltlichen keine Überzeugungskraft besaß. Noch bevor die große Krise ausgebrochen war, im Januar 1859, hatte der besorgt in die Zukunft blickende Pius IX. zu dem neuen englischen Gesandten Odo Russell beim Vorstellungsgespräch gesagt: »Ich werde mit den Gläubigen in die Katakomben gehen wie die Christen der ersten Jahrhunderte und dort den Willen des höchsten Wesens abwarten, denn ich fürchte keine menschliche Macht auf Erden, sondern nur Gott allein.«[36] Das war die Haltung des Papstes in all diesen Jahren.

Nachdem Cavours Entwurf einer prinzipiellen Lösung ins Leere gefallen war, entschied sich der unerschrockene Premierminister, einseitig vorzugehen. Am 17. März nahm Viktor Emanuel II. den Titel eines Königs von Italien an. Am Tag danach führte der Papst in einer lange vorbereiteten Allokution schwere Klage über alles ihm zugefügte Unrecht und erklärte ein für alle Male: »Da man aber unter dem Namen der Zivilisation ein System bezeichnen will, dessen Zweck ist, die Kirche Christi zu schwächen und vielleicht auch zu vernichten, so können niemals der Römische Stuhl und der Papst sich mit dieser Art Zivilisation vereinigen.«[37] Am 27. März 1861 fasste das italienische Parlament offiziell den Beschluss, dass Rom die Hauptstadt Italiens werden solle. Cavour starb drei Monate später, am 6. Juni 1861, erst 51 Jahre alt. Er erhielt die Sterbesakramente, ohne den für die Aufhebung des großen Kirchenbanns nötigen Widerruf geleistet zu haben. So hatte er es mit seinem Gemeindegeistlichen lange zuvor besprochen. Der Staatsmann, der an alle Eventualitäten dachte, hatte auch für seinen Tod vorgesorgt, denn er wusste, dass selbst sein Sterben ein politischer Akt sein würde. Tagelang wähnte die Kurie, ihr schlimmster Feind sei auf dem Totenbett als reuiger Sünder in den Schoß der Kirche zurückgekehrt. Als eine Untersuchung das Gegenteil ergab, waren Ärger und Enttäuschung in Rom groß; Cavours Beichtvater wurde von seinen seelsorgerischen Funktionen entbunden und musste von einer staatlichen Rente leben.

Mit Cavours Tod erstarrte der Konflikt zwischen Italien und dem Papsttum zum Stellungskrieg, dessen klägliche Episoden die Schlacht am Aspromonte, die Septemberkonvention mit der Verlegung der Hauptstadt nach Florenz, das Gefecht von Mentana waren, und der nach der Öffnung der Bresche bei Porta Pia immer noch nicht endete. Die italienische Position orientierte sich in all diesen Jahren an Cavours Entwurf: Garantie von Souveränitätsrechten und großzügige kirchliche Freiheiten, wenn die Kirche auf ihre weltliche Souveränität verzichtet. Zum ersten Nachfolger von Cavour wurde der toskanische Adlige Bettino Ricasoli, im Gegensatz zu seinem Vorgänger ein Mann von inniger Gläubigkeit und gleichzeitig ein aufrichtiger Patriot. Er holte sich Carlo Passaglia, Cavours theologischen Mittelsmann, als Berater aus Rom (Diomede Panteleoni, der andere Unterhändler im Winter 1860/61, musste als Büffelhirt verkleidet aus Rom fliehen, um päpstlichen Polizeimaßnahmen zu entgehen). Im Herbst 1861 ergriff Ricasoli von neuem die Initiative und verfasste dafür ein theologisch-geschichtsphilosophisches Sendschreiben an den Papst, das durch seinen Ideenschwung und seine Offenherzigkeit einer der schönsten Texte dieser großen Auseinandersetzung wurde, zugleich aber einer der undiplomatischsten; der französische Außenminister weigerte sich, es überhaupt nach Rom weiterzuleiten, und so musste Ricasoli es als Broschüre an die Öffentlichkeit bringen. Der lange und doktrinäre Brief sollte den Papst noch einmal mit Vernunftgründen für eine Versöhnung von Religion und Nation gewinnen; anders als Cavour trennte Ricasoli die Sphären nicht, sondern versuchte sich an einer Theologie des Fortschritts. Die Kirche könne keine universale und ewige Einrichtung sein, wenn sie nicht die Fähigkeit hätte, sich neuen sozialen Formen, wie die Geschichte sie immer wieder hervorbringe, anzupassen. Auch die Entwicklung der Gesellschaft und ihr Fortschritt seien gottgewollt, ebenso wie es der Aufstieg der Kirche aus den Katakomben zu einer irdischen Macht gewesen sei. Die Menschen hätten durch den Fortschritt das Recht errungen, sich ihre Regierungen und Gesetze selber zu geben, und die Nationalität diene diesem Freiheitszweck; sie dürfe daher nicht unterdrückt werden. Ihren hohen Rang habe Gott selbst bezeugt, als er das jüdische Volk zur Strafe fremder Herrschaft unterwarf – der Verlust der nationalen Selbstbestimmung sei von der Bibel selbst als schweres Übel gekennzeichnet worden. Im Übrigen gelte: »Die christliche Vorstellung gesellschaftlicher Macht erlaubt die Unterdrückung von Individuen durch Individuen ebensowenig wie die von Völkern durch andere Völker.« Daher war der Freiheitskampf der Italiener berechtigt, berechtigt ihre Einigung zur Nation. Heute bedürfe die Kirche der weltlichen Macht nicht mehr, denn das Chaos des Mittelalters sei durch neuzeitliche Rechtsstaaten abgelöst worden; die Kirche solle sich aus den Fesseln der Politik wieder befreien, zumal Christus irdische Güter verdammt habe – ein uraltes Argument gegen den weltlichen Besitz der Kirche, das durch Dante und Petrarca auch seinen klassischen Ort in der literarischen Tradition Italiens hatte.[38]

Einen wunden Punkt berührte Ricasolis Brief, indem er auf die Wirkung des Zwiespalts zwischen der Kirche und dem Vaterland auf den italienischen Klerus hinwies. »Der Klerus entzweit sich selbst, und es entzweit sich die Herde von ihren Hirten.« Hier erkennt man die Handschrift Passaglias, der zur gleichen Zeit eine immer kühnere Propaganda innerhalb der Kirche betrieb, um durch den Druck der Basis eine Verständigung voranzubringen. In mehreren, teils anonym, teils unter dem Namen Ernesto Filalete (»ernsthafter Wahrheitssucher« darf man dechiffrieren) publizierten Schriften bestritt Passaglia die theologische Fundierung des Dominium Temporale, aber auch seinen praktischen Zweck. Nicht nur der Rechtsstaat sichere den Papst, sondern auch die

Gläubigkeit der Italiener und darüber hinaus eine immer schneller reagierende, immer besser informierte Weltöffentlichkeit. Dagegen schade dem Papst die Belastung mit politischer Herrschaft, und das beste Beispiel dafür sei die Zweckentfremdung des Kirchenbanns für Ziele außerhalb der Seelsorge. Schon solche Thesen waren gewagt; geradezu frech war, was Passaglia in einer gesonderten Schrift behauptete: Der Papst müsse in Rom bleiben, auch wenn der italienische König dort seinen Sitz nehme, denn auch für den Bischof von Rom gelte die bischöfliche Residenzpflicht. *Prope ecclesiam*, direkt bei seiner Kirche, also bei San Giovanni in Laterano, müsse der Bischof eigentlich bleiben, und nur der Papst könne es sich erlauben, auch am Petersgrab im Vatikan, der Quelle seiner Autorität, zu wohnen. Passaglias Schrift entzog dem Papst also mit allen Mitteln theologischer und kirchenhistorischer Gelehrsamkeit das Recht, mit seinem Weggang aus Rom für den Fall zu drohen, dass die Italiener ihre Hauptstadt dorthin verlegten.[39]

Passaglia ging noch weiter. Er initiierte 1862 einen offenen Brief des italienischen Klerus an den Papst, der diesen um eine Versöhnung mit Italien anflehte. Das Schreiben begann mit einem orthodoxen Bekenntnis zum päpstlichen Primat in allen kirchlichen Angelegenheiten und zur hierarchischen Struktur der Kirche, um dann in eine politische Vision zu münden: »Vernehmen Sie, heiligster Vater, von dem einen Ende dieses unseres Italien zu seinem anderen eine einmütige Stimme, die Stimme der Religion, der katholischen Frömmigkeit: ›Es lebe der Papst‹; aber hören Sie auch eine zweite, die Stimme des Patriotismus und der nationalen Unabhängigkeit: ›Es lebe Rom, die Hauptstadt des neuen Königreichs‹. Wer wird der Gesegnete sein, bestimmt, sie zum Einklang zu bringen, und so für die Nation und das Volk, für Gesellschaft und Kirche zum Ursprung und zur Quelle eines so großen Gutes zu werden? Sie allein, heiligster Vater, können es sein.« Nur der Papst könne, so schloss diese flehentliche Bitte, das erlösende Wort sprechen: Friede, *Pace*. Innerhalb weniger Wochen gelang es, fast zehntausend Unterschriften für diese Supplik zu gewinnen, etwa ein Zehntel des gesamten italienischen Klerus. Die Zahl ist, zumal wenn man die damaligen Verkehrs- und Kommunikationsmöglichkeiten, aber auch die Drohung des Kirchenbanns bedenkt, sensationell hoch; vor allem im Süden war der Zuspruch groß. Passaglias Supplik und ihr Erfolg – der Text und die Liste der gesammelten Unterschriften wurden als Flugschriften verbreitet – bewiesen aller Welt, dass Frömmigkeit und Papsttreue nicht zwangsläufig mit der Verteidigung des Kirchenstaats zusammenfielen.[40]

Für den Vatikan bedeutete dieser Vorgang eine gefährliche Herausforderung. Es zeigte sich hier ein plebiszitäres Gespenst innerhalb der Kirche. Viele kirchentreue Italiener waren 1860 ganz naiv beglückt gewesen über den Siegeslauf zur Einheit; ein stiller und frommer Mensch wie der Romancier Alessandro Manzoni, längst eine nationale Zelebrität, aber auch der bedeutendste christliche Dichter seiner Zeit, sei damals überglücklich gewesen. »Papa war ganz außer sich vor Freude«, berichtete die Tochter, »er weinte, er lachte, er klatschte mit den Händen, rief immer wieder ›Es lebe Garibaldi‹.«[41] Manzonis Hauptwerk, der Roman »Die Verlobten«, handelte nicht zuletzt vom geschichtlichen Unglück der Fremdherrschaft, und so war seine Reaktion auf die Ereignisse von 1860 keineswegs überraschend. Warum sollten Gemeindepfarrer oder Bischöfe anders empfinden und tyrannischen Kleinstaaten nachtrauern? Mit Sorge und Erbitterung beobachtete man in Rom, dass nicht wenige italienische Bischöfe bereit waren, den durch sein frisch geeintes Land reisenden König mit Glockengeläut zu empfangen oder ihn wenigstens an den Kirchenpforten zu begrüßen. Selbst am Verfassungstag wurden hier und da Gottesdienste abgehalten, was in Rom geradezu Wut – *dolore*, Schmerz, lautete die vorwurfsvolle päpstliche Vokabel – auslöste. Solche Aufweichungen der Front wurden unnachsichtig geahndet. Abweichler und »Passagliani« verfielen automatisch dem Kirchenbann, so dass in dieser Zeit von zehn italienischen Priestern einer exkommuniziert war; unter den Gläubigen kann das Verhältnis nicht anders gewesen sein. »Die Fähigkeit, Meinung und Gefühl zu ändern, ist eine Gabe Gottes«, schrieb 1864 ein norditalienischer Bischof bekümmert nach Rom; dieses Geschenk wurde der Kurie damals nicht zuteil.[42]

Zu Pfingsten 1862 nutzte der Papst eine internationale Bischofsversammlung, die der Heiligsprechung von 26 japanischen Märtyrern des sechzehnten Jahrhunderts diente, dazu, über sechshundert Unterschriften von kirchlichen Amtsträgern aus aller Welt unter Resolutionen setzen zu lassen, die die Rechte der Kurie auf ihren Staat bekräftigten. Vor allem die italienischen Bischöfe sahen sich unter Druck gesetzt, mit der Unterschrift Gefolgschaft zu leisten. Die Feierlichkeiten um die Kanonisation herum wurden in spektakulärer Weise ausgestaltet, und hier zeigte sich nun auch, wie sehr die Kirche gezwungen und bereit war, sich auf ihre Weise dem modernen Öffentlichkeitsstil anzupassen. Zur Kanonisation waren nicht nur über dreihundert Kardinäle und Bischöfe angereist, mit ihnen kamen auch etwa hunderttausend Gläubige aus allen Ländern nach Rom. Den Segen *urbi et orbi* spendete der Papst einer verzückten Menge von der Loggia in San Giovanni in Laterano aus, der Basilika, die mit ihren konstantinischen Erinnerungen der eigentliche katholische Gedächtnisort für den Ursprung des Kirchenstaats und der Eintracht von geistlicher und weltlicher Gewalt ist. »Unter all diesen Wundern sahen die Augen aller allein ihn; unter so vielen Sprachen gab es nur den Gedanken an ihn; alles schwieg, um nur seine einzige Stimme zu hören. Seine Stimme erhob sich, sanft, stark, melodisch, unermeßlich. Ein Sturzbach von Gedanken rollt in diesem Bett der großen Welterinnerungen. Der Lateran, Constantin und Karl der Große zur Anbetung hingestreckt, die Kirche ganz gegenwärtig!«[43] So hat der ultramontane französische Journalist Louis Veuillot dieses große Kirchenstaatspfingstwunder erläutert. Auf die Verfolgungen durch den liberalen Staat und seine Abstimmungen antwortete die Kirche auf ihre Weise nicht weniger zeitgemäß: Sie machte Rom zum Ziel eines touristischen Plebiszits durch massenhafte Pilgerfahrten. Der bei solchen Gelegenheiten sich den Gläubigen immer häufiger zeigende Pontifex gewann die charismatischen Qualitäten eines Stars, wozu seine Leiden und Unglücksfälle viel beitrugen. Eine sentimentale Frömmigkeit heftete sich an das durch Steindrucke und Fotografien verbreitete Bild des milden Dulderpapstes. Und schon im Juni 1861 hatte die Kurie sich ein neues Propagandainstrument geschaffen durch die Begründung des *Osservatore Romano*, dessen Ton polemisch und journalistisch werden sollte, wie es bisher kein vatikanisches Presseorgan gewesen war. So war die Kirche zu Beginn der sechziger Jahre schon mitten drin in einem ganz modernen Kampf der Zeitungen, Unterschriftenlisten, Broschüren und Demonstrationen.

Die Märtyrerkanonisation an Pfingsten 1862 war nur der erste Höhepunkt einer neuen Propagandapolitik der Kurie: Sie brachte immer öfter die Weltkirche in Stellung gegen ihre nationalen Verfolger. Schon der Anlass der Versammlung, die Ehrung japanischer Christen, schob den Horizont denkbar weit hinaus. Die Anwesenheit von Tausenden Geistlichen und Hunderttausenden Gläubigen aus der gesamten katholischen Welt verwandelte Rom während der Festtage zu einer vielsprachigen und multinationalen Stadt, und so war auch der Termin, die Pfingstfeiertage, keineswegs absichtslos gewählt: Pfingsten ist der Festtag, der an den Missionsauftrag der Apostel erinnert und an dem das Pfingstwunder die Möglichkeit aufscheinen lässt, jene babylonische Sprachverwirrung zu heilen, die der Verschiedenheit der Völker zu Grunde liegt. Der vatikanischen Politik entsprach eine verbreitete Stimmung gerade in den nichtitalienischen Kirchen Europas und Amerikas. Viele Gläubige in aller Welt waren empört über die unrechtmäßige Zerstückelung des Kirchenstaats, und Piemont-Italien trug in der öffentlichen Meinung der katholischen Länder das Stigma eines Räuberstaats. Die Katholiken sammelten sich in Vereinen und verfassten Petitionen an ihre Regierungen, die dem Papst helfen sollten, sammelten Geld für den Unterhalt der Kurie und ließen so den Peterspfennig wiederaufleben; Soldaten aus aller Welt traten voller Glaubenseifer der neu formierten päpstlichen Armee bei. Rom als übernationale Hauptstadt der universalen, alle Völker lehrenden und weidenden Kirche sichtbar zu machen, blieb in den folgenden Jahren ein Hauptziel der vatikanischen Politik bis hin zur Einberufung eines großen Konzils im Vatikan im Jahr 1869. Antonelli betrieb weiterhin die traditionelle Kabinettspolitik mit formellen Protesten und informellen Einflussnahmen; dem frommen und unpolitischen Papst wuchs in der Begeisterung der frommen Katholiken für seine Sache eine neue Kraft zu, die so traditionell christlich wie neuzeitlich massendemokratisch wirkt. Es formierte sich ein leidenschaftlich erregbares, reisefreudiges übernationales Gottesvolk, dessen Rom-Begeisterung nichts mit den ästhetisch-historischen Motiven der europäischen Gebildeten zu tun hatte, weswegen es in der Geschichte der Rom-Ideen auch bis heute keinen Platz gefunden hat. Aber die gläubigen Massen gehören ins Gesamtbild jener Epoche, die heute einseitig unter dem Zeichen der Nation interpretiert wird.

Europäische Apologien

In den sechziger Jahren wurden Rom und der Kirchenstaat von neuem zum Gegenstand der intellektuellen Debatte ganz Europas, und diesmal handelte sich es, der gesteigerten Dramatik der Situation entsprechend, nicht mehr in erster Linie um die Rückständigkeit und die Missstände der päpstlichen Regierung. Es ging in der Diskussion über die Weltliche Gewalt seit 1860 um viel grundsätzlichere Fragen: um die Berechtigung und Notwendigkeit eines kirchlichen Gebiets, um das Verhältnis der Kirche zu den modernen Institutionen in einem liberalen Staat, um die Frage von Staatenordnung und Freiheitsgarantien in Europa, um die rechtlichen Grundlagen der politischen Ordnung des Kontinents. Die Kernfrage war die Geltung des Nationalitätenprinzips. Seit dem Ende der Ordnung des Wiener Kongresses, also seit dem Krimkrieg, begann es sich mit unabweisbarer Logik auf dem ganzen Kontinent durchzusetzen, und es bedrohte vor allem die drei östlichen Reiche der Osmanen, der Habsburger und des Zaren. Der Kirchenstaat war nur das kleinste Opfer dieses Prinzips.

Der Startschuss der neuen Debatte wurde, wie könnte es anders sein, in Paris abgefeuert. Wenige Tage vor Weihnachten 1859 erschien dort eine anonyme Broschüre mit dem Titel *Le pape et le congrès* (»Der Papst und der Kongress«). Sie bezog sich auf einen – dann doch nie zu Stande gekommenen – europäischen Kongress, den Napoleon III. nach den ersten Siegen im oberitalienischen Feldzug einberufen wollte, um die italienischen Fragen einvernehmlich zu regeln. Verfasst hatte die Broschüre, wie sogleich bekannt wurde, der Vicomte Louis-Etienne-Arthur Dubreuil-Heillion de la Guéronnière (1816–1875), ein heute vergessener Publizist, den seine Verdienste in der Italien-Debatte bereits ein Jahr später, 1861, in den Senat des Kaiserreichs brachten. Dass *Le pape et le congrès* die geheimsten Gedanken Napoleons aussprachen, war schon deshalb allgemeine Meinung, weil das Heft am selben Tag erschien, an dem der Kaiser im Theater einer

Farce zur Affäre Mortara mit viel Vergnügen folgte. Außerdem hatte schon einmal eine Flugschrift de la Guéronnières große Dinge angekündigt: Im Februar 1859 war im selben Verlag und in gleicher Aufmachung die Schrift *L'Empereur Napoléon III et l'Italie* erschienen und hatte die unabweisbare Notwendigkeit einer Neuordnung Italiens, vor allem aber des Rückzugs der Österreicher von der Halbinsel postuliert. Ohne fremde Hilfe, hatte es da ominös geheißen, werde dies nicht gelingen, im Übrigen müsse man in Italien einem Kriege zuvorkommen. Zwei Monate später brach der Krieg aus, die Broschüre war der Blitz gewesen, dem der Schlachtendonner von Solferino folgte. Die Flugschriften des agilen Vicomte sind eines der sprechendsten Beispiele für das neue Zusammenspiel von Außenpolitik und Publizistik, von absichtsvoll aufgebautem öffentlichem Druck und skrupellosem Eroberungsstreben, das für die Zeit bis zum Ersten Weltkrieg so charakteristisch werden sollte.

Man kann sich von der Wirkung des unansehnlichen, blass lachsfarben eingeschlagenen, nur vierzig Seiten zählenden Hefts heute kaum noch einen Begriff machen. Vielleicht hat es im ganzen neunzehnten Jahrhundert keinen zweiten publizistischen Text gegeben, der so gewaltig Sensation machte wie *Le pape et le congrès*. Die Auflage schoss schon in den ersten Tagen auf mehrere Zehntausend hoch. Die Anzahl der meist kritischen Reaktionen in Büchern, Broschüren, Zeitungsartikeln, Parlamentsreden geht in die Hunderte, wenn nicht Tausende. Die Antwortbroschüre des Bischofs Gaston de Ségur (*Le pape – questions à l'ordre du jour*), eine dogmatische Handreichung von großer sprachlicher Schönheit, erreichte ihrerseits in Frankreich und Belgien eine Verbreitung von mehreren hunderttausend Exemplaren. Die Diplomatie vergoss literweise Tinte zu der Schrift. Dem Papst wurde der Jahreswechsel verbittert, und er sah sich bemüßigt, das journalistische Produkt in seinen Neujahrsäußerungen persönlich zu tadeln.

Die Wirkung von De la Guéronnières Schrift war groß auch deshalb, weil ihre Gedanken einfach und überraschend zugleich waren. Der Papst brauche zweifellos einen eigenen Staat, versicherte der Vicomte am Anfang, zweihundert Millionen Menschen dürften nicht von einem abhängigen Oberhaupt regiert werden. Doch sei es zugleich ausgeschlossen, dass der Papst als Herr der

Religion einen modernen Staat regiere: Wie könne der Statthalter des Evangeliums der verzeihenden Nächstenliebe einem geregelten Strafvollzug vorstehen, wie der Bischof, der Häretiker mit dem Bann belegen müsse, die Gewissensfreiheit garantieren – und so fort. Eine Verfassung, die diese Widersprüche überbrücken könne, gebe es nicht. Das Dilemma löste De la Guéronnière folgendermaßen auf: Die Macht des Papstes gleiche eher einer familiären Gewalt, nämlich der väterlichen Autorität; deshalb müsse auch sein Land eher einer Familie als einem Staat gleichen. Der Kirchenstaat müsse daher klein sein, kein großer Flächenstaat. Ein solcher Kleinstaat sei nicht gezwungen, am Fortschritt und der Geschichte teilhaben und jene Prinzipien übernehmen, die im Widerspruch zu dem Glauben stehen, den der Papst vertritt. Je kleiner der Staat, desto unmittelbarer und größer könne auch die Macht des Papstes in ihm sein. Ein großer Staat dagegen würde immer freiheitlich sein und an der Ideenentwicklung der Geschichte teilnehmen müssen. Die Schrift *Le pape et le congrès* schlug also einen autoritären, kleinen Familienstaat als Exklave außerhalb von Geschichte und Modernität vor – ein Sperrgebiet für den Glauben, die Kontemplation, auch für Kunst und Müßiggang. Wir denken, wenn wir das heute lesen, schon an die Vatikanstaatslösung. Doch de la Guéronnière wollte ganz Rom und seine umliegende Provinz in diese Geschichtsexklave aufnehmen, die ganze Ewige Stadt zu einem zeitenthobenen Naturschutzpark der Religion erheben. Was aber sollte mit der Viertelmillion Römer werden, die durch diese Lösung sehenden Auges ihrer Bürgerrechte, der liberalen Freiheiten, ja selbst der Möglichkeit einer politischen Karriere beraubt wurden? Sie würden, so das Argument der Schrift, entschädigt durch die vielfachen Vorzüge dieses Arrangements: keine Steuern, denn der Haushalt des päpstlichen Staats sollte international unterhalten werden, keine Wehrpflicht, dafür aber munizipale Selbstverwaltung, und vor allem ein Leben für die Kunst, für historische Besinnlichkeit und für das Gebet. Im Übrigen hätte Rom, so der Franzose, als säkulare Hauptstadt nur zu verlieren: »Rom mit einem Parlament, mit Rednern, mit Intellektuellen – *écrivains* –, mit einer weltlichen Regierung und einem Monarchen im Vatikan, wäre nur noch eine beliebige Stadt. Die Freiheit würde es seiner Erbschaft berauben.«

Für den Papst aber gehe es lediglich um das Prinzip der weltlichen Gewalt, nicht um ihre Ausdehnung; deshalb solle er auch auf die verlorenen Gebiete verzichten, deren Wiedereroberung unmöglich sei und jedenfalls den moralischen Ruin der Kirche bedeuten würde. Im Übrigen schlug der französische Autor im Einklang mit der diplomatischen Linie seines Landes zu diesem Zeitpunkt nicht nur internationale Garantien für den Restkirchenstaat vor, sondern auch dessen Aufnahme in eine italienische Föderation nach dem Vorbild des Deutschen Bundes.

Den Kongress, der im Titel stand, hat die Broschüre wirksam zu verhindern geholfen. Die Italiener waren empört, denn ihnen wurde das Recht auf Rom bestritten und statt dem ersehnten Staat ein Bund vorgeschlagen; die Kirche war entgeistert, denn ihr wurde nicht nur der freiwillige Verzicht auf große Teile ihres Staats nahe gelegt, sondern auch die Befähigung zu einer modernen Regierung aberkannt – und diesmal nicht auf Grund reformierbarer Missstände, sondern wegen ihres eigenen, durchaus positiv verstandenen Lebensprinzips. Denn hinter der Kirchenstaatsfrage erhob sich das noch grundsätzlichere, noch nicht ausgekämpfte Problem, ob die Kirche selber, in ihrer eigenen Organisation, liberal werden könne. Diese von De la Guéronière so leichtfertig wie wirksam auf die Tagesordnung gesetzte Frage musste die Kurie tief beunruhigen. Politisch wurde seine Argumentation bald in ganz Europa als Fantasterei abgetan, als typisches Produkt von Napoleons rastlos Einfälle produzierendem Geist. Intellektuell war der Fall damit nicht ausgestanden. Die Römische Frage war von neuem ein europäischer Modegegenstand geworden, der selbst die Damen interessierte und theologische Fragen in die Salons trug. Der Buch- und Zeitschriftenmarkt reagierte prompt. Nur die farbigsten und systematisch interessantesten Stellungnahmen können hier vorgestellt werden.

Von den tagespolitischen Fragen löste sich die Debatte schon deshalb bald, weil die stürmisch voranschreitenden Ereignisse in Italien diese aktuellen Gesichtspunkte im Wochenrhythmus veralten ließen. In der zweiten Jahreshälfte 1860 verschwand das Königreich Neapel von der Landkarte, und spätestens von diesem Zeitpunkt an war mit der Wiederherstellung des Kirchenstaats in seinem alten Umfang nicht mehr zu rechnen. Das Prinzip der Nationalität sei eben, wenn man es einmal proklamiert habe, nicht aufzuhalten, stellte Félix Dupanloup, der Bischof von Orléans, voller Bitterkeit fest. Dupanloup war ein Geistlicher mit starkem Freiheitssinn, der später auf dem Vatikanischen Konzil die Opposition gegen die Unfehlbarkeit des Papstes anführte, und zugleich ein überzeugter Verteidiger der weltlichen Gewalt der Kirche. Wegen der logischen Unaufhaltsamkeit des nationalen Prinzips hielt er es für sinnlos, über einzelne Gebietskonzessionen zu verhandeln.[44] Bereits in einer der ersten Reaktionen auf *Le pape et le congrès* war ganz zutreffend festgehalten worden, dass der dort aufgestellte Grundsatz »Je kleiner die Herrschaft des Papstes ist, desto größer wird er im Geistlichen sein« am Ende dazu führen müsse, ihm auch Rom wegzunehmen und ihn im Vatikan einzusperren, wenn nicht gar in einer winzigen Klosterzelle. Auch gab De la Guéronnières Vision eines pazifizierten Roms außerhalb der modernen Welt Anlass zu erwartbarem Spott: Man verdamme die Römer zu einer zoologischen Existenz in einem abgezäunten Reservat der Reaktion.[45] Es blieb aber die Frage nach der Vereinbarkeit von Papsttum und moderner Regierungsweise. Die orthodoxe Linie bestritt den Zwiespalt natürlich, denn auch für jede weltliche Regierung gelte jenes Sittengesetz, dessen Statthalter auf Erden der Papst sei – so entwickelte es der damals noch kirchenfromme Carlo Passaglia in einer weitschweifigen Schrift.[46] Und Dupanloup drehte den Spieß um: Keine Regierungsform sei so sehr auf das Christentum angewiesen wie die Demokratie; ihre Anhänger würden schon sehen, was aus der Demokratie werde, wenn die Hand, die das Evangelium trage, angekettet sei.[47] Der Bischof von Orléans schob sogleich noch ein 640 Seiten starkes Handbuch hinterher, das die Frage von allen Seiten beleuchtete, und vor allem den Schaden für Italien herausarbeitete, der das Ende des Kirchenstaats – das Dupanloup mit dem Ende des Papsttums gleichsetzte – bedeuten würde.

Bemerkenswert ist, dass es in Frankreich, England und Deutschland nicht zuletzt die liberalen Katholiken waren, die den Kirchenstaat leidenschaftlich verteidigten. Zumal die Franzosen hatten die Erfahrungen mit dem modernen Nationalstaat schon gemacht, die, wie sie glaubten, den Italienern noch bevorstanden: verfassungsmäßige Freiheiten, die bei jeder Verfassungsänderung

Charles de Montalembert
(1810–1870).

Louis Veuillot
(1813–1883).

Félix Dupanloup (1802–1870),
Bischof von Orléans.

Kardinal Henry Edward Manning
(1808–1892).

Ignaz von Döllinger
(1799–1890).

Lord Acton
(1834–1902).

neu in Frage gestellt wurden, politische Pressezensur in kritischen
Momenten, plebiszitärer Cäsarismus; ließ doch, was den Umgang
mit traditionellen Freiheitsrechten anging, schon die bisherige
piemontesische Kirchenpolitik nichts Gutes erwarten. Charles
René de Montalembert, der einflussreichste publizistische Vertreter des französischen Liberalkatholizismus und alles andere als
ein vatikanhöriger Mann, verwahrte sich im Oktober 1860 scharf
gegen die Inanspruchnahme seiner Ideen durch Cavour für das
Programm der »freien Kirche in einem freien Staat«: Die Freiheit
eines italienischen Untertanen sei nicht ausreichend für den Papst.
Höhnisch sprach er von den »falschen kleinen Liberalen«, die zur
Freiheit erst bekehrt werden müssten und deren Federn immer
auf den Cäsar gerichtet seien, anders als im gleichzeitig liberalen
und konservativen England mit seiner genuinen, soliden Freiheit-
lichkeit.[48]
    Das waren die Argumente der französischen Liberalen; die
reaktionären Katholiken fuhren stärkere Geschütze auf, die Geschütze der Heilsgeschichte und der kulturpessimistischen Zeit-
diagnose. Für Louis Veuillot, den wortmächtigsten Eiferer eines

intransigenten Ultramontanismus in Frankreich, handelte es sich bei dem Streit über das Fortbestehen des Kirchenstaats ganz im Sinne des Papstes um ein neues Kapitel im ewigen Kampf zwischen Gott und Satan. Das Ende des Temporale, so Veuillots Prämisse, bedeute das Ende des Papsttums als geschichtsmächtiger Institution; es gehe daher um ein höheres Interesse als das Italiens, um ein Interesse des Menschengeschlechts. Veuillot schlug vor, die Bewohner Roms und des Kirchenstaats automatisch zu Bürgern aller anderen katholischen Staaten zu ernennen, so dass ihnen dort alle politischen Freiheitsrechte und Karrieremöglichkeiten offen stünden; so müsste ihre Freiheit nicht für die höheren Interessen der Kirche geopfert werden. Doch um diese ging es Veuillot ausschließlich. Die wahre Römische Frage liege in dem Umstand, dass die Revolution dem Christus Rom wieder entreißen wolle, so wie umgekehrt Christus und Petrus Rom vom Satan und Nero befreit hätten. Und die so genannte italienische Frage sei nur der letzte Akt der protestantischen Revolte gegen die Kirche Gottes. Die Abschaffung des Kirchenstaats sei eine weitere logische Konsequenz der protestantischen Ablehnung des »veräußerlichten« katholischen Gottesdienstes, der Haltung Kains, der den Opferrauch nicht zum Himmel steigen lassen will. Und so wie Luther die Landesherren im Namen der Gewissensfreiheit zu regionalen Pontifices machte, so erkläre nun die Revolution die Völker im Namen der politischen Freiheit zu unumschränkten Königen. So führe das Ende des Kirchenstaats zum Tod des Katholizismus, zu einer Welt ohne Papst.

Wie aber wird eine solche Welt beschaffen sein? Veuillot hat sie immer wieder beschworen, und sein Ton steigert sich bei diesen Gelegenheiten zu salbungsvoller Prophetie. Das Rom ohne den Papst werde wieder zum Rom Neros werden, jenem Rom, in dem Petrus und Paulus ihre Martyrien erlitten. In seinem dickleibigen Werk *Le Parfum de Rome*, einer christlich-heilsgeschichtlichen Topographie der Ewigen Stadt, entwirft Veuillot schauerliche Bilder der Grausamkeit und der Dekadenz; der wahre Antitypus zu Nero ist Karl der Große, der erste christliche Kaiser des Westens, der seine Krone demütig aus den Händen des Papstes empfing, nachdem er ihm den weltlichen Besitz vermehrt und garantiert hatte, ein alternatives Kaiserbild, das unverkennbar für den Revolutionsmonarchen in den Tuilerien bestimmt war. Die Neronische Welt ist mächtig, versklavt, aufgeklärt und verdorben – es ist die Welt des neunzehnten Jahrhunderts, gegen die nur noch der Fels der Kirche steht. Wenn in dieser Welt die Monarchen Preußens, Österreichs und Russlands sich treffen, können sie sich nicht mehr in einem gemeinsamen Gottesdienst zusammenfinden, sondern nur noch in einer Theateraufführung; so sei es um den Zusammenhalt des christlichen Europas bestellt: jeder betet zu seinem eigenen Christus. Gott hat, so Veuillot weiter, die Vaterländer geschaffen, und ganz legitim ist deshalb die Vaterlandsliebe. Doch dank dem Katholizismus waren die Vaterländer verschwistert. Der Protestantismus aber – jene fortdauernde satanisch-revolutionäre Revolte gegen die römische Kirche – »hat das harte antike Vaterland – *la dure patrie antique* – wiederhergestellt, und eine jede Nation hat sich inmitten des Menschengeschlechts isoliert«. Nur das universale Rom garantierte für Veuillot im Zeitalter des säkularen Nationalismus und der protestantischen Sonderkirchen die Eintracht der Völker, während die Revolution diese christliche Brüderlichkeit bloß parodiere.[49]

Wenn man nach England geht, wird es immer schwierig, zwischen liberalen und konservativen Motiven zu unterscheiden; das Konservative, Gegenrevolutionäre fällt im Land der ältesten europäischen Freiheitstradition oft zusammen mit dem Liberalen. Henry Edward Manning, der 1865 katholischer Erzbischof von Westminster wurde und 1875 Kardinal, gilt als Reaktionär reinsten Wassers. Auf dem Vatikanischen Konzil war er einer der Anführer der Majorität, ein Scharfmacher zu Gunsten der Unfehlbarkeit der Papstes. Manning gehört zu der erlesenen Schar englischer Konvertiten, die in der Epoche zwischen Kardinal Newman und Gilbert Keith Chesterton dem englischen Katholizismus eine überragende intellektuelle Präsenz gesichert haben. Es überrascht nicht, ihn in den Reihen der Verteidiger des Kirchenstaats zu finden, und der Ausgangspunkt seiner Apologie ist klassisch konservativ: Wie jede irdische Obrigkeit, selbst die heidnische des Römerreichs, ist natürlich auch die weltliche Gewalt der Päpste von Gott, ganz wie der Apostel Paulus es im Römberbrief lehrt. Keine Obrigkeit verdankt ihr Entstehen dem Plebiszit, der allgemeinen Volksabstimmung, dem Urteil roher Massen – so fertigt Manning das aktuelle Prinzip der Volkssouveränität, aber auch der nationalen Selbstbestimmung ab. Deshalb berührt die Bedrohung der ältesten legitimen Herrschaft des Kontinents, nämlich der Regierung des Papstes über seine Länder, auch alle anderen Obrigkeiten, ja das Prinzip von Obrigkeit schlechthin. Manning appellierte in seinen Schriften und Predigten der sechziger Jahre immer wieder an die legitimistische Solidarität gegen die Partei der Revolution, die er von Frankreich und Piemont vertreten sah. Dennoch sind für ihn weltliche und geistliche Macht nirgendwo identisch, auch im Kirchenstaat nicht. Sie sind allerdings in Rom durch Gottes Vorsehung vereint, damit sie sonst überall in der Welt getrennt bleiben können. Der Kirchenstaat ist ein Ausnahmewesen unter den europäischen Staaten: Er sichert durch seine Exterritorialität das Prinzip der Heiligung von Obrigkeit überhaupt; denn er bewahrt das Christentum als öffentliche Gewalt vor der Despotie aller übrigen Obrigkeiten, die eine Religion ohne solche eigene Grundlage sonst mühelos unterdrücken könnten. So steht der Staat des Papstes einerseits für die Heiligung jeder weltlichen Obrigkeit (er ist geradezu das Muster einer von Gott gewollten Regierung), andererseits aber ist er eine ganz irdische Schranke gegen Repression. Eine Zerstörung des Kirchenstaats wäre kein Fortschritt, sondern bloß die Rückkehr zur Epoche vor dem Kaiser Constantin: Die Religion könnte nur mehr auf und in Individuen wirken, sie hätte aber keine Kraft mehr, der schrankenlosen Despotie eines entheiligten Staats entgegenzuwirken. Nur die Bindung der Obrigkeit an heilige Normen und die Sicherung dieser Normen durch die staatliche Exterritorialität der Kirche in Rom, also die Trennung von geistlicher und weltlicher Gewalt in allen anderen Staaten, sichert die Freiheit der Seelen und die Begrenzung der politischen Autorität in ihrem Einfluss auf die Untertanen.

Die kirchenstaatlich verankerte, aber überstaatlich wirksame, transzendente Kraft der Kirche, so darf man aktualisierend Mannings Gedanken zusammenfassen, garantiert deren antitotalitäre Funktion gegenüber dem durchorganisierten, abstrakten modernen Staat. Manning mochte nicht glauben, dass eine so sinnreiche Einrichtung der Heilsgeschichte wirklich untergehen könne. »Für den Felsenmann beten wir«, predigte er, »auf ihn setzen wir unsere zuversichtliche Hoffnung. Es ist nur eine von den tausend Wogen, welche jetzt erscheint, um bald wieder zu verschwinden. Die Macht des Papstes bildet eine Ausnahme in der Geschichte der Welt. Seine geistliche Gewalt bedarf keiner menschlichen Hilfe. Weder Könige noch Kaiser sehen sich im Stande, sie zu hemmen oder zu fesseln. Seine zeitliche Macht bestand ein Jahrtausend lang, dank der unablässigen Intervention der göttlichen Vorsehung. Niemals gebot sie über militärische Kräfte, mit denen sie auch nur den schwächsten irdischen Fürsten zu bekriegen vermocht hätte. Sie bestand, rings umgeben von mächtigen Gegnern, von zahlreichen Widersachern. Eine wunderbare Gabe unvergänglicher Stärke ließ sie alle Stöße, alle Schläge überleben.«[50] Besser hätte auch Pius IX. die innere Gewissheit von der göttlichen Stärke seiner Position nicht ausdrücken können.

Manning war ein vorsehungsgläubiger Legitimist des Gottesgnadentums, der die Notwendigkeit eines kirchlichen Territoriums am liebsten dogmatisch verankert gesehen hätte. Und doch verteidigte er das Papsttum vor allem als Garanten einer höheren sittlichen Ordnung gegen die Gefahr der Despotie, die unumschränkte Herrschaft einer womöglich sittenlosen Obrigkeit. Darin war er einig mit dem damals noch jungen katholischen Liberalen Lord Acton, der später während des Vatikanischen Konzils in der Frage der päpstlichen Unfehlbarkeit auf der anderen Seite stehen sollte, bei der Minorität, die sich gegen sie aussprach. Lord Acton, ein kosmopolitischer Aristokrat mit familiären Verbindungen zum italienischen, deutschen und englischen Hochadel sowie in die katholische Hierarchie, ein überzeugter Gefolgsmann der deutschen Geschichtswissenschaft, hat seinen katholisch-liberalen Freiheitsbegriff anhand der Römischen Frage um 1860 bündig ausformuliert – mit gedanklichen Konsequenzen, die über diesen Anlass weit hinausreichten. Auch für Lord Acton waren der Katholizismus und das Papsttum geschichtliche Ausformungen der Freiheit, doch siedelte er ihre Grundlage nicht allein in einer transzendenten Offenbarungswahrheit an, er charakterisierte sie historisch. Die Einrichtung der Kirche war für ihn ein Pendant zu jener ungeschriebenen, in Überlieferungen, Lebensformen und Verbänden aufbewahrten englischen Verfassung, in der Freiheit nicht als Teilhabe von Individuen an der Gewalt des Staats begriffen wurde, sondern als Resultat autonomer, vom Staat unabhängiger Praktiken, Gesinnungen und Traditionen. Freiheit sei nicht die Macht zu tun, was wir wollen, sondern zu tun, was wir tun sollen; dieser auf das Individuum und sein Gewissen konzentrierte Freiheitsbegriff »leugnet, daß allgemeine Interessen über individuellen Rechten stehen können«[51]. Die altliberal-vorrevolutionäre Freiheit war für Lord Acton ein lebendiges Erbe des europäischen Mittelalters, eine Errungenschaft des barbarischen Freiheitssinns gegen den absolutistischen spätrömischen Staat. Solcher lebendige Freiheitssinn hatte vor allem in England überlebt; es war eine Freiheit für den Einzelnen, die durch das Prinzip der Selbstverwaltung in konkreten sozialen Verbänden dauerhafter gesichert wurde als durch die Volkssouveränität. Das Recht ist die Form dieser Freiheit; ihr Hort ist daher die Legitimität und Autorität, nicht die Revolution, die das Recht immer wieder umstürzt. Für Lord Acton war das jene Freiheit, die allein die Kirche brauchte, aber idealerweise auch verkörpern musste. Solche Freiheit konnte das Individuum und sein Gewissen nicht nur gegen die Tyrannis einer Diktatur schützen, sondern auch gegen den Druck von Majoritäten, für den die volkssouveränen, abstrakten Verfassungsregime des Kontinents so anfällig waren.

Lord Acton entwickelte seine Gedanken in engem Zusammenhang mit seinem Münchener Lehrer Ignaz von Döllinger, dem führenden Vertreter der katholischen Erudition in Deutschland und damals schon eine europäische Zelebrität. Döllinger hielt wenige Wochen nach der Proklamation Roms zur italienischen Hauptstadt, am 5. und am 9. April 1861 im Odeon in München, zwei Vorträge über die Zukunft des Kirchenstaats, die sogleich ein ungeheures Aufsehen erregten. Der päpstliche Nuntius verließ den ersten Vortrag unter demonstrativem Protest, über den zweiten ließ sich Napoleon III. noch am selben Tag telegrafisch unterrichten. Döllingers Thesen sollen Gesprächsthema selbst an den oberbayerischen Stammtischen gewesen sein. Lord Acton berichtete in seiner Zeitschrift *The Rambler* aktuell über den Vorgang. Döllinger sah sich allerorten scharfen Anfeindungen ausgesetzt und konnte die Wogen nur glätten, indem er nach halbjähriger Arbeit eine 700 Seiten umfassende Ausarbeitung seiner Gedanken in Form einer historischen Abhandlung über »Kirche und

Kirchen, Papstthum und Kirchenstaat« hinterherschickte. Sie erschien im Oktober 1861 in München und erzielte innerhalb weniger Tage eine Auflage von 8000 Exemplaren. Lord Acton, der seinen Lehrer während der Abfassung beraten und ihm Material beschafft hatte, verfasste sofort eine etwa hundert Seiten lange Zusammenfassung für das englische Publikum, die unter dem Titel *Döllinger on the Temporal Power* schon im November im *Rambler* erschien. Erst die umfangreiche gelehrte Version vermochte den Beifall des Münchener Erzbischofs und am Ende – einer mündlichen Mitteilung zufolge, die Lord Acton aus dem Vatikan zugekommen war – zu Döllingers großer Erleichterung auch die verhaltene Zustimmung des Papstes selbst zu gewinnen.

Die erste Aufregung war entstanden, weil der Münchner Professor in seinen Vorträgen zwar das Recht des Papstes auf den Kirchenstaat und dessen Wünschbarkeit verteidigt, aber in freimütiger Weise auch über die inneren Ursachen seiner Krise gesprochen hatte. Nicht nur hatte Döllinger, der Sohn eines Beamten des Würzburger Fürstbischofs, auf den allgemeinen Zug zur Säkularisation geistlicher Territorien in Europa seit 1800 hingewiesen; vor allem hatte er beklagt, dass bei der Wiederherstellung des Kirchenstaats 1815 die alten korporativen Freiheiten zu Gunsten französischer Regierungsmodelle abgeschafft worden seien. So trafen sich die gewaltsame napoleonische Modernisierung und ein geistliches Wahlregime mit seiner paternalistisch-klientelaren Versorgungsmentalität in ihren schlechten Zügen; dazu kam der nationale Hass der Italiener gegen den Kirchenstaat als Einigungshindernis und als Boden der Fremdherrschaft. Döllinger erwog kühl die Frage, ob der Kirchenstaats ganz verschwinden könne; vielleicht sei er, der mit dem germanisch-römischen Kaisertum des Mittelalters erst entstanden sei, nach dessen Tod auch zum Untergang verurteilt. Mit der Kühnheit einer reinen Seele, die nicht bemerkt, an welche Empfindlichkeiten sie rührt, musterte Döllinger in seinem zweiten Vortrag die Möglichkeiten der Zukunft durch und stellte fest, dass der päpstliche Stuhl auf jeden Fall überleben werde, auch wenn der Kirchenstaat untergehe. Diesen hielt er, anders als Manning und Veuillot, nicht für providentiell, sondern für durch und durch historisch. Wünschbar hielt Döllinger den Abstieg Roms von einem Zentrum für 200 Millionen Gläubige zu einer nationalen Hauptstadt allerdings auf gar keinen Fall. Im Übrigen fasste er auch eine »Unterbrechung« des päpstlichen Staats und seine mögliche Wiederherstellung ins Auge. Für diesen Fall empfahl er eine Flucht des Papstes nach Deutschland, wo er freier als in Frankreich leben könne; am besten solle er sich in Würzburg niederlassen, wo er im nahen Kontakt mit den protestantischen Gebieten für die Wiedervereinigung der deutschen Kirche wirken könne.

Was Döllinger in seinen Reden vortrug, war viel zu ungeschützt und undiplomatisch, um in der erhitzten Stimmung nach den italienischen Einigungskriegen gelassen erwogen zu werden. Erst sein Buch lieferte dann im Oktober die welthistorische Perspektive nach, die seiner Verteidigung des Papsttums die rechten Proportionen gab. »Kirche und Kirchen, Papstthum und Kirchenstaat« ist eine glanzvoll geschriebene Philosophie der Kirchengeschichte und eine weit gespannte Bestandsaufnahme des Christentums in der Mitte des neunzehnten Jahrhunderts. Der Katholizismus habe, so Döllingers Grundannahme, als erste Religion dem heidnischen Partikularismus der Götter, der diese an ein bestimmtes Volk und ein abgegrenztes Territorium bindet, ein Ende bereitet. Mit dem Heidentum sei allen späteren Häresien gemeinsam, dass die wieder regional wurden – erst die byzantinische Kirche, später die protestantischen Sekten. Der Protestantismus organisierte sich in Landesherrschaften und machte sich so abhängig von der Entwicklung der säkularen Sphäre. Das Prinzip *cuius regio, eius religio* verstand Döllinger als moderne Form des Gewissenszwangs, denn die Freiheit des Gewissens habe der Protestantismus immer nur für sich, nie aber für die Anhänger anderer Konfessionen gefordert und verwirklicht. Protestantismus und staatlicher Absolutismus sind für Döllinger historische Parallelerscheinungen, die beide auf Unterdrückung hinauslaufen. Religiös führt die enge Verbindung der protestantischen Konfessionen mit den Obrigkeiten zur Ausdörrung der lebendigen, volkstümlichen Frömmigkeit in immer neuen administrativen Modernisierungen. Hier klingt Lord Actons Motiv der ursprünglichen, von unten wachsenden, nicht konstitutionell verordneten und zugeschnittenen Freiheit an. Der Katholizismus nimmt dagegen alle Regionalismen auf, doch er vermittelt sie universal; noch heute trägt er

Frömmigkeitselemente längst untergegangener Teilkirchen wie etwa der kappadokischen oder nordafrikanischen Gemeinden der Spätantike in sich. Eine bewegende Vorstellung: das Bild einer farben- und figurenreichen Gläubigkeit mit den vielfältigen Eigenarten aller Völker, wo beispielsweise bayerische Bauern nach uralten kleinasiatischen Formeln beten, all dies aber zusammengehalten wird durch den korporativen Universalismus einer weltumspannenden Institution. Den Zusammenhang aber, die freiheitliche Einheit in der Vielheit, sichert für Döllinger und Lord Acton allein das Papsttum; hier sind sie sich einig mit Manning und den französischen Katholiken. Das Papsttum steht über den Parteien, es vertritt die Teilkirchen gegenüber ihren staatlichen Obrigkeiten, es stellt die sichtbare Einheit der Kirche über der Vielheit der Völkerkirchen erst her.

Auch Döllinger hielt wenig vom abstrakten Verfassungsstaat mit seiner protestantisch-revolutionären Veränderlichkeit und Willkür; aber mit unerschütterlicher Objektivität zeigte er auch in seinem Buch die Missstände und Schäden des Kirchenstaats auf. Es liest sich in diesen Kapiteln wie ein Kompendium der Debatte des vorangehenden Jahrzehnts. Schwer unterschätzt habe man die Macht der alles erspähenden Öffentlichkeit – unter anderem erinnert Döllinger an den Fall Mortara –, denn »gegenwärtig lebt jedermann in Europa in einem gläsernen Hause, und es genügt nicht, blos mit den Regierungen zu verhandeln«. In dieser Lage bestehe für den Kirchenstaat, wenn er nicht zur Achillesferse der Kirche werden solle, die einzige Chance darin, zu einem gut regierten Musterstaat zu werden. Wie weit das päpstliche Land davon aber entfernt war, wusste Döllinger genau. Auch Lord Acton war es bewusst, dass man auf das Fortbestehen der Kirche und des Papsttums wohl bauen, aber nicht allzu viel auf das Überleben des Kirchenstaats setzen sollte. Deshalb hielt er es für fatal, ihn zu einer Glaubensnotwendigkeit zu erheben – am Ende hätte er den Glauben mit in den Abgrund gerissen. »Ich fürchte«, schrieb er schon 1859, »ich bin ein Anhänger sinkender Schiffe – *a partisan of sinking ships –*, und ich kenne keines, das gerade jetzt offensichtlicher im Sinken ist, als das St. Peters.« Es waren nicht die schlechtesten Geister in Europa, die seit 1860 den drohenden Untergang dieses Schiffs betrauerten.[52]

Die Niederlage des liberalen Katholizismus

Die europäische Diskussion über den Kirchenstaat zu Beginn der sechziger Jahre hatte zu einem überraschenden Ergebnis geführt: Das zurückgebliebenste Regime Europas, das angeblich reformunfähige und verkommene Land des Papstes, wurde gerade von liberalen Beobachtern aus den großen Nationen Frankreich, England und Deutschland als Strukturelement der europäischen Freiheit entdeckt, als Bollwerk gegen die ausschließliche Geltung des Vaterlandsprinzips, als Garantie für die Nichtidentität von Religion und Obrigkeit, Glauben und Staat, Konfession und Nation. Man könnte auch sagen: als Garantie für die Freiheit des individuellen Gewissens gegenüber dem egalitären, alles regelnden modernen Staat mit seinen totalitären Tendenzen. Das jedenfalls ist der intellektuelle Kontext der Kirchenstaatsverteidigung bei den großen katholischen Denkern der Zeit, bei Montalembert, Bischof Ketteler und Döllinger. Sie untersuchten in derselben Zeit die Frage, wie die katholische Kirche sich zur modernen Zivilisation stellen solle. Entscheidend war das Problem der Freiheit. Die Kirche kann nur frei sein, wenn die Gesellschaft insgesamt frei ist, war die Antwort Montalemberts in einer Serie großer Vorträge, die er im August 1863 in Mechelen, absichtsvoll auf freiem belgischem Boden, hielt, und zwar – ebenso absichtsvoll – unter dem Titel von Cavours Losung: *L'église libre dans l'état libre*. Die alteuropäischen Partikularfreiheiten der Privilegien, Sonderrechte und Schutzräume, all das Ständische und Korporative der vorabsolutistischen Welt, seien unwiderbringlich dahin; die große, allgemeine abstrakte Freiheit der Demokratie unaufhaltsam. Und in ihr muss nun auch die Kirche leben, die daher die überkommenen Bündnisse mit der staatlichen Gewalt aufzugeben gezwungen sei. Montalembert und zur selben Zeit auch der Mainzer Bischof Ketteler hatten dabei eine sehr klare, an Tocqueville geschulte Vorstellung von den Gefahren der modernen Demokratie. »Allregiererei« warf Kettelers Schrift über »Freiheit, Autorität und Kirche« 1862 dem Liberalismus vor, der nur »Absolutismus unter dem Scheine der Freiheit« sei. Wenn es aber mit den alteuropäischen Freiheiten als Gegengewichten gegen den abstrakten, tendenziell totalitären Staat der Moderne vorbei ist – jenen gelebten

Freiheiten, die auch Lord Acton nur noch in England lebendig
sah –, was bleibt dann als Schutzraum der Freiheit? Das individu-
elle Gewissen, diese vom Christentum erst in die Geschichte der
Menschheit gebrachte unhintergehbare Macht. Das Gewissen des
Gläubigen ist auch das einzige Gegengewicht gegen die totale
Diesseitigkeit des modernen Staats, und in Mechelen erläuterte
Montalembert, was er in seinen offenen Briefen an Cavour zwei
Jahre zuvor nur schlagwortartig hingeworfen hatte, dass und
warum die Demokratie des Christentums in besonders hohem
Maße bedürfe: »Je demokratischer man ist, desto christlicher
muss man sein; denn der feurige und praktische Kultus des
Mensch gewordenen Gottes ist das notwendige Gegengewicht
gegen jene ewige Tendenz der Demokratie, den Kultus des Menschen aufzurichten, der sich für Gott hält. Die Trunkenheit von
sich selbst, der Götzendienst des irdischen Glückes, die Apothe-
ose der souveränen Vernunft des souveränen Volkes, dieses der
Entwicklung der Demokratie innewohnende Gift, findet sein Ge-
gengift nur im Glauben und der Demut des Christen.«[53] Montalembert verkündete damals nicht nur, dass die Demokratie unvermeidlich sei, er bekannte sich auch positiv zu ihr; aber zu einer
Demokratie, deren irdische und tyrannische Gleichheit durch die
Freiheit des Gewissens ausbalanciert würde. Und diese moderne
Mission sollte auch der katholische Glaube erfüllen, der damit
der modernen Kultur einen Dienst leisten würde, ohne den sie gar
nicht leben konnte.

In dieses großartige Konstrukt gehört auch die Verteidigung
des päpstlichen Staats als wünschbares Element der europäischen
Welt. Unter dem Banner des Papstes gegen den Totalitarismus von
Nation und Gleichheit – diese Vision, die für einen Moment in
den frühen sechziger Jahren aufscheint, war freilich zu schön, um
wirklich zu werden. Bereits 1864 erteilte die Kurie in dem berüchtigten *Syllabus*, dem Verzeichnis der modernen Irrtümer, nicht
nur der zeitgenössischen Kultur die Absage, sondern vor allem
dem liberalen Katholizismus. Der *Syllabus* und die ihn begleitende Enzyklika *Quanta cura* lassen sich erklären aus dem Belagerungszustand, in dem die Kurie sich seit 1860 fühlen musste,
auch aus der persönlichen Verbitterung und dem Trotz des Papstes angesichts des ihm zugefügten Unrechts. Welche historische

Option sich die Kirche damit verbaute, wird man im Vatikan kaum überblickt haben. So verkündete der Papst, es sei ein Irrtum zu glauben, er könne und müsse sich mit dem Fortschritt, mit dem Liberalismus und mit der modernen Zivilisation versöhnen und vereinigen; es sei ein Irrtum, wenn die katholische Religion nicht mehr als einzige Staatsreligion unter Ausschluss aller anderen Kulte gehalten werde. Das Dokument bekämpfte nicht nur zeitgenössische Philosophien wie Materialismus und Rationalismus, nicht bloß Sozialdoktrinen wie Kommunismus und Sozialismus, es schärfte nicht nur die Notwendigkeit des Kirchenstaats ein, sondern griff auch in bereits bestehende, auch von katholischen Staatsbürgern beschworene Verfassungsprinzipien ein wie die konfessionelle Neutralität des Staats, die Religionsfreiheit und – so schien es – damit eben die Gewissensfreiheit. Zwar versuchte Bischof Dupanloup, der andere liberale Apologet des Kirchenstaats, Missverständnisse zu entschärfen, indem er darauf hinwies, wenn man einen »Irrtum« benenne, dann behaupte man nicht, das Gegenteil davon sei richtig; doch die Aufregung gerade in den katholischen Nationen war so beträchtlich, dass die päpstliche Diplomatie sich zu Versicherungen über die Verfassungstreue der katholischen Staatsdiener herbeilassen musste. Schlimmer waren die geistigen Folgen: Der *Syllabus* entfernte die Amtskirche aus der lebendigen Diskussion der Gegenwart, er mauerte sie ein in einem intellektuellen Vatikan, von dem aus die neuen Chancen, die sich dem Christentum in der demokratischen Gesellschaft eröffneten, gar nicht mehr sichtbar waren. Und an dieser folgenreichen Weichenstellung hatte die Römische Frage einen entscheidenden Anteil. Erst der Kampf um den Kirchenstaat ließ den Liberalismus als den Feind schlechthin erscheinen, ungeachtet jener Tocquevilleschen Unterscheidungen, mit denen der Liberalkatholizismus zu operieren versuchte. Liberalismus: Das war von Rom aus gesehen eben Piemont, Cavour, Garibaldi, Landraub durch Plebiszite, Laisierung mit Enteignungen und abgesetzten Priestern, Knechtung des Papsttums unter eine Nation.

»Von Tag zu Tag stürmen die Pforten der Unterwelt mit größerem Hass von allen Seiten gegen die von Gott gelegte Grundmauer der Kirche, um sie, wenn es möglich wäre, zu zerstören. So halten Wir es mit Zustimmung der heiligen Kirchenversammlung zum Schutz der katholischen Herde, zu ihrer Unversehrtheit und Vermehrung für notwendig, die Lehre von der Einsetzung, der immerwährenden Dauer und der Natur des heiligen Apostolischen Vorranges (*primatus*), in dem die Kraft und Festigkeit der ganzen Kirche beruht, allen Gläubigen gemäß dem alten unwandelbaren Glauben der gesamten Kirche als Glaubenswahrheit vorzulegen und die entgegengesetzten Irrtümer, die der Herde des Herrn so verderblich sind, zu verwerfen und zu verurteilen.«[54] Die Einleitung der Konstitution *Pastor Aeternus* (Ewiger Hirte), in der das Erste Vatikanische Konzil 1870 die Unfehlbarkeit des Papstes bei der Ausübung seines Lehramts definierte, deutet auf den zeitgeschichtlichen Hintergrund dieser umstrittenen Entscheidung. Dass der Papst für unfehlbar erklärt wurde, kurz bevor er den Besitz von Rom für immer verlor, ist schon von den Zeitgenossen als symbolisch empfunden worden. Gregorovius sah in dem Zusammentreffen der beiden Tatsachen, »der gewaltsamen Zerstörung der alten Verfassung der Kirche durch das Papsttum und des Zusammensturzes von dessen fürstlicher Landeshoheit, eine geschichtliche Notwendigkeit«; die eine habe die andere bedingt.[55] Der Zusammenhang lässt sich gleich auf mehreren Ebenen herstellen. Ganz äußerlich-tagespolitisch bedeutete die Einberufung eines ökumenischen Konzils die Fortsetzung jener Politik der weltkirchlichen Inanspruchnahme Roms als Hauptstadt des Katholizismus, die mit der Märtyrerkanonisation 1862 begonnen hatte und 1867 beim 1800-jährigen Jubiläum des Martyriums von Petrus und Paulus einen weiteren glanzvollen Höhepunkt erreicht hatte. Solange das Konzil tage, meinte Antonelli, werde Frankreich es nicht wagen, Rom den Italienern zu überlassen. Im Übrigen bedeutete schon die Präsenz Hunderter hochrangiger Geistlicher und der vielen internationalen Beobachter einen enormen Prestigegewinn für das päpstliche Rom. Der Zusammenhang von Unfehlbarkeit und Römischer Frage ist aber darüber hinaus in der Logik der Entwicklung selbst begründet. Dass die Unfehlbarkeit des Papstes das geistliche Pendant zur Souveränität der weltlichen Fürsten bedeute, hatte der konservative Staatsphilosoph Joseph de Maistre bereits 1819 in seinem Werk *Du Pape* gelehrt; für De Maistre bestand die Analogie in der Inappellabilität fürstlicher und päpstlich-dogmatischer Entscheidungen: Hier war eine Grenze gesetzt, die für Revolution, Liberalismus, Diskussion, Fortschritt, alle die modernen Prinzipien, unhintergehbar war. Für De Maistre war die Idee der Infallibilität des Papstes geradezu der Kern jeder fürstlichen Macht – von diesem Punkt ging alle herrschaftliche Ordnung aus. Was lag näher, als diese Lehre wörtlich zu nehmen, sobald das Ende des Kirchenstaats heranrückte. Die Unfehlbarkeit ersetzte den Boden, auf dem der Papst bisher gestanden hatte – ein Stück Land – gewissermaßen durch einen Haken im Himmel, an dem er nun hing.

»Wenn der römische Papst *ex cathedra* spricht«, so lautet die exakte Formulierung in *Pastor Aeternus*, »das heißt, wenn er in Ausübung seines Amtes als Hirte und Lehrer aller Christen mit seiner höchsten Apostolischen Autorität erklärt, dass eine Lehre, die den Glauben oder das sittliche Leben betrifft, von der ganzen Kirche gläubig festzuhalten ist –, dann besitzt er kraft des göttlichen Beistandes, der ihm im heiligen Petrus verheißen wurde, eben jene Unfehlbarkeit – *infallibilitas* –, mit der der Erlöser seine Kirche bei Entscheidungen in der Glaubens- und Sittenlehre ausgerüstet wissen wollte. Deshalb lassen solche Lehrentscheidungen des römischen Papstes keine Abänderung mehr zu, und zwar schon von sich aus, nicht erst infolge der Zustimmung der Kirche – *ex sese nec autem ex consensu ecclesiae*.«[56] Diese gesetzbuchhaft präzise eingeschränkte Fassung bedeutet freilich weniger als Gregorovius, und viele seiner Zeitgenossen glaubten, einen Umsturz der Kirchenverfassung; sie projizierte vielmehr eine Qualität, die die Kirche schon immer für sich in Anspruch genommen hatte, ihre Untrüglichkeit, *inerrabilitas*, ganz nach oben, an die Spitze. So wurde die vollkommene Homogenität von Papsttum und Kirche postuliert, nicht irgendeine persönliche Willkür. Der Papst irrt nicht, denn er spricht von sich aus im Einklang mit der Kirche, er *ist* die Kirche, so kann man pointieren: *La tradizione sono io,* soll Pius IX. einem Kritiker entgegengeschleudert haben – »Die Tradition bin ich.«[57] Das entsprach jenem großen historischen Vorgang, der auch der Römischen Frage zu Grunde liegt: der Herauslösung der Kirche aus dem alteuropäischen Zusammenhang. Ihre Trennung von den Lebensbezügen der Gesellschaft in einer Welt sich immer lückenloser durchorganisierender moderner Staaten verwies die Kirche auf sich selbst und erlegte ihr zwingend die Stärkung ihres eigenen inneren Zusammenhangs auf. Als Hüterin offenbarter ewiger Wahrheiten stand ihr der Weg der Demokratisierung nicht offen. Die Infallibilität des Papstes hat einen langen kirchenhistorischen Vorlauf; sie ist aber auch eine mögliche logische Antwort auf die Welt der Plebiszite und der freien Wahlen, in denen sich zu Parteien gewordene Weltanschauungen zur Abstimmung stellten. Anders als der *Syllabus* ist die Konstitution *Pastor Aeternus* theologisch tadellos formuliert – unter Mitwirkung der besten Kirchenlehrer der Zeit. Politisch gesehen verstärkt sie die Position der Kirche gegenüber der reinen Immanenz des modernen Staats, steckt also einen Raum von Freiheit ab. Doch geistig und religiös bedeutete für sie einen Schritt voran in jene Unbeweglichkeit, die es der Kirche für Jahrzehnte unmöglich machte, mit der modernen Gesellschaft zu kommunizieren. Der Glaube wurde unlebendiger dadurch. Die liberalen Verteidiger des Kirchenstaats, Dupanloup, Döllinger, Acton, Montalembert, waren allesamt leidenschaftliche Gegner der Definition der Unfehlbarkeit, Döllinger hat mit seiner Kirche deswegen sogar gebrochen.

Der unbekannte Regisseur der Geschichte unterlegt ihre großen Szenen zuweilen mit fast grellen Effekten. Während der Schlusssitzung des Konzils im Petersdom ging ein Gewitter über Rom nieder. »Wären alle Dekorateure und alle Aufmacher für Zeremonien in Rom in Dienst genommen worden«, schrieb der Korrespondent der *Times*, »nichts, was an den feierlichen Glanz dieses Gewitters heranreichte, hätte vorbereitet werden können, und niemals werden die, welche es sahen und erlebten, die Verkündigung der Konstitution über die Kirche vergessen. Der Sturm war auf seiner Höhe, als das Ergebnis der Abstimmung dem Papst überbracht wurde, und die Finsternis war so dick, dass ein riesiger Leuchter gebracht und an seiner Seite aufgestellt werden musste, als er die Worte verlas: ›Nosque, sacro approbante concilio, illa, ut lecta sunt, definimus et apostolica auctoritate confirmamus.‹ Und wieder ging der Blitz zickzack durch die Halle, und der Donner rollte. Das ›Te Deum‹ und der Segen folgten; die Menge fiel auf ihre Knie, und der Papst segnete sie mit dem klaren, süßen Laut seiner Stimme, der unter Tausenden unterscheidbar ist.«[58]

Das Garantiegesetz

Das war am 18. Juli 1870. In denselben Stunden begann der deutsch-französische Krieg, und zwei Monate später war Rom italienisch, zum ungläubigen Staunen vieler Anhänger der Kirche, die fest mit einem Eingreifen Gottes gerechnet hatten. Die irdische Stellung des Papstes musste nun, da die Kurie vertragliche Vereinbarungen ablehnte, einseitig mit Hilfe eines parlamentarischen Gesetzes geregelt werden. Und dies hatte rasch zu geschehen, denn es war undenkbar, die Hauptstadt zu verlegen, ohne die Frage der Rechtsstellung des römischen Kirchenoberhaupts gelöst zu haben. Nach dem Anschlussedikt und dem Umzugsgesetz war das italienische Garantiegesetz für den Papst das dritte wichtige legislative Vorhaben des parlamentarischen Winters in Florenz 1870/71. Die Ausarbeitung und Diskussion des knappen Textes – er ist kaum fünf Seiten lang – in Kammer und Senat nahm viele Wochen in Anspruch, und selten in der italienischen Geschichte dürfte ein Gesetzestext so lebhaft und in allen seinen Weiterungen so umfassend debattiert worden sein. Die Emotionen schlugen an manchen Tagen so hoch, dass bis zu dreihundert Abgeordnete gleichzeitig schrien. Dabei war die Regierung gar nicht mehr wirklich frei in dieser Materie, denn sie hatte sich in den Monaten um die Okkupation Roms gegenüber den europäischen Mächten in präziser Weise verpflichtet, die Unabhängigkeit des Papstes sicherzustellen. Die Gesetzesvorlage bestand im Kern immer noch aus den Bestimmungen, die Cavour bereits 1860 in seinen Geheimverhandlungen mit dem Vatikan vorgeschlagen hatte, und die seither, durch Ricasoli, Minghetti und Visconti Venosta, formelhafte Festigkeit angenommen hatten. Doch war seit 1860 die Unversöhnlichkeit auf beiden Seiten gewachsen, der Antiklerikalismus, aber auch die kirchliche Ablehnung des neuen Staats; so fehlte der Diskussion über das Garantiegesetz nun der historische Weitblick Cavours, aber auch der kirchenreformerische Schwung Ricasolis. In den besten Momenten, vor allem den Stellungnahmen Visconti Venostas, war sie nüchtern, sonst oft genug kleinlich und hysterisch. Es war keine Sternstunde des Parlamentarismus, was sich da abspielte, und sich auf vielen Hunderten eng bedruckter Protokollseiten niedergeschlagen hat.

Das Gesetz hatte zwei Teile, der erste betraf die Rechtstellung des Papstes und der Kurie in Rom, der zweite bestand aus allgemeinen Bestimmungen zum Verhältnis von Staat und Kirche in Italien, die das Programm der *libera chiesa in libero stato* umsetzen sollten. Der Staat verzichtete fast vollständig auf obrigkeitliche Einflussmöglichkeiten, und schlug hier beispielsweise das Erbe des starken süditalienischen Regalismus aus. Die Bischöfe bedurften bei ihrer Ernennung nicht mehr der königlichen Zustimmung, und ihnen wurde auch kein Eid auf den König mehr abverlangt; nur bei Verfügungen über den immer noch beträchtlichen kirchlichen Besitz behielt der Staat sich bis auf weiteres ein Aufsichtsrecht vor. Im Übrigen war die Kirche bei der Regelung ihrer inneren Angelegenheiten so frei wie nie zuvor.

Mehr Streit als darüber gab es im Parlament aber merkwürdigerweise bei den Bestimmungen über den Papst. Hier wurde vor allem von der Linken viel dummes Zeug geredet, und man schaudert noch rückblickend bei der Vorstellung, was eine Regierung von dieser Seite des Parlaments im Sommer 1870 an Torheiten hätte begehen können. Der logische Kern aller Meinungsverschiedenheiten war, dass dem Papst die Rechtstellung eines unabhängigen Souveräns zuerkannt werden musste, aber vor allem die Linke auf jede Andeutung, diese Rechtstellung beruhe auf einer territorialen, quasi staatlichen Grundlage – der Kirchenstaat bestehe also in minimierter Gestalt fort –, mit Wutgeheul reagierte. Das Wort »souverän«, das in den früheren Entwürfen selbstverständlich verwendet wurde, taucht nicht mehr auf. »Die Person des Papstes ist geheiligt und unverletzlich« (*sacra ed inviolabile*), hieß es, und diese Formulierung entsprach wörtlich der Bestimmung über den König in der italienischen Verfassung. Auch sonst wurden die Königsrechte auf den Papst übertragen, so der Schutz vor Beleidigungen und Attentaten. Zugleich hieß es aber: »Die Diskussion über religiöse Gegenstände bleibt völlig frei.« Da der Papst einen Sitz haben musste, aber der Kirchenstaat auf keinen Fall überleben sollte, erhob sich Streit vor allem über Formulierungen. Denn dass man dem Papst die apostolischen Paläste in Vatikan und Lateran, eine Sommerresidenz in Castel Gandolfo, freie Verfügung über den Kirchenbesitz in seinem Bistum, freien Verkehr mit der Kirche in allen Ländern, schließlich Postrecht und Gesandtschaftsrecht zuerkennen musste, daran war im Ernst nicht zu zweifeln. Die logische Folge – nämlich dass die päpstlichen Residenzen exterritorial seien –, wollte man um keinen Preis zugeben. Deshalb wurden Bibliothek und Museum im Vatikan für unverkäuflich erklärt, um anzudeuten, sie seien Nationaleigentum. Nicht umstritten war die Finanzierung der Kurie durch eine italienische Jahresrente. Langer Streit erhob sich aber über die Frage, ob man die Garden des Papstes als »Soldaten« oder als »Diener« bezeichnen müsse – Soldaten wären schließlich etwas Staatliches gewesen. »Wir haben Angst wie die Kinder, dass dieses Gespenst der weltlichen Macht jeden Augenblick von neuem aus der Erde kriecht«, sagte ein Abgeordneter, »deshalb scheint es uns nötig, ihm jeden Tag eins aufs Dach zu geben, damit es sich wieder in seine Höhle verzieht.« – »Gebt dem Papst ein Stück Erde unter den Pantoffel«, so ein anderer Abgeordneter, »und er wird den Kirchenstaat wiederherstellen.« Der Hass betraf vor allem die Internationalität des römischen Pontifex. Sie erinnerte die Nationalisten an die lange Leidensgeschichte Italiens mit fremden Mächten. Eine päpstliche Palastgarde aus Nichtitalienern musste aus dieser Sicht wie ein letzter Rest ausländischer Besatzungsarmeen erscheinen. Francesco Crispi, der Wortführer der Linken, verstieg sich zu dem Aufruf: »An dem Tag, an dem der Papst sich an die Spitze eines Bürgerkrieges stellt, müsst ihr ihn gefangensetzen und vielleicht sogar erschießen.« Schon damals lief alles auf eine Vatikanstaatslösung hinaus, doch dafür hätte sich die Kurie zu Verhandlungen herbeilassen und Italien hätte aus seinem Siegestaumel erwachen müssen. Das Garantiegesetz sei, so deutete Visconti Venosta enttäuscht in einem *aside* an, noch nicht die Lösung der Römischen Frage; die Versöhnung stehe noch aus. Im Übrigen erklärte er mit unerschütterlicher Geduld immer wieder: Die Regelung der Papstfrage sei auch eine internationale Angelegenheit, denn der Papst sei nun einmal das Haupt der universalen Kirche. Trotz der hundertfachen Versicherung in der Debatte, der Kirchenstaat sei tot, er habe aufgehört zu existieren, die Weltliche Gewalt bestehe nicht mehr, hat sich aber doch ein letzter Rest davon in den Gesetzestext geschlichen. Der Papst, heißt es da in Artikel 5, *fährt fort*, sich des Besitzes der apostolischen Paläste zu erfreuen – *continua a godere*. Ganz ist der Kirchenstaat also nicht gestorben.[59]

Am Ende ging doch alles gut, dank der Unerschütterlichkeit der Regierung, die in den symbolischen Nebensachen nachgab, aber in allen Kernfragen die Abstimmungen mit ihrem Überleben verband. Am 13. Mai 1871 konnte der König das Garantiegesetz unterzeichnen, am 15. Mai wurde es veröffentlicht. Auf denselben Tag datierte die Kurie die wortreiche Enzyklika *Ubi nos*, die das Gesetz zurückwies. Der Papst habe seine staatlichen Prärogativen von Gott selbst erhalten, schärfte sie erwartungsgemäß ein, nie werde er sich einem irdischen Fürsten unterwerfen, »der sogar ein Irrgläubiger oder Kirchenverfolger oder im Kriege oder im Kriegszustande mit anderen Fürsten sein könnte« – eine Umschreibung für jene teils revolutionären, teils außenpolitischen Wechselfälle der modernen Geschichte, denen der Papst seine Kirche auf keinen Fall aussetzen wollte.[60] Die von Italien angebotene Geldleistung wies die Kurie folgerichtig zurück; nie würde er einen Wechsel aus seinem Hause akzeptieren, ließ Antonelli dem Finanzminister Sella mitteilen. An Versöhnung war nicht zu denken. 1871 stand fest, dass der Bruch erst einmal nicht zu heilen war. Der liberale Nationalstaat Italien ist in unversöhnlicher Feindschaft mit jener Kirche gegründet worden, deren Glauben die überwältigende Mehrheit seiner Bürger anhing.

Enttäuschungen

Italien war nach einem Kampf, der über ein Vierteljahrhundert gedauert hatte, geeint und frei von Fremdherrschaft; Rom war italienisch. Es hat im Sommer 1870 nie an lautstarker Begeisterung gefehlt, und der Enthusiasmus war gewiss echt. Doch der Siegeslärm übertönte hie und da auch eine unverkennbare Enttäuschung. Der Feldzug zur Eroberung Roms war der letzte Unabhängigkeitskrieg und der einzige, der völlig ohne Beteiligung einer revolutionären Partei stattgefunden hatte. Die entscheidenden Wochen verbrachte Mazzini in Festungshaft in Gaeta und Garibaldi unter bewachtem Arrest auf seiner Insel Caprera. Der König und die Regierung ließen sich das Heft diesmal nicht aus der Hand nehmen. Die Eroberung Roms wurde eine reine Staatsaktion, eigentlich ein Kabinettskrieg mit nationalistischer Kostümie-

rung, und daher blieb er auch fast unblutig. Es war ein Schau-
kampf als Teil einer diplomatischen Aktion – allem patriotischem
Gebrause zum Trotz. »Am 20. September um 11 Uhr vormittags
sind die Italiener in Rom eingezogen«, kommentierte Ferdinand
Gregorovius drei Tage später in seinem Tagebuch – er hielt sich in
Deutschland auf –, »unter anderen Verhältnissen würde dies die
Welt aufgeregt haben, heute ist es nur eine kleine Episode des gro-
ßen Weltdramas.«[61]

Ganz zufrieden mit diesem nüchternen Ablauf waren unter den
Intellektuellen nur wenige. Am 20. September 1870 arbeitete der
liberale Literaturhistoriker Francesco de Sanctis – der bald darauf
Unterrichtsminister wurde – in Neapel am zweiten Band seiner
»Geschichte der italienischen Literatur«, dem bis heute populärs-
ten Werk zu diesem Gegenstand. Er war gerade dabei, das Kapitel
über Machiavelli zu verfassen. »In diesem Moment, da ich das
hier schreibe«, heißt es im Text, »läuten weithin die Glocken und
verkünden den Eintritt der Italiener in Rom. Die weltliche Herrschaft stürzt zusammen. Gepriesen sei Machiavelli – *gloria al Machiavelli*.«[62] Der Abschnitt, an dem De Sanctis schrieb, behandelte
resümierend Machiavelli als den Propheten der reinen Diesseitigkeit, der zeigt, wie der Mensch in einer Welt kalkulierbarer Kräfte
und natürlicher Gesetzmäßigkeiten selbst zurechtkommt – ohne
übernatürliche Hilfe. »Ich glaube an den Fortschritt und die Zukunft«, schrieb De Sanctis, und dieser Fortschritt bestand für ihn
in der schrittweisen Befreiung vom Übernatürlichen. In diesem
Zusammenhang erscheint das Ende der weltlichen Gewalt des
Papstes wie ein Sieg über die Transzendenz. Aber noch in einem
viel konkreteren Sinn war die Verknüpfung des Namens von Machiavelli mit dem Ende des Kirchenstaats naheliegend. Denn dessen Existenz hatte der florentinische Staatsdenker schon im frühen sechzehnten Jahrhundert als Haupthindernis der italienischen
Einigung beschrieben: zu schwach, um die Halbinsel aus eigenen
Kräften zu unterwerfen, habe der Papst immer wieder fremde
Mächte zur Verteidigung seiner Landesherrschaft nach Italien gerufen. Das Glockenläuten für Machiavelli in De Sanctis' Litera-
turgeschichte gilt also nicht nur dem Propheten des diesseitigen
Menschen, sondern auch dem nationalen Kritiker der Papstherr-
schaft. Als Unterrichtsminister warb De Sanctis immer für eine

Die Einheit ist errungen: Allegorie des Plebiszits vom 2. Oktober 1870.

Erziehung ohne Vorschriften und Verbote, ohne religiösen Druck, für eine Erziehung zu einem freien moralischen Empfinden. In seinem machiavellistischen Glockenläuten zum 20. September 1870 klangen Liberalismus, Wirklichkeitssinn und Moral harmonisch zusammen, und diese Glocken läuteten nicht zum Himmel, es waren die Glocken der Geschichte.

Ernüchtert und erbittert über die leisetreterische Staatskunst der Regierung waren dagegen die Vordenker der Aktionspartei. Der 35 Jahre alte antiklerikale Literat Giosuè Carducci, einer der großen politischen Dichter jener Epoche und zugleich ein überragender Philologe, schrieb giftige Oden über die feige und schlaue Art, in der das geeinte Land nach Rom gegangen sei. Die Gänse des Kapitols sollen schweigen, denn Italien ersteigt es heimlich in der Nacht – damit spielte Carducci auf die Ankunftszeit des Königs bei seinem Privatbesuch am 31. Dezember 1870 an. Viel zu zaghaft, zu wenig kämpferisch, zu kirchenfromm hatte dieses Italien Rom betreten. Bei Carducci spricht Italia:

Vengo di notte perché il dottor Lanza
Teme i colpi del sole:
Ei vuol tener la debita osservanza
In certi passi, e vuole

Che non si sbracci in Roma da signore
Oltre certi cancelli:
Deh, non fate, oche mie, tanto rumore,
Che non senta Antonelli.

Bei Nacht komm ich, weil Dr. Lanza
das Licht der Sonne scheut:
Er will die Ehrerbietung leisten,
die sich gehört, und will,

dass man in Rom als Herr nicht
über alle Zäune seine Arme streckt:
Gänse, macht nicht so viel Lärm,
damit nicht Antonelli sich erschreckt.[63]

Mitte Oktober 1870 wurde Giuseppe Mazzini durch eine vom König gewährte Amnestie für politische Gefangene aus der Festung in Gaeta entlassen. In den wenigen Wochen seiner Haft hatte die Welt sich verändert: In Frankreich war das Kaiserreich gestürzt worden, und Preußen-Deutschland etablierte sich als neue Vormacht auf dem Kontinent. Und Rom war endlich italienisch.

Für Mazzini hatte sich ein Traum seines Lebens erfüllt, für den er vierzig Jahre gekämpft hatte, aber auf eine so verzerrte und unvollständige Weise, dass er feststellen musste: *l'ideale della vita sfumato* – das Ideal meines Lebens ist in Rauch aufgegangen. Mehr als zwanzig Jahre nach dem Ende der römischen Republik hätte Mazzini nun als freier Mann durch die neue Hauptstadt wandeln und sich als einer ihrer Vorkämpfer feiern lassen können. »Doch ich hatte den Mut nicht, sie wiederzusehen; ich blieb eine einzige Nacht dort wie auf der Flucht; und wie auf der Flucht hab ich mich in Livorno verborgen und in Genua, um schon vorbereitete Demonstrationen zu vermeiden, die jene erniedrigt hätten, die sie mir zugedacht hatten.« Die Glückwünsche und Jubelrufe der begeisterten jungen Leute – »begeistert wovon?«, fragte Mazzini – in den Zugabteilen und auf den Bahnhöfen wehrte der alt gewordene Glaubenskämpfer voller Bitterkeit ab. Rom war, wie er in allen Briefen aus jenen Tagen schrieb, »entheiligt durch die Monarchie«. Die seit 1815 ruhende Initiative der Weltgeschichte war zurückgefallen an das republikanisch gewordene Frankreich, Italien hatte es versäumt, sie zu ergreifen. Die Nation war auf dem heiligsten Geschichtsboden Europas errichtet worden, ohne einen »nationalen Pakt«, ohne Neugründung und Neuordnung der ganzen Gesellschaft. Stattdessen regierte ein Regime der Wenigen mit König und Zensuswahlrecht und machte Kompromisse mit dem Papst. Das dritte Rom, das Rom des Volkes, hatte nicht beginnen können.

Wieder ging Mazzini ins Exil in die Schweiz und dann nach England. Von dort aus ließ er am 9. Februar 1871, am Jahrestag der Ausrufung der römischen Republik 1849, ein neues Organ erscheinen, die *Roma del popolo*, und Mazzinis Eröffnungsartikel trug wieder einmal, wie so oft in seiner Laufbahn schon, den Titel »An die Italiener«. Die Weltgeschichte sei an einem neuen Wendepunkt wie beim Übergang vom Heidentum zum Christentum vor 1800 Jahren, verkündete er da, alle Zeichen der Zeit, Nationalitätenprinzip, Arbeiterfrage, Materialismus, unhaltbare Kompromisse zwischen alt und neu, deuteten darauf hin. Immer noch hoffte Mazzini, dass Rom ein weiteres Mal das Zentrum der weltgeschichtlichen Metamorphose werden, dass es die »Initiative« an sich ziehen könne. Dafür aber müsse der *Patto nazionale* neu geschlossen werden, in einer verfassungsgebenden Versammlung, die mit allgemeinem Stimmrecht von allen Bürgern Italiens gewählt würde. Eine Neugründung Italiens als geschichtsphilosophische Republik verlangte Mazzini, und in ihr müsse nicht nur soziale Gerechtigkeit verwirklicht werden, sondern Demokratie auch direkt werden, durch Abschaffung der Zwischengewalten; die Einheit als »Nation in Waffen – *nazione armata* – solle sich in der Verteidigung beweisen, die Einheit des Territoriums endlich durch die Eroberung des Trentino, also durch einen Krieg mit Österreich hergestellt werden. Es ist das Schlusswort des idealistischen linken Flügels des Risorgimento, es zeigt noch einmal seinen missionarischen Idealismus und seine oft gewaltsame Rhetorik. Am Wesen Roms sollte die Welt genesen. Ein Jahr später, am 10. März 1872, starb Mazzini in Pisa. Von allen Stichwortgebern des Risorgimento sollte ihm die längste und gefährlichste Nachwirkung zuteil werden.[64]

Ähnlich grundsätzlich und in der Tonlage ebenso apokalyptisch kommentierte auf der anderen Seite der Front der englische Kardinal Manning den Fall von Rom. »Die Hauptstadt der christlichen Welt sah sich zur Hauptstadt einer Nation degradiert«, predigte er am Rosenkranzfest 1870, am Tag des römischen Plebiszits (2. Oktober 1870), in der Kathedrale von Kensington. Die Folgen seien ungeheuer. »In ganz Europa hat sich nunmehr die politische Ordnung von der Autorität Christi getrennt. Der christliche Glaube und das christliche Gesetz sind den einzelnen Individuen überlassen. Die Christenheit also, das ist die Familie der christlichen Völker, vereint zu einem Ganzen, in einem Geiste, unter einem Herrn, in einem Glauben, einer Taufe, unter einem gemeinsamen Gesetze und einem gemeinsamen Vater, sie besteht nicht mehr. Das internationale Gesetz der Gerechtigkeit und der gegenseitigen Achtung ist dahin. Die Christenheit kehrt zurück zu der Ordnung der von der Natur gebotenen Sittlichkeit. In ihrer Moralität besitzt sie keine höhere Sanktion als das Urteil des Scharfrichters.« Die Christenheit war zum Europa der Vaterländer geworden, seine Politik nunmehr reines naturalistisches Diesseits, eine Welt von Blut und Eisen.[65] Das war der Endpunkt der katholischen Kirchenstaatsapologetik, im Ton verschärft durch das Entsetzen über die ausgebliebene Hilfe Gottes.

Unter dem Posaunenschall solcher Kommentare und Erwartungen musste die bürgerliche Regierung Italiens eine ganz profane Aufgabe lösen: die Verlegung der Hauptstadt. »Was haben Sie eigentlich in Rom vor?«, fragte der deutsche Altertumswissenschaftler Theodor Mommsen wenig später den Finanzminister Sella. »Das beunruhigt uns alle; man geht nicht nach Rom, ohne kosmopolitische Ziele zu haben.«[66]

DER UMZUG

Das italienische Rom
1871–1895

Seit 1885: Dem Vaterland wird ein Altar gebaut.
Göttin Roma am Denkmal für Viktor Emanuel II.

Regimewechsel

Michelangelo Caetani, Herzog von Sermoneta, war der berühmteste römische Aristokrat seiner Zeit und einer der wenigen liberalen unter ihnen. Er entstammte einer uralten Familie, die südöstlich von Rom riesige Güter besaß und der Kirche einen ihrer bedeutendsten Päpste geschenkt hatte, Bonifaz VIII., der von 1294 bis 1303 regierte. Der 1804 geborene Herzog Michelangelo war der Gastgeber und oft auch der Freund vieler der berühmten Rom-Reisenden seiner Zeit: Scott, Chateaubriand, Liszt, Taine zählten zu seinen Bekannten, Stendhal war sein Freund, Balzac und Gregorovius haben ihm Bücher gewidmet; er selbst erzog sich zum gelehrten Dante-Kenner. In der frühen Reformära Pius' IX. war er Polizeiminister gewesen, und nach 1850 hielt er an seinen standeswidrigen Ansichten fest. 1870 stellte er sich, obwohl seit fünf Jahren erblindet, für einen geordneten Regimewechsel zur Verfügung: Er wurde das Haupt von Cadornas Übergangsjunta und leitete die Delegation, die dem König das Ergebnis des römischen Plebiszits offiziell meldete. Die ersten gesamtitalienischen Parlamentswahlen brachten ihn für den plebejischen Wahlkreis Trastevere in die Abgeordnetenkammer. Dieser Mann ließ sich in derselben Zeit seinen Sarg anfertigen – innen Blei, außen Holz – und darauf die Inschrift setzen: *Michel Angelus Cajetanus, mortem expectans, sepulcrum sibi paravit MDCCCLXX.*[1] Für den liberalen Herzog, der noch zwölf Jahre vor sich hatte, war das Leben 1870 vorbei.

Beim Untergang von Staaten und Regierungen haben selten die gefehlt, die behaupteten, wer das Alte Regime nicht gekannt habe, wisse nichts von der Süße des Lebens. Caetanis pomphafte Geste ist aber, wenn nicht alles trügt, über solches Abschiednehmen hinaus symptomatisch. Sie steht für die resignierte Haltung, mit der größte Teile der römischen Gesellschaft im Jahre 1870 ihr Schicksal entgegennahmen. Der Jubel des Volks auf den Straßen am Nachmittag des 20. September kann schon deshalb nicht täuschen, weil ihm die Akklamationen für den Papst am Tag davor entgegenstehen. Viel wichtiger ist eine andere Stellungnahme der Stadt, die sich über zwei Monate hinzog: ihre völlige Reglosigkeit seit dem Ausbruch des deutsch-französischen Krieges. Obwohl mit dem Abzug der französischen Truppen das päpstliche Regime seiner stärksten Stütze beraubt war und obwohl sich die italienische Schlinge um den Kirchenstaat immer enger zog, hat sich in diesen Wochen spontan keine Hand gerührt, weder zur Revolution noch zur Verteidigung des Papstes. Man ließ die Regierungstruppen auf beiden Seiten machen. Kein Volksaufstand, keine Initiative von Bürgertum oder Adel beschleunigte oder hemmte das Unvermeidliche. Der Jubel galt am Ende nur der Tatsache, dass es endlich eingetreten war und das lange Warten ein Ende hatte, dass für einen Augenblick der Horizont der Zukunft offen schien.

Dass der Untergang des Kirchenstaats unvermeidlich sei, diese Ansicht hatte sich spätestens seit den frühen sechziger Jahren überall in Europa durchgesetzt. Die Unvermeidlichkeit des Endes hatten die antikurialen Polemiker schon viel früher sich zu beweisen bemüht; und die Verteidiger auf der anderen Seite hatten eher von prinzipiellen Wünschbarkeiten als von realen Lebenschancen gesprochen. Und so war auch die Meinung bei nüchternen Beobachtern in Rom, man lebe auf Abruf. Diesem fatalistischen Preisgeben entsprach vor allem unter den Reisenden aus den anderen europäischen Nationen eine unverhohlene Lust: die Lust am Untergang dieses alten, sonderbaren und ehrwürdigen Staatsgebildes. Was hat man nicht alles geschrieben über die Zurückgebliebenheit, die unhaltbaren Zustände im Kirchenstaat, die Verfallenheit Roms, die Verlassenheit der Campagna, die Wildheit und Kulturlosigkeit der Bevölkerung, die klerikale Bedrückung, die Stagnation der Wirtschaft. Gleichzeitig aber klingt aus den Schilderungen der Nordeuropäer ein einziger langer Abschiedsseufzer. Man besuchte Rom und seine Menschen als ein gerade noch lebendes Denkmal einer viel älteren Zeit, und zu den Ruinen, die man anstaunte, gehörten eben nicht nur die Überreste am Forum Romanum, die Katakomben und die Basiliken, sondern auch die Riten der Osterwoche, wo der Papst zwölf als Aposteln verkleideten Armen die Füße wusch, mit weit tragender Stimme einen lateinischen Segen sprach und die Peterskirche nachts mit Hilfe Tausender Ölpfannen feenhaft illuminiert wurde, wodurch sie körperlos und durchsichtig wirkte.

Schon bei der Einreise, wenn der päpstliche Zoll das Gepäck der Fremden nach liberalen Presseerzeugnissen durchsuchte, betrat man, so schien es, eine andere Zeit, einen Kosmos mit eigenen Regeln. Rom ist neben Paris die meistbeschriebene Stadt des neunzehnten Jahrhunderts. Doch Paris zeigte lebendige, in die Zukunft wirkende Kräfte der Gesellschaft und Politik, die überall sonst auch zu finden waren; Rom dagegen besuchte man wie ein ethnologisches Gebiet, wie einen Stammesbezirk mit seltsamen Sitten und Gebräuchen, die der Fortschritt bald zum Verschwinden bringen würde. Der König dieses Gebiets, der Papst, wird in ihm umhergetragen wie eine gipserne, bunt bemalte Heiligenstatue, und seine abergläubischen Untertanen tun nichts lieber, als diese alte, schöne, wohlwollende Gestalt zu berühren, die in ihren Augen nichts anderes ist als der Premierminister am Hofe Gottes, ein mächtiger Delegierter des Diesseits im Jenseits – so hat es mit eisigem Rationalismus der Pariser Schriftsteller Hippolyte Taine beschrieben. Staunend und oft belustigt registrierten vor allem die Protestanten die zeremoniellen Umgangsformen und merkwürdigen Verkleidungen der geistlichen Führungsschicht mit ihren speziellen Mänteln und Hüten, ihren verschlossenen schwarzen Kutschen und bunt livrierten Dienern. Sentimentaler, aber nicht weniger voyeuristisch beobachtete der Ostpreuße Gregorovius. Jahrelang wartete er auf den großen Moment des Untergangs, der jenes Mittelalter abschließen würde, dessen Geschichte er mit besessener Eile zu Papier brachte. Schon 1866, beim ersten Abzug der Franzosen, glaubte er den Zeitpunkt der letzten Ausfahrt des Papstes für gekommen, und nur das noch größere deutsch-französische Drama von 1870 hielt ihn davon ab, beim wirklichen Ende persönlich anwesend zu sein. Da war sein Werk fast schon vollbracht, und er bedurfte des Fäulnisgeruchs nicht mehr, der ihn in Rom so stimulierte wie Schiller die verdorbenen Äpfel in der Schreibtischschublade.

Längst war Rom zum Zufluchtsort der Modernitätsmüden

aller Länder geworden, denen die weihevolle Stille in der Campagna, die wuchernde Natur zwischen den Ruinen und das Fehlen allzu aufdringlicher Zeichen der Gegenwart gute Gedanken über Vergänglichkeit und Geschichte eingaben. Das Zeitalter der Dampfmaschine und der Eisenbahn fand hier ein immer kostbarer werdendes Gut: Langsamkeit. »Rom hat sich kaum verändert, seit wir beide vor vierzig Jahren zusammen hier waren«, schrieb Henry W. Longfellow kurz vor dem Einmarsch der Italiener an einen Freund und setzte voller Behagen hinzu: »Ich erwähnte das neulich im Gespräch mit Kardinal Antonelli, und er antwortete, wobei er eine Prise Tabak schnupfte: ›Ja, Gott sei Dank.‹«[2] Vom Latein der Messe bis zu den langen Monaten, die manche Untersuchungsgefangene ohne weitere Begründung in den kurialen Kerkern verbringen mussten, überhaupt dem schier endlosen Geschäftsgang der Verwaltung, schien alles Zeitlosigkeit zu bedeuten. Die sommerliche Reglosigkeit der Stadt verstärkte solche Eindrücke ebenso wie die nur von einsamen Ruinen akzentuierte Ödnis im Agro Romano, dem von wenigen Hirten und Saisonarbeitern bevölkerten, malariaverseuchten Umland der Ewigen Stadt – einer romantischen Wüstenei von 2000 Quadratkilometern Ausdehnung, in denen nur ein paar tausend Menschen lebten. Die Campagna mit ihren sommerlichen Fiebergefahren – Jahr für Jahr starben etwa 500 Menschen –, ihren Straßenräubern und ihren grausamen Hirten – empfindsame Reisende erstarrten vor Schreck, wenn sie mit ansehen mussten, wie die zum Schlachten bestimmten Tiere zuvor gepeinigt wurden – glich einem Todesstreifen, das dieses Reservat der Reaktion von der modernen Gesellschaft abschirmte; die politische Vision De la Guéronnières hatte ihren Grund in den wirklichen Verhältnissen.

Die teils ethnographische, teils historiographische, oft auch nur idyllisch-sentimentale Wahrnehmung der römischen Welt durch die Fremden, aber auch der polemische Hass der Liberalen aus dem In- und Ausland, beweisen allerdings vor allem eines: Wie undurchschaubar und schwer verständlich für den durchschnittlichen nördlichen, bereits an eine bürgerliche Welt gewohnten Beobachter diese Gesellschaft geworden war. Man sprach von Kastenherrschaft, von Theokratie, man verglich den Kirchenstaat mit orientalischen Regimen und erfand den neuen

Begriff eines »theokratürkischen« Regierungssystems. Und in der Tat hat man es bei der römisch-kirchenstaatlichen Gesellschaft mit einer besonderen, nur hier ausgebildeten, nämlich kirchlich dominierten Form von Ancien Régime zu tun, dem es zudem beschieden war, ungewöhnlich lange zu überleben und dessen Abstand von seiner Umwelt dabei immer größer wurde.

Dieses System war gekennzeichnet durch den überaus engen, symbiotischen Zusammenhang von Kirche, Staat und Gesellschaft in allen Lebensbezügen. Kirche und Staat fielen praktisch zusammen, und der kirchlich geprägte Staat mit seiner hochformalisierten Hierarchie und Bürokratie war nicht nur der einflussreichste, sondern auch der entwickeltste Teil dieser Gesellschaft. Das zeigt sich schon an Äußerlichkeiten: Von den 383 verbauten Hektar Land innerhalb des alten römischen Mauerrings waren im Jahre 1870 20 Prozent kirchlich genutzt, davon 7 Prozent – etwa 25 Hektar – allein für Kirchen; 218 Konvente beherbergten 5237 Personen, die durchschnittlich über 100 Quadratmeter Wohnfläche pro Kopf verfügten, gegenüber den durchschnittlichen 14 Quadratmetern für die zivile Bevölkerung. Der Boden Roms war also weit überproportional geistlich besetzt. Die Kirche hatte den einst mächtigen Feudaladel aus Latium schon vor Jahrhunderten politisch entmachtet: Alle Herrschaftsfunktionen waren beim Staatsapparat monopolisiert. Dafür hatte sich eine vergleichsweise winzige Gruppe das Monopol an Bodenbesitz im Agro Romano sichern können: 1870 war er aufgeteilt unter 204 Eigentümer – eine Anzahl, deren Dimension sich seit über zweihundert Jahren nicht mehr verändert hatte –, und etwa die Hälfte der Gesamtfläche befand sich in der Hand von nur acht Eigentümern. Diese winzige Gruppe monopolisierte die Versorgung der Stadt. Deren Ernährung war seit Jahrhunderten staatlich beaufsichtigt, um den inneren Frieden zu sichern, also die Regierung vor Unruhen zu schützen. Staatliche Behörden und Landbesitzer kooperierten zu diesem Zweck denkbar eng, auf eine informelle Weise, die man vom Standpunkt eines modernen Staats korrupt nennen müsste. Die Obrigkeit achtete darauf, dass die Grundversorgung in der Stadt preisgünstig blieb, und die übermächtigen Landbesitzer konnten im Gegenzug sicher vor unliebsamer auswärtiger Konkurrenz sein.

Das Bürgertum, der Mittelstand, befand sich teils in Abhängigkeit vom Adel, teils lebte er von staatlichen Ämtern und Sinekuren. Die Landkaufleute – *mercanti di campagna* – bewirtschafteten im Auftrag des müßigen, in der Stadt lebenden Adels die nicht selten weit abgelegenen Latifundien, oft stellten sie das dafür nötige Geld- und Sachkapital: also auch Viehherden, Landarbeiter, Werkzeuge, und pressten den Boden gnadenlos aus, um ihren Pachtherren eine feste Rendite und sich selbst den größtmöglichen Profit zu sichern – in Zusammenarbeit mit jenen staatlichen Behörden, die über die Versorgung der Stadt wachten. Steuern, vor allem die Verbrauchssteuern wie die auf das Salz, verpachtete die Obrigkeit. Das von den Behörden und den großen Adelsfamilien abhängige Bürgertum besaß bis zum Ende des Kirchenstaats keinerlei politische Repräsentanz; eine nach der Rückkehr Pius' IX. entworfene, gemäßigt fortschrittliche Verfassung, die ein Zensuswahlrecht einführen und auch den wohlhabenden nichtadligen Schichten eine Vertretung bieten sollte, wurde nie in Kraft gesetzt. Alle Führungspositionen der Verwaltung waren in geistlicher Hand. Sozialer Aufstieg war möglich: innerhalb der geistlichen Hierarchie, und so war auch die soziale Erneuerung des Führungspersonals präzise kanalisiert. Eine bescheidene Industrie, vor allem in der Textilbranche, bediente ausschließlich den lokalen Markt, ebenso wie das Handwerk, unter dem vor allem das Baugewerbe für seinen hohen Standard berühmt war. Rom lebte von seinem Boden: Die Adelsfamilien von ihrem Land und zahlreiche Städter von den Zimmern, die sie den vielen Fremden vermieteten, die Jahr für Jahr in die Ewige Stadt kamen. Der lokale Konsum und die Bodenrendite waren daher direkt und indirekt von der Kurie abhängig: vom Pilgerstrom, von den Aufträgen des päpstlichen Hofes und der staatlichen Behörden sowie durch die Reglementierung des Markts für die Grundversorgung.

Eine nennenswerte öffentliche Sphäre außerhalb dieses dicht verfilzten staatsgesellschaftlichen Komplexes mit seinen Abhängigkeiten, Sicherheiten und großen Bequemlichkeiten gab es nicht. Selbstverständlich war das Erziehungssystem in allen seinen Stufen geistlich reglementiert, wenn nicht direkt in geistlicher Hand. Neben den staatlichen Behörden garantierten die Gemeindepfarrer eine feinmaschige soziale Kontrolle: Einmal jährlich, zu

Ostern, war Beichtpflicht, im Versäumnisfall drohte die Exkommunikation. Selbst die großen Herren standen unter der Fuchtel ihrer Beichtväter, und das moralische Klima soll engherzig gewesen sein. Kalt notierte Taine: Kern der modernen Laienmoral sei die Ehre, die Pflicht zu Mut und Rechtschaffenheit; die geistliche Moral in Rom kreise um die Keuschheit, die Idee des Sex. Die sittlichen Verfehlungen mancher Kardinäle waren Stadtgespräch. An Pressefreiheit war nicht zu denken, Zeitunglesen galt in Kreisen strenger Observanz geradezu für unschicklich.

Ein Drittel der städtischen Bevölkerung – sie war in den zwei Jahrzehnten zwischen 1850 und 1870 von etwa 150 000 auf 220 000 gestiegen – lebte, so schätzt die Sozialgeschichte heute, von der öffentlichen Wohlfahrt des Kirchenstaats. Über 300 mildtätige Einrichtungen hat man gezählt. Gemeindpfarrer, die den Armen ihre Bedürftigkeit und ihre Unbescholtenheit bescheinigen mussten, damit diese die Zuwendungen in Anspruch nehmen durften, taten gut daran, stets die dafür erforderlichen Formulare bei sich zu tragen. Am Jahrestag seiner Krönung pflegte Pius IX. im Belvedere-Hof des Vatikans Münzen verteilen zu lassen; bevorzugt wurden schwangere Frauen oder Mütter mit kleinen Kindern, und es war üblich, dass die Frauen dort mit dicken Tüchern unter ihren Kleidern erschienen, und wenige Kinder von Arm zu Arm gingen, um immer wieder hergezeigt zu werden. Der außerordentliche Umfang der öffentlichen Wohlfahrt begünstigte eine lässige Arbeitsmoral. Handwerker und Arbeiter überließen sich, so berichten die Augenzeugen, gern jeder Ablenkung und pausierten häufig; nicht selten verprassten sie an einem einzigen Tag den Verdienst einer ganzen Woche. »Solche Unregelmäßigkeit des Lebens war auch eine Wirkung der Überzeugung, daß man keinesfalls verhungern würde.«[3]

Einfachheit und Müßiggang zeigte die Außenseite dieses Daseins, das viele Fremde so bezauberte. Der Adel galt als träge und geistlos, er tat in seiner Mehrheit vor allem eines: Er war sehr vornehm und verzehrte, umschwirrt und nicht selten betrogen von Dienern und Verwaltern wie in Komödien des achtzehnten Jahrhunderts, seine Renten. Einfachen Genüssen wie einem Picknick im Freien oder dem Besuch einer Osteria waren Fürsten und Herzöge nicht abgeneigt; gebildet und schriftstellerisch oder politisch tätig wie jene lange Reihe piemontesischer und toskanischer Adliger, die das Risorgimento führten, waren die wenigsten von ihnen – wenn sie nicht den geistlichen Stand erwählt hatten. Am geschäftigsten waren noch die Kaufleute und kleinen Fabrikanten, doch auf den Straßen und Plätzen der Stadt breitete sich vor allem in der warmen Jahreszeit unübersehbar eine wohlige Untätigkeit aus. Arbeitslose schliefen im Freien; wer eine Kirche betrat, vor dem tat sich wie von Zauberhand die ledergepolsterte Innentür auf, worauf sich dem Besucher diese Zauberhand entgegenreckte, um ein Geldstück zu fordern. Andere Hände durchwühlten beiläufig die Taschen der Touristen nach Geldstücken – Charles Dickens widerfuhr dies während des Spektakels einer öffentlichen Hinrichtung fünf Mal hintereinander; selbstverständlich hatte der englische Romancier keinen Pfennig bei sich. Träge wie der Tiber, der sich nach regnerischen Tagen schmutzig glitzernd gleich einer kranken Schlange durch die Stadt wälzte – so Taines Bild – und die bräunlichen Mauern der an die Ufer gebauten ärmeren Viertel beleckte, war das gesamte Leben. Am Sonntag ließen sich die Landarbeiter unter großen Sonnenschirmen im Freien rasieren; daneben boten Schreiber an kleinen Tischen ihre Dienste an, ihre blanken Papierbögen, die darauf warteten, mit Schrift bedeckt zu werden, waren mit Steinchen beschwert. 42 Prozent Analphabeten hat man 1871 unter der über sechs Jahre alten Bevölkerung gezählt. Nachts waren die Straßen der Stadt fast vollkommen verlassen und dunkel, nur einige der wichtigsten Punkte wurden von einem schwachen Gaslicht erhellt.

»Das moderne Leben verlangt unablässige Arbeit, zahlreiche Opfer, tätige Aufmerksamkeit, rastlosen Erfindungsgeist; man muss etwas wollen, sich anstrengen, sich bereichern, sich ausbilden und etwas unternehmen«, schrieb Hippolyte Taine 1866 im Rom-Abschnitt seines Italienbuchs. »Glaubt man, dass ein seit zehn Jahren darniederliegender Mensch, selbst wenn er in schmutzigen Tüchern voller Würmer ruht, froh darüber ist, wenn man ihn mit einem Schlag aufrichtet und ihn verpflichtet, sich seiner Beine zu bedienen? Sicher wird er murren, seine Untätigkeit zurückwünschen, er wird sich wieder hinlegen wollen.«[4] Diese Prognose hatte schon 1861 der papstkritische französische Publizist Edmond About in seiner brillanten soziologischen Reisereportage über das moderne Rom – *Rome contemporaine* – formuliert: »Man muss feststellen, dass die römische Bevölkerung, insgesamt genommen, der weltlichen Gewalt gar nicht abgeneigt ist. Ich würde mich nicht wundern, wenn sie ihre Herren zurückwünschte, nachdem sie sie verjagt hätte. Denn Rom ist nicht bloß das Opfer, es ist auch Komplize der weltlichen Gewalt.«[5] Ein eifriger Garibaldiner hatte 1867, beim letzten Aufstandsversuch der Aktionspartei in Rom, das Potenzial der revolutionsbereiten Römer auf 8000 geschätzt. Doch die Terroristen, die eine Kaserne in die Luft sprengten, blieben isoliert; nichts rührte sich, so wenig wie 1870 etwas in Bewegung kam. Rom fehle die moderne dynamische Klasse des Bürgertums, lautete die Erklärung der Liberalen, die Kirche habe sie unterdrückt. Diese Unterdrückung gab es. Doch das Regime der Kirche hat die von ihr abhängige Gesellschaft auch bequem gemacht in einem System altständischer, paternalistischer Fürsorge, Bevormundung und Sicherheit. Warum sollten Landkaufleute, die mit den Behörden zu beiderseitigem Vorteil reibungslos zusammenarbeiteten, oder Juristen, die in den Ämtern ihr Auskommen hatten, oder auch Arbeitslose, die auf öffentliche Kosten ernährt wurden, für den anstrengenden liberalen Staat kämpfen und für das ohnehin Unvermeidliche ihre Haut zu Markte tragen? Die Erfahrungen von 1848/49 hatten nicht den Wunsch nach Wiederholung hinterlassen, und die Restauration von 1850 hatte zwar keinerlei Freiheiten, aber doch eine bessere Verwaltung gebracht. Apathisch erwartete Rom die Dinge, die da kommen würden. Selbst der norddeutsche, protestantische, liberale und grenzenlos fleißige Gregorovius wurde manchmal von Angst vor dem Neuen heimgesucht: »Mir träumte eines Nachts, dass ich Rom verlassen musste und sträubend mich an einen Telegraphenpfahl fest anklammerte – unten lag eine nebelnde und häßliche Welt.«[6]

Bei der neuen Obrigkeit aus dem Norden, die nach dem 20. September 1870 die Behörden übernahm, machte sich rasch Ernüchterung breit. »Rom befindet sich in den moralischen Umständen Süditaliens«, fasste ein hoher Funktionär die Lage nach ein paar Jahren Verwaltungserfahrung zusammen.[7] Die ersten Eindrücke schienen oft kaum fassbar. Der aus Genua nach Rom versetzte Polizeioffizier Giuseppe Manfroni, der später den Vatikan im Auftrag der italienischen Regierung beobachtete und bewachte, hat in seinen unschätzbaren Memoiren Mitteilungen hinterlassen, die umso glaubwürdiger sind, als Manfroni alles andere als ein Ultraliberaler oder Klerikalenfresser war. Zunächst – im Herbst 1870 – hatte der pedantisch-rechtschaffene Ordnungshüter eine Stelle in Trastevere, dem wildesten römischen Bezirk, übernommen. »Mein Büro war von früh bis spät von Leuten belagert, die nicht die leiseste Idee von unseren Gesetzen und von der wahren Freiheit hatten und in deren Vorstellung ein Vertreter der Regierung allmächtig war, und die daher von mir oder durch mich Dinge erreichen wollten, die denkbar gesetzwidrig waren.« Man versuchte es mit Geld und Geschenken und zeigte sich entsetzt und beleidigt, als der korrekte Genueser das zurückwies. »Ich erinnere mich der Verwunderung eines alten Mannes, Eigentümer eines gut gehenden Ladens an der Lungaretta, der irgendetwas ganz Erlaubtes und Ehrenhaftes von mir wollte, es auch, noch im Hinsetzen und Wiederaufstehen, sogleich erhielt, denn es stand ihm zu. Er wollte mich mit aller Gewalt zwingen, ein Häuflein Scudi anzunehmen, und mochte nicht einsehen, dass er mich damit beleidigte und ein Verbrechen beging: ich musste viel Zeit verschwenden, um ihm die Wahrheit begreiflich zu machen; und er ging mit seinen Scudi von dannen, schüttelte sein Haupt mit dem Ausdruck des Mitleids, so als ob ich den Verstand verloren hätte.« Ein anderer, ein Weinverkäufer, der Manfroni sein köstliches Getränk nicht aufzudrängen vermochte, war so empört, dass er seinen Wein lieber auf den Stufen des Amtes ausschüttete, als ihn wieder mitzunehmen.[8]

Die Administration des Kirchenstaats war keine moderne, rationale Verwaltung gewesen, und die Einwohner Roms waren gewiss keine fertigen Staatsbürger, als Italien sie übernahm. Die ungebärdige Lust der römischen Männer an Besäufnissen, Schlägereien und Messerstechereien war berüchtigt, und die Fremden fanden das sogar pittoresk (während die Garibaldiner darin den altrömischen Mannesmut erkennen wollten). Die egoistische Versorgungsmentalität, die sich bei der Tiberüberschwemmung am Jahresende 1870 zeigte, fand Manfroni empörend. In den Borgo, das besonders schwer betroffene Viertel zwischen der Engelsburg und dem Vatikan, versetzt, arbeitete der Beamte Tag und Nacht bis zum Umfallen, um die vom Wasser abgeschnittenen Bewohner der Häuserblocks von Booten aus mit Brot zu versorgen. Höchste Sparsamkeit war angezeigt, weil man nicht wusste, wann die Überschwemmung sich verlaufen würde; die von den kargen Rationen enttäuschten Borgobewohner beschimpften die Beamten mit Flüchen und Steinwürfen, anstatt mitzuhelfen oder ihren Nachbarn beizustehen. »Und es fehlten nicht die Schlauberger, die sich in verschiedenen Stockwerken desselben Hauses an verschiedenen Fenstern mal in dieser, mal in jener Verkleidung zeigten und so mehrere Rationen ergatterten. Andere verlangten Wein und Fleisch und Milch oder beklagten sich, das Brot sei nicht genügend gebacken; wieder andere verhöhnten und verlachten unser Tun: Nie habe ich so viele Beschimpfungen und Betrügereien empfangen und ertragen.«[9]

War die moralische Verkommenheit der römischen Landsleute auch eine Folge des alten Schulsystems? Viel sprach dafür. »Von einer Volkserziehung, die den Anforderungen der Allgemeinheit entspricht, gut als Vorbereitung auf höhere Studien, aber gut auch für sich, um die Intelligenzen zu wecken, davon gab es nicht einmal eine Idee«, stellte der erste kommissarische Schulrat Roms fest.[10] Manfroni wollte seine Kinder auf keinen Fall auf eine kirchliche Schule schicken, denn dort herrschten noch jene sadistischen Erziehungsmethoden, die für Geistliche offenbar zu allen Zeiten eine so große Versuchung darstellen. Nicht nur machte man den Kleinen mit dem Teufel Angst, was auch Taine beobachtet hatte, sondern man verpasste ihnen gern Peitschenhiebe und Schläge mit dem Lineal auf die ausgestreckten Finger. Die Schuldigen mussten stundenlang knien oder mit ihren Zungen lange feuchte Striche in den Fußboden ziehen. »Man unterrichtete viel christliche Doktrin, viel biblische Geschichte (*storia sacra*), wenig Rechnen, ganz wenig italienische Sprache. Als mein Sohn, der in Genua das Examen der dritten Volksschulklasse bestanden hatte, in italienischer Sprache geprüft wurde, befanden die Lehrer ihn reif fürs erste Jahr in lateinischer Grammatik.«[11]

Die spärlichen Resultate des päpstlichen Schulwesens brachten dann die ersten italienischen Wahlen ans Licht. Um für die Regionalwahlen zugelassen zu werden, genügte es, gerade einmal seinen Namen hinzukrakeln, für die Parlamentswahl musste man fließend lesen und schreiben können. Dabei gab es bereits einen Vermögenszensus, der sich nach den gezahlten Steuern bemaß. Vor diesem Zensus mussten in ganz Latium erst einmal 130 869 Analphabeten ausgeschieden werden. In Rom blieben, nach Steuer- und Bildungszensus, bei einer Gesamtbevölkerung von weit über 200 000 Einwohnern 7144 männliche Wähler fürs nationale Parlament übrig. Übrigens mussten die Unterlagen für die Wahlen selbstverständlich aus den Kirchenbüchern entnommen werden; der Mangel an brauchbarem Material war – gewiss auch, weil die alte Verwaltung nicht kooperierte – so groß, dass Außenminister Visconti Venosta an die ausländischen Gesandtschaften beim Heiligen Stuhl appellierte, der italienischen Regierung mit sachdienlichen Informationen beizustehen. In den entlegenen Bergstädtchen, über die die neuen Verordnungen aus Florenz herabregneten, verlangte man händeringend nach italienischen Gesetzbüchern, um sich zu orientieren – in einer Zeit ohne Telefon und Kopierer war schon die Organisation einer Wahl eine verwaltungstechnische Großleistung.

Die archaische politische Indifferenz der römischen Gesellschaft zeigte sich dann bei diesen ersten Wahlen, die sich mit Lokal-, Provinz-, National- und Stichwahlen über den ganzen November 1870 hinzogen. Schon die Parteibildungen waren so unklar, dass bei der Magistratswahl zwölf Namen in den beiden konkurrierenden Listen, der moderaten regierungstreuen und der eher linken, gemeinsam auftauchten. Allerdings war damals auch, wie immer, wenn ein lange ersehntes politisches Ziel endlich erreicht ist, viel die Rede vom Ende der Geschichte: Es herrsche, so schrieb ein Zeitgenosse, »großes Gerede vom Ende der Epoche der Politik und vom Beginn jener der Verwaltung«.[12] Die gemäßigte Rechte siegte auf der ganzen Linie – vier der fünf römischen Parlamentssitze gingen an die Regierung –, und wieder zeigte sich, dass der Rom so exaltiert anbetende Mazzinismus in der Stadt vorerst keinerlei Basis besaß. Die Wahlbeteiligung lag mit knapp 50 Prozent auf gesamtitalienischem Niveau.

Eine Gruppe gab es, für die der 20. September 1870 eine Erlösung bedeutete: die etwa 5000 römischen Juden. Sie lebten zusammengepfercht unter erbärmlichen Bedingungen im Ghetto beim Portico dell'Ottavia zwischen Marcellus-Theater und der

Das alte Rom der Päpste verschwindet: Demolierung des jüdischen Ghettos.

Tiberinsel – einem düsteren, feuchten Bezirk, der Jahr für Jahr von den dreckigen braunen Fluten der Frühlingsschmelze unter Wasser gesetzt wurde. Pius IX. hatte 1848 die alten Ghetto-Mauern einreißen lassen, die zuvor bei Sonnenuntergang verriegelt worden waren, um die Juden über Nacht einzusperren. Auch waren die Bekehrungspredigten, zu deren regelmäßigem Besuch die Juden verpflichtet waren, von nun an freiwillig. Demütigende Karnevalsriten schaffte man ab. Doch die drückenden Tributzahlungen blieben, und die Freizügigkeit war nur minimal erhöht worden: In einigen Straßen um ihren Wohnbezirk herum durften die Juden, denen die meisten Geschäftszweige verschlossen waren, Läden eröffnen, wo sie das fast einzige ihnen erlaubte Gewerbe betrieben, den Textilhandel. Gregorovius hat der Nachwelt das Dickenssche Elendsbild dieser Welt hinterlassen, wo bleiche, schlecht ernährte Menschen in lichtlosen, feuchten Gemäuern mit Lappen und Stoffresten hektisch ein paar Pfennige verdienen. Die Statistiken zeigen allerdings eine bemerkenswerte Überlebenstüchtigkeit: Die Sterblichkeit im Judenviertel war geringer als anderswo in Rom, Folge einer peniblen Hygiene und einer guten medizinischen Selbstversorgung. Und der Wahlzensus brachte sogar einen bescheidenen Wohlstand ans Licht.

Pius IX., der stets alles persönlich nahm, nahm es auch den Juden übel, dass sie sich trotz seiner kleinen Wohltaten zu großen Teilen 1849 jener römischen Republik zugewandt hatten, die ihnen vollständige bürgerliche Gleichstellung gewährte. Die Affäre um das Mortara-Kind hatte die Beziehungen endgültig vergiftet. Der Papst machte seine jüdischen Untertanen für die internationale Pressekampagne zur Befreiung des Kindes verantwortlich (übrigens sicher zu Unrecht, denn die römischen Juden wussten sehr wohl, dass sie damit nichts erreichen würden), und der Sprecher der römischen Juden wurde bei einem Neujahrsempfang 1859 zum Opfer eines der gefürchteten Jähzornanfälle des Papstes – der arme Mann verlor unter dem erbarmungslosen päpstlichen Gewitter die Fassung und brach in haltloses Schluchzen aus. Am 26. Juni 1864 entführte ein Priester ein weiteres jüdisches Kind, diesmal in Rom, den zehnjährigen Fortunato Coen, der zwangsweise getauft wurde. Weder die Reklamationen der Eltern, noch die Einsprüche der französischen Regierung halfen. »Je mehr die öffentliche Meinung beleidigt wurde, desto größer und stärker dünkte sich die päpstliche Regierung in ihrer Machtvollkommenheit«, so kommentierte es ein jüdischer Chronist.[13] Erst General Cadorna sah es als eine seiner ersten Pflichten nach dem Einmarsch an, das Kind seinen Eltern zurückzugeben. Es kann nicht überraschen, dass die römischen Juden sofort die treuesten Anhänger der neuen italienischen Regierung wurden und in den folgenden Jahrzehnten in der Stadtregierung eine bedeutende

Rolle spielten. Einer von ihnen war Mitglied der Delegation, die dem König das Ergebnis des Plebiszits nach Florenz überbrachte, und schon am 25. September 1870 hatte die Gemeinde sich mit einer bewegenden Adresse an den Monarchen gewandt, in der es hieß: »Wir sprechen jetzt den Namen *Israelit* zum letzten Male aus. In dem Augenblicke, da wir aus dem Zustande einer gesetzlichen Erklärung in die Acht zu dem heiligen Regime der bürgerlichen Gleichheit übergehen, ist dies eine Pflicht der Dankbarkeit. Unter dem Scepter Ew. Majestät werden wir fortan außerhalb unserer Tempel nur daran uns erinnern, daß wir Italiener und Römer sein müssen und auch nichts anderes sein werden.«[14]

Die Verhärtung des päpstlichen Regimes in den sechziger Jahren gegen alles, was nach modernen Prinzipien roch, zeigte sich auch in der zurücksetzenden Behandlung der Protestanten in Rom. Ein evangelisches Gemeindeleben, vor allem der Deutschen, hatte sich seit 1819 unter dem diplomatischen Schutz der preußischen Gesandtschaft entwickeln können – auch als Folge der Fürsprache Preußens zu Gunsten der Wiederherstellung des Kirchenstaats auf dem Wiener Kongress. Doch noch immer mussten protestantische Leichen – wie beispielsweise Goethes Sohn August – bei Nacht ohne Priester außerhalb der Stadtmauern auf dem akatholischen Friedhof bei der Cestius-Pyramide begraben werden, in einem damals nicht eingefriedeten, häufig von Überschwemmungen heimgesuchten Gelände nahe einer übelriechenden Mülldeponie. Die evangelischen Militärangehörigen der Franzosen durften an den Gottesdiensten der deutschen Gemeinde teilnehmen, doch die Seelsorge für die über 140 protestantischen Soldaten in der päpstlichen Armee gestaltete sich schwierig. Sie waren hartnäckigen Bekehrungsversuchen ausgesetzt und wurden, wenn sie nicht weich geworden waren, erst als »akatholische Cadavere« zur Bestattung auf den Friedhof geschickt. Dort hatte man in der religionskriegerischen Stimmung der letzten Epoche des Kirchenstaats die Zensur der Grabinschriften wieder verschärft: »›Hier ruht in Gott‹, oder ›Christ est ma vie‹, oder auch nur ›Friede sei mit Dir‹ – all das durften protestantische Christen nicht in Anspruch nehmen.«[15] Nichts zeigt neben den Fällen Mortara und Coen den fanatisierten Geisteszustand der Kurie so deutlich wie diese absurde Schikane gegenüber den Angehörigen von diplomatisch befreundeten Mächten.

Nur in einem Punkt hatte Pius IX. sich mit einer gewissen Verve der neuen Zeit geöffnet: dem Eisenbahnbau. Den heiligen Schauder seines Vorgängers Gregor XVI., für den das neue Verkehrsmittel nur zur beschleunigten Verbreitung aller Irrlehren der Moderne führen konnte, teilte er nicht. Gleich nach seinem Amtsantritt wurde eine Kommission eingesetzt, die die erste Linie von Porta Maggiore nach Frascati vorbereiten sollte. Das Dazwischentreten der Revolution verzögerte das Vorhaben; doch 1856 war es soweit: Die Linie Rom–Frascati wurde am 6. Juli mit einer fröhlichen Feier eröffnet, bei der ein Eisenbahnmarsch Begeisterung auslöste, weil vom Orchester das Puff-Puff der Maschine, das Kreischen der Bremsen, das Rattern der Fahrt und die Signalpfeifen täuschend nachgeahmt wurden. 1859 folgte die Linie Rom–Civitavecchia, für deren Eröffnung in Paris eigens ein eleganter, weiß und golden verzierter Papstwaggon mit Salon, Kapelle und Toilette gebaut wurde. Ein anderer päpstlicher Wagen mit passenden Bibelworten – *Ite per mundum universum* – erregte das besondere Wohlgefallen des Pontifex. Die ersten Fahrten ans Meer boten unvergessliche Eindrücke: Besonders aufregend war der Moment, in dem der Zug über die Tiberbrücke kroch, die in England gebaut worden war. Das fühlte sich an, als hinge man hoch in der Luft über dem ganz weit unten liegenden Fluss, und am Anfang riskierten nur die Mutigsten einen Blick aus dem Fenster. 1862 war mit der Strecke Rom–Ceprano die Linie nach Neapel komplett, und 1866 folgte mit der Verbindung nach Orte der Anschluss nach Florenz und dem Norden.

1863 war die Entscheidung für einen zentralen Kopfbahnhof bei den Diokletiansthermen im Osten der Stadt gefallen, in einem damals unbebauten, von Gärten und wilder Natur bedeckten Gebiet, das zu größten Teilen dem Monseigneur Mérode gehörte; dieser Geistliche hat mit spekulativen Methoden den Ausbau der Stadt in diese Richtung, entlang der Verbindungsachse zum Zentrum, der heutigen Via Nazionale – damals Via Mérode –, vorangetrieben. Der Anschluss Roms ans entstehende nationale Streckennetz konnte weder durch das kurial-italienische Zerwürfnis, noch durch eine Vielzahl finanzieller und gesellschaftsrechtlicher Wirren bei den beteiligten Sozietäten torpediert werden; er lag, wie jedermann damals empfand, im Zug der Zeit und hat die materielle Grundlage für die Hauptstadtwerdung der Ewigen Stadt eigentlich erst geschaffen. Nun änderte sich auch viel im Rom-Erlebnis der Reisenden. Es gebe, so notierte Gregorovius 1858, »kaum einen auffallenderen Gegensatz der Kulturepochen als jenen, welchen die erste Eisenbahn Roms darbietet, wo man den Bahnzug an den moosigen Bögen der Aqua Claudia über die melancholische Campagna zwischen alten Römergräbern und einsamen Türmen dahinjagen sieht«.[16] Und nicht ohne Bedauern verglich Victor Hehn die alte romantische Anreise über die antiken Konsularstraßen in rumpelnden Kutschen auf die immer näherrückende Peterskuppel zu mit den Sensationen der modernen Verkehrstechnik: »Die Lokomotive stößt hustend ihren überflüssigen Dampf aus, Eisen reibt sich an Eisen, alles drängt eilend durcheinander, [der Reisende] kommt sich wie ein mit Marke beklebtes, weiter geschobenes Gepäckstück vor. Indes, mitten in dieser dürren Welt der Rechnung und Technik, blickt dennoch ein Strahl der Phantasie hindurch, denn wir sind dennoch in Rom. Gleich im Empfangszimmer der ersten Klasse besteht der Boden nicht, wie anderswo, aus geometrischem Holzparquet, sondern aus einem antiken Musaik von Ranken und Blättern.«[17] Vor dem Bahnhof waren die ersten Eindrücke traurig und düster – so hat es jedenfalls Giuseppe Manfroni, der penible Genueser Beamte, beschrieben, der in den letzten Septembertagen 1870 nach Rom beordert wurde: schadhafte, an einigen Stellen sogar unterbrochene Straßen in Richtung Zentrum, Trümmer, Zäune, Gebüsch, Niemandsland, bevor man zu den barocken Außenvierteln bei der Piazza Barberini gelangte. Noch hatte die italienische Epoche der römischen Geschichte nicht begonnen.

Die Ankunft der Regierung

»Ich erhielt einen letzten Gruß und einen Händedruck von der sterbenden Hauptstadt«, schrieb der Staatssekretär des italienischen Außenministeriums am 30. Juni 1871 aus Florenz an einen Kollegen in Paris. »Wir brechen zum letzten und verrücktesten unserer Abenteuer auf. Gott gebe, dass es unser letztes bleiben möge, und dass unsere Generation, die ein *Ziel errang, auf das zu hoffen Wahnsinn war*, dies erkenne und sich in Frieden darüber freuen könne. Du siehst an diesen Worten, mit welchen Empfindungen ich mich aufmache, um Florenz für die ewige Stadt der Malaria und des Fiebers zu verlassen. Ist es nicht sonderbar, dass ausgerechnet wir mit einem Schlag all die Rednerphantasien (*rettoricumi*) unserer Jugend realisiert sehen, und zwar genau in dem Alter, in dem man an Rhetorik nicht mehr glaubt? Du wirst mir sagen, dass in der Römischen Frage mehr als Rhetorik steckt. Und Du hast tausendmal recht: Doch wenn ich auch sicher bin, dass die Regierung, die wir da unten einrichten werden, viel besser ist als die, die wir dort zerstört haben, so bin ich doch nicht in gleichem Maße sicher, dass unsere Kräfte der Aufgabe gewachsen sind. Die Zukunft bleibt dunkel.«[18]

Der Stoßseufzer des Staatssekretärs stand am Ende eines halben Jahres steiniger und komplizierter Arbeit auf allen Ebenen der Regierung: im Parlament, in der Diplomatie, vor allem aber in den Verwaltungen. Die reale Verlegung der Hauptstadt eines großen Landes musste ins Werk gesetzt werden: der Umzug von Hof, Kabinett, Ministerien, Zentralbehörden und nicht zuletzt der Armeespitze. Dass die rasche Verlegung der Kapitale ohne Störungen und Unbequemlichkeiten nicht werde vonstatten gehen können, hatte Ministerpräsident Lanza vor Weihnachten im Parlament angekündigt. Dort hatten Drängler vor allem von der Linken den sofortigen Umzug gefordert, als spätesten Termin aber den 31. März 1871 genannt. Dagegen hatte Lanza auf die ungeheuren Vorarbeiten hingewiesen, die geleistet werden mussten: das Aussuchen der geeigneten Lokale in Rom, die Feststellung der aktuellen Besitzverhältnisse, Enteignung und Räumung, die Planung und Durchführung der notwendigen Umbauten; danach erst war an den wirklichen Umzug zu denken, ans Einpacken in Florenz und ans Auspacken in Rom. Man einigte sich schließlich auf den 30. Juni 1871 als Datum, an dem die Hauptstadt offiziell von Florenz nach Rom verlegt werden sollte – ein gutes halbes Jahr blieb also noch.

Hinter Lanzas Bremsen stand allerdings nicht nur der technische Sachzwang, sondern auch ein politischer Gesichtspunkt: Die Regierung wollte sicher sein, dass das Garantiegesetz für den Papst alle parlamentarischen Hürden überwunden haben würde, wenn sie ihren Sitz in den Bannkreis der Kurie verlegte. Aber auch technisch war die Frist sehr knapp bemessen. Der Umzug von Turin nach Florenz war zwar innerhalb von sechs Monaten bewältigt worden; doch war in Florenz die Ausgangslage ungleich günstiger, denn die Stadt war noch wenige Jahre zuvor die Kapitale eines gut funktionierenden weltlichen Staats gewesen, des Großherzogtums Toskana. So war Raum für Regierungsbehörden in ausreichendem Maße vorhanden. Anders in Rom: Die Kurie war ja nicht einfach verschwunden, ihr Behördenbetrieb lief weiter. Nur die unteren Ebenen der Kommunalverwaltung konnten ersetzt und ausgetauscht werden, wenn man sie nicht übernehmen wollte. Zudem war der Umfang der italienischen Zentralverwaltungen seither gewachsen. Allein 4396 Ministerialbeamte wollten nun untergebracht sein, für die man einen Bürobedarf von 3585 Raumeinheiten mit insgesamt 149 000 Quadratmetern errechnet hatte. Wäre die italienische Hauptstadt auf einen Schlag verlegt worden, mit den Familienangehörigen der Beamten und Politiker, dem Hof samt Bediensteten, den beiden Parlamentskammern, den ausländischen Gesandtschaften und der Presse, dann hätte Rom über Nacht schätzungsweise 40 000 Neubürger aufnehmen müssen. Daran war in einer Stadt, die seit 1860 ein beachtliches Bevölkerungswachstum erlebt hatte und Jahr für Jahr von Zehntausenden Fremden besucht wurde – sie waren die wichtigste Einnahmequelle –, nicht zu denken. Die Vorschläge, die aus Rom selbst kamen, waren angesichts dieser Dimensionen eher kurios und gut gemeint als wirklich hilfreich. Der Traktat eines liberalen römischen Arztes mit dem pompösen Titel *Sullo splendido avvenire di Roma capitale d'Italia e del mondo cattolico* (»Über die glanzvolle Zukunft von Rom, der Hauptstadt Italiens und der katholischen Welt«) etwa schlug vor, für den König die antiken Kaiserpaläste auf dem Palatin wieder aufzubauen.[19] Tausend Einzelfragen mussten geklärt werden, und ein Beispiel mag genügen: Mietverträge wurden in Florenz traditionell im Februar erneuert, und dabei wurden acht Monate im Voraus bezahlt: Was sollte mit den Überlappungszeiten jener Beamter geschehen, die vom 1. Juli an in Rom sitzen sollten? Die Umzugskommissionen der einzelnen Ministerien trafen sich täglich um 15 Uhr, und zwar auch am Sonntag, zur Besprechung der anstehenden großen und kleinen Probleme.

Um all das innerhalb weniger Monate zu planen und umzusetzen, war eine zentrale Leitung mit Sondervollmachten nötig. Der Minister für Öffentliche Bauvorhaben (*Lavori Pubblici*), Giuseppe Gadda, wurde zum Königlichen Umzugskommissar – *Regio Commissario per il trasferimento della Capitale* – ernannt. Vom 20. Januar an ersetzte er zudem den Statthalter der Regierung in Rom und folgte in diesem Amt dem General Lamarmora nach. Der Umzugsbeauftragte erhielt also in Rom gleichzeitig die Machtfülle eines Präfekten, der die gesamte Stadtregierung unter sich hatte. Außerdem definierte das vom König am 3. Februar unterzeichnete Umzugsgesetz eine bis Ende 1872 befristete, sehr weitgehende Enteignungskompetenz, die sich auf Immobilien religiöser Korporationen bezog. Gadda konnte damit Grundstücke und Gebäude der zahlreichen in Rom ansässigen Orden und kirchlichen Einrichtungen durch einfaches Dekret, das nur der Ministerrat gegenzeichnen musste, enteignen – gegen eine symbolische Entschädigung. Diese brutal wirkende Bestimmung war die Konsequenz einer Sondierung des Terrains, die eine Baukommission schon im Herbst 1870 vorgenommen hatte: Staunend hatte sie die Vorherrschaft des kirchlichen Immobilienbesitzes in Rom festgestellt; man müsse, so hieß es in dem Gutachten, geradezu von einer geologischen Formation sprechen, einem kirchlichen Metamorphismus, der im Lauf der Jahrhunderte den gesamten römischen Boden durchdrungen habe. Neubauten konnten in der kurzen Zeit bis zur Hauptstadtverlegung nicht errichtet werden, also musste man vorhandenen Platz freiräumen. In dieser Lage entschloss man sich zu einem Teilumzug, in dem zunächst nur ein Zehntel, also etwa 400 Personen, vorangehen sollten, die legislative Kapitale, nicht die bürokratische, wie man sagte, faktisch also nur die Spitzen der Ministerien. Noch jahrelang war von einer »Haupstadt auf Gleisen« die Rede, denn die Beamten fuhren in der Eisenbahn zwischen Florenz und Rom hin und her. Für die umgezogenen Funktionäre, die in Rom keine Unterkunft gefunden hatten, erwirkte Gadda bei der Eisenbahndirektion in Florenz verbilligte Dauerfahrkarten für die Lokalbahnen nach Frascati und Albano.

Vollständig abgeschlossen war der Umzug erst im Jahre 1876. Gadda arbeitete als Kommissar bis zum November 1872, knapp zwei Jahre, danach wurde ein *Ufficio tecnico-amministrativo per il trasferimento della Capitale* im Bauministerium eingerichtet, das 1876 in ein Büro für die laufenden Baumaßnahmen der Regierung umgewandelt wurde. Die erhaltenen Archivbestände dieser aufeinander folgenden Behörden umfassen 767 Faszikel mit circa 80 000 Blatt Papier, von denen der größte Teil die Ära Gaddas betrifft. Für diese erste Zeit, also den eigentlichen Umzug, standen dem Kommissar 17 Millionen Lire zur Verfügung – eine damalige Lira entspricht etwa 5 DM –, von denen er bis zum 28. November 1871, also bis zur Eröffnung des Parlaments, genau 6 336 237, 33 Lire ausgegeben hatte. In seinem Abschlussbericht von 1872 listete Gadda minutiös alle Ausgaben für Umbauten, Renovierungen, Beleuchtung, Öfen, Inneneinrichtung usw. der einzelnen Ministerien und Behörden auf. Trotz der vor dem Umzug ausgesprochenen Mahnung, das Parlament bedürfe nicht unbedingt einer samtenen Bestuhlung, finden wir da beispielsweise die Summe von 7677 Lire für den dunkelblauen Samt der Deputiertenkammer, den die Firma Soley-Herbert geliefert hatte. Gründlich erforscht ist all das nicht, doch die wichtigsten Einzelposten von Gaddas Abrechnung lassen die Dimensionen erahnen: Der Umzug des Hofes kostete 465 000 Lire, der des Parlaments 2 Millionen, das Finanzministerium verschlang über 6 Millionen, das Kriegsministerium fast eine Million Lire.[20] Dazu muss man wissen, dass die Finanzverwaltung (Ministerium und Rechnungshof) zusammen 1 500 Beamte beanspruchte, das Kriegsministerium 580, womit allein diese beiden größten von insgesamt neun Ministerien 70 Prozent des regierenden Beamtenapparats im Königreich Italien stellten. Die aufwendigste und teuerste einzelne Baumaßnahme war die Herrichtung des Sitzungssaales der Deputiertenkammer (506 Abgeordnete) im Palazzo Montecitorio; er konnte erst zur Eröffnung der winterlichen Sitzungsperiode im November 1871 fertiggestellt werden.

Schon Anfang Februar sprach Gadda in einem Brief an seinen Freund, den Außenminister Visconti Venosta, von einer Arbeit, »die mir den Atem raubt«, und im Juni nennt er sein Kommissariat einfach »Martyrium«.[21] Dabei mussten am 1. Juli, dem offiziellen Termin, eigentlich nur ein paar Zimmer zur Verfügung stehen und, vor allem, dem König ein herzlicher Empfang bereitet werden. Immerhin, sechs Wochen vor dem offiziellen Umzugstermin waren die Arbeiten in Gang gekommen: Am 21. Mai notierte Gregorovius, es sei mittlerweile lebensgefährlich, auf den Straßen Roms umherzugehen: »Wenn ich in der Bibliothek des Augustinerklosters sitze, höre ich die Maurer klopfen; dann scheint es mir, als wären es Hammerschläge auf den Sarg des Papsttums.« Und am 18. Juni beobachtete der deutsche Historiker, wie bei den Santi Apostoli die Mönche wie Dachse herausgehämmert wurden. Das Chaos bei der Ankunft der Regierung war trotz der langwierigen Vorbereitungen gewaltig. Die hochnäsigen Beamten aus Florenz mäkelten überall in der herzlosesten Weise herum, zeigten sich entsetzt über feuchte Löcher mit kleinen Fenstern, beschwerten sich, weil sie in Heuböden und Ruinen untergebracht worden seien – tatsächlich wurden einige dutzend Vorratsspeicher in Wohnhäuser umgewandelt –, ja in Gemäuern ohne Dach. Auf empfindliche Fresken musste Rücksicht genommen werden, die von der ungewohnten Beanspruchung der Räume mürbe zu werden und abzubröckeln drohten. Überall war das Provisorium zu spüren, das Innenministerium verteilte sich am Ende auf elf Sitze, das Kriegsministerium gar auf 29. Unhaltbare Zustände! Schon in den ersten Tagen begannen Tauschaktionen und weitere Umsiedelungen innerhalb Roms. Ministerpräsident Lanza, der auch das Innenministerium verwaltete, glaubte sich im Konvent von San Silvestro schon nach wenigen Stunden ein Rheuma zugezogen zu haben und floh zwei Wochen später in den Palazzo Braschi. Sella, der Finanzminister, ärgerte sich so über seine Amtsräume bei der Minerva, dass er sogleich den Neubau seines Ministeriums avisierte. Der Kriegsminister bezog die Räume der päpstlichen Armeeführung an der Piazza Pilotta, blickte aber scheel auf die Marine, bei der eine Vorhut von 14 oder 15 Beamten durch die kilometerlangen Gänge des Konvents bei Sant'Agostino wandeln durfte. Seinem Kollegen und Duzfreund Visconti Venosta konnte Gadda am Ende voller Stolz doch den prächtigen Palazzo der Consulta beim Quirinal sichern, nachdem der Außenminister selbst in einem Rundschreiben an die ausländischen Gesandten noch vom Palazzo Valentini gesprochen hatte. »Bei Deiner Ankunft erwarte ich Dich in der Consulta«, schrieb Gadda am 29. Juni. »Ich überlasse Dir sofort alle Säle und Büroräume. Vielleicht musst Du Dich in den ersten Tagen aber damit abfinden, mich oder einige andere Minister in einem der Schlafzimmer aufzunehmen, die abgetrennt sind.«[22] Der Außenminister konnte also von Anfang an in repräsentativer Umgebung auftreten.

Dass Gadda sich in diesen hektischen Monaten so unter Druck fühlte, hatte allerdings keineswegs allein mit den Problemen des Umzugs zu tun. Seit dem Jahreswechsel war die Stimmung in Rom immer tiefer gesunken. Der Blitzbesuch des Königs hatte die Ungeduld in der Stadt, endlich wirklich Hauptstadt zu werden, eher vermehrt. Die Aufräumarbeiten nach der Tiberüberschwemmung gestalteten sich mühselig, und in den Zeitungen musste man in derselben Zeit täglich von den langatmigen und bedenkenträgerischen Parlamentsdebatten über den Umzug und die Garantiegesetze lesen; das römische Publikum war an die umständlichen Verfahren eines Verfassungsstaats mit seinen vielerlei konkurrierenden Meinungen noch nicht gewöhnt. Die zahlreichen neuen Blätter in Rom, oft illustriert mit grellen Karikaturen, heizten die Atmosphäre mit immer neuen Gerüchten zusätzlich an – auch die freie Presse war eine neue Erfahrung fürs römische Volk, und sie zeigte sich, wie immer in solchen Gründungsphasen, nicht von ihrer besten Seite. Die seriösen, regierungs- und parlamentsnahen Blätter verlegten erst nach und nach ihre Redaktionen aus Florenz nach Rom.

Man sehnte sich nach Monarchie: Als am 23. Januar 1871 der Kronprinz Umberto, der zum Militärkommandanten Roms ernannt worden war, mit seiner Gemahlin Margherita kam, um seinen dauernden Sitz im Quirinal zu nehmen, da war der Jubel erlösend. Es regnete, trotzdem ließ die Prinzessin ihren Landauer öffnen, damit die begeisterten Römer sie sehen könnten, und so begann eine jahrzehntelange Liebesgeschichte zwischen dieser Fürstin und dem Volk. Schon zwei Wochen später allerdings stellte sich für Gadda die heikle Frage, ob es statthaft sei, im Quirinal einen Ball abzuhalten; immerhin hatte der Papst den Palast mit dem Interdikt belegt, was das Prinzenpaar zwang, die sonntägliche Messe nicht in der Hofkapelle, sondern in wechselnden Kirchen in der Stadt zu besuchen. Ein General vor Ort antwortete ihm: Man soll denn Ball abhalten, da man nun schon in dem Papstpalast sitzt, und so geschah es. Doch in demselben Brief, in dem Gadda die Entscheidung in der Ballfrage nach Florenz meldete, musste er feststellen: »Wir haben bisher kein Terrain in Rom gewonnen, sondern sogar verloren. Von den Klerikalen konnten wir wenige oder gar niemanden gewinnen, der Einfluss hätte; und von unseren Anhängern haben wir jene lau werden lassen, die große Dinge von uns für das Land erwarteten, während wir nichts anderes schafften, als neue Steuern zu erheben.«[23]

Ähnlich schilderte der Mediziner Diomede Pantaleoni die Lage, jener Geheimunterhändler Cavours, der 1861 Rom über Nacht hatte verlassen müssen, und der am 22. September 1870 mit Hunderten anderer Emigranten zurückgekehrt war. Unzufrieden seien, so schrieb er in einem Geheimgutachten für Visconti Venosta im Mai, gar nicht in erster Linie die Ex-Papalini, die von der Kurie gut versorgt würden, als vielmehr die Anhänger der neuen Regierung, deren Erwartungen enttäuscht worden seien. Dabei spielten materielle Dinge die größte Rolle: Die Gehälter kamen immer verspätet, weil die Regierungskassen in Florenz waren, so dass es mit den Barauszahlungen nicht klappte.[24] Auf ein ähnliches, vielleicht noch gravierenderes Problem hatte Graf Arnim schon am 3. Februar hingewiesen: »Die Zahl der neu publizierten Gesetze gibt nur einen oberflächlichen Maßstab von dem Umfange der angerichteten Verwirrung. Denn da die meisten derselben sich auf eine Menge von Paragraphen und Kapitel italienischer Gesetzbücher beziehen, ohne den Text selbst zu bringen, so haben sie in der Regel die äußere Form schwerer Gleichungen, zu deren Lösung man eine Logarithmentafel in die Hand zu nehmen versucht ist. Daher ist der Mehrzahl der Römer nicht möglich, genau zu wissen, unter dem Segen welch neuer Gesetze sie am Morgen erwacht sind.«[25] Neue Steuern, Gesetzeswirrwarr, schleppende Bezahlung der öffentlichen Bediensteten, die ungewohnten Anforderungen der Hauptstadtvorbereitung, beunruhigende Gerüchte, Erregungen durch Zeitungen und bunte Blätter: Das neue italienische Leben, das über Rom hereingebrochen war, erwies sich als anstrengend und keineswegs glanzvoll. Die Preise, vor allem für Immobilien, aber auch für Lebensmittel, kletterten in ungeahnte Höhen – der Hof des Prinzen musste ein Drittel mehr für seine Ernährung ausgeben als in Florenz. Kein Wunder, dass bereits im Januar 1871 in Mailand eine besorgte Schrift erschien, die unter dem Titel *Roma tre mesi dopo l'occupazione* eine neue Römische Frage ausrief, deren Inhalt die Renitenz der Römer sei und die mit der Forderung schloss: »Es ist nötig, nicht nur dem Papst Garantien zu geben, man muss auch nach Garantien für Italien suchen.«[26] Vor allem warnte der Autor vor dem passiven Widerstand in den unteren Ebenen der römischen Bürokratie, wo man nicht nur auf die altgewohnten Bestechungsgelder und die weit verbreiteten Nebenberufe verzichten, sondern sich auch den ungewohnten norditalienischen Arbeitsrhythmen anpassen musste. Dazu kam die klerikale Propaganda. Die kirchliche Publizistik nutzte die neue Pressefreiheit ganz ungeniert, zumal sie den Marktvorteil hatte, vom Vatikan subventioniert zu werden. So wurde behauptet, die staatlichen Schulen würden die Kinder unchristlich erziehen, und die Schulverwaltung sah sich genötigt, Plakate aufzuhängen, in denen darauf hingewiesen wurde, dass christliche Glaubenslehre und *Storia sacra* selbstverständlich verbindlicher Lernstoff seien.

Was Kommissar Gadda und den leitenden italienischen Stellen in Rom die größte Sorge bereitete, war das Verhältnis zu den alten Machthabern, der Kirche. Es war zum Zerreissen gespannt. Gespannt war es schon deshalb, weil die Interessenlage genau entgegengesetzt war: Italien hatte allerhöchstes Interesse an einem friedlichen Nebeneinander, vor allem in den ersten Monaten, um zu beweisen, dass es sehr wohl möglich war, die Hauptstadt eines liberalen Staats und das Zentrum des Katholizismus am selben Ort zusammen existieren zu lassen. Die Kirche dagegen konnte sich über jeden Zwischenfall nur freuen, zumal Antonelli auch kleine Vorkommnisse sofort an die große diplomatische Glocke hängte und in seinen ellenlangen Rundschreiben nach ganz Europa meldete. Dazu stand die italienische Regierung Roms unter der fortdauernden Beobachtung des diplomatischen Corps beim Papst. Im Karneval von 1871 wurde ein Maskenzug unter dem Motto »Kreuzzug von 1871« gezeigt, der auf Gerüchte anspielte, dass sich in Belgien ehemalige Soldaten der päpstlichen Armee zu einem Befreiungskrieg für den Papst sammelten. Graf Tauffkirchen, der bayerische Gesandte beim Heiligen Stuhl, sprach von einer »im höchsten Grade indecenten und für die Katholiken verletzenden Demonstration gegen den Heiligen Vater«, zumal man den Papst selbst »auf einem Esel reitend« sah. Allerdings sah Tauffkirchen keine Handhabe für einen formellen Protest, denn »eine Beschimpfung der Nationalfarben und Wappen Bayerns kam nicht vor«.[27]

Viel schlimmer war die Neigung beider Seiten, der klerikalen wie der radikalliberalen, zu tätlichen Auseinandersetzungen. In der Kirche Il Gesù kam es Anfang März nach einer eifernden jesuitischen Predigt zu einer Schlägerei zwischen Katholiken und gut trainierten italienischen Rowdys, die mit Holzlatten auftraten, nachdem am Vortage ein italienischer Nationalgardist am selben Ort von abgewickelten päpstlichen Soldaten verprügelt worden war. Die Polizei sah sich genötigt, bis in die Nähe des Altars vorzudringen, um unbeteiligte Pilger zu beschützen. Daraufhin erhob die katholische Presse ein lautes Wutgeheul über die Verletzung des Sakralraums durch die kirchenverfolgende Obrigkeit. Rundschreiben Antonellis und Visconti Venostas an die europäischen Außenministerien folgten. Im Juni wäre es, wenn man den Erinnerungen des Polizeioffiziers Giuseppe Manfroni, der den Vatikan rund um die Uhr überwachte, glauben darf, beinahe zu einer Schießerei auf dem Petersplatz gekommen. Eine Formation von Nationalgardisten stand schon mit geladenen Gewehren vor der Kirche, in der ein *Te Deum* zum 25. Jubiläum der Papstkrönung Pius' IX. gefeiert wurde, bereit, auf Provokationen der herausströmenden päpstlichen Ex-Soldaten endlich einmal zu reagieren. Manfroni, dem sich vor Schreck die Haare sträubten, konnte die erbitterte Truppe, die seit Monaten die Beschimpfungen durch die Gläubigen wortlos hatte erdulden müssen, im letzten Moment zum Abzug bewegen, und spricht von der »vielleicht tragischsten Stunde meines Lebens«.[28] Denn Blut auf dem Petersplatz, das hätte unabsehbare Verwicklungen bedeuten können, jedenfalls hätte es die italienische These von der Vereinbarkeit der beiden Hauptstädte, der liberalen und der kirchlichen, schwer kompromittiert.

Im Sinne dieser Behauptung war es für Gadda und die italienische Regierung von entscheidender Bedeutung, dass die Feiern zum Papstjubiläum – am 16. Juni konnte Pius IX. auf ein Vierteljahrhundert seit seiner Wahl zurückblicken – in guter Ordnung verliefen. Der Seufzer der Erleichterung, den Gadda am

Ende der Feierwoche ausstieß, spricht Bände. Offenbar waren nur 4000 Fremde gekommen, den Rest der Anwesenden stellten Priester aus Italien und Kurienangehörige. Der Papst empfing bei bester Gesundheit und in guter Stimmung Hunderte von Abordnungen und die Gesandten der Mächte. Als König Viktor Emanuel einen Adjutanten mit einem herzlichen Glückwunschschreiben sandte, da ließ sich der Heilige Vater allerdings entschuldigen: er sei »indisponiert«. Antonelli nahm den königlichen Brief an der Treppe entgegen. Der Vorgang besserte die Stimmung für den Papst in Rom nicht; während der Jubeltage musste die Polizei mehrfach einschreiten, um aufgebrachte Italiener daran zu hindern, Fahnen mit den päpstlichen Farben Weiß und Gelb von den wenigen Häusern zu reißen, an denen diese noch zu sehen waren. Zum Papstjubiläum hatte sich die Kurie eine kuriose Aktion einfallen lassen: Sie ließ fieberhaft Unterschriften zu einem propäpstlichen Plebiszit sammeln und mobilisierte dafür nicht zuletzt ihre Gemeindepfarrer. Der Wortlaut war: »Wir wollen nicht den König Viktor Emanuel, nicht seine Regierung und seine Verfassung, wir wollen den Papst und seine Regierung, unter der wir geboren wurden und sterben wollen.«[29] Das war unverkennbar ein Gegentext zur Plebiszitformel vom 2. Oktober 1870. Es gelang, 21 161 Unterschriften zusammenzubekommen, fast halb so viel, wie es an Ja-Stimmen beim italienischen Plebiszit gegeben hatte. Am 21. Juni wurden sie dem Papst überreicht. Die Zahl ist ein Gradmesser für die schwankende Haltung, wenn nicht die innere Spaltung der römischen Bevölkerung am Vorabend des Hauptstadtumzugs, vielleicht einfach auch für die Unzufriedenheit mit der neuen Regierung.

Eine weitere Sorge Gaddas und seiner Vorgesetzten in Florenz war die fortdauernde Drohung, dass der Papst vor der neuen feindlichen Hauptstadt fliehen und Rom verlassen könnte. Diesbezügliche Gerüchte wurden, trotz der längst gefallenen gegenteiligen Entscheidung, von der Kurie absichtsvoll am Leben erhalten. Sie zählten zu den wichtigsten Gründen, warum Florenz den Vatikan durch Manfroni so gründlich bewachen ließ. Wenn der Papst abreisen wollte, dann sollte er es wenigstens nicht insgeheim tun können, sondern unter italienischen Ehrenbezeugungen und eskortiert von italienischem Militär. Was man am meisten fürchtete, war eine Flucht wie die von 1848, als der Papst verkleidet und mit blauer Brille in der Kutsche des bayerischen Gesandten Spaur vor der Revolution entwichen war. »Ich *darf mich absolut nicht* überraschen lassen«, notierte sich Manfroni im März, als die Gerüchte wieder besonders laut geworden waren, und er ergriff alle nötigen Maßnahmen: »Der Vatikan ist von einem dichten Zaun unsichtbarer und unerkennbarer Beobachter umgeben; alle Ausgänge, auch die vermauerten zur Campagna hin, sind gut bewacht; und eine Person meines vollen Vertrauens, die niemand erahnt oder verdächtigt, wacht tagsüber und schläft nachts nur mit einem Auge im Inneren des Vatikans.«[30] Bei jedem neuen Schritt Italiens Richtung Rom, vor allem als der offizielle Termin des Umzugs am 1. Juli näher rückte, gab sich die Kurie von neuem verletzt und empört, protestierte und erklärte das Maß für voll, so als sei die Sache nicht längst beschlossen, verkündet und also vorhersehbar gewesen: Die Empfänger der ewig gleichlautenden Schreiben in den Außenministerien begannen sich zu langweilen.

Doch verstärkte sich mit dem Näherrücken des Umzugstermins ein schon monatelang andauerndes diplomatisches Tauziehen zwischen Florenz und der Kurie über die Frage, ob die beim italienischen König akkreditierten Gesandtschaften mit umziehen würden. Der Papst wollte dies begreiflicherweise verhindern, denn es bedeutete mindestens eine indirekte Anerkennung der italienischen Okkupation Roms. Ein beim italienischen König akkreditierter Diplomat war im Vatikan auf jeden Fall unwillkommen. Vor allem die katholischen Mächte wurden bestürmt, während gleichzeitig Visconti Venosta alle Hebel in der gegenteiligen Richtung in Bewegung setzte. Einen gewissen Erfolg konnte die Kurie verbuchen: Frankreich entsandte nur den Stellvertreter des Gesandten, der zudem erst einige Tage später eintraf, auch Belgien kam unpünktlich, und der österreichische Vertreter erhielt seine Instruktion aus Wien so spät, dass er den Zug nach Rom versäumte. Der preußische Gesandte war rechtzeitig da, brachte der Kurie gegenüber aber vor, dass er den Termin für seinen sommerlichen Abschiedsbesuch beim König nach Rom erhalten habe. Vorbehaltlos anwesend waren die Vertreter der mit den Savoyern verwandten Höfe Spanien, Portugal und Brasilien sowie die akatholischen Mächte Türkei, Russland, England, Schweden, die Vereinigten Staaten, die Schweiz und Holland. Außerdem aber war das katholische Bayern gekommen, in Gestalt des Gesandten Wilhelm von Doenniges. Das verärgerte die Kurie sehr, und es führte zu einer Störung hinter den Kulissen der bayerischen Diplomatie.

Dass Bayerns Gesandter beim Papst, Graf Tauffkirchen, und sein Kollege in Florenz, Doenniges, gänzlich unterschiedliche Einschätzungen in der italienischen Hauptstadtfrage hegten, hatte sich seit Monaten abgezeichnet. Tauffkirchen war frommer Katholik; der Historiker und Ranke-Schüler Doenniges – er stammte aus Mecklenburg – dagegen Protestant, eines jener von König Maximilian II. nach München berufenen »Nordlichter«, die Bayern modernisieren und ihm den Anschluss an die überlegene Berliner Wissenschaft sichern sollten. Doenniges war eine Zeit lang ein enger Berater und sogar Freund von König Max gewesen; seine schöne Tochter Helene war zusammen mit dem Kronprinzen Ludwig erzogen worden. Schon in den fünfziger Jahren war Doenniges, der sich in mittelalterlicher italienischer Geschichte habilitiert hatte, bayerischer Geschäftsträger in Turin gewesen, später in der Schweiz. Seit Anfang 1870 war in Florenz, wo er ein glanzvolles Haus führte, mit all der intellektuellen Hochfahrenheit, wie sie diese Spezies protestantischer Wissenschaftler im Süden gern zur Schau stellte. Während Tauffkirchen hartnäckig die Ernsthaftigkeit des Umzugs von Florenz nach Rom bestritt – fertig sei lediglich ein Zimmer, in dem Visconti Venosta die ausländischen Diplomaten empfangen wolle – und den Einzug des Königs als »Königsschwindel« bezeichnete, plante Doenniges schon seine römische Zukunft. Die Preise in Rom seien enorm, 40 000 Francs jährlich brauche er mindestens, um dort angemessen auftreten zu können, zumal er schon im billigeren Florenz jährlich 3–4000 Gulden aus eigenen Mitteln zusetze. Er müsse bald mieten, die Jagd auf Wohnungen habe von allen Seiten längst begonnen. Doenniges meldete nach München, dass seine Kollegen sämtlich für den 1. Juli mit nach Rom gingen, und erhielt darauf Order, sich dem italienischen König anzuschließen, mit der endgültigen Übersiedelung allerdings noch zu warten. Tauffkirchen dagegen versicherte Kardinal Antonelli, dass Doenniges zum

»Königsschwindel« nicht nach Rom kommen werde, und zwar zu einem Zeitpunkt, »wo Doenniges bereits in Rom war«. Eine unangenehme Blamage für Tauffkirchen, der jene Empfänge und Diners im Quirinal und auf dem Kapitol meiden musste, auf denen Doenniges mit so großem Vergnügen in prächtiger Galauniform umherstolzierte. Als sich dann herausstellte, dass Frankreich, Österreich und Belgien nicht anwesend waren, fing sich Doenniges eine scharfe Anweisung aus München ein, er solle darlegen, worauf sich seine anderslautenden, so bestimmt klingenden Nachrichten gegründet hätten. Die Sache hatte allerdings keine weiteren Folgen für den preußischen Bayern: Er zog in die Wohnung, die er im Juli gefunden hatte, Via Gregoriana 5, wo er Anfang 1872 starb.[31]

Schwer erkämpft war der Umzug der italienischen Kapitale! Am 28. Juni bestieg Viktor Emanuel II. endlich in Florenz den Zug. Jubel verabschiedete ihn, Jubel begleitete ihn auf allen Bahnhöfen, durch die der Königszug fuhr. Zunächst reiste der König nach Neapel, um der größten Stadt seines Reichs einen Höflichkeitsbesuch abzustatten: Theaterbesuch, Kongresseröffnungen, nationales Schützenfest; im Zirkus machte sich der Monarch beliebt, indem er ein dort affichiertes Rauchverbot mit sofortiger Wirkung aufhob (»Im Zirkus raucht man doch!«[32]). Am 1. Juli 1871 kurz nach 12 Uhr mittags erreichte der italienische König Rom. Der Empfang war laut Manfroni *delirante*, und Doenniges konnte, Tauffkirchen zum Trotz, melden, »daß der Volksjubel der Römer und die ganz allgemeine Decoration der Stadt (auch auf der Seite der Leonina) beim Einzuge des Königs einen tiefen, allerdings peinlichen Eindruck beim Heiligen Vater und der ganzen päbstlichen Kurie gemacht habe. Der Empfang des Königs war in der Tat großartig und mit jenem lärmenden Enthusiasmus durchgeführt, welcher die Italiener auszeichnet.« Als Grund sah Doenniges die Genugtuung über die »weltlichere, geordnetere Regierungsform, die für ganz Italien gemeinsam ist, und daß nun die Priester- und geistliche Herrschaft aufgehört habe, welche keine dauernde und wahre Anhänglichkeit des Volkes an die so oft wechselnden, fremden Personen der Herrscher aufkommen ließ. Diese Feier des ›Königthums‹ trat auch ganz besonders bei allen Äußerlichkeiten des Festes, in den Straßen, im Theater, bei der Revue der Truppen auf dem Kapitol hervor.«[33]

Die Besitznahme der Stadt durch den König vollzog sich in den Formen von Umzügen durch geschmückte Straßen und durch eine Militärparade auf der Piazza del Popolo. Dort zeigten große, im Freien aufgestellte Historienmalereien eine Geschichte der Einigung, die ganz auf ihre kriegerischen Ereignisse und das Handeln des Hauses Savoyen konzentriert war. In ähnlichen äußeren Formen – einer Fahrt oder einem Ritt durch die triumphal geschmückte Stadt – hatten auch neu gewählte oder nach einer Abwesenheit zurückkehrende Päpste traditionell von Rom »Besitz ergriffen«, und dass der kleine subalpine König nach seinem ersten verstohlenen Besuch am Jahreswechsel nun dieses überkommene Ritual eines päpstlichen *Possesso* für sich in Anspruch nahm, musste im Vatikan allerdings sehr kränkend wirken. Nach einer Kabinettssitzung im Quirinal am 3. Juli verließ Viktor Emanuel allerdings Rom schon wieder, um nach Florenz zurückzukehren. Er erfüllte seine Pflicht in Rom, sogar mit Aplomb; aber mehr nicht.

Erst allmählich wurde der Umzug real. Im Herbst begann das Parlament seine winterliche Sitzungsperiode zum ersten Mal in Montecitorio. Die Eröffnung bot einen weiteren jener symbolischen Anhaltspunkte, die das Unglaubliche fassbar machten: Italien war in Rom angekommen. Die Eröffnungsrede des Königs am 27. November 1871 wurde von allen Seiten mit großer Bewegung aufgenommen, und selbst der kleine, so rustikal auftretende Monarch soll von Rührung überwältigt worden sein, als er den ersten Satz sprach: »Das Werk, dem wir unser Leben geweiht haben, es ist vollbracht.« Der letzte lautete: »Eine glanzvolle Zukunft tut sich vor uns auf. Es liegt an uns, den Wohltaten der Vorsehung zu entsprechen und uns würdig zu erweisen, unter den Völkern die ruhmreichen Namen Italiens und Roms zu tragen.«[34] Als der König um 11 Uhr das Parlamentsgebäude betrat, sah man am hellen Vormittagshimmel die Venus schimmern – jenen Stern, den die Griechen Hesperus genannt hatten, weshalb ihnen Italien, das Land im Westen, für Hesperien galt; die *Stella d'Italia*, der sprichwörtliche Glücksstern des Vaterlands, habe also die neue Epoche seiner Geschichte beschienen, behaupteten die Patrioten.

Umbau

Für die Stadt Rom begann eine der anstrengendsten Phasen ihrer Geschichte. Sie musste alle wesentlichen städtischen Strukturen neu aufbauen: Verwaltung, Schulwesen, Wohlfahrt, Bauplanung. Nun war es vorbei mit dem pontifikalen Müßiggang, und in den Amtsstuben herrschte der »Stundenplan Lanzas«, wie die satirischen Blätter schadenfroh vermerkten. Am 17. Februar 1871 wurde auf dem Kapitol die erste Zivilehe geschlossen. Im ersten Jahrzehnt der Hauptstadt gründete man 130 neue Schulen. 1873 entstand der erste Bebauungsplan – er formulierte allerdings eher die Probleme, als dass er die Bautätigkeit wirklich gesteuert hätte. Diese folgte einem enormen Bevölkerungsdruck: Die Einwohnerzahl Roms verdoppelte sich bis zur Jahrhundertwende auf fast eine halbe Million Einwohner, wobei sich das Tempo des Anstiegs in den achtziger Jahren deutlich beschleunigte – 1881 hatte der Zensus 300 000 Einwohner gezählt, zehn Jahre später waren über 100 000 dazugekommen. »Man baut mit Furie«, notierte Gregorovius aber schon am 12. Januar 1873. »Die Viertel, Monti werden ganz umgewühlt. Fast stündlich sehe ich ein Stück des alten Rom fallen.« Und am 9. Juni 1875 findet er ein drastisches Bild: »Die Umwühlung und die Verzerrung Roms ist greuelvoll. Wenn ich den Viminal und Esquilin besuche, wo hundert Arbeiter und hundert Herren im Schutt wühlen und ihn fortschaffen, so kommt mir Rom vor wie ein alter, zerlumpter Prachtteppich, welchen man ausstäubt, während er selbst darüber in Fetzen zerfällt.« Die bebaute Fläche stieg von 383 Hektar 1871 auf 398 im Jahre 1881 und explodierte bis 1891 auf 530 Hektar. Schon im ersten Jahrzehnt war der Raummangel so groß, dass die durchschnittliche Wohndichte pro Zimmer von vier auf elf Personen stieg. Hinter dieser Zahl verbirgt sich allerdings vor allem ein immenses Armuts- und Obdachlosenproblem. Schon früher hatten in den Sommermonaten Hirten und Landarbeiter, die sich bei Sonnenuntergang vor der Malaria in Sicherheit bringen wollten, in der Stadt unter freiem Himmel übernachtet, in Kircheneingängen, unter den Bögen von Ruinen und Kolonnaden. Nun kamen die Bauarbeiter dazu, die oft in den halbfertigen Häusern kampieren mussten. Der Bevölkerungszuwachs und die Wohnungsnot erzeugten ein heftiges Spekulationsfieber in der Bauwirtschaft: die Quadratmeterpreise für Baugrund innerhalb des aurelianischen Mauerrings verzwanzigfachten sich bis 1887, die Aktien der Immobiliengesellschaften, die dutzendweise Mietshäuser hochzogen, stiegen in schwindelnde Höhen, bis 1887 ein furchtbarer Krach die Spekulationsblase platzen ließ. Noch bis weit in die neunziger Jahre bezeugten halbfertige Bauruinen mit leeren Fensterhöhlen in aufgerissenen Niemandsländern den wirtschaftlichen Einbruch und boten illegalen Hausbesetzern eine notdürftige Unterkunft.

In dieser Zeit verwandelten sich Physiognomie und Grundriss Roms so schnell wie noch nie in seiner langen Geschichte. Neben der spätmittelalterlich-barocken Kernzone im Tiberknie zwischen Porta del Popolo, Colosseum, Kapitol und der Tiberinsel entstand zunächst im Osten eine gänzlich neue und andere Stadt. Das alte Rom war eng, verwinkelt, schattig; doch weitete es sich immer wieder zu anmutigen oder großartigen Plätzen, den Vorhöfen der ihre Viertel beherrschenden Adelspaläste, den Bühnen der prachtvollen Kirchen; lange, schnurgerade, dabei erstaunlich schmale Sichtachsen durchquerten diesen in Jahrhunderten langsam gewachsenen, unregelmäßigen Raum und gaben den Blick auf ferne Apsiden, Obelisken und hell schimmernde Fassaden frei. So bot das päpstliche Rom ein mannigfaltiges Spiel optischer Überraschungen. In dieser an vielen Stellen bezaubernd komödiantischen Kulisse entfaltete sich ein oft noch ganz ländliches Volksleben, mit Hühnern, Eseln und Pferden auf den Straßen, aufgehängter Wäsche, Blumentöpfen und Knoblauchbündeln an den Fenstern, mit Geschrei und Gestank. Wenn der Tiber nur ein wenig anschwoll, dann trat das Wasser des Flusses aus der Kanalisation hervor und überschwemmte die niedrig gelegenen Plätze, zum Beispiel beim Pantheon. »Ich erinnere mich«, berichtet der Danteforscher Manfredi Porena aus seiner Jugend, »als Kind sehr häufig gesehen zu haben, wie die Säulen des Tempels aus dem Wasser stiegen und sich in ihm spiegelten, ohne dass es eine veritable Überschwemmung gegeben hätte; und der in die Stadt gedrungene Tiber – *Tevere inurbato* – breitete sich auf dem Platz bis zu einer mehr oder weniger weit von dem Portikus entfernten Linie aus: eine Linie, die von den Behörden zur Warnung der Fußgänger, aber vor allem der Fahrzeuge abends mit einer langen Reihe von auf den Boden gestellten Papierlampen gekennzeichnet wurde.«[35] So erzeugte auch hier das hygienische Übel ein märchenhaft schönes Bild.

In den piemontesischen Neubaugebieten auf den östlichen, gut belüfteten Anhöhen von Esquilin und Viminal entstand dagegen eine Musterregion des Fortschritts: Gerade Linien, rechte Winkel und breite Straßen verwirklichten die zivilisatorischen Ideale der Symmetrie, der Hygiene, der Gleichförmigkeit. Zwei Bautypen herrschten vor: Das fünfstöckige Mietshaus mit Innenhof in einem schematischen Renaissancestil, bemalt mit der billigsten Farbe, einem lehmigen Ockerton, der zum beherrschenden Kolorit des italienischen Rom aufstieg, und das etwas luxuriösere, von einem Vorgarten umgebene *Villino*, die ins Bourgeoise übersetzte Version des herrschaftlichen Landhauses, deren Exemplare sich vor allem vor den Toren an den nördlichen und östlichen Konsularstraßen aufreihten. Die Meinungen zu den Neubaugebieten waren von Anfang an meist ablehnend: Nur nachsichtige Beobachter wie Viktor Hehn behaupteten, nach langem Herumirren in den labyrinthischen Altstadtvierteln und übersättigt von deren malerischen Motiven, empfinde man in diesen Anfängen einer amerikanischen Stadt vorübergehendes Wohlsein. Kirchliche Kritiker höhnten, auf den breiten, schattenlosen Straßen hole man sich schon beim bloßen Überqueren einen Sonnenstich, die Kunstreisenden fanden die neuen »Zinshäuser« einfach kasernenhaft und reizlos. Nicht einmal die Platanen, die die Norditaliener mitbrachten, fanden Gnade: »Wie lächerlich das jugendliche Hellgrün der Platanenblätter vor römischen Häusern aussieht! Und die hilflose Dramatik der kahlen Äste im Winter! Das staubige tote Schwarzgrün der Pinien war die einzige floreale Garnierung, die Rom duldete, zu allen Jahreszeiten gleich angemessen.«[36]

Die Ausdehnung Roms nach 1870 war eine Urbanisierung ohne Industrialisierung. Die vom päpstlichen Zoll beschützten einheimischen Kleinindustrien waren nach dem Anschluss sofort von der italienischen Konkurrenz weggefegt worden. Der Bauboom zog alles freie Kapital an sich: Es war, als hätte der geschichtsschwere und teure Boden Roms jede sonstige Initiative verschluckt. Das entsprach allerdings den Absichten der neuen

Regierung. Italien, das auf revolutionärem Weg entstanden war, lebte in beständiger Revolutionsfurcht, und die Staatsspitze wünschte sich eine ruhige Hauptstadt – bloß kein Druck der Straße oder gar ein italienisches Paris! Die Bauwirtschaft und die großen Dienstleistungsunternehmen – für Wasser, später dann Tramverkehr, Gas, Telefon und Elektrizität – blieben die wichtigsten Arbeitgeber. Für die in Rom entstehende kleine Arbeiterklasse begann man 1883 am Testaccio – weit entfernt, vom Rest der Stadt durch die breite archäologische Zone geschieden – ein eigenes, ebenfalls sehr rechteckiges Viertel auf den scherbenreichen Sand zu setzen; doch blieb es in Folge des Immobilienkrachs von 1887 bis 1907 eine halbfertige Baustelle – fast eine Generation lebten die Bewohner in einer Wüste ohne Märkte und Schulen.

Rom wurde, anders als Paris, London und Berlin, nicht zum ökonomischen Zentrum der Nation; es blieb eine Stadt der Verwaltung und des Tourismus, eine verbrauchende, »parasitäre« Stadt, wie man oft gesagt hat. Diese wirtschaftliche Schwunglosigkeit verhinderte aber viel städtebauliches Unheil. Nach dem Zweiten Weltkrieg haben Historiker von der Linken die fehlende Industrialisierung bedauert, weil sich so eine schlagkräftige Arbeiterklasse im politischen Zentrum der Nation nicht ausbilden konnte; für eine solche Modernisierung des Gesellschaftsgrundrisses und der politischen Kultur hätten sie auch Fabrikschlote vor den Bogenreihen der römischen Aquädukte in Kauf genommen.

Es blieb freilich nicht bei dem Nebeneinander von Alt und Neu, von Düster-Verwinkelt und Geradlinig-Hell. Die neue Stadt griff nach der alten, um sie dem modernen Verkehr zu öffnen und nach ihren Maßstäben zu sanieren. Bis zur Jahrhundertwende wurde die Altstadt durch breite Straßen, die Tiberverbauungen und neue Brücken erschlossen und umorientiert. Die Via Nazionale wurde vom Bahnhof zur Piazza Venezia nahe dem Kapitol fortgeführt, von wo sie sich während der achtziger Jahre mit Schwung mitten durch das alte Zentrum in Richtung Vatikan fraß. Die Via Nazionale und diese Fortsetzung, der Corso Vittorio Emanuele, bilden die Basis eines umgedrehten T, dessen Stiel der alte Corso ist, der von der Piazza del Popolo kommt. Dieser

Platz war der barocke Empfangssalon des päpstlichen Rom gewesen, wo die von Norden kommenden Reisenden, so auch Goethe, die ersehnte Stadt feierlich betreten hatten. Die alte Achse des Corso wurde durchlässig gemacht, indem man hinderliche Paläste abriss oder, wie den Palazzetto Venezia vor dem Kapitol, einfach umsetzte. Das neue auf dem Kopf stehende T richtete die Stadt nun auf eine neue Mitte aus: auf das seit den achtziger Jahren am Kapitol, beim Monumentalbezirk des Forum Romanum entstehende riesige Denkmal für den Gründerkönig Viktor Emanuel II. Von dort sollte Mussolini dann seine Via dell'Impero als Aufmarschstraße quer über die Kaiserforen zum Colosseum führen, während andere Schneisen am Palatin vorbei und nach Trastevere geschlagen wurden. Die Tiberverbauung – begonnen in den späten siebziger Jahren und zur Jahrhundertwende weitgehend vollendet – mit ihren breiten Uferstraßen und ihren Platanenreihen komplettierte das neue haupstädtische Straßensystem, dem 40 Prozent der nachantiken römischen Bausubstanz zum Opfer gefallen sein sollen. Gewaltige Brücken im Pariser Stil verbanden die beiden Stadtseiten am Tiber miteinander. All das hat, ohne dass die Planer es beabsichtigt hätten, Rom vorbereitet für den Autoverkehr, der heute die Stadt mit seinem ununterbrochenen Strom von Fahrzeugen, Lärm und Dreck durchzieht, und der die Erinnerung an das idyllische Rom der Päpste nachhaltiger zerstört hat, als irgendeine einzelne Baumaßnahme es vermocht hätte.

Viele dieser immer wieder getadelten Entwicklungen und Entscheidungen waren unvermeidlich, wenn man Rom nicht einfach historisch einfrieren wollte, vieles war auch bereits in der letzten päpstlichen Zeit in Gang gesetzt worden: die ersten Hunderte Meter der Via Nazionale waren 1870 bereits gebahnt, die ersten Grundrisse des Neubauviertels am Bahnhof schon gezogen: von einem kirchlichen Immobilienunternehmer, dem Monsignore de Mérode, einstmals Kriegsminister Pius IX., dann von Antonelli ausgebootet und in die Wirtschaft abgedrängt. Die Sanierung des jüdischen Ghettos – sie wurde seit 1885 energisch vorangetrieben –, wo eine prächtige neue Synagoge entstand, war ebenso unabweisbar wie die Befreiung der Stadt von den periodischen Tiberfluten. Ob man dafür allerdings den barocken Ripetta-Hafen unbedingt opfern musste, bleibt zweifelhaft.

Rechter Winkel, Bauspekulation, Hygiene, Fortschritt: Das neue Stadt-viertel Prati hinter dem Vatikan entsteht seit 1880.

Und jedenfalls eine singuläre historische Chance wurde in den achtziger Jahren, in der Zeit des Baufiebers, sehenden Auges verspielt: die Erhaltung der Grünbezirke im Stadtgebiet. Es begann mit der Bebauung der Wiesen hinter der Engelsburg, der *Prati di Castello*. Schon immer hatten kirchenfeindliche Politiker darauf gedrängt, die moderne Zivilisation bis an die Mauern des Vatikans heranzurücken. Von dort hatte man bisher auf eine seltsam schöne Einöde geblickt, ein beliebtes Ziel römischer Wochenendausflüge, das Manfredi Porena noch zwei Generationen später, als es längst verschwunden war, in sentimentales Schwärmen brachte: »Die sogenannten Kastellwiesen waren, außer in der Zeit der Sommertrockenheit, ein wundervoller unermeßlicher Teppich smaragdgrünen Grases, der selbst den Erwachsenen den verrückten Wunsch einflößte, loszurennen, sich um sich selbst zu drehen, sich auszustrecken; und wo die Kinder und die Hunde von einer Art wahnwitziger Trunkenheit erfaßt wurden. Auch fehlten für die, die Freude daran hatten, nicht die Gelegenheiten für eine andere Art der Trunkenheit, denn dort, auf diesem herrlichen Teppich, standen kleine Wirtshäuser herum. Und von einer noch anderen Trunkenheit wurde der Geist des Künstlers und des Betrachters ergriffen angesichts des einzigartigen Schauspiels jenes unermeßlichen natürlichen Billardtisches, auf dem sich mit ihrer ganzen Wucht die Massen der Engelsburg und der Peterskirche erhoben. Ein Sonnenuntergang über Prati war das Poetischste und Bezauberndste, was man sich vorstellen kann.«[37]

Hier entstanden zu Beginn der achtziger Jahre Mietshäuser, aus denen Wäsche zum Trocknen hing, dazu gewaltige Kasernen der Carabinieri sowie Ziegelöfen mit hohen Schornsteinen. »Der Rauch zieht in schmutzigen Wolken in die päpstlichen Gärten hinein.« Der die Klage über diese »modernen Höhlenkonglomerate« führte, war der Kunst- und Literaturhistoriker Herman Grimm, der gefeierte Biograph Michelangelos und Raffaels. Mit dem ganzen kulturellen Sendungsbewusstsein eines Berliner Professors schleuderte er 1886 eine Streitschrift über »Die Vernichtung Roms« in die Ewige Stadt. Anlass seines Aufschreis war die 1886 begonnene Bebauung der Villa Ludovisi im Osten der Stadt. Im Innern des antiken Mauerrings war Rom auf dieser Seite von einer ununterbrochenen Reihe solcher adligen, meist barocken Landschaftsgärten mit ihren Lustschlössern umgeben, die einen bukolischen Übergang vom bebauten Stadtkern zum leeren Umland herstellten – mit einer kunstvollen Parklandschaft voller Alleen, Statuen, Brunnen, Baumgruppen, Hecken. Diese innere Umgebung wurde nun – großenteils von den Eigentümern selbst – der Bodenspekulation geopfert, ohne dass die Stadt schützend dazwischengetreten wäre. Grimm sah hier ein Menschheitserbe untergehen, an dem ein allgemeines Bildungsinteresse bestehe und das zu zerstören die zufälligen Bewohner des modernen Rom kein Recht hätten. In dasselbe Horn stieß Gregorovius, der damals bereits zum römischen Ehrenbürger ernannt und längst eine in kulturpolitischen Fragen oft konsultierte Autorität geworden war; er hatte beispielsweise schon zu Beginn der achtziger Jahre die photographische Bewahrung der Denkmäler des römischen Mittelalters angeregt, die der Innenstadtsanierung zum Opfer fielen. Die Villa Ludovisi galt auch ihm als einer der schönsten Gärten der

Welt, »ein Park für Könige und Weise, so zauberhaft und weihe-
voll, dass im Schatten ihrer Lorbeerhaine und Zypressengänge
auch Horaz und Virgil, Marc Aurel und Dante mit Andacht würden gewandelt haben. Nichts hat die öffentliche Empfindung in
Deutschland so schwer verletzt, als die Vernichtung dieser weltbe-
rühmten Villa.« Grimm und Gregorovius fragten, welche Notwendigkeit es geboten habe, diese Natur- und Kunstdenkmäler in
Bauplätze fürs gemeine Bedürfnis zu verwandeln – und sie hatten
Recht mit ihrem Zweifel. Wäre die Stadt damals gleich ins Umland außerhalb ihrer Mauern gegangen und hätte sie ihre barocken Parks erhalten, sie hätte in den folgenden Jahrzehnten ge-
sünder und reicher gelebt.[38] Der Ton der Deutschen war allerdings
so hochfahrend, dass sie ihrer Sache kaum zu nützen vermochten;
ein Ehrenpunkt wurde berührt, der es den in ihrem Selbstgefühl
gekränkten Italienern schwer machte, den ausländischen Protest
ernsthaft zu erwägen. Die Zypressen sanken ächzend zu Boden
und machten der langweiligen Bequemlichkeit einer gehobenen
Wohngegend Platz.

Die Empörung über den Untergang der Villa Ludovisi war nur
die Spitze eines allgemeinen Unbehagens, das sich allerorten in
Europa, aber auch in Italien, über die Entwicklung Roms verbreitet hatte. Es war wie immer, wenn sich ein lange ersehntes Ziel erfüllt hat und ein längst erwartetes Ereignis eingetreten ist: Ernüchterung kam auf. »Fragt man jetzt herum«, so Viktor Hehn
1878, »in den Städten und auf dem Lande, unter Menschen jeden
Standes und Berufes, überall nur Klagen und Erbitterung.«[39] Die
alte Ruhe war weg, »der wundervolle Zauber der Geschichtlich-
keit ist der modernsten Bauspekulation zum Opfer gefallen. Die
majestätische Stille der Stadt hat sich in fieberhafte Unruhe
verwandelt«, befand Gregorovius. »Diese Transformation ist ein
notwendiger Prozess, und ich sage mir, dass es das höchste Interesse gewähren muss, ihn zu erleben und anzusehen. Aber trotzdem macht mir all das neue Wesen nur Pein.«[40] Die Deutschen
sahen das Rom ihrer klassischen Bildung untergehen, die Stadt
Winckelmanns und Goethes, einen Fleck Erde, so unwahrsch-
lich wie das auf Wasser gebaute Venedig: ein von Blüten über-
wachsenes Trümmerfeld, eine Reichsmitte als Schäferidyll, eine
nachlebende Vergangenheit, ein erhabener Traum, in dem sich

doch spazieren gehen und mit den Leuten reden ließ. Stattdessen Gewühl auf dem Corso, nachts ein Stück Paris, Speisewirte neben Liquoristen, mit Spiegeln, Marmortischen und roten Samtpolstern! In den weltstädtisch gewordenen Weinkneipen hing nicht mehr die Madonna über den Flaschen, sondern staubte eine Gipsbüste Viktor Emanuels vor sich hin. Abends gab es Festbälle, Diners, Konzerte, ja selbst halb verhüllte Verführungen, die früher unter dem Priesterregime undenkbar gewesen wären. Die vornehmen Geschäfte für die Damen hatten sogar am Sonntag geöffnet, was klerikale Beobachter scharf missbilligten. Aber ein echtes Paris war es eben doch nicht – schon wenige Schritte vom Corso herrschte im Gassengewinkel die alte ländliche Stille und mussten noch immer die Lichter unter den Heiligenbildern eine moderne Straßenbeleuchtung ersetzen. Rom hatte seinen unvergleichlichen Charakter großenteils verloren, ohne doch wirklich mithalten zu können mit den modernen Großstädten des Nordens. Jahrzehntelang hatte alle Welt mit angehaltenem Atem den Untergang des Papsttums erwartet; nun, da er gekommen schien, war es auch nicht recht: Henry James beklagte, dass er nicht mehr die Chance hatte, »den Papst tief im dunklen Inneren seiner Staatskarosse sitzen zu sehen, mit erhobenen Fingern, wie ein unnahbarer Götze in seinem Schrein. Statt dessen kann es einem passieren, dass man dem König begegnet, der häßlich ist, beeindruckend häßlich wie so manche Götzen auch.«[41] Seit dem Winter 1872 hatte der Touristenstrom in die neue Doppelkapitale wieder eingesetzt, nachdem die Krisenjahre 1870 und 1871 einen Rückgang gebracht hatten. Neue Hotels wie das *Quirinale* an der Via Nazionale machten auf, Könige und Fürsten reisten »inkognito« an, was hieß, dass sie ganze Etagen mieteten, bei Hof speisten und trotzdem den Papst besuchten. Gleichwohl war es ein Ondit, das seinen Weg in die Reiseführer fand, wo es sich bis heute gehalten hat, dass die Piemontesen die Ewige Stadt zerstört hätten. Das moderne Rom musste ein Vierteljahrhundert warten, bis es in Émile Zola seinen ersten Sänger fand.

Die geteilte Stadt

Rom blieb bis weit ins zwanzigste Jahrhundert eine geteilte Stadt, nicht nur äußerlich, im Kontrast der alten und neuen Viertel, sondern auch gesellschaftlich, politisch und ideologisch. Die beiden Schwerpunkte der Doppelkapitale, der Hof des Papstes im Vatikan und der Hof des italienischen Königs im Quirinal, polarisierten die römische Welt. Für die neuen Mitbürger aus dem Norden fanden die Einheimischen sofort einen Spitznamen: Sie nannten sie *buzzurri*, nach den Verkäufern essbarer Kastanien, die mit ihren Früchten aus den umliegenden Bergen herabgestiegen kamen, um sie an den Straßenecken Roms an die Passanten zu verkaufen – ein denkbar ungewaschener und armseliger Menschenschlag also, wenn auch harmlos und gutartig. Geteilt zwischen Päpstlich-Klerikal und Italienisch-Liberal war alles, zum Beispiel die Presse. Nach dem 20. September 1870 schossen neue Zeitungen hervor wie Pilze aus dem feuchten Waldboden, und bald zogen auch die großen nationalen Blätter aus Florenz in die neue Hauptstadt um. Doch im selben Moment organisierte sich auch die kuriale Presse, die von Jesuiten beherrscht wurde und sich auf Anhieb ein breites Publikum sichern konnte. 1877 zählte man in Rom und Umgebung 102 Zeitungen und Zeitschriften, darunter 44 liberale, 28 klerikale, eine republikanische und 30 neutrale; im engeren Sinn politisch – als Parteiorgane – waren 22 Publikationen. Die Leser wurden immer wieder von grellen, nicht selten frei erfundenen Geschichten, von Fehden zwischen verfeindeten Blättern und durch leidenschaftliche Kampagnen – zum Beispiel in Denkmalfragen – aufgewühlt. Die neue Öffentlichkeit hat viel dazu beigetragen, dass die Gemüter sich nicht beruhigen konnten und die Grundspannung in der Stadt erhalten blieb.

Geteilt war auch die Aristokratie: Der »schwarze« Adel des Papstes boykottierte zu großen Teilen den neuen Hof und zeigte dem »weißen« um das Haus Savoyen die kalte Schulter. Die Portale und Fensterläden mancher römischer Adelspaläste blieben aus Protest gegen die neuen Verhältnisse über viele Jahre verschlossen und konnten nur durch Seiteneingänge betreten werden. Über dem Eingang des Palazzo Colonna blieb bis zur Jahrhundertwende die französische Fahne hängen, zum diplomatischen Schutz, so als sei die Stadt nach wie vor unter fremder Besatzung – auf diese Weise wurde die »Gefangenschaft« des Papstes nachgeahmt. Geteilt waren aber nicht nur die oberen Schichten der Gesellschaft, und der Zwiespalt zwischen Römern und *buzzurri* war mehr als Folklore. Beide Seiten suchten sich die Gelegenheiten für die Ausstellung ihrer Gesinnungen in kirchlichen Prozessionen und vaterländischen Umzügen; kein Feiertag, kein Gedenktag blieb ungenutzt, und so stellt sich die städtische Chronik in jenen Jahren als unablässige Abfolge öffentlicher Demonstrationen, die sich zum Bild eines latenten unblutigen Bürgerkriegs verdichten: Der große Glaubensstreit um die Römische Frage wurde nun in den Straßen der Stadt von ihren politisch aktiven Bürgern nachgespielt und fortgesetzt.

Die Verbitterung unter den Geistlichen, die soeben noch die herrschende Klasse in der Stadt dargestellt hatten, war unvermeidlich. Die Kurie schürte den Zwist, indem sie den Beamten, die ihr treu geblieben und nicht in den italienischen Staatsdienst gegangen waren, die Differenz zwischen ihrer Pension und dem aktiven Gehalt vergütete; so verdienten die abgewickelten Faulpelze genauso viel wie die Beamten, die weiterarbeiteten. 1876 versuchte die Regierung das Übermaß der Prozessionen durch Verbote einzuschränken; dass dabei selbst das Sterbeglöckchen unter die Rubrik Ruhestörung fiel, verstanden allerdings auch regierungstreue Beamte nicht. Die Kronprinzessin Margherita versuchte, die Stimmung zu entspannen, indem sie immer wieder die Peterskirche zum Gebet aufsuchte, wo man ihr allerdings weder den Türvorhang aufhielt, noch ein Kniebänkchen bereitstellte. Auch unzählige persönliche Beziehungen zerbrachen, und Manfredi Porena erzählt es als eine bedrückende Tatsache aus seiner Kindheit, dass sein Vater, der sich als Geschichtslehrer an einer staatlichen Schule auf die neuen Verhältnisse einließ, seinen Freundeskreis vollständig austauschen musste. Die staatlichen Schulen galten den Katholiken nach wie vor als Orte unchristlicher Propaganda, und die Einführung der allgemeinen Schulpflicht in Rom wurde als Eingriff in die Gewissensfreiheit von ihnen heftig bekämpft.

Der Jesuitenpater Carlo Maria Curci, ursprünglich ein bedingungsloser Anhänger des Papstes und des Temporale, gab nach

1870 zu bedenken, dass eine Wiederherstellung des Kirchenstaats unrealistisch und sein Verschwinden daher als endgültige Tatsache zu akzeptieren sei; vor allem warnte er, auch mit pastoralen Motiven, davor, auf ein Wunder zur Wiederherstellung des Temporale zu warten – was würde sein, wenn dieses Wunder dauerhaft auf sich warten ließe? Doch Pater Curci wurde 1877 aus seinem Orden verstoßen. Eine realistische Auseinandersetzung mit der neuen Lage wurde so amtlich und weithin sichtbar ausgeschlossen.

1874 erließ die päpstliche Pönitenzierie das Verbot für Katholiken, am politischen Leben der Nation teilzunehmen. Das ist ein für die neuere Geschichte Italiens überaus folgenreiches Datum. Dass die treuen Katholiken sich von den Wahlen enthalten sollten, war seit 1861 eine Forderung der Intransigenten gewesen. »Weder Wähler noch Gewählte« (*né eletti né elettori*) lautete die Formel, die der radikale Publizist Giacomo Margotti ausgegeben hatte. Als sich seit den späten sechziger Jahren in Italien der Katholizismus in Vereinen und politischen Verbänden, erst auf regionaler, bald auch auf nationaler Ebene organisierte, stellte sich zwangsläufig die Frage nach der Mitwirkung am Verfassungsstaat, also an Parlaments- und Regionalwahlen; am Ende hätte das zur Bildung einer katholischen Parlamentspartei wie in Belgien oder Deutschland mit entsprechenden Einflussmöglichkeiten führen können. Doch das hätte die Anerkennung der neuen Verhältnisse durch die Kirche bedeutet, und diese Konsequenz war für die Kurie wegen der Ansprüche auf den Kirchenstaat gänzlich inakzeptabel. So erging das *Non expedit* von 1874. Mit Anspielung auf eine Formulierung des 1. Korintherbriefs (10,23: *Omnia mihi licent, sed non omnia expediunt* – Ich habe es zwar alles Macht, aber es frommet nicht alles), hieß es, eine Teilnahme an den nationalen Wahlen »fromme nicht«, sei nicht statthaft. Das entscheidende formale Hindernis war der Eid auf König und Verfassung, den die Abgeordneten am Beginn einer Legislaturperiode leisten mussten. Er kam für papsttreue Katholiken nicht in Frage, und so schlossen sie sich aus dem politischen Leben Italiens aus. Das *Non expedit* wurde 1877 wiederholt – dass Pater Curci gleichwohl noch 1878 dagegen argumentierte, hat zu seiner Entfernung beigetragen – und 1886 als ausdrückliches Verbot sogar noch verschärft.

Anders war es allerdings bei den Wahlen in Städten und Provinzen: Hier wurde den Katholiken die Teilnahme erlaubt, und diesen Spielraum haben sie auch in Rom zunehmend zu nutzen verstanden. Katholische Verbände mit teilweise massiven wirtschaftlichen Interessen – die größte Wassergesellschaft der Stadt war in katholischer Hand – gewannen beträchtlichen Einfluss auf die Lokalpolitik, und die Zerstörung der Villa Ludovisi wurde zwar nicht mit kirchlichem Segen, aber mit starker katholischer Beteiligung ins Werk gesetzt. Die italienische Regierung war von alldem stark beunruhigt. Die schwarze Gefahr galt ihr bis zur Jahrhundertwende für weit bedrohlicher als die rote. Dass die Regierung sich immer wieder für die römische Stadtpolitik interessierte, sich in sie einmischte und durch gesetzliche Regelungen an sich zog, hatte nicht nur mit der bald sichtbar werdenden Überforderung Roms durch die nationalen Aufgaben zu tun, sondern auch mit der Furcht der liberalen Parteien vor dem Einfluss des Vatikans in den städtischen Belangen.

Der Zwiespalt in der Kapitale hatte zudem internationale Resonanzen, die die Regierung im Auge behalten musste. Jeder Zwischenfall konnte ihre Behauptung, der liberale Staat garantiere die Freiheit und Unabhängigkeit des Papstes und der Kirche, kompromittieren. Daher zeigte die Kurie auch wenig Neigung, die Atmosphäre zu entspannen. Ein unablässiger Strom von meist ausländischen Pilgern kam in den Vatikan, wo der Papst mehrmals wöchentlich große Audienzen gab. Bei diesen Gelegenheiten ließ Pius IX. seiner Verbitterung in meist improvisierten Ansprachen freien Lauf, welche Beschimpfungen und sogar veritable Verfluchungen der italienischen Besatzer als Söhne Belials und Kirchenverfolgern enthielten; sie würden, drohte der Papst, bald von den ihnen gebührenden Strafen und Unglücksfällen ereilt werden. Giuseppe Manfroni, der all dies Tag für Tag im Blick hatte, über gute Kontakte ins Innere des Vatikans verfügte und kein Kirchenfresser war, zeigt sich 1877 in seinen Aufzeichnungen entnervt von »diesen langweiligen und monotonen Aufzügen von Pilgern, diesen Ansprachen, in denen man ständig dieselben Gemeinplätze von der Gefangenschaft und den Verfolgungen wiederholt, diesen Dankreden, die von Tag zu Tag gewaltsamer werden.« Und er bricht in den Seufzer aus: »Ein Jahr ohne Pilger!

Welche unaussprechliche Freude!«[42] Für die Polizei war es nicht leicht, immer die Ruhe zu erhalten und Ausschreitungen zu verhindern; rückblickend muss man sagen, es grenzt an ein Wunder, dass in diesen Jahren nichts Ernstes vorgefallen ist. Denn schon ein weiß-gelber Schal eines Pilgers konnte zu einem wütenden Auflauf italienischer Patrioten führen. Auf der anderen Seite erzählten die Landpfarrer ihren pilgernden Schäfchen oft reine Ammenmärchen: Ein Kurat aus einem piemontesischen Gebirgstal deutete auf die Soldaten der Schweizergarde und die päpstlichen Sänftenträger und erklärte, da sehe man doch, dass der Heilige Vater ein Gefangener sei und keinen Schritt ohne Bewacher tun könne. Aus Frankreich kamen in den ersten Jahren nach 1870 immer wieder ehemalige Soldaten der päpstlichen Armee, die ihre Verachtung für die neuen Zustände provokant zur Schau trugen.

Bis 1874 verstummten auch Gerüchte nicht, eine legitimistische Interventionsarmee aus Frankreich oder Spanien werde Rom für den Papst zurückerobern. Auch das war nicht völlig aus der Luft gegriffen, solange die Lage der Dritten Republik unsicher war und eine bourbonische Restauration in Paris möglich schien. Im Hafen von Civitavecchia ankerte noch immer das französische Schiff *Orénoque*, das dem Papst für den Fall einer Flucht zur Verfügung stehen sollte. Erst 1874 zog Frankreich es zurück, um zu verhindern, dass Italien sich allzu eng an Deutschland anschließe. Aber selbst verbündete Monarchen wie der deutsche und der österreichische Kaiser vermieden es, den italienischen König in seiner neuen Residenz zu besuchen, und kamen nur nach Mailand oder Venedig, wenn sie einen Staatsbesuch machen wollten. Die Verlegenheit dem Papst gegenüber wäre zu groß gewesen, denn nie hätte er einen Monarchen empfangen, der vom Quirinal zu ihm gekommen wäre.

Noch viel später, als Kaiser Wilhelm II. 1888 zum ersten offiziellen Staatsbesuch eines europäischen Souveräns nach Rom kam, musste das Problem protokollarisch kompliziert umfahren werden: Der Kaiser begab sich in seiner eigenen Kutsche mit eigenen Pferden nach einem Frühstück in der preußischen Gesandtschaft, also von diplomatisch exterritorialem Boden, in den Vatikan – ohne auf dem Weg dahin mit seinen Füßen italienisches Gelände berührt zu haben. Danach machte er freilich alles wieder kaputt:

Er eilte umstandslos zum Mittagessen in den Quirinal, wo er zum Entsetzen seiner Diplomaten einen taktlosen Trinkspruch auf die neue Hauptstadt Rom ausbrachte.

Auch Pius IX. forcierte die Peinlichkeiten bei jeder Gelegenheit. Immer wenn er eins der zahlreichen Jubiläen seines Alters beging – achtzigster Geburtstag, fünfzigjähriges Bischofsjubiläum, dreißigjähriges Papsttum – und der König ihm dazu einen Glückwunsch überbringen lassen wollte, war er gerade in jener halben Stunde »indisponiert«, in der der Gesandte aus dem Quirinal eintraf. Als umgekehrt Viktor Emanuel 1874 sein fünfundzwanzigjähriges Thronjubiläum feierte, ließ sich der Papst zur selben Stunde von einer Abordnung des römischen Adels eine Huldigungsadresse überreichen – mit der Folge, dass am Abend im Apollo-Theater der Beifall für den so gekränkten König demonstrativen Charakter annahm.

Für den jungen italienischen Staat war all das demütigend, zuweilen beunruhigend, aber es war auch ein wenig lächerlich. Und es fehlten nicht die parodistischen Geister, die schon damals Witze darüber machten. Am 20. September 1873 erwachte Rom durch bedrohlichen Bombenlärm und sah an vielen Hauswänden französische Soldaten. Diese waren lebensgroß – aber nur aus Papier und an die Wände geklebt wie Plakate; unter den Fenstern bekannter Klerikaler und ehemaliger Papstsoldaten explodierten Kracher; den Tiber hinab schwamm eine französisch bewimpelte Flotte von ausgehöhlten Kürbissen: Die Invasion zur Wiederherstellung des Kirchenstaats war da! Einige der so Veralberten sollen sich furchtbar erschreckt haben; aber sie konnten aus dem Vorfall keinen Gewinn ziehen, ohne sich lächerlich zu machen.

In der liberalen Öffentlichkeit wurden andererseits immer wieder die wildesten Spekulationen angestellt: Der Papst habe vor, sich kraft seiner Unfehlbarkeit selbst heilig zu sprechen; er habe bereits einen Nachfolger ernannt, um die Unsicherheiten eines Konklaves zu vermeiden; er sei sogar schon tot, und ein ihm ähnlich sehender Priester versehe seine Funktion, bis insgeheim die Wahl stattgefunden habe. Man wartete mit sorgenvoller Spannung auf den Tod Pius' IX. Dann würde auf die Doppelkapitale ihre erste und schwerste Prüfung zukommen. Eines Nachmittags im Jahre 1873, als sich die Gerüchte vom bevorstehenden Ableben des Papstes wieder einmal verdichtet hatten, kam sogar Außenminister Visconti Venosta persönlich in die Polizeistation Manfronis, setzte sich an seinen Schreibtisch und ließ sich von dem Beamten die Pläne für die Stunde X vortragen. Er fragte stundenlang minutiös nach, hörte dann wieder in tiefem Schweigen zu, ließ sich eine Karte der Umgebung des Vatikans vorlegen, in der die Position dort aufzustellender Militäreinheiten bezeichnet waren, schließlich besuchte er einige der kritischen Stellen persönlich. Erst am Ende der Inspektion taute der strenge und bedachtsame Minister auf: »Er sprach seine Befriedigung über das aus, was auf meine Initiative hin angeordnet worden war: sagte, dass der König und die Regierung wünschten, ganz Europa solle unser Verhalten bei diesem nahen oder fernen Anlass, wenn der Papst sterbe, bewundern; er sprach, wie nur er zu sprechen vermochte, vom unermesslichen Interesse Italiens, dass das erste Konklave, das in Rom nach dem Fall der weltlichen Macht abgehalten würde, völlig frei vom auch nur fernsten Anschein der Gewalt stattfinde; er steckte meinen Entwurf und meinen Stadtplan in seine Tasche, und mit weiteren Worten der Ermutigung entfernte er sich zusammen mit dem Präfekten. Es war 9 Uhr vormittags geworden.«[43] Der Besuch des Außenministers in der Polizeistation hatte die ganze Nacht durch gedauert.

Der Tod des Königs

Zuerst starb König Viktor Emanuel II. Der 57 Jahre alte Monarch war zum Jahreswechsel 1877/78 für die diplomatischen Empfänge in die Hauptstadt gekommen. Als er erhitzt an einem offenen Fenster Erfrischung suchte und eine Zigarre rauchte, zog er sich die Lungenentzündung zu, die ihn wenige Tage später das Leben kostete. Der unerwartete Tod des Königs ließ das ganze Land vor Schreck erstarren. Als die Fahne mit dem Savoyerkreuz am Quirinal auf Halbmast gegangen war, verbreitete sich die Nachricht in konzentrischen Kreisen über die Stadt, und die Geschäfte schlossen mit dem Fortgang der Meldung von innen nach außen: Um 14.30 Uhr am 9. Januar war der König gestorben, schon um 16 Uhr war auch in den Außenbezirken die Trauerruhe eingekehrt. Die Straßen des Zentrums füllten sich mit einer stundenlang reglos verharrenden Menge. Gregorovius, der seit mehreren Jahren in München lebte, hatte dem greisen Papst Gesundheit bis ins Frühjahr gewünscht, damit er nicht mitten im Winter zu dessen Ableben nach Rom fahren müsse. Nun zwang ihn der Tod des viel jüngeren italienischen Königs zu der überstürzten Reise. Er fand das trauernde Rom in höchster patriotischer Bewegung: »Zum ersten Mal zeigte die Stadt ein ganz italienisches Antlitz, ja, was noch wichtiger war, ein monarchisches Gefühl. Italien einigte sich hier in einem so allgemeinen Bewusstsein, dass jedes Parteiinteresse verschwand und der Tod des ersten König zur feierlichen Bestätigung der Einheit der Nation wurde. Sie gab am Sarge Viktor Emanuels noch einmal ihre Voten ab, während das gesamte Ausland sich beeilte, seine lebhafteste Sympathie auszudrücken.«[44] So haben es damals alle Beobachter empfunden, die Zeitungen, die tagelang mit schwarzen Trauerrändern erschienen, aber auch der Polizeibeamte Manfroni, ein treuer Staatsdiener, der beim Tod seines Königs weinte, wie er noch nie in seinem Leben geweint habe, und feststellte: »Der Schmerz Roms war groß, beeindruckend, rührend: Nie hätte ich geglaubt, dass die Römer den König innerhalb weniger Jahre so in ihr Herz geschlossen haben würden.«[45] Die Regierung, namentlich der erst zwei Wochen zuvor ins Amt gekommene Innenminister Francesco Crispi, sorgte dafür, dass der ganze Pomp von Monarchie und Nation entfaltet wurde, um diesen bewegenden Moment auszugestalten und in die Länge zu ziehen. Zwischen dem Tod des Königs am Nachmittag des 9. Januar und seiner Überführung ins Pantheon am 17. Januar vergingen acht Tage. Das eigentliche Begräbnis fand erst am 19. Januar statt: in einer romantischen Nachtszene mit Kerzenschimmer auf den polierten Panzern der Gardekürassiere und dem hohlen Klang der Stiefel in der hallenden Kirche, wie uns Ugo Pesci überliefert hat.

Die Teilnahme war nicht nur in der Hauptstadt, sondern im ganzen Land überwältigend. Die Presse hatte unentwegt Stimmung gemacht, die Eisenbahn die Preise für Romfahrten um 50 Prozent reduziert, Deputationen und Adressen stürzten sintflutartig über das Zentrum der Nation. Auch ungezählte Taschendiebe, vor allem aus dem Süden, machten sich nach Rom auf, wie

Der König ist tot, doch die Institutionen leben weiter: Aufbahrung Viktor Emanuels II. im Quirinal im Januar 1878.

die Zeitungen vorsorglich meldeten. Vor der Überführung ins Pantheon wurde der König im Saal der Schweizer im Quirinal aufgebahrt, in schräger Neigung so hoch aufgerichtet, dass er über den Köpfen der Menge zu schweben schien; nicht einmal der Umstand, dass die Einbalsamierung misslungen war, und die Spuren der Verwesung schnell unübersehbar wurden, dämpfte den Andrang vor der geschmückten Leiche. Zehntausende, die geduldig die ganze Via Venti Settembre hinunter anstanden, nahmen persönlich Abschied, unter ihnen Gregorovius: »Unverlöschlich hat sich mir das Bild des Toten eingeprägt, ein schauerlicher Anblick, wie eines Fantasma, gleichsam in der Luft in einer fauligen Wolke von Luftdampf: ein unförmlich aufgetriebener Körper, halb verhüllt in einem Purpurmantel; von dem geschwärzten Gesicht wenig zu erkennen; der große Bart sich sträubend wie zwei schwarze Flügel, die das Antlitz beschatten. Mir war es, als erblickte ich eine Vision aus der Unterwelt Dantes: und das war der

Rest des ersten Königs Italiens!«⁴⁶ Der Zug bei der Überführung ins Pantheon zeigte die Nation in ihren Repräsentanten, die Offiziere, die Richter, das Kabinett, die Parlamentskammern, die Vereine, die Studenten, und auf den Balkonen, die wie zu einem Karneval des Todes mit schwarzen Teppichen verkleidet waren, die Frauen und Kinder. Vorangetragen wurden die Zeichen der Monarchie, das Schwert des Königs und die Eisenkrone der Savoyer als Symbole der Einheit. Mitten im Leichenzug schwankte am Arm seines Sohnes der blinde Herzog von Sermoneta daher, und so war auch der alte Adel Roms vertreten. Wichtig war die Anwesenheit vieler Vertreter der europäischen Mächte, denn das bezeugte die internationale Anerkennung Roms als Hauptstadt: England und Frankreich waren durch spezielle Abgesandte vertreten, Österreich durch einen Erzherzog, Portugal durch den König und Deutschland durch den Kronprinzen Friedrich Wilhelm, dessen germanische Schönheit und ritterliches Auftreten die Italiener einmütig hinriss.

Und wichtig schien, dass der König überhaupt in Rom gestorben war und dort begraben wurde – wenn auch nicht einer der großen Basiliken, das hatte der Papst untersagt, und nicht von einem Kardinal oder Bischof, sondern nur von gewöhnlichen Geistlichen. Der König, der in der Hauptstadt nie heimisch wurde und lieber in der freien Natur jagte, hätte zu einem anderen Zeitpunkt leicht auf einem seiner 343 übrigen Paläste und Landsitze – er hatte sämtliche Residenzen der von ihm abgesetzten Dynastien beibehalten – vom Tod ereilt werden können. Und dann hätte sich vielleicht in Rom nicht jene einmütige patriotische Stimmung aufgebaut, die seine Bestattung dort unabweisbar machte. Die traditionelle Grablege des Hauses Savoyen war die Basilika von Superga über Turin, und von der piemontesischen Residenz waren sofort Ansprüche auf die vornehme Leiche erhoben worden. Doch die Regierung hatte sich schon am Todestag für das Begräbnis in Rom entschieden und damit die Monarchie für die Nation reklamiert, während deren regionale dynastische Tradition in den Hintergrund treten sollte. Der römische Bürgermeister schrieb zum Trost an die gekränkten Turiner, die darauf beharrt hatten, dass nicht Rom allein das italienische Heldenepos repräsentieren dürfe: »Das tapfere Piemont, dessen Tugenden in dem Soldatenkönig personifiziert waren, wäre gewiss der würdigste Wächter der ruhmreichen Gebeine, doch das Vaterland verlangt von Euch, dass sie in Rom ihre Ruhe finden. Das Grabmal des ersten Königs von Italien wird sich in der Hauptstadt des Königreichs erheben, als Bestätigung des italienischen Rechts.«[47] So hatte Italien wieder einmal in einem prekären Moment Glück gehabt. Ein Glücksfall war es auch, dass seit anderthalb Jahren eine Regierung der Linken – mit Depretis als Ministerpräsident – im Amt war, die sich in diesem Moment nun auch monarchisch zeigen musste.

Am Tag nach der Beerdigung Viktor Emanuels wurde sein Sohn Umberto im Parlament auf die Verfassung vereidigt; danach schworen die Abgeordneten dem König ihren Treueeid. Diese wechselseitige Verpflichtung war in der konstitutionellen Monarchie der Ersatz für die Krönung. Die Regierung hatte darauf gedrängt, dass der neue Monarch sich Umberto I. nannte und so die Zählung der Dynastie, die einen vierten Umberto erfordert hätte, verließ – anders als Viktor Emanuel, der allerdings bei der Gründung Italiens schon im Amt war und sein neues Reich durch Anschlüsse erworben hatte. Doch von nun an nummerierte die Nation ihre Könige selbst. So sprach Umberto I., totenbleich mit erhobener, fast kreischender Stimme, wie Gregorovius festhielt, seinen Eid. Schon am 9. Januar hatte er in einer vom Kabinett formulierten Proklamation verkündet: »Italiener! Euer erster König ist tot. Sein Nachfolger wird Euch beweisen, dass die Institutionen nicht sterben.« In dem Kondolenzschreiben der Stadt Brüssel hatte es geheißen: »1789 hat in Europa die bürgerliche Gesellschaft säkularisiert. Das Königreich Italien säkularisiert die politische Gesellschaft.«[48]

Was sich freilich nicht säkularisieren ließ, war das Sterben. Die Seele Viktor Emanuels ist zum Gegenstand eines damals nicht öffentlich bekannt gewordenen Streits zwischen der Kirche und dem Staat geworden, der eine der aufschlussreichsten Episoden im großen Drama um Rom oder Tod darstellt. Als der Papst von der lebensbedrohlichen Erkrankung des Königs erfuhr, entsandte er sofort seinen eigenen Beichtvater zum Quirinal, der dem Sterbenden geistlichen Beistand leisten sollte. Offenbar war Pius IX. dabei durchaus von einem persönlichen Gefühl bewegt, denn er hatte immer eine gewisse Sympathie für Viktor Emanuel bewahrt, und er glaubte nicht, dass dessen Tod gut für die Kirche sei. Doch der Abgesandte des Papstes wurde nicht zu dem Kranken vorgelassen, obwohl er sich anderthalb Tage darum bemühte; der Palast, vermutlich von der Regierung gelenkt, errichtete eine unüberwindliche Barriere. Und man kann das aus politischer Sicht verstehen. Hätte der König in der Angst des Sterbens seine Taten weithin hörbar widerrufen und Abbitte geleistet, hätte dies für den Staat und die Monarchie einen kaum abschätzbaren Schaden bedeutet. Allerdings hätte eine derartige Frucht der Todesangst auch der Kirche wohl kaum einen Vorteil gebracht; moralische Geringschätzung bei allen, die keine religiösen Eiferer waren, wäre ihr gewiss gewesen.

So wurde der König von seinem Hofkaplan zum Tod begleitet. Er nahm ihm die Beichte ab, und er spendete ihm die letzte Wegzehr. Doch war es nicht leicht gewesen, in der zuständigen Gemeindekirche das Viatikum – die Hostie und das geweihte Öl – zu erhalten, denn der Pfarrer getraute sich nicht, es ohne Zustimmung seiner Oberen herauszugeben. Und auch das kann man verstehen: Warum sollte ein einfacher Gemeindepriester, nur weil in seiner Pfarrei die Residenz lag, die politische Verantwortung übernehmen, auf einfache Anforderung des Hofes jene Heilsmittel herauszugeben, mit denen die Exkommunikation des Königs aufgehoben werden konnte? So setzte in der Mittagsstunde des 9. Januars ein Wettlauf mit dem Tod ein, der den Pfarrer zusammen mit einem Hofbeamten von Instanz zu Instanz und in mehrere Amtspaläste der Kirche führte. Schließlich wurde dem ängstlichen Geistlichen die Herausgabe des Viatikums vom Generalvikar, der einen entsprechenden Befehl vom Papst vorsorglich schon erhalten hatte, gestattet, und so konnte dem König das Sakrament auf dem Sterbebett gerade noch gereicht werden. Um den sterbenden Monarchen waren nicht nur die königliche Familie und die Ärzte versammelt, sondern auch das Kabinett, die führenden Militärs und die hohen Würdenträger des Hofes. Der König schied öffentlich aus der Welt, und der Arzt, der den Tod feststellte, ratifizierte einen Staatsakt: »Der erste König Italiens ist tot! Es scheint, als schliefe er, nachdem er eine große Arbeit abgeschlossen hat.«

Der Wortlaut der letzten Beichte des Monarchen wurde in

leichten Variationen, doch mit immer gleichem Sinn publik gemacht. »Ich sterbe als guter Katholik«, habe er gesagt, »mit demütiger Verehrung für die *Person* des Heiligen Vaters. Ich bedaure es – *mi rincresce –*, wenn ich ihm *persönlich* Missfallen bereitet habe. Ich habe es in Erfüllung meiner Pflicht als Bürger getan, doch ohne der Religion meiner Väter schaden zu wollen.«[49] So schien es, dass der König nichts zurückgenommen habe; nur für den persönlichen Schmerz des Papstes habe er sich entschuldigt. Doch es gibt den erst 1961 veröffentlichten Bericht eines Klerikers, der sich die letzten Äußerungen Viktor Emanuels von einem seiner Diener erzählen ließ. Die Kirche hat dieses Zeugnis damals nicht verwendet, vielleicht gerade weil er das Gepräge einer nicht versöhnlichen Wahrheit trägt; weil er eine große Angst und eine archaische, äußerliche, ganz an der Institution orientierte Religiosität verrät. Nichts ist da zu finden von der modernen Unterscheidung zwischen dem Papst und seiner Person, wie sie in den offiziellen Berichten erscheint. Diese letzten Worte sind ein Dokument der Angst. Schon stöhnend und röchelnd, schlecht sprechend, aber immer wieder und unmissverständlich habe der König gesagt: »Ich mache mir keine Illusion. Ich muss jetzt sterben und werde Rechenschaft geben über das, was ich getan habe. Was für eine schreckliche Last ist das Königtum für einen Souverän! Man hat mich getäuscht; ich handelte für ein gutes Ziel, aber mein Wille wurde pervertiert. Ich will als guter Katholik sterben; ich will zum Papst gehen und ihn um Verzeihung bitten für das Unrecht, das ich ihm angetan habe. Ihr sollt dem Papst alles das sagen, was ihr glaubt, das nötig ist zu sagen und zu tun, um als guter Katholik zu sterben. Ich bereue das Unrecht, das ich dem Papst und der Kirche angetan habe.«[50]

Diese Stimmung der Verzweiflung wurde von der Regierung absichtsvoll verborgen. »König Viktor Emanuel starb wie ein Held!«, behauptete die *Gazzetta Ufficiale* am folgenden Tag. Der Tod habe den König in der Kraft seiner eisernen Natur getroffen und auf dem Gipfel seiner Größe. »Doch der König spürte, dass die große Mission, die er sich für sein Leben vorgenommen hat, die Unabhängigkeit und Einheit Italiens, ruhmreich erfüllt war!«[51] Italien hätte sein tagelanges pompöses Einheitsfest um die Königsleiche wohl schwerlich feiern können ohne diese Beschönigung. Und ohne sie hätten die Trauerfeiern für Viktor Emanuel nicht schon wenige Jahre später Eingang finden können in das Kinderbuch »Herz« (*Cuore*) von Edmondo de Amicis, dem Kriegsberichterstatter von 1870, wo sie bis weit in das zwanzigste Jahrhundert hinein dazu beitrugen, Millionen junger Leser mit patriotischen Gefühlen zu erfüllen: »Der mit Kränzen bedeckte Leichenwagen durchzog Rom unter einem Blumenregen, vorbei an der mit atemloser Stille verharrenden, ungeheuern, trauernden Menge, die aus allen Teilen Italiens herbeigeeilt war, voran eine Legion von Generälen und eine Menge von Ministern und Fürsten, gefolgt von einem Zuge von Invaliden, einem Walde von Fahnen, den Abgeordneten von dreihundert Städten, von allem, was Größe und Ruhm eines Volkes darstellt, und langte vor dem erhabenen Tempel an, wo den großen Toten das Grab erwartete.«[52]

Der Tod des Papstes und das Konklave

Am 17. Januar 1878 hatte die Kurie feierlich Protest eingelegt gegen die fortgesetzte Verletzung ihrer Rechte durch die Thronbesteigung des neuen italienischen Königs. Am 7. Februar starb Pius IX., vier Wochen nach Viktor Emanuel. »So sind die beiden großen Figuren der italienischen Revolution von der Szene verschwunden«, notierte Gregorovius drei Tage später feierlich, »die alte Zeit wird mit ihnen bestattet, und über ihren Gräbern wird alles eins.«[53] Das sollte sich freilich politisch nicht bewahrheiten, der Konflikt hatte längst überpersönliche Dimensionen angenommen. Dass der seit langem leidende sechsundachtzigjährige Papst ernstlich erkrankt sei, wurde bekannt, als in den Kirchen Roms das Allerheiligste ausgestellt wurde, wenn auch ohne weitere Begründung. Doch zunächst war die Aufmerksamkeit in der Stadt, die noch ganz gefangen war vom patriotischen Trauerfall, gering. Manfroni, dessen Umsicht auch in diesem Moment nichts entging, informierte die Regierung halbstündlich mit seinem Telegraphen über den Stand der Dinge – zuverlässig, wie er mit professionellem Stolz betonte. Für ihn begann die schwerste Bewährungsprobe seiner Laufbahn, ging es doch um eine Aufgabe von internationaler, ja welthistorischer Tragweite: An ihm hing es

nicht zum wenigsten, dass die Trauerfeiern für den leidenschaftlich geliebten und gehassten Papst ruhig über die Bühne gehen
und dass das erste Konklave im italienisch regierten Rom stö-
rungsfrei verlaufen würde.

Das Licht ging tagelang nicht mehr aus in der kleinen Dienst-
wohnung im Borgo, und am Ende berichtete Manfroni nicht ohne
selbstgerechte Bitterkeit, dass er die außergewöhnlichen Kosten
für die ununterbrochene Beleuchtung aus eigener Tasche zahlen
musste, »weil sie nicht in den regulären Bürokosten vorgesehen«
waren.[54] Obwohl alles gut ging, hatte er viel Grund zum Ärger.
Die Presse, taktlose Regierungsmitglieder, Ahnungslosigkeit in
den Stäben – sie drohten ihm immer wieder alles zu verpatzen. Es
begann damit, dass der Tod des Papstes auf Grund einer unzutref-
fenden Mitteilung aus der Regierung durch Extrablätter zwei
Stunden zu früh verkündet wurde, obwohl Manfroni die zutreffende Information gegeben hatte, die auch von allen auswärtigen
Gesandten in die Hauptstädte telegraphiert wurde. So stand allein
Italien dumm da. Das führte dazu, dass der Petersplatz sich füllte,
als der Papst noch um sein Leben rang. Erst um 17.45 Uhr trat
der Tod ein, und die Glocken im Vatikan und auf dem Kapitol begannen zu läuten.

Pius IX. hatte schon am Vormittag die letzte Wegzehr und die
Ölung erhalten. »Macht schnell«, soll er gerufen haben, »diesmal
ist alles aus. Wir müssen gehen.« Er starb in Anwesenheit des
Heiligen Kollegiums der Kardinäle unter lauten Wechselgebeten.
Nun kam der uralte Mechanismus in Gang, der den Übergang
zwischen zwei Pontifikaten regelt. Der Camerlengo, Kardinal
Pecci, stellte am folgenden Morgen mit einem silbernen Hämmer-
chen, mit dem er drei Mal auf den Kopf des Verstorbenen schlug,
dessen Tod fest. Dann wurde der Leichnam einbalsamiert, beklei-
det und im Vatikan aufgebahrt, damit die Kardinäle und der Hof
von ihm Abschied nehmen könnten. Am Abend des 10. Februar
wurde der tote Papst nach St. Peter überführt und dort in der Sak-
ramentskapelle für die Öffentlichkeit ausgestellt. Um 19 Uhr öffneten sich die Tore des Petersdoms; in der Mitte trat man ein,
links verließ man das Kirchenschiff.

Der Andrang war gewaltig. Innerhalb von drei Tagen zogen
300 000 Menschen in ununterbrochenem Zug, ohne anzuhalten,

an der Leiche vorüber. Das stellte den Vatikan vor ein ordnungstechnisches Problem, das ohne italienische Mithilfe nicht zu lösen war. Und nun konnte Manfroni die Früchte seiner jahrelangen vertraulichen Arbeit ernten. Die Zusammenarbeit der Kurie mit der italienischen Polizei ging lautlos und reibungslos vonstatten. Selbstverständlich hatte Manfroni gleich beim Tod des Papstes den Vatikan von unauffälligen Vertrauensleuten umstellen lassen – kein Mensch könne ohne sein Wissen den Vatikan betreten oder verlassen, rühmte er sich. Die Regierung hatte ihm von sich aus ein Übermaß an Einheiten zur Verfügung gestellt; insgesamt sollen 25 000 Mann italienischer Sicherheitskräfte im Einsatz gewesen sein. Dass um den Vatikan und vor der Basilika Italien für Ordnung sorgen müsse, war stillschweigendes Einverständnis. Aber was sollte innerhalb der Kirche geschehen? Manfronis Spione standen zwar hinter jeder Säule und hatten auch hier alle verdächtigen Personen im Blick; doch bald erwies sich, dass man ohne uniformierte Ordnungskräfte den Menschenstrom nicht kanalisieren konnte, und dass die Schweizergarde dazu nicht ausreichte. Also bezogen Carabinieri Posten in der Kirche und bildeten Kordons für den Abschied von jenem Papst, der alles dafür getan hatte, dass nie ein italienischer Uniformierter römischen Boden betrete.

Der Papst lag auf einem Paradebett hinter einem Gitter, aus dem nur die Füße ragten, damit man sie küssen könne. Kerzen auf dem Altar hinter ihm; Schweizer Wache im Dämmerdunkel; neben dem Toten zwei behelmte Nobelgarden mit Degen in der Hand; der Papst in roten Gewändern mit Mitra von Goldbrokat, Juwelen auf den Handschuhen. Wieder hat Gregorovius die beeindruckendste Beschreibung hinterlassen: »Die Züge des Gesichts sind kaum noch kenntlich, die weichen Formen voll Milde und Anmut sind verschwunden, und das Lächeln hat sich in einem abschreckend starren Ausdruck verzerrt. Die große Erscheinung gleicht nun der eines umgestürzten, auf den Boden geworfenen Idols.«[55] Drei Tage später wurde Pius IX. in der Kirche bestattet – vorläufig, denn er selbst hatte San Lorenzo fuori le mura zu seiner endgültigen Grablege bestimmt, die ihm dort aber erst bereitet werden musste. Auch bei der Beerdigung, zu der nur geladene Gäste durch die Sakristei geführt wurden, wurde der

Sarg von italienischen Polizisten begleitet. Die Eintrittskarten dafür waren heiß umkämpft, wie zuvor schon die für die exklusiven Abendöffnungen bei der Aufbahrung. Der übernächtigte und angestrengte Manfroni musste sich mit einer Flut von Anfragen seiner politischen Vorgesetzten plagen, die alle glaubten, der Geheimagent mit seinen guten Beziehungen müsse nur mit den Fingern schnippen, um die Billets zu erhalten. Niemand trete unleidlicher auf als die Politiker der Linken, notierte er, niemand sei so gierig auf Vorzugsbehandlung und ehrerbietige Erfüllung aller Wünsche wie die Herren, die demokratische Ideen ausstellten: Vorbei seien die genügsamen Zeiten von Lanza und Visconti Venosta!

Gregorovius gehörte nicht zu den 2000 zugelassenen Gästen, aber er hat sich genau über die Abläufe unterrichtet: drei ineinandergelegte Särge – Zypresse, Zink, Fichte –, darin zwei Börsen mit Münzen und Medaillen, eine kleine Prozession, Gesang des Benedictus, Versenkung in einen offenen Sarkophag bei der Capella Clementina, unweit der Grabstätte der Stuarts. Es war wieder eine schauerliche Nachtszene: »Die tiefe Stille im Dom, nur unterbrochen durch das Schrillen der Winden und Stricke, während der Mond durch die Fenster der Basilika seinen Schimmer warf, soll einen unbeschreiblichen Eindruck gemacht haben.«[56] Mit ähnlichen Farben malt Ugo Pesci die Szene aus. Doch noch bedeutsamer als die feierliche liturgische Stille war die politische Ruhe während aller dieser Vorgänge, in denen die Schweizer Garden mit ihren italienischen Kollegen zusammenwirken mussten. Sie war alles andere als selbstverständlich: Auf beiden Seiten waren immer noch Veteranen der jüngsten Auseinandersetzungen dabei, Kämpfer von Castelfidardo, von Aspromonte und Mentana, von Porta Pia, daneben auch politisch Verfolgte oder deren Verwandte, die allen Grund hatten, Pius IX. zu hassen. Hier ist auf unterer Ebene etwas gelungen, was die Zeitgenossen außer dem weisen Manfroni gar nicht würdigten: eine Leistung der Selbstverleugnung und der Zügelung von Leidenschaften. Wie sehr im Volk die Versöhnung ersehnt wurde, bewiesen die vielen Postkarten, die Pius IX. und Viktor Emanuel zusammen zeigten und die reißenden Absatz fanden.

Pius IX. lag in seinem Sarkophag, doch damit war erst die eine

Hälfte der Aufgabe gelöst. Entscheidender für die Bewährung der neuen Hauptstadt wurde die Wahl des neuen Papstes, denn hier ging es um mehr als um Würde und Ordnung: um die Freiheit der Kirche. Unter ganz neuen Auspizien fand die Wahl statt: Es wurde kein Landesherr mehr gewählt, kein Mitspieler im italienisch-europäischen Staatenkonzert, nur der Hohepriester. Ohne fürstlichen Pomp zogen die Purpurträger ins Konklave ein, doch auch unbehelligt von Eingriffen und Vetorechten katholischer Mächte. Schon am Tag nach dem Tod von Pius war unter dem Vorsitz des Camerlengo über die Frage abgestimmt worden, ob das Konklave in Rom abgehalten werden solle. Die überwiegende Mehrheit war dafür, dagegen waren Kardinal Manning und auch Pecci selber, die für Malta votierten. Die Mehrheit war nicht versöhnlerisch oder gar liberal eingestellt, sondern beurteilte die politische Lage des Heiligen Stuhls nüchtern. Hätte das Kardinalskollegium den Vatikan verlassen, bestand Gefahr, dass Italien sich der päpstlichen Palastanlagen bemächtige; keine der großen katholischen Mächte war für eine Verlegung des Konklave; Innenminister Crispi hatte für seine Dauer alle Parlamentssitzungen suspendiert, damit keine unpassenden Worte fallen konnten, doch zugleich die Drohung ausgesprochen, dass die Kardinäle, wenn sie Rom einmal verlassen hätten, nicht mehr hineinkommen würden. Die italienische Regierung agierte also mit einer Verbindung von Härte im Grundsätzlichen und Entgegenkommen in den Formen, die sich als wirksam erwies. Dass die für die Freiheit der Wahlentscheidung erforderliche Ruhe gesichert werden könne, hatten die vorangehenden Tage gezeigt. Freilich konnte oder wollte die Regierung nicht eine Versammlung antiklerikaler Fanatiker verhindern, die ausgerechnet in diesem Augenblick lautstark die Aussetzung des Garantiegesetzes forderten.

Am Abend des 18. Februar bezogen die sechzig anwesenden oder inzwischen angereisten Kardinäle das Konklave im Vatikan – eine ungewöhnlich vollständige Zahl, denn das Kollegium bestand aus 64 Personen, und nur sehr weit entfernte Purpurträger (Australien, Amerika) waren nicht imstande, rechtzeitig einzutreffen. Die Fenster des Vatikans waren mit Brettern vernagelt; wie ein Bienenhaus soll er ausgesehen haben. Ein Fürst Chigi versah das traditionelle Amt des Konklavemarschalls. Es wurde eine der kürzesten Wahlen der Kirchengeschichte; schon am Vormittag des 20. Februar stand der neue Papst fest: Es war Gioachino Pecci, der sich Leo XIII. nannte. Er war schon seit mehreren Jahren als wahrscheinlicher Nachfolger Pius' IX. im Gespräch gewesen, und dass dieser ihn kurz vor seinem Tod zum Camerlengo ernannt hatte, war von einigen als Versuch verstanden worden, Pecci zu verhindern: Denn traditionell galt es als ausgeschlossen, dass der Kardinal-Kammerherr, der das Übergangsregime und die Wahl leitet, selbst Papst werden könne. So rasch war die Wahl vonstatten gegangen, dass sich nur wenige Menschen auf dem Petersplatz befanden und auf den weißen Rauch über dem Dach der Sixtinischen Kapelle warteten, als sich um 13.05 Uhr die Glasscheiben der Mittelloggia von St. Peter öffneten und der Kardinal Caterini die alte Formel sprach: *Annuntio vobis gaudium magnum: habemus pontificem eminentissimum et reverendissimum Dominum Joachimus Pecci, qui sibi nomen imposuit Leo XIII.* Unter den Anwesenden auf dem Platz: Nicht nur die Korrespondenten der großen europäischen Blätter, sondern auch Visconti Venosta mit seiner Gemahlin. Um drei läuteten die Glocken über der Stadt, um das Ereignis zu verkünden, und nun stürzten die Römer sich in die Kutschen oder rannten zu Fuß nach St. Peter, unter ihnen auch Gregorovius.

Ein langes Warten auf den Segen des neuen Papstes begann: Würde er ihn nach außen oder im Innern der Kirche spenden? Das war die große Frage, von der man die künftige Haltung des neuen Amtsträgers in der Römischen Frage ablesen wollte. Manfroni glaubte hinterher, dass es ein fehlender Glückwunsch der täppischen italienischen Regierung und das Ausbleiben der traditionellen Salutschüsse von der Engelsburg gewesen seien, die den Papst zu dem nach innen, rückwärts in die Vergangenheit gerichteten Segen bestimmt hätten. Die Menge wogte hin und her, immer dem neuesten Gerücht folgend, aus dem Platz in die Kirche, aus der Kirche auf den Platz, bis um halb fünf die Zurüstungen auf der Innenloggia begannen und ein ferner winziger Papst den Segen anstimmte, beantwortet und bejubelt von den Gläubigen und mit lautem »Amen« in den Abend entlassen. Am 3. März fand die Krönung nicht in der Peterskirche, sondern in der Sixtinischen Kapelle statt, also unter Ausschluss der Öffentlichkeit.

Nicht einmal zum Segen betrat der frisch gekrönte Papst seine Basilika. Die Kurie fürchtete, da es sich nicht mehr um einen Toten handelte, nun doch politische Demonstrationen, Missfallensbekundungen oder Trikoloren innerhalb der Kirche. Giuseppe Manfroni war durch dieses Misstrauen gekränkt in seinem Berufsstolz, denn er war sicher, für absolute Ordnung sorgen zu können; so suchte er den Grund dafür in dem Druck, den die konservativen Eiferer im Kardinalskollegium auf den Neugewählten ausübten, in hässlichen italienischen Presseäußerungen und Formfehlern seiner Regierung. All das wird aber kaum entscheidend gewesen sein: Die Kurie fühlte sich einfach schwach und schutzlos in diesem Moment, und Papst Leo XIII. musste wie jeder Neuling in einem wichtigen Amt bei seinen ersten Schritten jedes Risiko vermeiden. Schon dass er noch nach seiner Wahl inkognito und in größtem Geheimnis seinen bisherigen Wohnsitz in der Stadt, den Palazzo Falconieri in der Via Giulia, aufgesucht zu haben scheint, um seine persönlichen Papiere zu ordnen, grenzte ans Waghalsige. Manfroni blieben von diesen furchtbar anstrengenden Wochen nur Enttäuschung, Erschöpfung und seine erhöhte Ölrechnung; ein trauriger Lohn für eine wahrhaft bewundernswerte Leistung.

Das Garantiegesetz hatte seine erste schwere Prüfung bestanden, und dass dies unter einem Innenminister gelang, der ursprünglich zu dessen parlamentarischen Gegnern gehört hatte, besiegelte den Erfolg. Doch schon drei Jahre später gab es ein Nachspiel, welches zeigte, wie wenig selbstverständlich das reibungslose Funktionieren der Doppelkapitale bei den Thronwechseln von 1878 war. In der Nacht vom 12. zum 13. Juli 1881 wurde die Leiche von Pius IX. in die mittlerweile fertig gestellte endgültige Grablege in San Lorenzo fuori le mura überführt. Der Vatikan und die römische Präfektur hatten sich auf ein klandestines Vorgehen geeinigt, um Störungen von vornherein auszuschließen: Um Mitternacht, nur begleitet von den Kutschen der Testamentsvollstrecker und Manfronis, sollte der Sarg quer durch den nördlichen Teil Roms in die abgelegene Basilika verbracht werden. Doch der Plan hatte sich nicht geheim halten lassen, und katholische Vereine kündigten begleitende Prozessionen mit Gebet und Lichterglanz an. Eine liberale Zeitung pustete die Angelegen-

Traum von einem neuen Mittelalter: Das Grabmal für Pius IX. in San Lorenzo fuori le mura in Rom.

heit zur Sensation auf, und so war der ominösen Demonstration große Aufmerksamkeit sicher. Manfroni flehte vergeblich um militärischen Schutz; bewilligt wurde Polizei. Als der Sarg des toten Papstes um Mitternacht den Petersplatz erreichte, verloren sich die wenigen Carabinieri in einem Meer von Gesang und Kerzen. Auf der Engelsbrücke brach ein wilder Streit zwischen ihnen und italienischen Gegendemonstranten los, darunter angeblich viele ehemalige Verfolgte, die Steine auf den Zug warfen und brüllten: »In den Fluss mit dem Aas!« Nur schrittweise ging es voran, Gläubige sengten mit ihren Kerzen die Antiklerikalen an, diese schlugen mit Stöcken auf die Frommen ein, von denen einige den Papst-König hochleben ließen. Manfroni gelang es endlich, sich von dem Zug zu lösen und vor San Lorenzo ein Karree mit Uniformierten zu bilden, damit wenigstens die Ankunft in der Basilika ohne Verknäulungen vonstatten gehen konnte.

Der Vorgang wurde von der Presse, die ihn erzeugt hatte,

dankbar aufgegriffen, und die Kurie sah sich wieder einmal zu indignierten Rundschreiben an die europäischen Mächte genötigt. Italien sprach von katholischer Provokation und verbat sich jegliche Einmischung in seine inneren Angelegenheiten, doch wurden einige der Hauptübeltäter schon am nächsten Tag gerichtlich verurteilt, wenn auch nur zu milden Strafen. Immerhin hätten der Leiche Pius' IX. nach § 1 des Garantiegesetzes königliche Ehren zugestanden, und demgemäß war der liberale Aufruhr einer Majestätsbeleidigung gleichzusetzen. Der letzte römische Priesterkönig ruht in einem nach romanischen Vorbildern gestalteten, mit schimmernden Steinen verzierten Grabmal, dessen Stil an die hochfahrendsten Zeiten des Papsttums erinnert. Bei Gregorovius konnte man nachlesen, dass selbst die päpstlichen Weltherrscher des Hochmittelalters oft genug von ihren eigenen Untertanen beschimpft und verjagt worden waren. Die letzte Reise Pius' IX. polarisierte, die ganze Existenz dieses Papstes resümierend, eine feindliche moderne Umwelt, und ließ dahinter doch ein uraltes Muster aus der Geschichte der Stadt Rom aufscheinen.

Versöhnungsversuch

Die letzte Generation des neunzehnten Jahrhunderts war in Italien die antiklerikalste. Das Pendant zum deutschen Kaiser Wilhelm II. ist dort der Sizilianer Francesco Crispi, ein leidenschaftlicher Mazzinist und Garibaldiner, in der Zeit der Linken bis 1896 die beherrschende Figur der italienischen Politik. In seiner Ära veränderte sich der politische Stil in Italien erheblich. Die vorsichtige, steifleinene, diplomatisch geprägte Haltung Lanzas und Visconti Venostas, die an einer denkbar nüchternen Einschätzung der Möglichkeiten und Interessen des jungen Landes orientiert war, wich einer Politik des nationalen Prestiges, der anspruchsvollen, bisweilen überspannten Rhetorik. Vom idealistischen Erbe Mazzinis blieb vor allem ein eifersüchtiger Begriff nationaler Größe und Ehre übrig, der Italien bald dazu verführte, sich am Wettlauf des europäischen Imperialismus zu beteiligen.

Leo XIII., der Papst dieser Jahre – er regierte bis 1903 –, war ein politisches Kirchenoberhaupt, fein und scharfsinnig wie einer der humanistischen Diplomaten der Renaissance-Zeit, ein glänzender Lateinkenner, der aus dem Stegreif lange Reihen von Hexametern in dieser Sprache improvisieren konnte, und dessen Frömmigkeit an der Scholastik Thomas von Aquins ausgerichtet war; sie machte er zur Grundlage einer erneuerten katholischen Intellektualität, die als Neuthomismus bis ins frühe zwanzigste Jahrhundert geläufig geblieben ist. Dass ein Schriftsteller wie Gilbert Keith Chesterton ein Buch über den heiligen Thomas geschrieben hat, hat mit diesem Papst zu tun. Außerdem kannte Leo die Welt. Der 1810 geborene Adlige aus Latium war in den vierziger Jahren Nuntius in Belgien gewesen, damals einem der fortgeschrittensten Länder Europas, mit parlamentarischer Verfassung, moderner Industrie, Arbeitervereinen und christlichen Parlamentspolitikern. Als Bischof in Perugia hatte Leo die Gewaltsamkeit der italienischen Eroberung am eigenen Leib erfahren, aber auch den Kontakt mit modernen geistigen Strömungen gesucht. Er war ein ausdauernder Wanderer, der sich oft in die Kornfelder unterhalb seiner Bischofsstadt fahren ließ, um sich dort stundenlang im Freien zu ergehen. Er würde, so vermutete man, unter der päpstlichen Gefangenschaft im Vatikan persönlich mehr leiden als sein behäbiger Vorgänger.

Leo XIII. beendete den Kulturkampf mit Deutschland und vermittelte zwischen Spanien und Deutschland im Streit um die Inselgruppe der Karolinen. Ebenso versuchte er, zwischen England und den aufständischen katholischen Iren Frieden zu stiften. Später gelang es ihm, enge Kontakte mit den sozialistischen Regierungen der Republik Frankreich zu knüpfen und mit seiner Enzyklika *Rerum novarum* die erste grundsätzliche Antwort der Amtskirche auf den Klassenkampf des neunzehnten Jahrhunderts zu formulieren. Von einem solchen Papst durfte man auch die Lösung der Römischen Frage erwarten.

Erwartungsgemäß gab Leo zunächst nichts von den Ansprüchen des Heiligen Stuhls auf, das hatten die ersten Schritte seiner Amtszeit unmissverständlich deutlich gemacht. Und doch sah es einen Augenblick lang so aus, als sei eine Aussöhnung möglich, und zwar mit einer Regierung, deren Innenminister wiederum Crispi war. In einem Schreiben an den Bischof Bonomelli von Verona, der den Papst aufgefordert hatte, seine erfolgreiche Amtszeit an seinem Priesterjubiläum im Jahre 1888 durch einen Ausgleich mit Italien zu krönen, erwiderte der Papst im Frühjahr 1887, auch er ersehne die Befriedung der Seelen aller Italiener. Allerdings sei es nötig, einen Zustand herzustellen, in dem der Papst nicht der Untertan von irgendjemandem sei und jene wahre und vollständige Freiheit genieße, wie die Rechte des Heiligen Stuhls sie verlangten. Das war eine vage Umschreibung, die offen ließ, welches territoriale Substrat sich mit diesen Rechten verband. Eine Woche später erschien die Broschüre *La Conciliazione* des Benediktinerpaters Luigi Tosti, eines gelehrten Neoguelfen aus Monte Cassino, die großes Aufsehen erregte, weil man vermutete, ihre Publikation sei sowohl mit der Kurie wie mit der italienischen Regierung abgesprochen; denn der Pater verhandelte damals im Auftrag des Vatikans mit Crispi über die Rückgabe von Gütern der römischen Basilika San Paolo fuori le mura.

Tosti formulierte die Römische Frage aus kirchlicher Sicht ganz neu. Nicht eine einzelne Regierung, die man zur Rechenschaft ziehen könne, habe Rom und den Kirchenstaat erobert, sondern eine ganze Nation mit ihrer Öffentlichkeit und ihren Institutionen. Deshalb glaubte Tosti nicht mehr, dass diese Eroberung rückgängig zu machen sei. In einem begeisterten Hymnus riet er dagegen, dass der Papst seine Freiheit auf einen neuen Felsen gründe, die Liebe einer ganzen Nation: »Wir werden sehen, wie der päpstliche Stuhl von dreißig Millionen Italienern getragen wird, dass Leo XIII. von diesen starken Schultern so hoch gehoben wird, dass er, wenn er seine Augen nach unten richtet, keine Uneinigkeiten erblicken wird. Seine Augen werden die Tore eines neuen Reiches, die Oberherrschaft aller Kriegsmüden, nach Frieden Dürstenden sehen, von denen ein jeder bereit ist, sich zu unterwerfen.«[57] Crispi reagierte verhalten: »Wir verlangen keine Versöhnungen, denn der Staat befindet sich mit niemandem im Krieg.« Er stellte klar, dass Italien nicht bereit sei, auch nur ein Handbreit seines durch die Plebiszite sanktionierten Territoriums abzugeben.[58] Der Papst wiederum erklärte, was das Minimum für die Freiheit der Kirche sei: Eine wirkliche Souveränität, also eine eigenes Territorium. Doch zum ersten Mal tauchte in einem päpstlichen Schriftstück der Name »Italien« für ein staatliches Gebilde auf – »Italien, wie es mittlerweile offiziell konstituiert ist« –, und wiederum wurde davon abgesehen, den ganzen Kirchenstaat zurückzuverlangen.[59] Ein späterer Passus desselben Textes – eines Briefs an den Kardinal Rampolla – ließ erkennen, woran Leo dachte: an die Stadt Rom. Der Papst entwarf das Programm einer friedfertigen, liberalen, sozial freigebigen, modernen Musterregierung über die Ewige Stadt, die fast wie ein fernes Echo auf De la Guéronnières Idee eines kurialen Paradiesgartens klingt, so anrührend wie unrealistisch. Tosti musste bald seine Kontakte zu Crispi abbrechen und seine Schrift zurücknehmen.

Die Fronten waren nun härter als zuvor, allerdings auf leicht veränderten Positionen. Die Idee einer integralen Restitution des Kirchenstaats war vom Tisch; die Existenz, wenn auch nicht die Legitimität von Italien war faktisch akzeptiert; wohinter die Kirche aber nicht mehr zurückgehen würde, war die Forderung nach einer auch territorial definierten Souveränität. Und genau das war in jener Zeit hochfahrender nationaler Ehrbegriffe, in der Italien eine Irredenta in Österreich reklamierte und schon sein Auge auf die mittelmeerische Gegenküste in Nordafrika warf, unter keinen Umständen erreichbar. Der nationale Leib war so heilig, dass noch das kleinste Stück davon das Blut der Leidenschaft in höchste Wallung versetzt hätte. Der Dissens zwischen nationalistischer Nation und universalistischer Kirche war objektiv unversöhnbar, und im Übrigen fragt man sich, was die Millionen Katholiken außerhalb Italiens zu einem päpstlichen Stuhl gesagt hätten, der auf den starken Schultern begeisterter Italiener geschwebt und wohl oft genug auch geschwankt hätte, wie Tostis verräterisches Bild befürchten ließ. Kurz danach besuchte der römische Bürgermeister Torlonia den Generalvikar, um dem Papst die Glückwünsche der Römer zu seinem Priesterjubiläum zu überbringen. Das war zu viel für Crispi: Er berief den Ministerrat ein und zwang den König, ein Dekret zur Absetzung des Bürgermeisters zu unterzeichnen. Die Eifersuchtskrise um Rom hatte einen aktuellen Hintergrund: In den römischen Lokalwahlen hatte im Juni 1887 eine katholische Gruppierung einen beachtlichen Sieg errungen, es ging, wieder einmal, um den italienischen Charakter Roms.

Es sei überflüssig, daran zu erinnern, dass Rom überall den Stempel des Papsttums trage, erklärte Papst Leo XIII. fast beiläufig in seinem Brief an den Kardinal Rampolla vom Juni 1887. Dass dies eine Schwierigkeit für die italienische Hauptstadt werden könne, hatte Gregorovius bereits 1861 vorausgesehen, nachdem der Beschluss des italienischen Parlaments, die Ewige Stadt zur Kapitale der jungen Nation zu machen, bekannt geworden war: »Ich ging mit diesem Gedanken durch Rom, und fand, dass man hier auf jedem Schritt nur Erinnerungen und Monumente der Päpste sieht, Kirchen, Klöster, Museen, Fontänen, Paläste, Obelisken mit dem Kreuz, die Kaisersäulen mit St. Peter und Paul auf ihren Gipfeln, tausend Bildsäulen von Päpsten und Heiligen, tausend Grabmonumente von Bischöfen und Äbten – eine vom Geist der Ruine, der Katakomben und der Religion durchdrungene Atmosphäre, kurz, ganz Rom ein Monument der Kirche in allen ihren Epochen, von Nero und Konstantin hinab bis zu Pius IX. Alles Zivile, Politische und Weltliche verschwindet darin.«[60]

Je länger die Italiener in Rom waren, desto bedrückender empfanden sie diese monumentale Erbschaft. Tag für Tag erinnerte sie an eine Vergangenheit, die größer schien als die Gegenwart mit ihren Haushaltsproblemen und drückenden Steuern, den schnell wechselnden Kabinetten, den langwierigen und bewegten Parlamentssitzungen, den bunten Blättchen der Presse mit ihren kurzfristigen Aufregungen, der unsicheren Stellung Italiens im Konzert der Mächte. »Meine Herren, Rom ist ein großer Name, ein schrecklicher Name«, seufzte Finanzminister Sella in einer Parlamentsrede im Sommer 1876, als es darum ging, die Gelder für einen neuen botanischen Garten bereitzustellen. Das liberale, laizistische Italien fürchtete, lächerlich zu wirken im Schatten der Kurie, und Sella gehörte zu jenen, die glaubten, das moderne Rom müsse dem päpstlichen mit einer eigenen »Sendung« entgegentreten. Diese Sendung aber könne nur die moderne Wissenschaft sein, »die Wissenschaft als Wissenschaft«, das reine Erkenntnisstreben.[61] Diesen Gedanken entfaltete Sella fünf Jahre später in einem großen Beitrag zu einer Parlamentsdebatte, in der es um ein neues Hauptstadtgesetz ging. Die ersten zehn Jahre

Elektrisches Licht gegen Katholizismus: Quintino Sella (1826–1884), italienischer Finanzminister von 1869 bis 1876.

nach der italienischen Okkupation hatten gezeigt, dass die römische Kommune allein nicht die Kraft hatte, ihre Hauptstadtaufgaben zu erfüllen, und dass sie vor allem nicht über das Geld verfügte, um die mittlerweile an vielen Stellen aus dem Boden wachsenden Regierungsbauten zu bezahlen. So wurde am 14. Mai 1881 vom Abgeordnetenhaus ein staatliches Sondergesetz für die Bauten und die Erweiterung der Hauptstadt beschlossen (*Concorso dello Stato nelle opere edilizie e di ampliamento della Capitale del Regno*). Es stellte der Stadt Rom 50 Millionen Lire im Lauf von zehn Jahren zur Verfügung. Dieser »Beitrag« war nur das erste von insgesamt acht staatlichen Sondergesetzen, die bis zum Jahre 1911 gewaltige Summen von Steuergeldern in die überlastete römische Kommune schleusten – ein Solidarpakt, der nicht nur die Errichtung von Regierungsgebäuden förderte, sondern auch der Infrastruktur zugute kam und erheblich zum Baufieber der achtziger Jahre beitrug. In diesem Zusammenhang wickelte Sella seine Vision von Rom als Zentrum der neuen, vor allem experimentellen Wissenschaften als Kontrapunkt zum autoritären Glauben der katholischen Christenheit. Das war seine Antwort auf Mommsens skeptische Frage nach den kosmopolitischen Absichten, die Italien in Rom hegen müsse. Italien habe, so Sella, eine Ehrenpflicht gegenüber der Menschheit: »Es muss sich auf jede Weise darum bemühen, dass die Wahrheit ans Licht komme, wie sie sich unbestreitbar aus den Forschungen der Wissenschaft ergibt; die Wissenschaft ist für uns in Rom eine höchste Pflicht. Heraus die Lichter! Vor allem müssen es elektrische Lichter sein; denn wir haben es mit Leuten zu tun, die die Augen verschließen und sich die Ohren zuhalten ... Darum sage ich: heraus die Lichter! Das muss unser Sinnen sein, nicht bloß in Rom, sondern im ganzen Land.«[62]

Das war noch der Fortschrittsidealismus der alten Rechten. In derselben Debatte verlagerte Franceso Crispi die Argumentation auf das Feld einer geschichtsphilosophisch inspirierten Baupolitik. Er zitierte Mazzinis Idee von den drei Epochen Roms und verlangte bündig: »Wir müssen, wenn wir in Rom bleiben wollen, Italien in Rom erbauen auf eine Art, dass das dritte Leben dieser großen Stadt ihrer Vergangenheit würdig ist.«[63] Drittes Rom: Das wurde das beherrschende Schlagwort in der Ära der Linken. Es war die mazzinistische Begleitmusik zu einer immer stärker eingreifenden staatlichen Politik in der Kommune – Baupolitik, Symbolpolitik, Denkmalpolitik. All das kam in den achtziger Jahren erst richtig in Fahrt, in dem entscheidenden Jahrzehnt des modernen Rom. Die Idee von der *Terza Roma* umfasste die ganze Spannweite des schwankenden italienischen Selbstbewusstseins auf diesem geschichtlich überfrachteten Boden, den kleinmütigen

Zweifel, ob man bestehen könne, und die Anmaßung, innerhalb einer Generation überzeugende Äquivalente für Leistungen zu schaffen, für die das heidnische und das päpstliche Rom sich jeweils tausend Jahre Zeit gelassen hatten. Es ging, mit einem Wort, um die sichtbare Nationalisierung Roms. Vor den totalitären Regimen des zwanzigsten Jahrhunderts dürfte keine moderne Ideologie so weit reichende ästhetische Auswirkungen gehabt haben wie der rhetorisch gewordene, aufs Nationale reduzierte Mazzinismus der Epoche vor 1914. Rom-Reisende heute pflegen verständnislos an diesen Marmor- und Travertinbergen vorüberzugehen, sie haben keinen Blick für das oft exaltierte Pathos eines Walds von Statuen. Trotzdem ist hier ein großes Beispiel zu besichtigen, die europäische Generalprobe für die Stalinalleen, Olympiastadien, Parteitagsgelände und Volkspaläste der ideologischen Epoche des Weltbürgerkrieges. Zur symbolischen Nationalisierung von Hauptstädten durch Architektur und Denkmäler gibt es Parallelen in Berlin, Paris und Wien; aber die Besonderheit der Konkurrenz von Nation und Weltreligion hat diesem Vorgang in Rom einen übersteigerten weltanschaulichen Zug verliehen und den baulich-bildnerischen Ehrgeiz nicht selten ins Maßlose getrieben.

Bereits der erste Regierungsbau, das Finanzministerium, das sich Sella seit 1872 an der Via Venti Settembre – jener Straße, durch die die ersten italienischen Truppen nach Öffnung der Bresche am 20. September in die Stadt eingedrungen waren – errichten ließ, war mit seinen 300 Metern Länge und einer Unterkellerung, deren Tiefe die Höhe der sichtbaren Teile übertraf, von einer Dimension, die in keinem Verhältnis zur Situation eines überforderten, halb bankrotten Staats stand. Der Finanzpalast hatte drei Innenhöfe und wurde im Lauf der Jahre aufs Verschwenderischste mit Marmortreppen, Stuck und historischen Deckengemälden im Stile Veroneses ausgestattet. In einem der Höfe beabsichtigte Sella, die Statue eines römischen Centurio zu errichten, mit der Inschrift *Hic manebimus optime* – in Anspielung auf eine bei Livius erzählte Episode: Es sei nach dem Galliersturm auf Rom, als der Senat beriet, ob man in der zerstörten Stadt überhaupt noch bleiben könne, zufällig ein Centurio mit seiner Einheit übers Forum gezogen, habe seine Fahne dort aufpflanzen lassen und ausgerufen: »Hier ist die beste Stelle zu bleiben!« Das habe der Senat als Wahrzeichen genommen; und allenthalben sei nun mit Neubauten begonnen worden.[64]

Sellas Absicht, um die Via Venti Settembre ein veritables Regierungsviertel zu errichten, ließ sich aus Geldmangel nicht verwirklichen; lediglich das Kriegs- und das Landwirtschaftsministerium kamen dort seit den achtziger Jahren noch hinzu. Die späteren, in der Giolitti-Zeit nach 1900 errichteten Regierungsbauten hatten Standorte in der ganzen Stadt, vom Viminal bis nach Trastevere; daneben entwickelte sich um das Parlament im Montecitorio und bei der Piazza Colonna das eigentlich »elegante« Zentrum der Stadt, denn dort lagen die besten Restaurants, die Luxusgeschäfte und die großen Zeitungsredaktionen. Doch auch ohne einheitliches neues Zentrum nahm alles Bauen, auch das für private Zwecke, in Rom eine symbolische Dimension an. Das Straßennetz von Prati trug politisch motivierte Namen – die Plätze hießen *Libertà* und *Risorgimento*, die wichtigste Straße wurde nach Cola di Rienzo, dem spätmittelalterlichen römischen Diktator benannt, dessen antipäpstliche Revolution von 1347 soeben noch Gregorovius im farbigsten Abschnitt seiner Stadtgeschichte vergegenwärtigt hatte. Vor allem aber wurde in Prati darauf geachtet, die Straßen so zu führen, dass keine von ihnen auf die Peterskirche als Fluchtpunkt zulaufe. Lieber in düsteren, horizontlosen Straßenschluchten leben, als einen edel schimmernden, aber katholischen Anblick genießen!

Im Jahre 1870 waren an den römischen Hauswänden noch 2739 Heiligenbilder zu sehen, 1939 zählte man in der zehn Mal so großen Stadt nur noch 535. Dieser radikale bildliche Entkatholisierungsprozess war begleitet von einer gegenläufigen symbolischen Nationalisierung des Stadtbilds durch Monumente, Statuen, Büsten, Gedenksteine und Inschriften. Die Zahlen entsprechen auf der italienischen Seite zwar nicht entfernt der oft unscheinbaren, einer anspruchslosen Volksfrömmigkeit entsprungenen katholischen Bildermasse mit ihren Madonnen oder auf Alltagssorgen spezialisierten Heiligen. Doch die Sichtbarkeit und das Gewicht allein der bis 1895 entstandenen oder begonnenen nationalen Monumente kommt der untergehenden katholischen Bilderwelt doch in ihrer ästhetisch-symbolischen Prägekraft für das

Stadtbild gleich. Mehr als vierzig Großprojekte hat man gezählt, Bildsäulen, frei stehende, ihre Plätze beherrschende Standbilder oder das ein halbes Stadtviertel bedeckende Denkmal für Viktor Emanuel II. Schon unmittelbar nach 1870 setzten private Initiativen ein, die die Errichtung eines Denkmals für die endlich errungene Einheit der Nation betrieben. Die Gefallenen der Unabhängigkeitskriege und die Helden der römischen Republik von 1849 sollten geehrt werden. Eine Reihe von Vorschlägen richtete sich direkt gegen die Kirche: Gegner der Päpste, Ketzer und Heroen der Gedankenfreiheit wie Arnold von Brescia, Cola di Rienzo, Galilei und Giordano Bruno bekamen Monumente. Das prominenteste war die Statue für Giordano Bruno, das 1889 nach jahrelangen Querelen mit großem Pomp auf dem Campo dei Fiori, an der Stelle, an der der Renaissancephilosoph 1600 verbrannt worden war, errichtet wurde – gegen den erbitterten Widerstand des Vatikans, der aus diesem Anlass sogar ein Konsistorium einberief, in dem Leo XIII. beklagte, die Sicherheit seiner Person sei in Gefahr.

Auch denkmalpolitisch begann die heiße Phase der Nationalisierung erst mit der Regierungsübernahme der Linken am Ende der siebziger Jahre. Die moderaten Kabinette davor hatten sich und der Stadt strenge Zurückhaltung auferlegt, um das Verhältnis zur Kirche nicht unnötig zu belasten. Auch bedeutete der Tod des Königs 1878 die Aufhebung einer Schranke: Einem Lebenden durfte man kein offizielles Denkmal errichten, und erst wenn der König sein Monument erhalten hatte, konnten die anderen, oft längst verstorbenen Vorkämpfer der Einigung drankommen. Jedes dieser Vorhaben wurde von der Öffentlichkeit eifrig diskutiert, und bei ihrer Planung traten die Parteigegensätze zwischen Monarchisten und Mazzinisten, Klerikalen und Patrioten hervor, oft allerdings auch nur individueller Ehrgeiz und örtliche Interessengruppen in immer neuen Konstellationen. Der Stil und die Ikonographie der Denkmäler zeigen eine eigentümliche Kombination von porträtgenauem Realismus – unvermeidbar im Zeitalter der Photographie und der illustrierten Blätter – und einer idealisierenden bildlichen Rhetorik, die ins Allegorische ausgriff: Da stand oben Graf Cavour im Anzug mit geknöpfter Weste, während unten »Rom« und »Italien« sich aufeinander stützten und die edlen Nacktgestalten von »Gedanke« und »Tat« auf den Stufen lagerten. Garibaldi, der Held zweier Welten, wurde von den Damen »Europa« und »Amerika« begleitet, Marco Minghetti von der »Politik«, Finanzminister Sella vom »Genius der Finanz«. Das war Zeitstil in ganz Europa, und doch lassen sich in der wuchernden römischen Denkmalformenwelt die besonderen Probleme und Verschiebungen im italienischen Prozess der Nationsbildung exakt ablesen. Das gilt vor allem für die gewundene Geschichte des größten aller dieser Denkmale, des Vittoriano am Kapitol. Es ist in seiner grandiosen Verunglücktheit der gleichermaßen ergreifende, ärgerliche, unheimliche, nicht zuletzt auch komische Ausdruck des Dritten Roms. Der Entwurf des Architekten Giuseppe Sacconi ging 1884 aus einem zweistufigen Wettbewerb hervor, der unmittelbar nach dem Tod Viktor Emanuels II., aus der Erschütterung und Betroffenheit des Moments eingeleitet worden war. Die dreihundert Einreichungen in der ersten Wettbewerbsphase waren so geartet, dass sie einen scharfsinnigen Humoristen der Zeit, den Schriftsteller Carlo Dossi, zu einer medizin-parodistischen Abhandlung über »Die Geisteskranken beim ersten Wettbewerb zum Denkmal für Viktor Emanuel II. zu Rom« veranlassten, welche die aus allen Landesteilen nicht nur von Architekten und Bildhauern, sondern auch von einfachen Bürgern, Lehrern, Buchhaltern, Offizieren, vorgelegten Entwürfe unter Rubriken wie »heiliger Irrsinn«, »Debilität«, »Idiotie« usf. klassifizierte. Besondere Aufmerksamkeit widmete Dossis überaus komische Schrift vor allem jenen Exzessen des Symbolischen, die dazu führten, dass die Entwürfe nicht mehr ausführbar waren, sondern sich auf ihre Beschreibung reduzierten; heute würde man von Konzeptkunst sprechen, während man etliche der realisierbaren allegorischen Vorschläge, Stelenwälder in verschiedenen Marmorfarben, geometrische Figurenrätsel, Labyrinthe etc. als Installationen kennzeichnen müsste.

In der zweiten Wettbewerbsstufe waren dann die Bedingungen so eng gefasst, dass mit realisierbaren Ergebnissen gerechnet werden konnte. Das Denkmal sollte eine Reiterstatue vor einem architektonischen Hintergrund enthalten; als Ort war die Nordseite des Kapitolhügels festgelegt worden. Die Denkmalmasse sollte so groß werden, dass die dahinter liegene mittelalterliche Kirche von

Ara Coeli unsichtbar würde. Mit diesen Bedingungen war eine der folgenreichsten urbanistischen Entscheidungen der neueren römischen Geschichte gefällt. Denn nun wurde die historisch-geographische Kernzone der Stadt am Kreuzungspunkt der neuen Verkehrsachsen von Via Nazionale, Corso und Corso Vittorio Emanuele – der Scheitelpunkt jenes umgedrehten Straßen-T – mit einem gigantischen symbolischen Komplex besetzt. Erst hier wurde der Wettstreit des Dritten Rom mit seinen Vorläufern ernst. Hier sollte, noch mit monarchischem Inhalt, das zentrale Nationaldenkmal Italiens entstehen – am sakralen Zentrum des antiken Rom, am Ort seiner größten mittelalterlichen Bürgerkirche, am Gegenpol zum Vatikan und St. Peter. Ein Gewirr uralter Gassen samt einem von Papst Paul III. errichteten Turm musste vor Baubeginn ebenso beseitigt werden wie der Konvent von Ara Coeli; den kleinen Palazzetto Venezia, der die Via del Corso abschloss und die Sicht auf das geplante Denkmal versperrt hätte, verschob man einfach auf die Rückseite des Palazzo Venezia. So wurde dem kommenden Denkmal umstandslos eine geschlossene mittelalterliche Kernzone geopfert.

1885 fand die Grundsteinlegung statt, und es begann eine unfallreiche, dramatische und widersprüchliche Baugeschichte, die sich bis 1935 hinzog und so den Wandel des italienischen Selbstverständnisses von der liberal-bürgerlichen Epoche bis zum Faschismus in sich aufnehmen konnte. Sacconis ursprünglicher Entwurf hatte eine Kombination von Akropolis mit pergamenischem Wandaltar vorgesehen, die er direkt in den massiven Tuff des Kapitolhügels hineinzumeisseln hoffte. Erste Probebohrungen ergaben, dass dieser schon in der Antike durch und durch unterhöhlt und ausgeweidet worden war und keinerlei Fundament für einen so großen Bau bot. Sogar ein Elefantenskelett fand man. Also musste aufwendig fundamentiert und der Bau dabei leichter gemacht werden. Aus der Arx, der hoch gemauerten Burg, wurde eine nach vorne offene Treppenanlage, eine Art mehrstufiges Forum. Unter der Basis der Reiterstatue im Zentrum, vor der immer breiter werdenden Säulenreihe, öffnete sich dadurch der Raum für das, was man bald, schon vor dem Ersten Weltkrieg, den »Altar des Vaterlands« nannte.

Vieles an der inneren Baudynamik dieses Denkmals wirkt geradezu unheimlich, denn sie nimmt die Unglücksgeschichte der Nation im zwanzigsten Jahrhundert fast prophetisch vorweg. Mit der Öffnung der Burg zum titanischen Altar bereitete sich schon jene Kollektivierung vor, die vom monarchischen Verfassungsmodell zum totalitären Regime führte. Parallel dazu verlief eine ästhetische Verwandlung des Bildprogramms. Sacconis hellenisierend-klassizistische Formensprache vertrug sich, wie der Architekt bald selbst empfand, schlecht mit dem von den Auftraggebern geforderten Realismus in der Darstellung des Königs und der ihn umgebenden Heroen des Risorgimento. Der Monarch ließ sich aus dem Denkmal nicht verbannen, auch wenn Sacconi mit dem veristischen Entwurf von Pferd und Reiter, der dann realisiert wurde, ganz unglücklich war. Aber die anderen Anzugträger der bürgerlichen Epoche verschwanden und machten antikisierenden Nackt- und Togagestalten Platz, die Tugenden und Ideale wie Vaterlandsliebe, Opfermut, Treue oder geschichtliche Kräfte wie Propaganda, Verschwörung und Aufstand verkörperten. Die beiden Ecktürme des Portikus feierten die Einheit des Vaterlands und die Freiheit der Bürger, das ursprüngliche Programm des Risorgimento. Unter die Basis der Reiterstatue im eigentlichen Zentrum des Vittoriano aber wurde die Relieffigur einer archaischstrengen *Dea Roma*, das heidnische Simulakrum der Göttin Rom, platziert.

Auch nach Sacconis Tod 1905 und nach der offiziellen Einweihung des unfertigen Monuments zum fünfzigsten Jahrestag der Begründung des Königreichs Italien im Jahre 1911 setzte sich diese Tendenz zu Abstraktion und Anonymisierung fort. Sie gipfelte nach dem Ersten Weltkrieg in der erschütternden, sich viele Tage hinziehenden Zeremonie der Überführung der Leiche eines unbekannten Soldaten von der Alpenfront nach Rom, die am 4. November 1921 im Altar des Vaterlands zu Füßen der Roma bestattet wurde. Während der halbstündigen Beisetzungsfeier herrschte striktes Schweigegebot und läuteten die Glocken aller Kirchen Italiens von Sizilien bis zum Brenner. Aus dem Schweigen der Schützengräben des Krieges zur unsterblichen Größe der Urbs unter der Sonne Italiens sei der namenlose Körper des einfachen Soldaten gebracht worden, verkündete das offizielle Edikt. Der König, das Kabinett, die Generäle und all die anderen Würdenträger, die dabeistanden, waren nur noch Statisten in einem Vorgang von wortloser Gewalt, der versuchte, ein namenloses Leid zu fassen. So bezeichnet die Geschichte dieses immer gewaltiger anwachsenden Steinberges von 135 Metern Breite, 130 Metern Tiefe und 70 Metern Höhe mit seinen Hunderten von Figuren in Marmor und Bronze, seinen Verzierungen, Inschriften, Ehrensäulen, Pferden, geflügelten und ungeflügelten Göttinnen den ganzen Entwicklungsgang der italienischen Nation. Was nicht nur als Königsmemorial, sondern auch als luftiger Flanierraum für freie Bürger, die über ihre Geschichte und ihre Ideale nachdenken, begonnen hatte, wurde zum Schauplatz überwältigender Gemeinschaftserlebnisse, die der Faschismus dann in planende Regie nahm und zur Routine einer durchorganisierten Herrschaftsform werden ließ, unter heftigem Einsatz von Radiowellen und elektrischem Licht. Und ein böser Zufall wollte es, dass die Marmorsorte, die man gewählt hatte, ein Stein aus Brescia, nicht, wie man gehofft hatte, farblich altern und den römischen Honigton annehmen wollte. Er blieb weiß und grell blendend und zeigte allenfalls hier und da Sprünge und Stockflecken. Es war, als verweigere das Vittoriano die organische Verschmelzung mit der umgebenden Stadt und wolle ein ewiger Fremdkörper bleiben. Etwas von dieser Illegitimität ist dem vielgescholtenen und lange Zeit absichtsvoll übersehenen, erst jüngst vom historischen Bewusstsein wieder entdeckten Monument immer geblieben. Bevor das Reiterstandbild für Viktor Emanuel II. zusammengeschraubt, verschweißt und verschlossen wurde, nahmen die Bronzegießer und der Bildhauer im Bauch des Pferdes Platz, um ein Glas zu trinken. Und es fehlten nicht die, denen einfiel, es sei die italienische Nation in einem trojanischen Pferd in die päpstliche Feste des Priamos eingedrungen, als sei sie in Rom ein fremdes Volk.

20. September 1895

Das Vittoriano wurde zwar das größte, aber nicht das höchste Denkmal Roms. An der höchsten Stelle der Urbs, auf dem Gianicolo, wo die Idee von Rom als italienischer Hauptstadt 1849 ihre Bluttaufe erhalten hatte, wurde am 20. September 1895 das Reiterstandbild Garibaldis enthüllt, das von dort sowohl auf den Vatikan wie auf die Baustelle für das monarchische Denkmal am Kapitol herabblickte, und so den Triumph der linken Risorgimentopartei verkörperte. Die Feiern zum fünfundzwanzigsten Jahrestag von Porta Pia wurden von der Regierung Crispi mit großem und wohlkalkuliertem Aufwand begangen. Der 20. September blickte damals bereits auf eine gut gefestigte populäre Tradition zurück. Das Ende der Herrschaft des Papstes hatte sich dem römischen Volk stärker eingeprägt als der Tag des Plebiszits oder der Regierungsumzug. In Italien war es der Tag der Freidenker und der Freimaurer. 1895 wurde er durch Gesetz zu einem nationalen Festtag – neben der traditionellen Verfassungsfeier am 4. Juni – erhoben. Seine antikatholische und damit universale Bedeutung ließ sogar die Suggestion aufkommen, es handle sich um den italienischen 14. Juli mit vergleichbarer welthistorischer Bedeutung wie der Feiertag der Französischen Revolution. Insgesamt fünf große Denkmäler und eine Brücke über den Tiber wurden 1895 um dieses Datum herum offiziell eingeweiht: die Standbilder für Garibaldi am Gianicolo, für Cavour in Prati, für Minghetti am Corso Vittorio Emanuele, eine Säule für die römischen Aufständischen von 1867 sowie eine Säule an der Bresche von Porta Pia – nach dem Vorbild der Pariser Säule, die an den Sturm auf die Bastille erinnert. Dazu kamen inoffizielle Gedenkfeiern und Demonstrationen an Schauplätzen und Monumenten römischer Aufständischer von 1849 und 1867, veranstaltet von radikalen und republikanischen Gruppen, die von der Regierung gezielt marginalisiert wurden; der Dissens war so groß, dass eine »volkstümliche« Gegeneinweihung des Garibaldi-Denkmals am 21. September organisiert werden konnte, an der zweitausend Menschen teilnahmen. Ein Denkmal für Mazzini war zu diesem Zeitpunkt schon beschlossen und begonnen, wurde aber erst Jahrzehnte später fertig und 1949 zum hundertsten Jahrestag der römischen Republik aufgestellt.

Crispi nutzte die Gelegenheit, um einen starken Akzent gegen die historische Rechte zu setzen. In seiner Rede zur Einweihung des Garibaldi-Denkmals wurden zwar Mazzini und Viktor Emanuel II. genannt, nicht aber Cavour. Bei den Einweihungen des Cavour-Denkmals am 22. September und des Monuments für

Ein Linker, der Bismarck lieben lernte: Francesco Crispi (1819–1901), italienischer Ministerpräsident von 1893 bis 1896.

Minghetti am 24. verzichtete Crispi sogar darauf, das Wort zu ergreifen. Bei allen diesen Anlässen waren der König und der Hof anwesend, die so zu Zeugen der Umdeutung der Nationalgeschichte im Sinne der Linken wurden: Die Einheit Italiens sollte der Sieg eines charismatischen Königs und einer militärischen Volksbewegung gewesen sein, so, als hätten Staatskunst, Diplomatie und parlamentarischer Kompromiss keine Rolle dabei gespielt. Zusammen mit der Ausgrenzung der republikanischen Linken und der extremen Mazzinisten machte diese Akzentsetzung die Kräftekonstellation des Moments sichtbar: den autoritären Führungsanspruch des zum Bismarck-Bewunderers gereiften Garibaldi-Jüngers Crispi.

Die Feiern waren begleitet von Prozessionen und Massenversammlungen, die viele Tausend Menschen zusammenführten und eine starke Präsenz der Freimaurerei zeigten, deren Verbände man an den weißen Handschuhen ihrer Mitglieder erkannte. Darum herum gab es zahllose Veranstaltungen – vom Eselrennen bis zu Kongressen der Historiker und Buchhalter –, ein Schützenfest und ein internationales Sportfest, zu dem aber nur eine deutsche Abordnung kam, die nach dem Urteil der Presse zwar leistungsfähiger, aber »weniger schön und elegant« als die Italiener war. Auch die Verbindung von Nationalfeier und Sportfest entsprach den Absichten einer Regierung, die von der »Nation in Waffen« (*nazione armata*) träumte und ihrer Jugend germanische Tüchtigkeit einimpfen wollte. »Misstraut den schweigsamen Jünglingen«, mahnte das Festprogramm, »der junge Mann, der die Frauen nicht liebt, nicht den Wein und den Gesang, ist ein Idiot, der seinem Vaterland zu nichts nütze sein kann. Bei uns ist die Gymnastik nur Übung für Kinder, in Deutschland dagegen begreift man, wie wichtig es ist, die Muskelfaser hart zu erhalten und sich auch im vollen Mannesalter zu stählen.«[65]

Doch auch die ältere Generation erhob ihre Stimme. Ugo Pesci brachte sein viel beachtetes Buch *Come siamo entrati in Roma* auf den Markt, zu dem der liberale Dichterfürst Giosuè Carducci ein Vorwort beisteuerte, was auch für einen prominenten Hauptstadtjournalisten eine große Ehre bedeutete – umso mehr, nachdem Carducci und Verdi es gemeinsam abgelehnt hatten, als Nationaldichter und Nationalkomponist eine Festhymne zu produzieren. General Cadorna, den Eroberer Roms, hatte man eingeladen. Gewunden und anspielungsreich lehnte der knorrige Anhänger der moderaten Partei ab: »Ich erlaube mir, daran zu erinnern, dass ich der einfache, aber getreue Vollstrecker des Willens eines Königs, einer Regierung, einer nationalen Vertretung war, die in der unausweichlichen Notwendigkeit, Italien seine Hauptstadt zurückzugeben, wollten, dass man zunächst jedes Mittel der Überzeugung versuche, bevor man zur Ratio der Waffen gelange, und die danach alsbald auf das völlig freie Wollen der Bevölkerung zurückgriffen, deren feierliches Votum die *Einheit* war.«[66] Dem alten Kämpen behagte die antiklerikale Stoßrichtung und politische Instrumentalisierung der Feiern gar nicht.

Ein im offiziellen Festprogramm jener Tage enthaltener Reiseführer legt besonderen Wert auf die neuen, seit 1870 entstandenen Sehenswürdigkeiten, die neuen Regierungsbauten und Denkmäler, aber auch die Tibermauern und die großen Boulevards. Der Besucherstrom aus der Provinz war groß – die Lokalpresse schätzte, dass 150 000 Menschen angereist seien –, und man kam nicht nur, um sich als Nation zu fühlen und sich auf den Straßen mit seinesgleichen zu vermischen, sondern auch, um die Hauptstadtarchitektur und die mit ihr verbundenen zivilisatorischen Fortschritte zu begutachten. Die Inschriften an der Bresche und der Säule bei Porta Pia feierten hochgemut das nun schon lange Zusammenleben von Gedankenfreiheit und Glaubensautorität in ein und derselben Stadt und den Umstand, dass die Gewissensfreiheit und die Universalität des Rechts 1870 mit Römermut befestigt worden seien. Crispi gestaltete seine Ansprache beim Garibaldi-Denkmal zu einer Grundsatzerklärung über den Status von Kirche und Religion im säkularen Staat aus. Nur ohne belastenden weltlichen Hausrat könne der Papst seine geistliche Unfehlbarkeit ausüben, verkündete er; Religion sei keine staatliche Funktion, aber Italien biete gleichwohl den denkbar stärksten Schutzschild für die Kirche. Die Antwort des Vatikans ließ nicht auf sich warten: In einem Brief an den Staatssekretär Rampolla wies der Papst am 8. Oktober auf den kritischen Punkt der nationalen Rhetorik hin, die geschichtsphilosophische Idee eines Dritten Rom. Um nichts anderes handele es sich, als um den Versuch, die Stadt der Päpste wieder heidnisch zu machen. Leo XIII. sah sehr klar, dass die vorgebliche Neutralität des säkularen Staats sich schlecht mit dem weltanschaulichen Zug der mazzinistischen Programmatik vertrug. Italien sei durch die Eroberung Roms moralisch geteilt worden, keineswegs aber geeinigt.

Dies traf insofern zu, als der prinzipielle Zwiespalt zwischen der auf ihrer weltlichen Unabhängigkeit beharrenden Kirche und dem auf seiner religiösen Autonomie und seiner territorialen Unversehrtheit bestehenden Nationalstaat seit 1870 nicht hatte geheilt werden können. Der äußere Anschein auf den Straßen und Plätzen an den großen Tagen dieser fünfundzwanzig Jahre, 1870/71, 1878 und nun 1895, und bei vielen anderen, heute fast vergessenen Anlässen, Gedenkfeiern für den König, Denkmalenthüllungen und Grundsteinlegungen, zeigte allerdings immer wieder ein Bild der nationalen Eintracht. Italien hat auf seiner großen Bühne Rom damals so viel gefeiert wie auf ihren eigenen Schauplätzen alle anderen europäischen Nationen auch. Dass der Umbau Roms zur nationalen Kapitale auf die Zustimmung der Mehrheit in der Bevölkerung stieß, kann schwerlich bezweifelt werden. Trotzdem täuscht der Blick, der immer nur auf die öffentlichen Ereignisse unter freiem Himmel, auf Festtage und Zeremonien, auf Räume und Gebäude, auf Reden, Massen, Riten und ihre Organisatoren schaut. Nationalismus war erst in seiner Hoch- und Endphase ein Massenphänomen; einst hatte er begonnen in eher kleinen, lesenden Zirkeln, in Schulen und Universitäten, unter Studenten und Freischärlergrüppchen, bei Visionären, Zeitungsherausgebern und Streitschriftenschreibern, nicht zuletzt in der Oper, lange bevor er die Massen und die Plätze erobern konnte. Und diese Schulstubendimension – die man nicht einfach mit pädagogischer Indoktrination verwechseln darf –, die Sphäre von häuslicher Lektüre und bürgerlicher Bedachtsamkeit, von Innigkeit und Musik, lebte ja weiter und war lange Zeit in Breite und Tiefe der Wirkung vermutlich bedeutsamer als die punktuellen Festtage, an denen sich die Nationalisierung der Massen realisierte. Das muss man im Auge behalten, wenn man vom großen Rom erzählt.

Auch Rom hatte damals Klassenzimmer und Gymnasialprofessoren, und sie vermittelten eine leisere, humanere Version des Nationalen. Einer, der im Rom des Königs Umberto I. Schüler war,

272

und später zum nachdenklichsten Historiker des Verhältnisses von Kirche und Staat in Italien heranwuchs, Arturo Carlo Jemolo, hat in einer Jugenderinnerung den Geist zusammengefasst, den seine Lehrer ihm vermittelten. »Das Risorgimento«, schreibt Jemolo, »war wirklich eine Bewegung, die jene reine Sehnsucht nach dem Guten befreite, jenen einfachen Wunsch nach Verbesserung, jene Menschenliebe, diesen Wunsch, etwas Gutes für die Brüder zu tun, die nie in der Brust eines Volkes fehlen. Es gibt immer Stunden, in denen viele schlichte Gemüter darauf vertrauen, dass der Moment gekommen sei, die Geschichte anzuhalten, eine bessere Welt zu errichten, die Kräfte des Bösen zu zerstören. Viele hatten geglaubt, einen neuen menschlichen Typus erschaffen zu können, den neuen Italiener, der die Begabung, den Schönheitssinn, das bezwingende Wort hätte, wie man sie seinen Vorfahren zuschrieb, den Toskanern und Umbriern der Renaissance, doch ebenso die den anderen Völkern zugeschriebenen Tugenden: den Sinn für Disziplin und Fleiß der Deutschen, die Fairness und den Respekt für das gegebene Wort der Engländer, die Liebe zur Armee (zur demokratischen Armee, wohlgemerkt) der Franzosen. Das, was ich als Kind sah, war wohl die letzte Welle jener Begeisterung für die bürgerliche Erneuerung im Risorgimento.«[67]

EPILOG

Das römische Italien
1861–2000

11. Februar 1929:
Benito Mussolini und Kardinal Gasparri
unterzeichnen die Lateranverträge.

Die Fabel der Welt

In der Enzyklika *Ubi nos* vom 15. Mai 1871, die das italienische Garantiegesetz zurückwies, erklärte die Kurie voller Hohn, die piemontesische Regierung beeile sich, aus Rom ein Märchen für die Welt zu machen – *Urbem properat Orbi facere fabulam.* Knapper lässt sich die phantasmagorische Seite des langwierigen und leidenschaftlichen italienischen Kampfes um die Hauptstadt nicht kennzeichnen.[1] Die Geschichtswissenschaft hat sich seit langem darauf geeinigt, in Rom die »unvermeidliche Kapitale« zu sehen und die Entscheidung für die Ewige Stadt als alternativlos hinzustellen. Damit folgt sie den Behauptungen Cavours und der späteren italienischen Regierungen. »Ohne Rom als Hauptstadt Italiens kann Italien sich nicht konstituieren«, erklärte der Gründer des italienischen Königreichs in seiner Parlamentsrede vom 25. März 1861. »Die Wahl der Hauptstadt ist bestimmt von großen moralischen Gründen. Es ist die Empfindung der Völker, welche die darauf bezüglichen Entscheidungen trifft. In Rom nun kommen alle historischen, intellektuellen, moralischen Umstände zusammen, welche die Bedingungen der Hauptstadt eines großen Staates ausmachen müssen. Rom ist die einzige Stadt Italiens, die nicht ausschließlich munizipale Erinnerungen hat; die ganze römische Geschichte von der Zeit der Caesaren bis zum heutigen Tage ist die Geschichte einer Stadt, deren Bedeutung unendlich weit über die Grenzen ihres Territoriums hinausgeht, einer Stadt also, die dazu bestimmt ist, die Kapitale eines großen Staates zu werden.«[2] Damit verwies Cavour rein materielle Erwägungen wie Geographie, Klima und Verteidigungsfähigkeit von vornherein auf einen untergeordneten Platz. Zwei Tage später ergänzte er, wenn der Papst nicht in Rom säße, sondern an einem von historischen Erinnerungen weniger überfrachteten Ort, wie zum Beispiel

Aquileia, seinen Sitz hätte, dann müsste man sein Gebiet nicht annektieren. Warum also brauchte, Cavour zufolge, Italien, damit es seine endgültige Gestalt finden könne, unbedingt Rom und darüber hinaus Rom als Hauptstadt? Aus geschichtlicher Überlieferung und wegen eines allgemeinen Konsenses. Böse könnte man sagen: Weil Rom Rom ist, und das wäre nicht weit entfernt von der päpstlichen Formulierung, die von Rom als der Fabel der Welt spricht.

Die Brisanz der Hauptstadtfrage für den Prozess der italienischen Einigung zeigt jedoch zunächst nur, dass diese Einheit in der Epoche des Risorgimento bestenfalls ein fernes Ziel war, aber nur sehr schwache Fundamente hatte. Wirtschaftlich, gesellschaftlich, kulturell, nicht zuletzt sprachlich war das Land überaus heterogen; ihm fehlte ein natürlicher, historischer oder wirtschaftlicher Schwerpunkt. Seine lokalen historischen Prägungen, seine archaischen Sozialstrukturen und seine Unwegsamkeit ließen es in zahlreiche verschiedenartige Regionen zerfallen. Ein ausgeprägter Partikularismus hatte seit dem hohen Mittelalter lokale Identitäten erstarken lassen. Metternichs berühmter Satz aus einer Note vom 2. August 1847, dass Italien ein geographischer Name sei, muss nicht unbedingt polemisch verstanden werden.[3] Es gibt viele analoge Überlegungen in den gleichzeitigen Schriften des frühen Risorgimento, und sie liegen zumal den föderalen Entwürfen der Neoguelfen zu Grunde. Es ist kein Zufall, dass die überzeugtesten Unitarier wie Mazzini und Garibaldi auch die leidenschaftlichsten Verfechter der Rom-Idee waren. Rom wurde da zum mythischen Surrogat einer noch nicht bestehenden Einheit. Die Wirklichkeit hinter dem Mythos wird erkennbar in der enormen Bedeutung, die die Konstruktion eines italienischen Eisenbahnnetzes in der frühen Risorgimento-Literatur hat. Massimo d'Azeglio, Cesare Balbo und auch Cavour waren glühende Anhänger des neuen Verkehrsmittels, das die zerklüftete Geographie, die provinzielle Enge, die Rückständigkeit und die Armut ihres Landes überwinden helfen sollte. Einer der schwersten Vorwürfe, die gegen das Regime der Päpste vor Pius IX. immer wieder erhoben wurde, war dessen fortschrittsfeindliche Weigerung, Eisenbahnen zuzulassen, wodurch ein einheitliches italienisches Verkehrsnetz unmöglich wurde, da der Kirchenstaat sich quer über die Halbinsel zwischen den beiden Mittelmeerküsten erstreckte. Cavour ist während seines ganzen Lebens nicht in Rom gewesen; doch schon zu Beginn seiner politischen Laufbahn hat er 1846 in französischer Sprache eine Abhandlung über ein zu schaffendes italienisches Eisenbahnnetz publiziert, dessen natürlicher Mittelpunkt Rom werden sollte: »Zentrum Italiens, in gewisser Weise sogar der Länder, die das Mittelmeer umgeben, wird seine Anziehungskraft eine beträchtliche Vermehrung erfahren.«[4] Ein Nachklang davon ist noch in Cavours Reden von 1861 zu finden, wo es heißt, Rom müsse schon deshalb Kapitale werden, weil die Deputierten aus dem Süden auf ihrem Weg in eine nördlichere Hauptstadt dort einfach aussteigen und bleiben würden.

In Italien ist die Nationalisierung der Gesellschaft in ihrer Breite wie überall in Europa erst durch den Staat und die bürgerliche Öffentlichkeit vollendet worden, durch Schulen, Wehrpflicht, Presse, Bücher, Bilder, die Eisenbahn, nicht zuletzt durch die Kollektiverfahrung des Ersten Weltkriegs. Auf den Weg gebracht wurde die Nation im frühen neunzehnten Jahrhundert von einer schmalen bürgerlich-aristokratischen Elite, einer politischen Klasse, deren Kern aus ein paar tausend Personen bestand, die einander oftmals persönlich kannten und gar nicht selten sogar miteinander verwandt waren. Memoiren und Briefe jener Zeit enthüllen ein dicht geknüpftes Netz von persönlichen Beziehungen, dessen Schwerpunkt im Norden liegt. Diese Elite war klassisch gebildet, sie bewegte sich ganz selbstverständlich in historischen Reminiszenzen und Bildern – dies ist eine der bildungssoziologischen Voraussetzungen für die Fixierung auf Rom in der Hauptstadtfrage. Die Basis und das Publikum dieser Elite lagen fast ausschließlich in den Städten, bei Kaufleuten, den akademischen Berufen, gebildeten Adligen, Studenten, Handwerkern. Diese verhältnismäßig schmale Basis des Risorgimento ließ auf der Seite der Kirche Verschwörungstheorien gedeihen: Nur Freimaurer und Sekten seien es, welche die italienische Revolution geplant und ausgeführt hätten, während das gläubige Volk in seiner Masse ihr gleichgültig gegenüberstehe.

Piemont, der Vorkämpferstaat der Einheit, wurde damals oft mit Makedonien und Preußen verglichen; andere Beobachter, beispielsweise Gregorovius, erinnerte die Monarchie der Savoyer

Das erste italienische Parlament 1861: Hier fand die erste Hauptstadtdebatte statt.

eher an jene germanischen Heerfürstentümer, die im frühen Mittelalter kurzlebige italienische Königreiche auf den Trümmern des römischen Reichs errichteten – alle diese Analogien sprechen von der relativen Fremdheit der subalpinen Grenzmonarchie. Die Randstellung des Savoyerstaats fällt deshalb so ins Gewicht, weil es in Italien, im Gegensatz zu den westlichen europäischen Ländern, aber auch zu Deutschland mit seinem Heiligen Römischen Reich, vor dem neunzehnten Jahrhundert eine das spätere Nationalgebiet, von den Alpen bis nach Sizilien, auch nur annähernd umfassende Struktur, etwa in monarchischer Gestalt, nie gegeben hat; der Süden und das Patrimonium Petri hatten nach dem Untergang des Imperium Romanum nie in einen gesamtitalienischen

Zusammenhang gehört. Italien ist unverhältnismäßig lange von fremden Dynastien regiert worden; mehr als ein separates Staatensystem hat die Halbinsel an politischer Einheit und Unabhängigkeit vor dem neunzehnten Jahrhundert nicht hervorgebracht.

Der Vorlauf der italienischen Nation war kulturell; er gründete auf einer glanzvollen literarischen Tradition und auf den Reminiszenzen der Antike. Mehr als die meisten anderen Länder Europas war Italien vor seiner staatlichen Konstitution bloß eine Idee; und dieser ideologische, wenn man so will, voluntaristische Charakter des Nationalen erhöhte nicht nur den Bedarf nach römischen Sinngebungen, er vermehrte auch deren reale Wirksamkeit. In Rom aber lag nicht nur der Ruhm der Vergangenheit, sondern dort saß auch die Kirche: Die römisch kontaminierte italienische Nationalidee musste daher in den eigentlich unmöglichen Wettstreit mit einer wirklichen weltanschaulichen Großmacht treten – was ungefähr dem Kampf zwischen Stuckmarmor und Marmor entspricht.

Zur Künstlichkeit des jungen Nationalstaats gehörte, dass alles von Grund auf neu errichtet werden musste. Die Vorgängerstaaten – Neapel-Sizilien, Toskana, Parma, Modena, der Kirchenstaat, die österreichischen Herrschaftsgebiete – wurden samt ihren administrativen Strukturen ersatzlos abgeschafft, während in Deutschland die regionalen Staaten mit ihren Höfen, Regierungen und Verwaltungen unter dem Dach des Bismarckreichs zunächst weiterlebten. Dort stellte sich nach 1866 eine ernsthafte Hauptstadtfrage nicht mehr – trotz der Überlegungen, die Reichsinstitutionen an einem neutralen Ort wie Kassel anzusiedeln –, denn einerseits war Preußen mit seiner Hauptstadt Berlin die unumstrittene Vormacht, andererseits waren die überkommenen lokalen Strukturen so stark, dass diese Dominanz erträglich schien. In Italien dagegen mussten im ersten Jahrzehnt der Einheit über Nacht eine einheitliche Gesetzgebung und eine nationale Verwaltung geschaffen werden, was meist auf die Ausdehnung der piemontesischen Bestimmungen hinauslief. Die Zentralisierung war rabiat, weil man den überkommenen Partikularismus fürchtete. Die Widerstände, vor allem gegen die ungewohnte Besteuerung, aber auch die Einberufungen zum Heer, waren beträchtlich, und im Süden wuchsen sie sich in den sechziger Jahren zu einem veri-

tablen Bandenkrieg aus, der zeitweise Hunderttausende Armee-
soldaten beschäftigte. Diese Aufstände wurden von den zum
Papst nach Rom geflüchteten neapolitanischen Bourbonen ge-
schürt und vom Kirchenstaat aus tatkräftig unterstützt; doch
ohne eine weit verbreitete Unzufriedenheit hätte dieses reaktionäre Sozialrebellentum sich nicht jahrelang behaupten können.
Dass Italien wieder zerfallen könne, hielten in den sechziger Jahren viele Beobachter für möglich, die Kurie rechnete zeitweise fest
damit, und die französische Diplomatie spielte noch lange mit
Teilungsideen entlang der historischen Grenzen von Nord-, Mit-
tel- und Süditalien. Das Fortleben des Mezzogiorno-Problems bis
in die Gegenwart und die neuen antiunitarischen Bewegungen im
Norden bezeugen, dass die innere Einheit Italiens brüchig geblieben ist. All das hat dazu beigetragen, dass im Gegenzug der
Nationalstaat zentralistisch wurde, auf die Exekutive fixiert, dass
sich hier zunächst ein Liberalismus von oben ausbildete, der
wenig Anknüpfungen an die lokal und historisch zerklüfteten
Realitäten an der Basis fand.

Vor diesem Hintergrund mussten sich erst Turin und dann Florenz und Rom gegenüber den alten, aber durchaus florierenden
»abgesetzten Hauptstädten« – *capitali spodestati* –, so nannte der
Abgeordnete Giuseppe Ferrari sie 1870 in einer Parlamentsrede,
behaupten.[5] Rom war 1870 weder die reichste noch die fort-
schrittlichste, nicht einmal die größte dieser Städte. Neapel war
mit 448 000 Einwohnern fast doppelt so groß, Turin und Mailand mit ihren 212 000 und 200 000 Einwohnern annähernd
gleich groß wie Rom, dabei aber moderner, hygienischer, wirtschaftlich ungleich produktiver. Neapel blickte auf eine jahrhun-
dertelange Tradition als Residenz einer der großen Monarchien
Europas zurück, im achtzehnten Jahrhundert zählte die Stadt
sogar zu den fortschrittlichsten und luxuriösesten Orten der Welt.
Und längst war der italienische Städtereichtum, sein Polyzentris-
mus, als organisierendes Prinzip der italienischen Geschichte seit
der Antike erkannt worden. Dass die Besitzer des Landes hier seit
jeher in Städten zusammenlebten, während die Lokalherren im
europäischen Norden auf Burgen und Schlössern inmitten ihrer
Herrschaften siedelten, dass in Italien die ländlichen Regionen
also weithin urban kristallisiert sind, das hatte der Ökonom

Carlo Cattaneo 1858 als Besonderheit Italiens in einem universalhistorisch vergleichenden Essay herausgearbeitet, der den schönen Titel *La città considerata come principio ideale delle istorie italiane* (»Die Stadt als Grundprinzip der italienischen Geschichte«) trägt. Und so hat es neben der Verehrung für Rom als Unterpfand der Einheit und Größe Italiens während des gesamten Risorgimentos auch die emphatische Erinnerung an die Zeit der freien Bürgerkommunen des Mittelalters gegeben, jener blühenden Stadtkultur, die der Nährboden der Renaissance und damit des höchsten italienischen Ruhms nach dem Untergang des römischen Reichs war. In den Regionalüberlieferungen der Toskana oder der Lombardei konnten solche Erinnerungen sogar eine explizit antirömische Spitze annehmen, wobei Rom für die Tyrannei und die anderen Städte für Freiheit und Selbstbehauptung standen.

Die Antirömer

Für Rom sprach, so Cavour, sein überwältigender Reichtum an geschichtlichen Überlieferungen und sein universaler Rang. Genau dies aber machte Rom in den Augen der Gegner und Kritiker des Beschlusses von 1861 ungeeignet, zur Hauptstadt des modernen Italien zu werden. Schon 1858 hatte Cesare Balbo, dessen »Grundriss der italienischen Geschichte« (*Sommario della storia d'Italia*) von 1847 zum vielfach nachgeahmten Musterbild einer knappen, schön geschriebenen, jedermann zugänglichen Nationalgeschichte wurde, in einem eigenen Essay mit dem Titel »Gedanken zur italienischen Geschichte« (*Pensieri sulla storia d'Italia*) festgestellt, dass sein Land das einzige in Europa sei, das zwei Geschichten habe, die antike und die moderne. Alle anderen modernen Nationen haben bestenfalls Vorgeschichten, Italien aber war in der Antike schon einmal ganz groß. »Diesen Vorzug haben wir teuer bezahlt und wir bezahlen ihn weiterhin teuer.« Denn Italien, »beladen von der römischen Glorie, verfolgt von römischen Erinnerungen, hat mit der antiken Geschichte seine moderne Geschichte bis auf den heutigen Tag verdorben«.[6] Daher nämlich komme die Unfähigkeit, in der eigenen Gegenwart zu leben, ein schädlicher Hochmut, der Anspruch auf »Primate« und erste Positionen – jene idealistische Übersteigerung, die gerade die Programmschriften des frühen Risorgimento literarisch so beeindruckend und politisch so nutzlos machte und gegen die Balbo selbst in seinen *Speranze d'Italia* eine nüchterne Einschätzung der Weltlage gestellt hatte. Die Belastung durch eine überragende Vorläuferzivilisation hat, so darf man von heute aus ergänzen, ein eigentümliches Ungenügen in die großen Epochenbegriffe der italienischen Geschichte gebracht. Gerade die berühmtesten – *Rinascimento* und *Risorgimento*, also Wiedergeburt und Wiederauferstehung – entwerfen ein Bild von vergangener Größe und künftiger Erneuerung, während das, was dazwischen liegt, nur wenig gelten kann. Die rhetorische Verachtung des Gegenwärtigen ist im neunzehnten und zwanzigsten Jahrhundert eine durchgehende Haltung im italienischen Selbstverständnis geblieben; auch Mazzinis Abfolge eines ersten, zweiten und dritten Rom von Imperium, Papsttum und Volk zeigt diesen unzufriedenen Schwung in eine utopische Zukunft, der seine Kraft aus einer unerreichbar glänzenden Vergangenheit bezieht.

Rom zur italienischen Hauptstadt zu erheben, hieß das nicht, ein soeben handstreichartig geeintes, innerlich unfestes, äußerlich schwaches, international angefochtenes, sozial und zivilisatorisch eher zurückgebliebenes, jedenfalls ungleichmäßig entwickeltes Land illusionären Ansprüchen auszusetzen, eine permanente Überforderung in seine Identität einzubauen, also wieder einmal die Gegenwart zu verfehlen? Darauf laufen die Überlegungen hinaus, die der piemontesische Staatsmann, Schriftsteller und Maler Massimo d'Azeglio wenige Wochen vor dem Hauptstadtbeschluss von 1861 in einer so glanzvoll geschriebenen wie hellsichtigen Schrift unter dem Titel »Drängende Fragen« (*Questioni urgenti*) vorlegte. D'Azeglio, als Politiker und Künstler eine seltene Doppelbegabung, war einer der wenigen Vorkämpfer der italienischen Einheit, die Rom wirklich kannten, denn er hatte mehrere Jahre dort gelebt. Schon der Zustand der römischen Gesellschaft sei für ein vernunftgeleitetes politisches Leben wenig günstig – er dachte an die Gefühlsexzesse von 1848/49, deren soziale Basis für den ganz bürgerlich denkenden D'Azeglio in der Unverantwortlichkeit eines müßiggängerischen, von öffentlicher Wohlfahrt lebenden Pöbels lag. Die römische Umwelt, beschwert mit 2500 Jahren gewalttätiger Geschichte und kirchlicher Heuchelei, sei für eine auf dem Recht und der freien Meinung gegründete Regierung eines jungen Landes ganz ungeeignet. Die moderne Zivilisation »beruht auf der freien Verbreitung der Ideen, der raschen Kommunikation, der Handelsfreiheit, der Dampfkraft, der Elektrizität etc. etc. Was hat all das mit den Erinnerungen der antiken römischen Welt zu tun, die keine andere Grundlage ihrer Größe als die Sklaverei der Völker kannte? Welche Stärke und welche Kraft sollen die modernen Prinzipien daraus ziehen, in Belisars Mauerring eingeschlossen zu sein?« – »Italien und die Welt haben endlich das Recht zu fragen, ob dieses Kapitol ewig dauern soll. Sie haben das Recht, ihre neuen Ansprüche vorzubringen und zu fragen, ob die Gleichheit vor dem Gesetz, die auf der Zustimmung der Völker gegründete Legitimität, ob das System der nationalen Vertretung, der Öffentlichkeit von Verwaltungsakten etc. etc. in politischer Hinsicht nicht die ganze altrömische Weisheit aufwiegt; ob nicht den Steinmassen der Amphitheater und der Lust, auf dem Sand die Glieder der Gladiatoren und der Bestien zucken zu sehen, nicht das Schauspiel einer Lokomotive vorzuziehen sei, die mit Windeseile eine Masse gleicher und freier Bürger transportiert? Haben wir einmal doch den Mut zu sehen und uns davon zu überzeugen, dass auch wir selber etwas sind, und dass wir es ohne allzu große Bescheidenheit wagen dürfen, uns selbst ein neues Kapitol zu errichten, das in der Geschichte der Jahrhunderte dem alten nichts an Ruhm zu neiden hätte.«[7] Man möchte seitenlang aus dieser taufrischen Darlegung eines historisch selbstbewussten Liberalismus zitieren. Italien habe keinen Bedarf an einer dominanten Kapitale, fuhr D'Azeglio fort, die reiche und kultivierte Bevölkerung des Landes müsse sich nicht an einem Punkt sammeln, denn das Land habe einen großen Vorzug: Es sei voll von vielen Hauptstädten. Dabei sah der gebürtige Turiner ein, dass man die neue italienische Regierung nicht in der piemontesischen Residenz lassen könne; also schlug D'Azeglio drei Jahre vor der Septemberkonvention Florenz vor, nicht nur aus geographischen und klimatischen Gründen, sondern weil Florenz den Gipfelpunkt der nachantiken Größe Italiens darstelle und das Zentrum seiner Sprache sei. Außerdem hielt D'Azeglio eine Versöhnung mit dem Papst für leichter erreichbar, wenn die italienische Regierung darauf verzichte, mit ihm dieselbe Stadt zu teilen. Und als er drei Jahre später für die Annahme der Septemberkonvention im Senat sprach, wiederholte er, dass es nicht dasselbe sei, Rom zu einer italienischen Stadt oder es zur Hauptstadt Italiens zu machen – überhaupt erklärte er die Hauptstadtfrage für überschätzt. Dabei hielt D'Azeglio, der ein frommer Katholik war, von der weltlichen Gewalt des Papstes gar nichts; dessen Regierung verachtete er wegen ihrer Unrechtlichkeit, Ineffizienz und Korruption. Das Festhalten am Kirchenstaat sei, so glaubte er, ein Selbstbetrug, der am Ende auch das Dogma beschädigen werde.

Ein modernes, florentinisches, konstitutionelles Italien mit Rom als italienischer Stadt, aber als exklusivem Sitz des Papsttums, welches sich endlich ehrlich machen und das neue Königreich anerkennen solle, das war D'Azeglios Programm. Seine Argumente wurden damals vor allem außerhalb Italiens von vielen geteilt. Heinrich von Treitschke beispielsweise paraphrasierte sie seitenlang in den Schlusspassagen seiner Cavour-Biographie von 1869 und machte sie sich bis in die Einzelheiten der Formulierungen hinein zu Eigen. Schon 1860 hatte der Graf Montalembert, gebrannt von der Erfahrung des französischen Cäsarismus, Cavour in einem offenen Brief vor einer »präponderanten Kapitale« gewarnt, vor dem Zentralismus einer großen Hauptstadt, vor der Last der despotischen und heidnischen Geschichte, die sich mit dem Kapitol verbindet.[8] Und Ferdinand Gregorovius, der die Entwicklungen von Rom aus mit gespannter Aufmerksamkeit verfolgte, während er an seiner *Geschichte der Stadt Rom im Mittelalter* schrieb – mit dem immer stärker werdenden Gefühl, an einem gewaltigen Nachruf auf das alteuropäische Papsttum zu sitzen –, bewunderte zwar Cavours große Hauptstadtrede vom 27. März 1861, er nannte sie sogar den Ausgangspunkt einer neuen Phase der Zivilisation; doch schon wenige Tage danach vertraute er seinem Tagebuch Einwände an, deren Nähe zu D'Azeglios Darlegungen, die Gregorovius damals aber gewiss nicht kannte, unübersehbar ist: »Die Italiener gleichen einem Gärtner, der einen Baum in der Hand hält und das Loch nicht hat, worin er ihn pflanzen soll. Das unermeßliche Ereignis: Rom zur Hauptstadt eines italienischen Reiches heruntergesetzt, Rom die kosmo-

Der scharfsichtigste Gegner Roms als Hauptstadt: Massimo d'Azeglio (1798–1866).

politische Stadt seit 1500 Jahren, das moralische Zentrum der Welt, zum Sitz eines Königshofs geworden, wie alle anderen Hauptstädte, will mir gar nicht recht begreiflich sein.« Hier zeuge alles für die Kirche, alle Bauten und Monumente. »Alles Zivile, Politische, Weltliche verschwindet darin oder taucht nur auf als graue Ruine einer Vorzeit, wo Italien nichts war als eine Provinz von Rom und die Welt nichts als eine Provinz von Rom. Die Luft Roms taugt nicht für ein frisch auflebendes Königtum, welches an seiner Residenz eines leicht zu behandelnden Stoffes bedarf, dem es sich schnell eindrücken kann wie Berlin und Paris oder Petersburg. Der König von Italien wird hier nur die Figur machen wie einer der dakischen Kriegsgefangenen vom Triumphbogen des Trajan; größer wird er hier nicht aussehen. Alles wird Rom verlieren, seine republikanische Luft, seine kosmopolitische Weite, seine tragische Ruhe.«[9] Die voraneilende Trauer um diese Besonderheiten des päpstlichen Rom – die Einfachheit und Klassenlosigkeit im täglichen Umgang der Gesellschaft, die suggestive Nähe der großen Geister der Vergangenheit – durchzieht die Briefe und Tagebücher von Gregorovius seither wie ein Leitmotiv. Dabei war er Protestant, liberal, antiklerikal, ein Anhänger der Einigung Italiens, die er für geschichtlich notwendig hielt; zugleich aber fürchtete er um die Insel der Kontemplation, die das übernationale Rom darstellte, um das Fortleben seines Mittelalters. Man hätte Rom zur Republik erklären sollen, den Römern aber das italienische Bürgerrecht geben sollen, meinte er später. »So bliebe der kosmopolitische Charakter Roms erhalten. Wenn er ausgelöscht wird, so wird eine Lücke in der europäischen Gesellschaft entstehen.«[10] Das ist eine eigentümlich ins Ästhetische verschobene Variante der katholischen Argumente für den Kirchenstaat als Hort der übernationalen Christenheit.

Handfester politisch waren die Befürchtungen, die der Genfer Publizist Rodolphe Rey 1864 äußerte: »In der Wiedererweckung des großen römischen Namens sehe ich nichts als Gefahren: die Gefahr einer übermäßigen Zentralisierung, die Gefahr einer demagogischen Übersteigerung, die Gefahr von kaum gerechtfertigten Ambitionen ... Rom besitzt in seinen historischen Erinnerungen eine Materie, die jede Regierung Europas erdrücken könnte. Das gilt um so mehr für die Regierung eines noch jungen, kaum geordneten und zu mancherlei Konzessionen gezwungenen Staates. Rom ist ein glänzender Name, aber eine schwerwiegende Herrschaft, die Italien nicht auf seinen Schultern tragen kann.«[11] Wer nach der »Unvermeidlichkeit« Roms als Hauptstadt fragt – und damit mehr als den immerwährenden Pakt der Historiker mit dem Faktischen meint –, der muss nicht zuletzt den Gesichtspunkt der demagogischen Übersteigerung ernst nehmen. Für Rom sprachen gewiss seine zentrale Lage, sein über das Kommunale hinausreichender Ruhm, überhaupt seine historische Dignität; doch diese Gründe sind nicht einmal zusammen genommen zwingend. Denn was gegen Rom sprach, war ja schwerwiegend genug: Der Kampf mit der Kirche, den diese Hauptstadtwahl unvermeidlich machte, die Ablehnung großer Teile der öffentlichen Meinung in Europa und auch die geringe materielle Eignung der päpstlichen Stadt für den neuen nationalen Beruf.

Die Eingliederung Latiums in den italienischen Staatsverband lag zweifellos in der Logik des Nationalitätenprinzips, und die Rückständigkeiten und Ungerechtigkeiten der päpstlichen Regierung haben diese Logik unabweisbar gemacht. Aber aus der Annektierung des römischen Gebiets folgte noch nicht notwendig die Erhebung Roms zur Hauptstadt. Rom als Kapitale: Das war seit der römischen Republik von 1849 vor allem das fanatisch erstrebte Ziel des linken Flügels der italienischen Einigungsbewegung. Die Erinnerung an die blutigen Kämpfe gegen die Franzosen am Gianicolo mit ihren vielen sinnlosen, nach Sinngebung rufenden Opfern, Garibaldis episches Heldentum, Mazzinis tugendterroristische und nationalreligiöse Fortschrittsrhetorik haben die gemäßigten Regierungen des neuen Staats unter unablässigen revolutionären Druck gesetzt. Die Abläufe im Sommer 1870 nach dem Beginn des deutsch-französischen Krieges ließen dem Kabinett in Florenz keine andere Wahl, als nach Rom zu gehen. Selbst zu diesem Zeitpunkt aber erwogen besonnene Geister wie Visconti Venosta oder General Lamarmora noch andere Lösungen wie die Trennung von Hauptstadt und Regierungssitz nach dem Vorbild Russlands mit Moskau und St. Petersburg. Doch als die Italiener dann in Rom angelangt waren, wurde die nationale Gefühlsdynamik unaufhaltsam: Nicht einmal die Leoninische Stadt konnte beim Papst bleiben, und wiederum ein Vierteljahr später wurde mit fast hysterisch anmutender Pedanterie darauf geachtet, das Garantiegesetz auch von dem kleinsten Hinweis auf ein Fortbestehen der weltlichen Gewalt des Papstes frei zu halten. Es gehe Italien dabei wie König Heinrich III. von Frankreich nach der Ermordung des Herzogs von Guise, spottete der Senator Carlo Alfieri; im Angesicht der am Boden liegenden Leiche habe der feige König nämlich erschreckt ausgerufen: *Dieu! Qu'il était grand!*[12] Die mit so vielen Emotionen befrachtete Eroberung der Ewigen Stadt ließ es ausgeschlossen erscheinen, die Hauptstadt nicht dorthin zu verlegen. Als der italienische Kronprinz Umberto im März 1871 als Vorreiter des Hofes den Quirinal in Rom bezog, rechtfertigte er einem preußischen Diplomaten gegenüber noch einmal die gewaltsame Okkupation der Stadt: »Italien, meinte er, sei keine Wahl geblieben. Sein Vorgehen gegen Rom sei eine Existenzfrage gewesen.«[13] Das war nicht vorgeschoben. In einem Moment, in dem Napoleon III. stürzte und sein traditionsschwaches Kaisertum durch eine Republik ersetzt wurde, konnte auch der Fortbestand der noch jüngeren Monarchie in Italien mit gutem Grund unsicher wirken.

Trotzdem verstummten selbst zu diesem Zeitpunkt auch auf italienischer Seite die Zweifel nicht. Bezeichnenderweise waren es eher konservative, nicht unbedingt streng papstfreundliche, aber dem moderat-rechten Regierungslager angehörende Abgeordnete und Senatoren, die in den parlamentarischen Verhandlungen zum Hauptstadtumzug und zum Garantiegesetz letzte Einwände gegen Rom als Kapitale formulierten. Dabei wurden nicht nur außenpolitische Gesichtspunkte vorgebracht – die mit Gewalt entschiedene Römische Frage schuf ein fortdauerndes Drohpotenzial für internationale Einmischungen –, sondern auch nach der inneren Einheit der Nation gefragt. Der Abgeordnete Giuseppe Toscanelli etwa gab am 21. Dezember 1870 zu bedenken, dass die religiöse Einheit des Landes ein stärkerer Zement sei als seine gar nicht so einheitliche Sprache oder die natürlichen Grenzen. Noch wichtiger war ihm, dass es durch die Feindschaft mit der Kirche unmöglich geworden sei, in Italien eine konservative Regierungspartei zu schaffen: »Denn, wenn Ihr auf die Geschichte blickt, so hat es konservative Parteien, die der Religion feindlich waren, nie gegeben.«[14] In eine ähnliche Richtung ging die Stellungnahme Carlo

Alfieris im Senat, der nicht nur die aus Furcht geborene Eile beim Umzug kritisierte, sondern den dauernden Zwiespalt von Religion und Politik, der Italien nun drohte, für eine nationale Gefahr hielt. Die berühmteste Rede gegen Rom als Hauptstadt hielt am 23. Januar 1871 der liberalkonservative Senator Stefano Jacini. Er nahm die Argumente von D'Azeglio wieder auf und plädierte dafür, die Frage der Hauptstadt von der Frage des Anschlusses Roms an Italien zu trennen. Rom solle eine zeremonielle Ehrenhauptstadt für die Königskrönungen und andere nationale Feiern werden, Florenz aber der Regierungssitz bleiben. Auch Jacini hielt das Zusammenleben von italienischer Regierung und Kirchenregierung für »das Gewagteste, was man sich vorstellen kann«. »Das Dogma von Rom als Hauptstadt, als Sitz der Regierung ist ein Traum, es ist ein Trugbild, das einer aufmerksamen Prüfung nicht standhält; es ist eine Idee von Antiquaren, die von Patrioten und Liberalen guten Glaubens übernommen wurde, doch ohne sich wirklich Rechenschaft darüber zu geben. Es ist die Schminke eines altersschwachen Italien, das seine Zeit hinter sich hat, nicht der Schmuck jenes neuen Italien, das wir ersehnen und das die Bahnen der Freiheit und des Fortschritts gehen muss, wenn es sich gleichberechtigt neben den zivilisiertesten Nationen der Welt niederlassen will.«[15]

Übereilung, die Gefahr religiösen Unfriedens, rhetorischer Selbstbetrug – die Argumente gegen Rom als Hauptstadt, die noch im Winter 1870/71 vorgebracht wurden, sind beachtlich. Rom aber hat auf seiner Seite das Votum Cavours. Das muss für ein historisches Urteil sehr schwer wiegen. Doch Cavour knüpfte die Erhebung Roms zur italienischen Hauptstadt an zwei Bedingungen: den Einklang mit Frankreich und den Verzicht auf Gewalt, also eine Lösung im Einvernehmen mit dem Papst. Die erste dieser Bedingungen war im September 1870 schlecht und recht erreicht worden, die zweite nicht. Dies hatte weittragende Folgen für die folgenden Generationen in Italien. Cavour hoffte, dass die Versöhnung mit der Kirche zur Entstehung einer mächtigen katholischen Partei führen würde, die einmal die Regierung des Landes übernehmen könne. Viel spricht dafür, dass dies der scharfsinnigste der vielen kühnen Träume Cavours war. Die Schwäche der italienischen Nationsbildung, der es bis zum Ersten Weltkrieg nicht gelang, über die rein stadtbürgerliche Basis des Risorgimento hinauszukommen und die katholische Landbevölkerung und das Industrieproletariat durch politische Mitwirkung in den neuen Staat aufzunehmen, sie hätte hier ihr Heilmittel finden können. Die Nation hat es in Italien bis zum Faschismus nicht geschafft, die Massen zu integrieren. Das drückte sich in dem überaus exklusiven Zensuswahlrecht aus, aber auch in der Gestaltlosigkeit und mangelnden Festigkeit des italienischen Parteienwesens. Es gab in Wirklichkeit keine Parteien, sondern unscharfe politische Grundeinstellungen und schnell wechselnde Interessenkoalitionen. Die politische Führungsschicht war lokal gebunden, in klientelaren Systemen eingebunden, das Parlament glich eher einer Notabelnversammlung, als dass es die Gesellschaft in ihrer Breite und Widersprüchlichkeit repräsentiert hätte.

Die schmale Basis, auf der der neue Staat ruhte, wurde noch einmal verkleinert durch die Ausschließung der Katholiken – schon ganz materiell in der Stimmverweigerung der papsttreuen Gläubigen bei den nationalen Wahlen, die die Wahlbeteiligung schätzungsweise halbierte, so dass das Parlament in den ersten Jahrzehnten der Einheit tatsächlich kaum 1 Prozent der Bevölkerung vertrat. Wichtiger aber ist noch die strukturelle Lücke, die im politischen System durch das Ausfallen der Katholiken entstand. Der politische Katholizismus hätte zweifellos eine kaum zu überschätzende Rolle bei der gesellschaftlichen Integration des jungen Nationalstaats spielen können. Er hätte dabei vermutlich sogar erfolgreicher werden können, als es das Zentrum im protestantisch dominierten preußisch-deutschen Staat unter eher widrigen Bedingungen gewesen ist. Christliche Parteien bauten auch in anderen europäischen Ländern wie Belgien die vielleicht wichtigste Brücke zwischen den alten ländlichen Milieus und der beunruhigenden industriellen Massengesellschaft. Sie verstanden es, die Landbevölkerung und die konfessionellen Teile der Arbeiterschaft ins parlamentarische System einzubinden und den alten Eliten einen Teil ihrer Angst vor den Massen zu nehmen. Dass dies im konfessionell ungeteilten, aber gesellschaftlich stark fragmentierten Italien nicht möglich war, muss unter typologischen Gesichtspunkten als widersinnige Abnormität gelten. Zwar haben die außerparlamentarischen katholischen Organisationen einiges zur Nationalisierung der bäuerlichen und kleinbürgerlichen Massen beigetragen, indem sie die lokalen Strukturen der Pfarreien und katholischen Vereine zu übergreifenden Verbänden zusammenfassten und mit ihnen eine eigene Öffentlichkeit herstellten, aber diese Öffnung fand zunächst in einer Parallelgesellschaft außerhalb des offiziellen Italien statt. Zur Schwäche des liberalen Verfassungsstaats, der nach dem Ersten Weltkrieg unter den Gewaltakten der Sozialisten und Faschisten fast wehrlos kollabierte, hat das jahrzehntelange Ausfallen des politischen Katholizismus viel beigetragen. Die Gründung einer christlichen Partei – des *Partito Popolare Italiano* von Luigi Sturzo – nach dem Krieg kam zu spät. Die Prognose der konservativen Parlamentarier von 1870 über die Schädlichkeit eines dauerhaften Dissenses mit der Kirche hat sich in dramatischer Weise bewahrheitet.

An der Unversöhnlichkeit zwischen der Kirche und dem Nationalstaat trifft die Politik der Kurie allerdings eine erhebliche Mitschuld, wenn nicht sogar die Hauptschuld. Die von Pius IX. schon 1860 getroffene Entscheidung, sich in der Kirchenstaatsfrage auf eine Maximalposition festzulegen, und die Verdammung des liberalen politischen Katholizismus im *Syllabus* von 1864 enthüllen erst in der Fernperspektive ihren weltgeschichtlichen Folgenreichtum. Sie machten die römische Kirche in ihrem Stammland handlungsunfähig, verdammten sie zu passivem Trotz. Wenn die Kurie der italienischen Nation in der Mitte der sechziger Jahre entgegengekommen wäre – also überhaupt zu Verhandlungen bereit gewesen wäre –, dann hätte sie, so darf man spekulieren, zwar gewiss nicht den Anschluss Roms an Italien verhindern können, aber vielleicht doch die Verlegung des Regierungssitzes an den Residenzort des Papstes. Ein Bewusstsein von den nicht verwirklichten Möglichkeiten verrät ein Brief Lord Actons aus Rom an Döllinger vom Februar 1865: »Die Feinde [der Kirche] sind froh um den Kampf mit Rom, weil die Unpopularität des Papstes, als Feind der nationalen Sache, die Catholische Opposition unmächtig macht. Mir hat Minghetti gesagt man hätte die Einheit so nicht durchsetzen können wenn der Papst patriotischer gewesen wäre.«[16] Ganz ähnlich beurteilte Graf Arnim 1867 die jahrzehntelange Intransigenz der Kurie: »Bewundernd hört und wiederholt der borniert Fanatismus aller Länder das

ewige *non possumus*. Und doch ist dies *non possumus* nichts als
der cynische Nothschrei eines politischen Eunuchentums, während in der Geschichte der letzten 15 Jahre fast an jedem Wendepunkt die Gelegenheit sich dargebothen hätte, mit einem unwiderstehlichen *possumus* affirmativ und befruchtend in den Gang
der Ereignisse einzugreifen und der Revolution ihr Opfer, das aus
tausend Wunden blutende Italien zu entreißen, um es besseren
Geschicken und wirklicher Unabhängigkeit entgegenzuführen.«[17]

Jedenfalls hätte die Kirche sich durch eine Versöhnung mit Italien politische Einflussmöglichkeiten in dem neuen Staat sichern
können, die den Verlust des nur durch ausländische Soldaten gesicherten Kirchenstaatsrumpfes gewiss mehr als ausgeglichen hätten. Das hätte allerdings vorausgesetzt, dass die Kurie auf den
Spuren des französischen Liberalkatholizismus ein positives Verhältnis zum parlamentarischen System, zur Presse- und Gewissensfreiheit, zu den Zivilinstitutionen des Staats entwickelt und
also präzise zwischen ihren nicht verhandelbaren Glaubenswahrheiten und ihren historisch kontingenten politischen Einstellungen unterschieden hätte. Dann hätte sich Cavours Vision von
einer mächtigen christlichen Partei in Italien realisieren lassen –
sie wurde erst nach dem Zweiten Weltkrieg, nach der Katastrophe des Faschismus wahr. Allerdings machte die rabiate innere
Kirchenpolitik Piemonts und des jungen Königreichs Italien es der
Kurie auch schwer genug, Zutrauen zu diesem Verhandlungspartner zu fassen. Das Misstrauen war auf beiden Seiten unüberwindlich. So blieb die Kirche auch nach 1870, als alles verloren war
und keine realistische Aussicht auf Wiederherstellung des alten
Zustands mehr bestand, bei ihrer Fundamentalopposition. Das
Non expedit schob einer nationalen Repräsentanz des Katholizismus in Italien endgültig den Riegel vor. Die moderate Regierung hatte 1870 unter den obwaltenden Umständen keine andere
Wahl, als einseitig zu agieren.

War Rom die unvermeidliche Hauptstadt Italiens? Gewiss,
aber aus einer unglücklichen historischen Konstellation heraus:
weil Rom zum Gegenstand eines weltanschaulichen Krieges geworden war. Auf der einen Seite stand die Kirche, die ein heilsgeschichtliches Recht auf die territoriale Souveränität in der Ewigen
Stadt für sich in Anspruch nahm; und auf der anderen Seite stan-

den jene säkularreligiösen Nationalisten, die sich allen Ernstes die fanatische Parole »Rom oder den Tod« zu Eigen machten. Diese ideologische Frontstellung zwischen Kirche und Nation erklärt auch, warum es eine eigentliche Hauptstadtdebatte, die zwischen verschiedenen Orten frei abgewogen hätte, in Italien nicht gab; die Antirömer blieben eine verschwindende Minderheit. Rom blieb ohne ernsthafte Konkurrenz. Die Römische Frage blieb ein Streit *um* Rom. Und die Eroberung von 1870 brachte, anders als es die optimistischen Proklamationen der italienischen Regierung und ihres Generals in jenen Wochen suggerierten, diesen schweren Konflikt der modernen Gesellschaft noch längst nicht zur Ruhe.

Römisches Italien

Die Befürchtungen und Zweifel der Rom-Gegner haben sich nach der Installierung der neuen Kapitale mit fast pedantischer Genauigkeit bewahrheitet. Rom wurde der Kristallisationspunkt aller inneren Unsicherheiten und Komplexe der jungen Nation, die nun eigentlich aus ihrer heroischen Kampfzeit in eine ruhige Normalität hätte hinübergleiten sollen. Die hochfliegende geschichtsphilosophische Erbschaft des Risorgimento, die einschüchternde Konkurrenz des Papsttums, die Universalität der neuen Hauptstadt, all das ließ die Frage nach der historischen »Mission« Italiens entstehen, nach seiner Rolle in der Welt. »Der König von Sardinien ist eine zu kleine Sache für Rom«, meinte der inzwischen zur Monarchie bekehrte Garibaldiner Francesco Crispi, »Rom, das Haupt der Welt, muss der Sitz einer großen Monarchie sein oder des Pontifikates.«[18] Mommsens Frage an Sella, was Italien denn in Rom vorhabe, stellten damals viele. Sie führe, so hat Benedetto Croce in seinem 1927, also bereits in der Zeit Mussolinis geschriebenen Rückblick auf das liberale Italien ausgeführt, »auf die Spur eines falschen Gedankens, der sich in der romantischen Geschichtsschreibung findet; man verallgemeinerte künstlich das Geschehen der Vergangenheit und wies den einzelnen Völkern besondere Missionen zu; man meinte, ein Volk ohne eine solche Mission sei nicht würdig, Volk zu heißen. In Wirklichkeit haben die Völker ebenso wie die einzelnen Menschen keine andere Mission, als menschlich, das heißt idealistisch ihr Leben zu leben, ihre Handlungen nach den Aufgaben und Gelegenheiten, die sich ihnen bieten, einzurichten und den Blick von der Erde zum Himmel und vom Himmel zur Erde zu wenden.«[19]

Sellas Antwort an Mommsen hatte in einem einzigen Wort bestanden: Wissenschaft. Doch aus Sellas zeittypischer Konzeption, der positivistischen Verbindung von Historismus und Elektrifizierung als Gegenbild zur finsteren Macht der Kirche, ist nichts geworden. Der Beitrag Roms zu den wissenschaftlichen Fortschritten blieb marginal im Vergleich zu dem, was in Berlin und Paris zur selben Zeit geleistet wurde. Den bedeutendsten römischen Beitrag zum wissenschaftlichen Fortschritt ermöglichte in jener Epoche ausgerechnet Papst Leo XIII., indem er 1883 die vatikanischen Archive der historischen Forschung zugänglich machte, wodurch vor allem die Mediävistik auf eine neue Grundlage gestellt wurde. Und davon profitierten die Forscher aus Frankreich und Deutschland zunächst viel mehr als die Italiener, die eine Scheu davor hatten, die Schwelle zu den apostolischen Archiven zu überschreiten.

Eine andere friedliche Hoffnung, mit der gläubige Italiener wie Bettino Ricasoli nach Rom gegangen waren, nämlich durch die Auflösung der weltlichen Gewalt des Papstes eine grundlegende Erneuerung des Christentums anzustoßen, hatte sich theologisch schon viel früher, im Vatikanischen Konzil zerschlagen, und sie zerschlug sich im Winter 1870/71 ein zweites Mal, als klar wurde, dass die Kurie nicht bereit war, auf Angebote Italiens einzugehen, und sich starrsinnig ihrer neuen Umgebung verschloss. Immerhin vermied Italien einen Kulturkampf und beschränkte sich auf eine laizistische Schulpolitik, auf die Einführung der Zivilehe und den Monumentenwettstreit in der Stadt Rom. Und doch zeigte sich mit den Jahren, wie schwach zwischen den starken, historisch gewachsenen Regionalidentitäten und dem universalistischen Phantasma der römischen Überlieferungen die neue mittlere Ebene der bürgerlichen Nation war. Die Hauptstadt wurde eine Art Wegscheide zwischen Nord und Süd. Schon bald beklagte die oberitalienische Bourgeoisie, das alte ehrenfeste Piemont nicht weniger als Florenz, die Meridionalisierung des römischen Zentrums. Der Norden, vertreten durch die piemontesische Politikerklasse, war kontinental ausgerichtet; hier dachte man in den traditionellen Kategorien des europäischen Staatensystems. Die Politiker aus dem Süden, vor allem Crispi, schauten aufs Mittelmeer und nach Nordafrika; ihr Denken näherte sich schon bald dem Zeitstil des Imperialismus an. In den ersten beiden Jahrzehnten nach 1870 war die italienische Außenpolitik noch sehr zurückhaltend gewesen, nicht zuletzt aus Furcht vor feindlichen Machenschaften der Kurie. Italien war auf der Grundlage des Nationalitätsprinzips entstanden, und dieses Prinzip leitete auch seine Außenpolitik; aus ihm folgten allenfalls Ansprüche auf das Trentino und Gebiete in Dalmatien, doch eine kolonialistische Expansionspolitik schloss es eigentlich aus.

Doch hatte ausgerechnet der humane Völkerapostel Mazzini in einer seiner letzten Schriften den Denkweg vom Nationalprinzip zum Imperialismus vorgezeichnet. Italiens Mission in der Welt, so verkündete er in der Abhandlung *Politica internazionale* von 1871, sei es, die Nationalität als moralisches Prinzip der internationalen Beziehungen durchzusetzen. Dazu solle es sich vor allem mit den jungen, aufsteigenden Völkern, namentlich den Slawen, gegen die alten Vielvölkerstaaten, also gegen Österreich, das Osmanische Reich und Russland, verbünden, mit ihnen eine Liga bilden und einen Gürtel kleiner Nationen zwischen Deutschland und Russland legen. Außerdem aber sei es Europa vorbestimmt, diese in Nationen entwickelte Zivilisation auch nach Asien und Afrika zu tragen. Und schon war Mazzinis Phantasie bei einer »kolonisatorischen Invasion« angelangt, »die, wenn der günstige Moment da ist, nach Tunesien zu lenken ist. Bei der unvermeidlichen Bewegung, die Europa zur Zivilisierung der afrikanischen Regionen führt, gehört, so wie Marocco zur iberischen Halbinsel und Algerien zu Frankreich, Tunesien, der Schlüssel des Mittelmeers, sichtbar zu Italien. Tunis, Tripolis und die Cyrenaika bilden einen Teil Afrikas, der bis hin zum Atlas zum europäischen System gehört. Und auf den Gipfeln des Atlas wehte einst die Fahne Roms, als, nach Karthagos Sturz, das Mittelmeer Unser Meer – *mare nostro* – hieß. Wir waren bis zum fünften Jahrhundert die Herren der ganzen Region. Heute werfen die Franzosen ein Auge darauf und werden sie bald haben, wenn wir sie nicht erwerben.«[20] Aus diesem Motiv wurde seit den achtziger Jahren, als Italien sich Schritt für Schritt zu einer eigenen Kolonialpolitik entschloss, ein nicht zuletzt in den Parlamentsdebatten ständig bemühtes Klischee: Das Mittelmeer gehörte einst den römischen Ahnen, und also muss heute Italien wieder einen Teil der nordafrikanischen Küste erhalten. Vor allem Crispi machte sich diese Analogie zu Eigen,[21] und anders als Tausende der Soldaten, die er in ein schlecht vorbereitetes Kolonialabenteuer in Ostafrika führte, überlebte diese rhetorische Figur mühelos die verheerende Niederlage von Adua im Jahre 1896. Italien konnte sich zwar Tunesien nicht sichern, da kam ihm Frankreich, wie Mazzini es vorausgesehen hatte, zuvor, aber im Jahre 1912 erwarb es nach langer diplomatischer und militärischer Vorbereitung immerhin Libyen. Den dafür nötigen Raubkrieg gegen die Türkei begann das Königreich 1911, im Jahr seines fünfzigsten Geburtstags, zu dem es sich neben der Einweihung des Vittoriano eine große Ausstellung über das Römische Reich in den Diokletiansthermen schenkte.

Die Gerechtigkeit gebietet es festzuhalten, dass die Politik des liberalen Italien auf den meisten Gebieten von großer Nüchternheit geprägt war. Sie arbeitete vor allem am inneren Ausbau des Landes, seiner Infrastruktur, dem Schulwesen, der Alphabetisierung, der Sanierung der immer kritischen Finanzen. Was das Land sich an rhetorischem Überschwang und an weltpolitischen Ambitionen gönnte, blieb deutlich hinter den Ansprüchen des Deutschen Reichs, des anderen Neulings auf der europäischen Staatenbühne, zurück. Kennzeichnend für Italien allerdings war die Überforderung seiner wirklichen Kräfte, und daran hat auch die glanzvolle Hauptstadt ihren Anteil. Rom ließ Italien immer ein wenig größer aussehen, als es tatsächlich war. Die heikle Balance des Landes – zu klein für eine Großmacht, aber viel zu groß für die neutrale, friedliebende Selbstgenügsamkeit eines Kleinstaats – neigte sich am Ende auf die Großmachtseite, obwohl es dafür nicht stark genug war. Die Disproportion war an den neuen römischen Bauten, vor allem dem Vittoriano, mit Händen zu greifen: Einen so bombastischen Steinberg hat keine andere Kapitale dieser Epoche hervorgebracht, am wenigsten London, die mächtigste von ihnen, nicht einmal das wilhelminische

Berlin. Die Rhetorik der italienischen Politiker, allen voran Crispis, war gewiss nicht anmaßender als die Wilhelms II.; trotzdem wirkte sie noch überzogener, weil man ahnte, wie sehr sie an den wirklichen Möglichkeiten des Landes vorbeiging. Das Drama der italienischen Selbstüberforderung nahm dann in seiner Teilnahme am Ersten Weltkrieg wahrhaft apokalyptische Dimensionen an, in einem Sieg, der so knapp ausfiel und mit so ungeheuren Opfern erkauft war, dass er von einer Niederlage kaum zu unterscheiden war, und die Nation schon vier Jahre später reif für die Machtübernahme der Faschisten machte.

Versöhnung mit Mussolini

Mussolinis Marsch auf Rom verschmolz die Symbolsprachen der beiden Flügel des Risorgimento, des garibaldinischen und des monarchisch-liberalen. Der Marsch auf Rom spielte auf jene *Entrata in Roma* des italienischen Heeres an, deren fünfzigster Jahrestag am 20. September 1920 in einer Vielzahl von Gedenkfeiern, Zeitungsartikeln und Büchern sowie mit einer neuen Inschrift bei der Bresche von Porta Pia begangen worden war. Doch die Form, der Sternmarsch hemdentragender Freischaren auf die Kapitale, ließ die Erinnerung an Garibaldis Heldentaten wach werden, nicht zuletzt an seine bei Aspromonte und Mentana gescheiterten Versuche, Rom auf eigene Faust zu erobern. Auch in den verregneten Oktobertagen 1922, in denen Mussolini sein Geschichtsspektakel aufführte, wurde der Ruf *Roma o morte* laut und nobilitierte den Verfassungsbruch durch die Suggestion patriotischen Selbsthelfertums. Die Gegenwehr des bürgerlichen Staats blieb aus – »1870 haben wir Rom besser verteidigt«, sagte ein betagter Prälat[22] –, und so konnte sich diese anmaßende Gewaltlogik durchsetzen. Für die faschistische Herrschaftsideologie war die Berufung auf den Mythos von Rom keine rhetorische Äußerlichkeit, sondern ein legitimierendes Kernstück.

»Rom ist unser Ausgangspunkt und unser Bezugspunkt; es ist unser Symbol, oder, wenn man so will, unser Mythos. Wir träumen ein römisches Italien, das heißt ein weises und starkes, diszipliniertes und imperiales Italien.«[23] So verkündete es Mussolini wenige Monate vor seiner Machtergreifung, als er am 21. April 1922 den legendären Geburtstag der Urbs zum faschistischen Feiertag, zum Gegenbild des 1. Mai der Arbeiterbewegung erhob. Ins Zentrum seiner ideologischen Symbolik rückte also nicht so sehr das nationale Rom mit seiner kurzen Vergangenheit als vielmehr das antike Rom. Römisch in diesem Sinn sollten die Zeichensprache und die Formen des Regimes von Anfang an sein: der *passo romano*, der Stechschritt, sollte das herdenhafte Trotten der katholischen Prozession durch das Gefühl von Kompaktheit, Gemeinsamkeit und Stärke ersetzen; der römische Gruß – die nach oben gerissene rechte Hand – und die Einführung des Du oder Ihr an Stelle des Sie gaben den bürgerlichen Umgangsformen einen militärischen und egalitären Anstrich. 1926 wurde die faschistische Ära etabliert, eine neue Zeitrechnung, die vom Beginn des Regimes an rechnete und die Jahre in römischen Ziffern zählte. Mussolini wurde als römischer Kopf, als Cäsarenphysiognomie stilisiert, als erstgeborener Sohn der römischen Wölfin. Die Liktorenbündel, die römischen Rangbezeichnungen in den faschistischen Kampfgruppen und der vage herrscherliche Titel *DUX/Duce* vervollständigten die Stilisierung ebenso wie der klassizistische, imperiale Baustil vor allem in den späteren Jahren des Regimes. Die dreißiger Jahre brachten die 2000-Jahrfeiern der augusteischen Dichter Vergil und Horaz und eine große Ausstellung zu Kaiser Augustus, dessen Doppelgesicht als Revolutionär und konsensstiftender Restaurator für Mussolinis eigene Rollendefinition wie geschaffen schien.

Das Erstaunliche ist: All das war mehr als Propaganda, es wurde vielfach wirklich geglaubt. Der Bezug auf römisch-antike Vorbilder erlaubte es nicht zuletzt ausländischen Beobachtern, sich das historisch neue Phänomen des totalitären, direkt mit den Massen kommunizierenden Diktators zurechtzulegen – eine der vielen Verwechslungen, mit denen ein vom Analogiedenken geleitetes Geschichtsverständnis die beispiellosen neuen Erfahrungen des zwanzigsten Jahrhunderts zu bewältigen suchte und damit verfehlte. Der römische Stil des Faschismus diente vor allem dazu, seine Brutalität und Gesetzlosigkeit ästhetisch zu adeln, sie als tugendhafte, am Gemeinwohl orientierte Strenge und Härte, als sittliche Unerbittlichkeit, den Duce als »Heros der Kultur«

(Freud) erscheinen zu lassen. Auf den Spuren Mazzinis und der italienischen Kolonialpolitik in Afrika wandte Mussolini schon früh seine Aufmerksamkeit der seebeherrschenden Rolle des alten Rom zu und strebte nach einem neuen Imperium. Am 9. Mai 1936, nach der mit unerhörter Grausamkeit vollzogenen Unterwerfung Äthiopiens, war es soweit. In den Abendstunden verkündete der Diktator einer im Fackelschein wartenden Menge vom Hauptbalkon des Palazzo Venezia, vor der ungeheuren Kulisse des Vaterlandsaltars, die Wiederkehr des römischen Reichs: »Italien hat wieder sein Imperium ... In dieser feierlichen Gewissheit erhebt, oh Legionäre, die Feldzeichen, das Eisen und die Herzen, um nach fünfzehn Jahrhunderten das Wiedererscheinen des Reiches auf den schicksalsschweren Hügeln Roms zu begrüßen.«[24] Wie die Cäsaren ließ Mussolini einen Obelisken aus Afrika in Rom aufstellen; er verband die Piazza Venezia mit dem Colosseum durch die Via dell'Impero, eine gewaltige Aufmarschstraße, die quer über archäologisches Gebiet verlief.

Überall in Italien war die Gewaltmaske von Mussolinis Schädel zu sehen, und an den öffentlichen Gebäuden kündeten lateinische Inschriften von den Ruhmestaten des italischen Führers. D'Azeglio hatte gefragt, was freie Bürger eines Verfassungsstaats mit den Erinnerungen an Sklaverei und Gladiatorenspiele anfangen sollten. Nun gab es Aufmärsche, Sportfeste und die Gewalt in den Polizeikellern. Mussolini verachtete das Christentum, seine Lehrer waren Nietzsche und Sorel, sie hatten ihm den Kultus der Stärke beigebracht. Es gibt kein Bild von ihm, das ihn in einer den Italienern so vertrauten Stellung zeigt: im Gebet auf einer Kirchenbank kniend. Als er den Papst zum ersten Mal besuchte, ließ er sich vorweg vom Handkuss entbinden.

Und dieser Mann konnte zur Überraschung nicht nur seines eigenen Landes, sondern auch der Außenministerien aller anderen Staaten, im Februar 1929 den Abschluss eines Vertrags und eines Konkordats mit dem Heiligen Stuhl verkünden, in dem sechzig Jahre nach der Begründung des Königreichs Italien die Römische Frage endgültig gelöst und beigelegt wurde. Nun erfuhr die Welt voller Staunen, dass in höchstem Geheimnis zwei Jahre verhandelt und dabei nicht einfach ein Gordischer Knoten durchschlagen worden, sondern ein Meisterstück der Diplomatie, der feinsten Staatskunst, gelungen war. Und der Papst Pius XI., der eine unglückliche Neigung zu salbungsvollen Berufungen aufs Übernatürliche hatte, erklärte kurz nach Mussolinis Ankündigung: »Vielleicht bedurfte es auch eines solchen Mannes, auf den die Vorsehung Uns hat treffen lassen; eines Mannes, der nicht die Vorbehalte der liberalen Schule hegte, für deren Vertreter all jene Gesetze, jene Ordnungen oder eher Unordnungen, jene Regelungen ebenso viele Fetische bedeuteten, und wie Fetische um so unantastbarer und verehrungswürdiger schienen, je häßlicher und unförmiger sie waren.« Das berüchtigte Wort über Mussolini als den »Mann der Vorsehung« – *uomo della provvidenza* – war in der Welt. Mit dem Konkordat, so schloss der Papst, »glauben wir mit tiefer Genugtuung, Gott Italien zurückgegeben zu haben und Italien Gott«.[25]

Bis heute gilt den Historikern die Versöhnung Italiens mit dem Papst in den Lateranverträgen als der größte und der einzige substanzielle Erfolg von Mussolinis langer Herrschaft. Sein Ansehen in der Welt war damit erst einmal gesichert, bis er es im Abessinienkrieg selbst wieder zerstörte. Es war nicht einfach der gelungene diplomatische Coup, der zählte, sondern die Anerkennung durch die älteste und am besten legitimierte Macht des Kontinents, gerade in einem Zusammenhang, in dem Fragen der Legitimität eine für moderne Zeiten so ungewohnte Rolle spielten. Wer, wenn nicht der römische Papst, der europäische Fürst mit dem längsten Gedächtnis, den größten Vorbehalten gegen das Neue, der heikelsten Diplomatie, dessen Ansehen am Ende des Ersten Weltkriegs auf eine unerwartete neue Höhe gelangt war, konnte abwägen, ob ein Regime vertrauenswürdig und dauerhaft sein könnte? Nun schien gewiss, dass Mussolinis unrechtmäßig zu Stande gekommenes Regime keine Episode bleiben würde. Der Diktator stand 1929, so hat man beobachtet, da, wo Napoleon III. am Ende des Krimkriegs, auf dem Pariser Kongress, stand: Aus dem illegitimen Revolutionär war eine Stütze der europäischen Ordnung geworden. Er hätte jetzt nur Ruhe geben müssen.

Wie war dieser Erfolg möglich geworden? Die Lösung der Römischen Frage lag schon lange in der Luft, und Mussolini konnte ernten, was ohne sein Zutun reif geworden war. Der Dissens zwischen Italien und dem Heiligen Stuhl hatte sich nach dem Tod Leos XIII. im Jahre 1903 sofort fühlbar entspannt. Die auf Leo folgenden Päpste, Pius X. und Benedikt XV., hatten als Bischöfe mitten in der neuen italienischen Gesellschaft gelebt und dabei gute Beziehungen zur staatlichen Obrigkeit in ihren Diözesen unterhalten. So verbesserten sich auch die gesellschaftlichen Umgangsformen zwischen den beiden Mächten in Rom – unterhalb der offiziellen Ebene; man sah italienische Uniformträger und Hofdamen beim Papst. 1905 hatte Pius X. das *Non expedit* gemildert und die Teilnahme von Katholiken an den nationalen Wahlen, wenn auch nicht die Gründung einer katholischen Partei, zugelassen, um die konservativen Kräfte gegen die damals erstarkende sozialistische Arbeiterbewegung zu unterstützen. 1919 war dann das Politikverbot für Katholiken ganz gefallen, und der rasche Aufstieg von Don Sturzos christlicher Volkspartei konnte beginnen – zu spät, um den Verfassungsstaat zu retten, aber doch ein wirksames Zeichen für die potenzielle Macht des politischen Katholizismus in Italien. Pius XI. hatte dann bei seinem Amtsantritt 1922 mit der Tradition gebrochen, zum Zeichen der Gefangenschaft der Päpste den Segen *Urbi et Orbi* nur im Innern der Peterskirche zu spenden. Er erteilte den Segen wieder auf der Außenloggia vor einer jubelnden Volksmenge und salutierenden italienischen Soldaten. Bereits 1920 hatte Benedikt XV. die für Italien lästigste diplomatische Folge des Streits mit der Kirche beseitigt: das Verbot für katholische Souveräne, den italienischen König mit Staatsbesuchen in Rom zu beehren, beziehungsweise die Weigerung der Kurie, ein Staatsoberhaupt zu empfangen, das seine Aufwartung gleichzeitig im Quirinal gemacht hätte. Bei all diesen Abmilderungen aber war die Rechtsposition der Päpste immer eindeutig geblieben; jeder Pontifikat begann mit dem feierlichen Protest gegen die unrechtmäßigen Umstände, unter denen der Papst leben müsse, gegen seine eingeschränkte Freiheit und Souveränität, gegen die »Gefangenschaft«, in der Italien ihn halte.

Vor allem der Erste Weltkrieg hatte die Unzulänglichkeit der bisherigen Regelungen verdeutlicht. Benedikt XV., einer der klügsten Päpste des zwanzigsten Jahrhunderts, wurde gewählt, als der Krieg schon ausgebrochen war, aber bevor Italien sich zum

Eingreifen entschlossen hatte. Er vermochte zwar in allen seinen Handlungen und Äußerungen – Hilfsbemühungen für Gefangene und Verwundete aller Länder, eine ausgreifende Friedensdiplomatie – strengste Neutralität zu wahren, konnte aber nicht vermeiden, dass der Heilige Stuhl in den Streit hineingezogen wurde. Schon dass er, nicht nur moralisch, sondern auch politisch zutreffend, den Weltkrieg von Anfang an als »nutzloses Schlachten« bezeichnete, machte ihm bei den aufgeputschten Völkern keine Freunde. Die italienischen Interventionisten, die Anhänger eines Kriegseintritts auf Seiten der Entente-Mächte, sahen in den päpstlichen Äußerungen den Versuch, die reaktionären und klerikalen Mittelmächte zu unterstützen. Denn der Krieg gegen Österreich seit 1915 war für die Italiener nicht einfach eine Sache der Nationalisten, nicht einmal vorrangig ein Kampf um die »unerlösten« italienischen Gebiete in Südtirol und an der Adria. Es war in mancher Hinsicht der letzte Risorgimento-Krieg, ein Kampf der liberalen Nation gegen einen reaktionären Vielvölkerstaat und gegen den preußischen Militarismus, also einmal mehr ein moralischer Krieg nach Art jener Kriege, wie sie in Italien seit 1848 geführt wurden. Doch unter den Befürwortern des italienischen Kriegseintritts gab es auch eine starke nationalkatholische Fraktion, und die Stimmung von Geschlossenheit, die im Krieg zwangsläufig aufgebaut wurde, ließ auch an dieser Stelle die alten Parteiungen in den Hintergrund treten. Das massenhafte Sterben an der Front machte den Einsatz katholischer Militärgeistlicher unabweisbar; sie wurden auf Betreiben der Heeresleitung in die kämpfende Truppe aufgenommen. Vor diesem Hintergrund konnte im italienischen Inland ein neutraler Papst, der sich die Anliegen aller Völker zu Eigen machte, nur schlecht dastehen.

Es war schwierig, unter solchen Umständen das Garantiegesetz, das nun seinen Ernstfall erlebte, korrekt anzuwenden. Schon erhoben sich im interventionistischen Lager Stimmen, die verlangten, während des Kriegs die dem Papst zugesicherten Immunitäten zu suspendieren. Der *Osservatore Romano* erschien mit vielen weißen Spalten, die die italienische Zensur erzwang. Und die italienische Regierung verlangte vom Heiligen Stuhl die moralische Garantie dafür, dass die bei ihm akkreditierten Diplomaten der feindlichen Mächte von ihrer Immunität keinen Gebrauch zum Schaden Italiens machen würden. Daraufhin veranlasste der Papst die Gesandten Preußens, Bayerns und Österreichs, auf neutrales Gebiet, nach Lugano in der Schweiz, umzuziehen. Das Garantiegesetz war also bei der ersten außenpolitischen Erprobung gescheitert, obwohl weder der Papst noch die italienischen Kriegskabinette irgendein Interesse an einem Konflikt hatten und die Formen auch wahrten. Die Folge war eine Pressekampagne der Mittelmächte zu Gunsten der Wiederherstellung eines souveränen päpstlichen Territoriums. In der für den Papst äußerst kompromittierenden Debatte wurde eine Internationalisierung der Garantien, ein päpstlicher Kleinstaat in Rom mit Zugang zum Meer, und – für den Kriegsfall – sogar die Übertragung des Fürstentums Liechtenstein als Zufluchtsort ventiliert. Das war eine Idee des deutschen Zentrumspolitikers Matthias Erzberger, für die er bereits den bayerischen Ministerpräsidenten und den Wiener Hof gewonnen zu haben glaubte. Das Haus Liechtenstein allerdings winkte ab.

Die italienische Regierung hatte sich in ihrem Bündnisvertrag mit den Alliierten zusichern lassen, dass der Heilige Stuhl nicht zur Friedenskonferenz zugelassen würde. Man fürchtete in Rom, die Kurie könne das Vorbild Cavours von 1856 nachahmen und die Römische Frage außerhalb der Geschäftsordnung zu einem internationalen Thema machen. Doch am Ende der Verhandlungen kam es in Paris zu informellen Kontakten zwischen einem Kurienvertreter und dem italienischen Ministerpräsidenten Orlando. Benedikt XV. scheint die Gunst der Stunde gespürt zu haben und wollte rasch Verhandlungen einleiten. Orlando zögerte, dann stürzte er, und so wurde, auch weil der engstirnige König sich lange sperrte, die Chance vertan, dass noch der alte liberale Staat die historische Erblast der Römischen Frage bereinigte. Aber es war unübersehbar geworden, dass ihre Lösung nun anstand.

Als Mussolini im Sommer 1926 die ersten Köder auswarf, hatte er den politischen Katholizismus bereits ausgeschaltet, und der Vatikan hatte seinerseits dessen Führer, Don Sturzo, aus dem politischen Leben entfernt. Längst hatte der Duce seinen urprünglichen Antiklerikalismus vergessen lassen; er bereitete eine neue Kirchengesetzgebung vor, die den militanten Laizismus der älteren liberalen Regelungen revidieren sollte. Das Schulkreuz wurde offiziell wieder eingeführt – faktisch hing es ohnehin längst in den meisten Klassenzimmern –, der Katechismus sollte Unterrichtsstoff werden, die Regierung überstellte die Bibliothek des römischen Palazzo Chigi an die Apostolische Bibliothek, und was der Freundlichkeiten mehr waren. Die Gelegenheit war also günstig, trotzdem dauerten die Verhandlungen über zwei Jahre und nahmen über zweihundert Sitzungen in Anspruch. Das Vertragswerk, das dabei erarbeitet wurde, bestand aus drei Teilen: dem Vertrag zwischen Italien und dem Heiligen Stuhl, einer Finanzkonvention und einem Konkordat über die Stellung der Kirche in Italien. Der Vertrag regelte und anerkannte offiziell das, was praktisch längst Realität war: die Existenz eines winzigen päpstlichen Staats im Vatikan samt seinen exterritorialen Ablegern im Lateran und in Castel Gandolfo. Alle päpstlichen Ambitionen auf eine Erweiterung seines Gebiets, um die ausländischen Gesandtschaften unterzubringen, blieben unerfüllt; Italien schnitt sich ein Stück aus seinem Land, mit dem verglichen Andorra oder San Marino Imperien waren, wie Mussolini es drastisch formulierte. Mehr als 400 freiwillige Untertanen konnte dieses Liliputreich auf Dauer kaum beherbergen. Auf internationale Garantien für seinen Staat verzichtete der Papst. Auch die finanzielle Regelung war günstig für Italien; die seit 1870 angefallenen Schulden des Königreichs – mehr als 3 Milliarden Lire – ermäßigte die Kurie auf 1,75 Milliarden und blieb damit noch unter den 2 Milliarden, die Mussolini als Obergrenze dessen, was er zu zahlen bereit war, angegeben hatte. Dafür setzte die Kirche im Konkordat Bestimmungen durch, die den seit 1848 bestehenden Verfassungsartikel, welcher den Katholizismus als Staatsreligion bezeichnete, mit neuem Leben erfüllten: staatlicher Religionsunterricht nach kirchlichen Lehrplänen, Vereinsfreiheit für katholische Organisationen, vor allem Jugendverbände, sofern sie sich der politischen Betätigung enthielten, und – das war die spektakulärste Konzession des Staats – die zivile Rechtsverbindlichkeit der kirchlichen Trauung, also standesamtliche Gültigkeit des Ehesakraments. Die Mitwirkung des Staats bei den Bischofsernennungen wurde bis auf minimale Reste beseitigt, der italienische Episkopat also unmittelbarer der römischen Zentrale zugeordnet als bisher.

Das Resultat des Konkordats war gewiss kein erneuertes

Bündnis von Thron und Altar, sondern es bedeutete eine organisatorische Stärkung der Kirche in ihren seelsorgerischen und erzieherischen Funktionen bei völliger politischer Enthaltsamkeit. Der Wert dieser religiösen Nische im totalen Staat war allerdings, wie sich bald zeigte, nur gering; schon 1931 musste die Kirche die politische Linientreue ihrer Organisationen zusichern und für die Jugendverbände auf einen attraktiven Teil der modernen Erziehung, den Sport, verzichten. Der Ton zwischen Kirche und Regime wurde ausgesprochen rauh. Weitere sieben Jahre später konnte die Kirche die Novellierung des Eherechts in den italienischen Rassengesetzen nicht verhindern: So genannte Mischehen zwischen Juden und Nichtjuden verloren auch dann ihre zivilrechtliche Gültigkeit, wenn sie kirchlich geschlossen waren – ein klarer Bruch des Konkordats, der für die Kirche inakzeptabel war und bei den Gläubigen auf Ablehnung und Erbitterung stieß. Am Ende erwies sich, dass die Kirche von der Aufhebung der von ihr über drei Generationen heftig bekämpften Prinzipien des liberalen Laienstaats keinerlei Gewinn hatte. Pius XI. war ein ethisch sehr klardenkender Gegner der totalitären Systeme seiner Epoche, seine Enzykliken gegen das faschistische, das nationalsozialistische und das sowjetische System lassen an Einsicht und an moralischer Deutlichkeit nichts zu wünschen übrig, auch nicht seine Stellungnahmen gegen den Rassenwahn des Antisemitismus. Doch war er immer noch ein Erbe und Gefangener jener im neunzehnten Jahrhundert nicht zuletzt unter dem Eindruck der Römischen Frage getroffenen Grundsatzentscheidung der Kirche gegen die christliche Demokratie und gegen die Mitwirkung am liberalen Staat. Die freie Kirche wollte nicht dazu beitragen, den freien Staat in seiner Freiheit zu stärken. Die Einsicht der liberalen Katholiken in der Mitte des neunzehnten Jahrhunderts bewahrheitete sich in den totalitären Regimen des zwanzigsten: Gewissensfreiheit ist ohne politische Freiheit nicht zu haben – und umgekehrt.

Für Mussolini war das wichtigste Resultat der Lateranverträge der Artikel 26 des Abkommens zwischen Italien und der Kurie, in dem es heißt: »Der Heilige Stuhl erklärt die ›Römische Frage‹ für definitiv und unwiderruflich gelöst und beseitigt, und er erkennt das Königreich Italien unter der Dynastie des Hauses Savoyen mit

Rom als Hauptstadt des italienischen Staates an.«[26] Staatsrecht-
lich war die Römische Frage also endlich gelöst, sechzig Jahre
nach Porta Pia, siebzig nach der Gründung Italiens durch Cavour.
Am Grab Cavours ließ Mussolini einen Ölzweig niederlegen –
jenen Ölzweig, den der piemontesische Premierminister schon
1861 so sehnlich aus Rom erwartet hatte. Der Jubel in ganz Italien war gewaltig, in Rom läuteten die Glocken aller Kirchen,
Festgottesdienste und Festbankette vereinigten die beiden Welten,
den weißen und schwarzen Adel und die Diplomaten der beiden
Residenzen. Der Papst segnete nicht nur die begeisterten Massen
auf dem Petersplatz, er selbst stieg zum Zeichen, dass seine Gefangenschaft aufgehoben sei, herab auf den Platz und nahm dann,
auf einem Thron an die Grenzen getragen, Besitz von seinem
neuen Staat.

Was von dem neronischen Vertragspartner der Kirche zu halten sei, das enthüllten die Monate bis zur endgültigen Ratifizierung im Sommer 1929. Das Vertragswerk musste durch die Kammer und den Senat des Königreichs verabschiedet werden – Pro-
zeduren, die Mussolini dazu nutzte, seinen kirchenfeindlichen
Affekten freien Lauf zu lassen. Seine Reden in den beiden Häusern des Parlaments waren von kaum überbietbarer drohender
Aggressivität. »Wir haben die weltliche Gewalt der Päpste nicht
wiedererweckt, wir haben sie begraben«, so lautete der offizielle
Text des Protokolls, in Wirklichkeit hatte Mussolini aber gesagt:
»Wir haben ihnen so viel Territorium gelassen, wie man braucht,
um ihren Leichnam zu begraben.« Die freie Kirche im freien Staat
gebe es gar nicht, erklärte er außerdem, die Kirche unterstehe wie
jeder den Gesetzen des Staats; außerdem könne nur der »demoli-
berale«, nicht aber der faschistische Staat darauf verzichten, die
Jugenderziehung zu seiner eigenen Aufgabe zu machen: »Diese
Kinder müssen in unserem Glauben erzogen werden, wir müssen
diesen Jugendlichen den Sinn für Mannhaftigkeit, für Macht, für
Eroberung geben.« Der Papst replizierte umgehend: »Und wenn
alle Staaten sie zur Eroberung erziehen würden, was würde dann
eintreten? Auf diese Weise käme man nicht zum allgemeinen Frieden, sondern zur allgemeinen Brandstiftung.« Bis zum Vorabend
der Ratifizierung dauerte ein unerfreuliches Tauziehen über die
Frage, ob der Vertrag und das Konkordat gleich unauflöslich

seien, also eine Konkordatsänderung zugleich den Staatsvertrag zu Fall bringe; so wollte es die Kurie, um das Wenige zu sichern, das ihr im Konkordat zugestanden worden war, und so wollte es Mussolini nicht, um seine drohende Haltung gegen die Kirche aufrechterhalten zu können. Ein wertloser Formelkompromiss beendete den Konflikt. In seinem Schlusswort im Senat hatte der Duce erklärt: »Das Regime ist wachsam, nichts entgeht ihm. Niemand soll daran zweifeln, dass nicht das letzte Stück Papier, das aus der letzten Pfarrei kommt, nicht irgendwann doch Mussolini bekannt wird. Wir werden nie die Auferstehung von Parteien oder Organisationen erlauben, die wir für immer zerstört haben. Jeder soll sich daran erinnern, dass das faschistische Regime, wenn es eine Schlacht aufnimmt, sie bis zum Ende führt und hinter sich eine Wüste lässt. Der faschistische Staat besteht voll auf seinem ethischen Charakter; er ist katholisch, aber faschistisch, vielmehr vor allem, ausschließlich, wesentlich faschistisch. Der Katholizismus integriert ihn, und wir sagen das offen, aber niemand soll daran denken, uns unter dem Anschein von Philosophie oder Metaphysik die Karten auf dem Tisch auszutauschen.«

Die Römische Frage war gelöst; aber gespenstischer hätte die Lösung nicht ausfallen können. Ein winziges Stück der weltlichen Gewalt des Papstes war wiederhergestellt, aber um dieses kleine Land herum herrschte nun das, wovor die Verteidiger des Kirchenstaats zwischen 1860 und 1870, Döllinger, Veuillot oder Kardinal Manning, gewarnt hatten: ein Staat, der wie eine heidnische Tyrannis zugleich Religion zu sein beanspruchte, ein Vaterland von antiker Härte, das Recht des Scharfrichters. Der besiegte Liberalismus fand allerdings in dieser schwarzen Stunde einen mutigen Fürsprecher, den Senator Benedetto Croce, der gleichsam als Treuhänder von Cavour, Ricasoli und Visconti Venosta, als Erbe der reinsten Intentionen des Risorgimento aufstand und als Einziger den Widerspruch wagte. Er sprach nicht gegen die Versöhnung zwischen Staat und Kirche, im Gegenteil hielt er sie für überfällig und war daher auch nicht bereit, sie mit servilem Überschwang zu feiern; aber er sprach gegen die neuerliche Vermengung der Sphären von Staat und Gewissen – gegen das Konkordat, zugleich aber gegen den »ethischen Staat« des Duce und die von Kurie und Faschismus geteilte antiliberale Prämisse des Einverständnisses. »Es werden krampfhafte und unfruchtbare Kämpfe über unwiderrufliche Tatsachen wiederkehren, und Pressionen und Drohungen und Ängste, und das Gift, das durch die Pressionen und Drohungen und Ängste in die Seelen ausgegossen wird.« Und unter lauten Beschimpfungen eines gewissen Senatorengesindels von den Hinterbänken und eines gewissen Journalistengesindels von der Pressetribüne, wie er selbst später berichtete, musste Croce seine Rede zu Ende führen. Man sage, das Konkordat sei ein Werk raffinierter Staatskunst, nicht nach naiven moralischen Gesichtspunken zu beurteilen, sondern als Politik, gemäß dem abgedroschenen Satz, dass Paris eine Messe wert sei. »Doch neben und gegen jene Menschen, die dafürhalten, dass Paris eine Messe wert ist, stehen jene anderen, für die das Hören oder Nichthören einer Messe unendlich viel mehr wiegt als Paris, weil es eine Angelegenheit ihres Gewissens ist. Wehe der Gesellschaft, der Geschichte, wenn Menschen, die so anders empfinden, ihr gefehlt hätten oder fehlen würden.«[27]

Das ist das liberale Schlusswort zur Römischen Frage, und es ist bezeichnend, dass darin von Rom nur noch analogisch die Rede ist, in dem Verweis auf König Henri Quatre, der Paris durch einen Religionswechsel gewann. Mit dem Mythos von Rom ließ sich eine moralische Position nicht mehr behaupten. Mussolini hatte den 20. September, den freimaurerisch besetzten Feiertag der Gedanken- und Gewissensfreiheit, aus dem nationalen Festkalender gestrichen und durch das Datum der Unterzeichnung der Lateranverträge ersetzt. Längst träumten faschistische Eliten von einer katholischen Staatsreligion; der katholische Militärkaplan wurde wieder eingeführt, und die Organisationen der *Azione Cattolica* übernahmen in ihren Wimpeln die drei Farben Italiens. Die Via della Conciliazione, die Prachtstraße zwischen Tiber und Petersdom, die die Versöhnung triumphal feierte, huldigte dem monumentalen Gewaltstil der Epoche und ließ ein weiteres historisches Stadtviertel Roms vom Erdboben verschwinden. Eine klerikal-faschistische Variante der Rom-Idee machte Karriere: Mussolini wurde nach dem Abschluss der Lateranverträge zu einem neuen Constantin stilisiert, zum Wiedergänger des ersten christlichen Imperators. Man erinnerte daran, dass der Tag des »Marschs auf Rom«, der 28. Oktober, mit dem Datum jener legendären Schlacht an der Milvischen Brücke im Norden Roms zusammenfiel, an dem Constantin seinen Gegner im Zeichen des Kreuzes besiegt haben soll. Christentum und Römertum sollten nun zusammenfallen, wie Mussolini selbst es schon in seiner Senatsrede vom 13. Mai 1929 vorgezeichnet hatte: »Die christliche Religion ist in Palästina geboren, doch katholisch wurde sie in Rom. Wenn sie in Palästina geblieben wäre, dann wäre sie höchstwahrscheinlich eine der vielen Sekten gewesen, die in dieser aufgewühlten Umwelt blühten, und wäre höchstwahrscheinlich erloschen, ohne eine Spur zu hinterlassen.«[28]

Dieses römische Christentum konnte dann den Afrika-Krieg Mussolinis als einen Feldzug für die Zivilisierung und Evangelisierung heidnischer Völker erscheinen lassen – nicht nur in der Propaganda des Regimes, sondern auch in den Predigten des mailändischen Bischofs Ildefonso Schuster. »Die italienischen Legionen«, so erklärte Schuster, »erobern Äthiopien, um jenem Volk den zweifachen Vorteil der imperialen Zivilisation und des katholischen Glaubens zu sichern durch das gemeinsame Bürgerrecht in jenem Rom, wo Christus Römer ist – *di quella Roma onde Cristo è Romano*.«[29] 1937 wurde der eucharistische Nationalkongress in Tripolis abgehalten, auf italienischem Kolonialboden, und das Organisationskomitee dankte dem Allmächtigen dafür, dass er Italien beistand »in der heldenhaften afrikanischen Unternehmung, welche mit der Begründung des Imperiums schloss«.[30] Unerbittliche Bildlogik des Mythos: Als der Faschismus im Fahrwasser Hitlers antisemitisch wurde, da war es wieder das Römertum, das gegen einen ewigen Feind kämpfte, gegen die »Karthager«. Und in deren Rolle musste dann im Zweiten Weltkrieg auch noch das »plutokratische« England schlüpfen.

Pius XI., der, bevor er Papst wurde, die Ambrosianische Bibliothek in Mailand und die Bibliothek des Vatikans geleitet und als Gelehrter beachtliche Leistungen erbracht hatte, konnte an solchen trivialen historischen Konstrukten keinen Gefallen finden. Er starb, gequält von Vorahnungen der Katastrophen, die Europa bedrohten, am 10. Februar 1939, am Abend des zehnten Jahrestags der Unterzeichnung der Lateranverträge. Zu diesem Anlass hatte er eine Ansprache an die italienischen Bischöfe halten wollen, und ihr unvollendeter Text ist das Letzte, woran er überhaupt

geschrieben hat. Die nicht gehaltene Ansprache war lange Zeit ge-
heimnisumwittert, und man hat sogar vermutet, dass der Tod den
Papst daran gehindert habe, in spektakulärer Weise mit dem faschistischen Regime abzurechnen. Erst Johannes XXIII. hat das
unfertige Schriftstück 1959 auf den Tag genau zwanzig Jahre später veröffentlicht. Es enthält deutliche Hinweise auf die bedrängte
Lage der Kirchen in Italien und Deutschland, auf politische Missverständnisse und Nachstellungen. Doch es mündet nicht in einen
Angriff, sondern in eine Anrufung der Apostelfürsten Petrus und
Paulus, die, so Johannes XXIII., »das Herz jedes guten Katholiken und jedes guten Italieners vor Rührung schlagen läßt«. Das
von Zitaten mittelalterlicher Hymnik durchwirkte Gebet be-
schwört die Gebeine der Märtyrer, die das Evangelium nach Rom
brachten und das gebenedeite Italien mit ihrer Anwesenheit hei-
ligten, dem Land sein Wohlergehen, aber vor allem seine Ehre zu
erhalten, »die Ehre eines Volks, das seine menschliche Würde und
seine christliche Verantwortung kennt«.[31] Das ist das katholische
Schlusswort zur Römischen Frage: die Berufung auf die Fundamente eines christlichen Italien, auf Werte, die höher stehen als
die Nation.

Das Ende der Römischen Frage

Technisch haben sich die Bestimmungen der Lateran-Verträge im
Zweiten Weltkrieg besser bewährt als das Garantiegesetz im Ersten. Die beim Heiligen Stuhl akkreditierten Diplomaten der mit
Italien Krieg führenden Mächte wurden auf vatikanischem Terri-
torium untergebracht; am 5. Juni 1944 verließen die Vertreter
Englands, Frankreichs, Belgiens und Polens nach der Befreiung
Roms durch die Alliierten den päpstlichen Palastbezirk wieder,
während der deutsche Gesandte zur gleichen Stunde dort einzog.
    Pius XII., der am Vorabend des Kriegs gewählte Papst, war der
erste aus Rom gebürtige Pontifex seit vielen Generationen. Sein
Vater war Minister bei Pius IX. gewesen, und so hatte der junge
Pacelli noch familiäre Erinnerungen an die Kämpfe um den Kirchenstaat. Wenn er zu Italienern über ihr Land sprach, verwen-
dete er den Ausdruck *la vostra patria*. Doch die Katastrophe des

faschistischen Regimes zog ihn tiefer in die Stadtgeschichte hinein
als alle seine Vorgänger seit 1870. Als am 19. Juli 1943 beim einzigen Luftangriff auf Rom das Arbeiterviertel um San Lorenzo
getroffen und dabei ausgerechnet jene Basilika zerstört wurde,
die Pius IX. sich als Grabstätte erwählt hatte, da war keine staatliche Autorität zur Stelle, um den Ausgebombten beizustehen,
sondern – nach dem Vorbild des britischen Königshauses bei den
Angriffen auf London – der Papst. Und der Papst handelte für
Rom den Status der »Offenen Stadt« aus, der sie bei Kriegsende
vor Zerstörung bewahrte. Wie ernst die Bedrohung war, zeigt
ein Brief des amerikanischen Präsidenten Roosevelt, der einem
Bischof, welcher um Schonung Roms gebeten hatte, schrieb, dass
die Monumente der Ewigen Stadt »im Gegensatz zu den in Frage
stehenden geistigen und weltlichen Grundsätzen nicht ewig sind
und dass sich in einer Welt, die dem Primat des Geistes wahrhaft
verpflichtet ist, neue und größere Monumente aus den Ruinen
erheben werden«.[32] Der römische Klerus übernahm zu großen
Teilen die Lebensmittelversorgung und sonstige Hilfeleistungen
in der Stadt. Von den Deutschen verfolgte Politiker und Wider-
standskämpfer wurden in Kirchen und Klöstern versteckt. Nach
der Befreiung jubelten die Römer ihrem Bischof auf dem Petersplatz als dem *Defensor Urbis* zu. Einer, der dabei war, der Historiker Federico Chabod, hat die Rolle des Papsttums in der Ewigen
Stadt in diesen Monaten in einer geschichtlichen Parallele gesehen, die auf die Ursprünge des Kirchenstaats zurückweist: »Wenn
ich mich an jene Tage erinnere, so muss ich stets daran denken,
was im fünften Jahrhundert geschah, als die germanischen Hor-
den über das Römische Reich herfielen. Die Barbaren wagten
nicht, die von Christus geheiligten Orte zu betreten, und so
konnte sich die Bevölkerung dort in Sicherheit bringen. Das war,
vor fünfzehn Jahrhunderten, der Ursprung der Stärke und der politischen Macht der römischen Kirche.«[33] Kein Wunder, dass nach
der Befreiung sogar davon die Rede war, dem Papst wieder ein
größeres Staatsgebiet einzuräumen.

Diese Erfolge hatten ihren Preis. Der Papst vermied in den
kritischen Monaten die offene Konfrontation mit den deutschen
Besatzern, und er blieb dabei der Linie treu, die er während des
Krieges dem Dritten Reich gegenüber insgesamt verfolgt hatte.

Und das bedeutete, dass der Vatikan gegen die Deportation der römischen Juden zwar diplomatisch Einspruch erhob und der jüdischen Gemeinde unter der Hand Hilfe zukommen ließ, dass der Hohepriester aber jenen großen welterschütternden Protest vermied, welcher der auch theologischen Unheilsdimension dieses Vorgangs angemessen gewesen wäre. Es war nicht zuletzt die Sorge um Rom, die die Kurie zu dieser Haltung bewog. So konnte es geschehen, dass am 16. Oktober 1943 deutsche SS-Männer nach dem Einsammeln ihrer Opfer mit den gefüllten Lastwagen noch rasch eine Besichtigungsrundfahrt durch Rom absolvierten. »Natürlich war das begehrteste Ziel jener Touristen der Petersplatz, auf dem viele der Lastwagen lange Zeit hielten. Während sich die Deutschen jedes *Wunderbar* einprägten, womit sie in der Heimat ihren Bericht für irgendeine Lili Marleen spicken würden, erhoben sich aus dem Inneren der Fahrzeuge flehende Rufe an den Papst, er möge eingreifen, helfen. Dann fuhren die Lastwagen weiter, und diese letzte Hoffnung war zerronnen.«[34]

Mit dem Zusammenbruch des Faschismus endete auch das Königtum des Hauses Savoyen. Zur Volksabstimmung über die Monarchie am 2. und 3. Juni 1946 schwieg die Kurie, doch ließ sie erkennen, dass ihr eine christliche Republik lieber war als ein König im Quirinal. Sie hatte den 20. September 1870 nicht vergessen, wie die Anhänger der Savoyer bemerken mussten. Für die Republik hatte auch die katholische Partei gekämpft, die zur stärksten politischen Kraft Italiens in den kommenden vier Jahrzehnten wurde, die *Democrazia Cristiana*. Versuche, einen katholischen Begriff der italienischen Nation gegen den überkommenen Risorgimento-Laizismus zur Geltung zu bringen und so an das Neoguelfentum der Zeit vor 1848 anzuknüpfen, verloren in der globalen Frontstellung des Kalten Kriegs fast augenblicklich an Bedeutung. Katholischer und westlicher Universalismus überlagerten einander im Kampf gegen den Kommunismus in Europa und in Italien. Amerika hatte ein wachsames Auge auf den strategisch so wichtigen Mittelmeerstaat. Italien wurde Nato-Mitglied und ein Gründungsland der Europäischen Union. Eine Rom-Idee spielte dabei keine Rolle mehr, trotz der Römischen Verträge. Das Kerneuropa des Kalten Kriegs war katholisch, aber »karolingisch«, eher nach Aachen als nach Rom ausgerichtet. Die Römische Frage war, so schien es, endgültig abgestorben. 1967 schrieb der immerwährende italienische Minister und Ministerpräsident Giulio Andreotti ein Buch über das Jahr 1870, das bei aller Genauigkeit, stilistischen Brillanz und Farbigkeit der Erzählung den moralischen Konflikt zwischen Kirche und Nation in einer allseitigen Ironie ertränkte und unerkennbar werden ließ – eine befremdliche Haltung, die sich aus der persönlichen Stellung des Römers Andreotti erklärt, der als strenger Katholik und als italienischer Staatsmann zum Erben beider Traditionen geworden war. 1970 feierten Staat und Kirche einträchtig den Tag von Porta Pia. Der Staatspräsident zitierte Cavour, Visconti Venosta, Benedetto Croce und Federico Chabod; er verlor kein Wort über die Lateranverträge, obwohl diese Teil der italienischen Verfassung von 1947 geworden waren. Paul VI. dagegen pochte auf sie und bekräftigte so die vatikanische Eigenstaatlichkeit. Am 20. September 1970 sprach der Papst von seinem Fenster aus zu einer Handvoll italienischer Patrioten und wünschte ihnen, sie sollten sich des Namens von Rom würdig erweisen, nicht ohne das Evangelium zu zitieren: »Gebt dem Kaiser, was des Kaisers ist, und Gott, was Gottes ist.«

Erst nach dem Ende des Kalten Kriegs rückte auch in Italien der Begriff der Nation wieder nach vorne – mit der Folge, dass alte Risse, die in aller Stille breiter geworden waren, wieder fühlbar wurden. Norden und Süden bekundeten einander offen ihre herzliche Abneigung. Ein militanter Separatismus breitete sich in Piemont, der Lombardei und Venezien aus, während im Süden selbst die bourbonischen Briganten neue Anhänger fanden. Die Kirche entdeckte ihre Leidensgeschichte in der Zeit des Risorgimento wieder und erinnert sich an abgesetzte Bischöfe, geschlossene Klöster und in den Militärdienst gezwungene Priester. Das Zweite Vatikanische Konzil hatte in den sechziger Jahren den päpstlichen Absolutismus des Ersten revidiert. Die Wahl eines polnischen Papstes universalisierte die kirchliche Spitze, erneuerte aber auch wieder die Übermacht des Zentrums. Die Ausstrahlung des charismatischen Kirchenführers, seine Rolle beim Zusammenbruch des Kommunismus in Osteuropa, ließ das italienische Rom wieder klein aussehen. Es ist dieser Hintergrund von innerer Anfechtung der Nation und erneuerter Konkurrenz mit der Weltkirche auf dem römischen Schauplatz, der den italienischen Staatspräsidenten veranlasste, am 4. November 2000, am Ende des heiligen Jahres, den Altar des Vaterlands wieder für das Publikum zu öffnen. Wenige Wochen zuvor hatte die katholische Kirche ihre beiden Konzilspäpste selig gesprochen. Wieder war es ein Tag im September: Jubel brach auf dem Petersplatz aus, als Johannes XXIII. zur Ehre der Altäre erhoben wurde; bei Pius IX. antwortete der Platz mit eisigem Schweigen. Eine Woche davor waren an der Bresche von Porta Pia zum 130. Jahrestag der Eroberung Roms durch die Italiener nur ein einfacher Kranz und ein paar Blumen niedergelegt worden.

Zeittafel

1843	Vincenzo Gioberti, *Vom moralischen und kulturellen Vorrang der Italiener*
1844	Cesare Balbo, *Über die Hoffnungen Italiens*
1846	Massimo d'Azeglio, *Über die jüngsten Vorfälle in der Romagna*
16. Juni 1846	Wahl von Papst Pius IX. Nationale Agitation in Rom
1847	Cesare Balbo und Camillo di Cavour gründen in Turin die Zeitschrift *Risorgimento.*
1847	Giuseppe Mazzini wendet sich an den Papst.
Frühjahr 1848	Revolutionen und Aufstände in Neapel, Toskana, Piemont, Venedig und Mailand. Das Königreich Piemont-Sardinien beginnt Krieg mit Österreich.
29. April 1848	Pius IX. bricht mit der italienischen Nationalbewegung.
9. August 1848	Waffenstillstand mit Österreich nach der Niederlage Piemonts bei Custozza

24. November 1848	Flucht des Papstes vor der Revolution aus Rom nach Gaeta
Frühjahr 1849	Neuer Krieg Piemonts gegen Österreich. Republik in Rom. Mazzini wird einer ihrer Führer. Eroberung Roms durch die Franzosen gegen den erbitterten Widerstand Giuseppe Garibaldis. Eine französische Garnison bleibt in der Stadt. Restauration in Rom und in den anderen revolutionären Zentren. Nur in Piemont bleibt die Verfassung erhalten.
12. April 1850	Rückkehr Pius' IX. nach Rom
1850	Beginn einer laizistischen und antikirchlichen Gesetzgebung im Königreich Piemont
1851	Vincenzo Gioberti, *Von der bürgerlichen Erneuerung Italiens*
3. November 1852	Cavour wird Ministerpräsident im Königreich Piemont.
1853–56	Krimkrieg
1855	Beteiligung Italiens am Krieg
8. April 1856	Sondersitzung über Italien auf dem Friedenskongress in Paris
23. Juni 1858	Entführung des jüdischen Kindes Edgardo Mortara durch die Inquisition in Bologna
Frühjahr 1859	Krieg Piemonts und Frankreichs gegen Österreich; Siege bei Magenta und Solferino. Aufstände in Mittelitalien und den

	nördlichen Provinzen des Kirchenstaates. Napoleon III. bricht den Krieg gegen Österreich ab.
12. Juli 1859	Rücktritt Cavours
10. November 1859	Napoleon III. schließt in Zürich einen Separatfrieden mit Österreich.
Weihnachten 1859	Arthur de la Guéronnière, *Le pape et le congrès*
1859/60	Anschluss der aufständischen mittelitalienischen Gebiete an das Königreich Piemont
16. Januar 1860	Cavour wird wieder Ministerpräsident.
Mai 1860	Mit tausend Freiwilligen beginnt Garibaldi die Eroberung Siziliens und des ganzen Königreichs Neapel.
September bis Oktober 1860	Die Regierung Cavour entsendet Truppen in den Kirchenstaat und gegen Garibaldi. Anschluss des Südens an Piemont-Italien
Winter 1860/61	Geheimverhandlungen Cavours mit der Kurie über die Römische Frage
17. März 1861	Viktor Emanuel II. nimmt den Titel eines Königs von Italien an.
27. März 1861	Das italienische Parlament in Turin erklärt Rom zur künftigen Hauptstadt Italiens.

6. Juni 1861	Tod Cavours
Sommer 1862	Neuer Freischärlerzug Garibaldis auf Rom
29. August 1862	Italienische Regierungstruppen schlagen Garibaldi am Aspromonte.
15. September 1864	*Septemberkonvention* zwischen Frankreich und Italien: Frankreich zieht seine Garnison aus Rom und dem Kirchenstaat zurück, Italien garantiert die Integrität des päpstlichen Gebietes und verlegt seine Hauptstadt von Turin nach Florenz.
8. Dezember 1864	Die Enzyklika *Quanta cura* und der *Syllabus*: Verurteilung von Moderne und Liberalismus
1866	Krieg Italiens mit Österreich an der Seite Preußens. Niederlagen bei Custozza und Lissa. Venetien wird italienisch.
1867	Erneuter Versuch Garibaldis zur Eroberung Roms
November 1867	Rückkehr der französische Truppen in den Kirchenstaat, Niederlage Garibaldis bei Mentana vor den Toren Roms
8. Dezember 1869 bis 18. Juli 1870	Erstes Vatikanisches Konzil: Definition der päpstlichen Unfehlbarkeit in Glaubensfragen
19. Juli 1870	Frankreich erklärt Preußen den Krieg.

August 1870	Abzug der französischen Truppen aus Rom. Diplomatische Bemühungen Italiens für die Lösung der Römischen Frage. Italienische Truppen beziehen Stellung an den Grenzen des Kirchenstaates.
2. September 1870	Niederlage Frankreichs bei Sedan, Gefangennahme Napoleons III.
4. September 1870	Ausrufung der Republik in Paris
7. September 1870	Der italienische Außenminister Visconti Venosta kündigt die Okkupation Roms an.
10. September 1870	Italienischer Versuch, den Papst zu einer friedlichen Einigung zu bewegen.
12. September 1870	Einmarsch italienischer Truppen in den Kirchenstaat
20. September 1870	Bresche bei Porta Pia: Italien erobert Rom
2. Oktober 1870	Plebiszit in Rom und Latium für den Anschluss an Italien
31. Dezember 1870	Erster Besuch König Viktor Emanuels II. in Rom
13. Mai 1871	Italienisches Garantiegesetz für den Papst
1. Juli 1871	Verlegung der Hauptstadt Italiens von Florenz nach Rom: feierlicher Einzug Viktor Emanuels II.
1874	Das päpstliche *Non expedit* untersagt den italienischen Katholiken die Teilnahme an den nationalen Wahlen.

1876	Wahlsieg und Regierungsübernahme der Linken
9. Januar 1878	Tod König Viktor Emanuels II. König Umberto I.
7. Februar 1878	Tod von Papst Pius IX.
20. Februar 1878	Wahl von Papst Leo XIII. (regiert bis 1903)
1881	Italienisches Sondergesetz zur Unterstützung Roms
1883	Öffnung der Vatikanischen Archive für die Forschung
1885	Grundsteinlegung für das Denkmal Viktor Emanuels II. am Kapitol
20. September 1895	25 Jahre Porta Pia: Denkmäler für Garibaldi und Cavour, Inschriften und eine Säule an der Bresche. Der 20. September wird nationaler Festtag
1905	Papst Pius X. (1903–1915) gestattet in Ausnahmefällen die Teilnahme italienischer Katholiken an den Wahlen.
1915	Eintritt Italiens in den Ersten Weltkrieg
1919	Das Politikverbot für die Katholiken wird ganz aufgehoben. Gründung einer katholischen Volkspartei
1920	Papst Benedikt XV. (1915–1922) hebt das Verbot für katholische Souveräne auf, Staatsbesuche beim italienischen König zu machen.

28. Oktober 1922	Mussolinis Marsch auf Rom
11. Februar 1929	Unterzeichnung der Lateranverträge zwischen der Kurie und Italien
1946	Italien wird Republik
Herbst 2000	Seligsprechung von Papst Pius IX. Wiedereröffnung des Denkmals für Viktor Emanuel II. in Rom

SCHWEIZ

ÖSTERREICH

Genf

Klagenfur

Stresa
Bozen
Laibach
Aosta
Trient
Udine
Savoyen
Lombardei
Monza
Venetien
1866
Triest
Magenta
Mailand
Turin
Solferino
Fiume
KGR.
SARDINIEN
Villafranca
Padua
Venedig
Hzm.
Parma
1860
Mantua
Genua
Parma
Ferrara
Rapallo
1860
Hzm.
Modena
Bologna

A
d
r
i
a
t
i
s
c
h
e
s

Nizza
Hzm.
Lucca
*(1847 zur
Toskana)*
Lucca
Florenz
Rep. San Marino
(seit 1862 unter ital. Schutz)
Nizza
Pisa
Ancona
Monaco
*(von 1815 bis 1860 unter
sardin. Schutzherrschaft)*
San Remo
Grhzm.
Toskana
1860
KIRCHEN-
STAAT
1860

Z

M

Elba

Korsika
1870
Civitavecchia
Rom
Patrimonium
Petri
Pontecorvo

T
y
r
r
h
e
n
i
s
c
h
e
s
Bene

Ponza
Neapel

KGR.
SARDINIEN
Ischia
M
e
e
r
Capri

Cagliari

*Liparische
Inseln*

*Ägadische
Inseln*
Messi
Palermo

November 1859 an Frankreich
1860 im Tausch gegen Nizza
und Savoyen an Sardinien
Marsala
KGR.
BEIDER SIZILIEN
1860

1860 an Frankreich

Habsburger Staaten
Syr

Bourbonische Staaten

Dank

Dieses Buch wurde begonnen mit dem Ziel, die einzige echte historische Parallele zur deutschen Hauptstadtfrage von 1990–1999 ins Bewusstsein des Publikums zu rücken. Bald sah ich mich in eine Geschichte versetzt, die unser Knirpstum auffällig überragt; ihre Dimensionen sind europäisch, weltanschaulich, auch ästhetisch. Dass der Mut mich nicht verließ, das verdanke ich vielen Helfern und Freunden. Arnulf Conradi, Michael Maar und Thomas Sparr ermunterten mich, dieses Buch zu schreiben; Verleger und Lektor brachten dann auch die Geduld auf, es mich schreiben zu lassen. Bei der Quellensuche und Bücherbeschaffung haben unschätzbare Hilfe geleistet Oliver Müller und Cornelia Giesen. Roberto delle Donne (Neapel), Laura Biancini (Rom), Franco Onorati (Rom) und Max Grosse (Tübingen) besorgten mir in der selbstlosesten Weise Material, das in Berlin nicht aufzutreiben war. Das Manuskript haben ganz oder in Teilen gelesen Jens Bisky, Cornelia Giesen, Joachim Helfer, Mechthild Küpper, Martin Mosebach, Michael Maar, Katharina Roß, Martin Z. Schröder, Stephan Speicher; ihnen allen danke ich für wichtige Hinweise. Cornelia Giesen half bei der Erstellung der Zeittafel. Kontakte mit der Fachwelt hatte ich keine; die Fehler gehen allein auf mein Konto. Es war erhebend, mit den Theologen und Patrioten des hochherzigen neunzehnten Jahrhunderts umzugehen; dass ich meine lebenden Freunde dafür vernachlässigte, mögen sie jetzt verstehen und verzeihen.

Berlin, 29. Juni 2001   *Gustav Seibt*

Nachweis der Zitate

DIE EROBERUNG

1 Pesci, Come siamo entrati in Roma, S. 48.
2 Pesci, Come siamo entrati, S. 4.
3 De Mattei, Tre testimonianze, S. 109.
4 De Mattei, Tre testimonianze, S. 103.
5 Pesci, Come siamo entrati, S. 44.
6 Paladino, Roma, S. 175.
7 Pesci, S. 65.
8 De Mattei Tre testimonianze, S. 117 f.
9 Paladino, Roma, S. 174 f.
10 De Mattei Tre testimonianze, S. 54 f.
11 Pesci, S. 106.
12 Cavour, Discorsi parlamentari XI, S. 337.
13 Cavour's Briefe (ed. Chiala) I, S. 288.
14 Salvatorelli, Roma e la questione romana, S. 64.
15 Das Gesetz ist vom 26. Februar 1861, vgl. Perticone, La politica estera dell'Italia I, S. 12.
16 Jemolo, La questione romana, S. 56.
17 Schlözer, Römische Briefe, S. 75.
18 Salvatorelli, Roma e la questione romana, S. 108. Vgl. Syllabus errorum Nr. 27.
19 Bastgen, Die Römische Frage II, S. 609.
20 Paladin, Roma, S. 60.
21 Bastgen II, S. 600 f.
22 Paladino, Roma, S. 105.
23 De Cesare, Roma e lo stato del Papa, S. 627.
24 I giorni della storia d'Italia, S. 161.
25 Mori, Il tramonto del potere temporale, S. 451.
26 Andreotti, La sciarada di Papa Mastai, S. 49.
27 De Cesare, Roma e lo stato del Papa, S. 693.
28 Pirri, Pio IX e Vittorio Emanuele II III 1, S. 274.
29 Miko, Das Ende des Kirchenstaats II, Nr. 1860.
30 Paladino, Roma, S. 148. (König und Sella), S. 149 (Eugénie).
31 Mori, Il tramonto del potere temporale, S. 493.
32 Mori, Il tramonto del potere temporale, S. 511, Perticone, La politica estera I, S. 413, Pirri III 1, S. 273.

33 Bastgen II, S. 626. Documenti Diplomatici Italiani I, 13, Nr. 580.
34 De Cesare, Roma e lo stato del Papa, S. 712.
35 Bastgen II, S. 640 f.
36 Pesci, S. 6.
37 Miko, Nr. 1477.
38 Pirri III 1, S. 285.
39 Miko, Nr. 1914.
40 Pirri III 1, S. 293.
41 Miko, Nr. 1796.
42 Pirri III 2, S. 274–77.
43 Miko, Nr. 1891 und 1950. Pirri III 1, S. 307.
44 Pirri III 2, S. 269–273 nach den vatikanischen Autographen. Viele abweichende Editionen.
45 Miko, Nr. 1797 und 1850.
46 Miko, Nr. 1888 und 1920.
47 Miko, Nr. 1934.
48 Miko, Nr. 1940.
49 Cadorna, La liberazione di Roma, S. 111.
50 Miko, Nr. 2048.
51 Paladino, Roma, S. 174.
52 Pesci, S. 55.
53 Bismarck, Gedanken und Erinnerungen (Hg. Lothar Gall, Berlin 1998), S. 391.
54 Miko, Nr. 2112. Die Arnim-Aktion wird im Folgenden dargestellt nach Miko, Nr. 2144, 2162–2163, 2169, 2171, 2174, 2215, 2216–2117, 2256.
55 Miko, Nr. 2129.
56 Miko, Nr. 2174.
57 Cadorna, La liberazione di Roma, S. 152.
58 Albertone, Ricordi dell'impresa di Roma, S. 103.
59 Cadorna, S. 159.
60 Miko, Nr. 2115 und 2108.
61 Texte und Varianten u. a. bei Pirri III 2, S. 281, sowie Dalla Torre, La difesa di Roma, S. 626, De Cesare, Roma e lo stato del Papa, S. 726.
62 De Cesare, Roma e lo stato del Papa, S. 725.
63 De Mattei, Tre testimonianze, S. 82 ff.
64 Pesci, S. 109.
65 De Mattei, Tre testimonianze, S. 87.
66 Paladino, Roma, S. 187.
67 Diplomatenversammlung nach Miko, Nr. 2315, 2339, 2353.
68 Cadorna, La liberazione di Roma, S. 179 f..
69 Castagnola, Da Firenze a Roma, S. 55 f.
70 Miko, Nr. 2137.
71 De Mattei, Tre testimonianze (de Amicis), S. 135.
72 Pesci, S. 168.

73 Miko, Nr. 2315.
74 Pesci, S. 171.
75 Miko, Nr. 2331.
76 Documenti Diplomatici Italiani II 1, Nr. 13.
77 Cadorna, La liberazione di Roma, S. 201.
78 Pesci, S. 202–204.
79 Miko, Nr. 2396.
80 Cadorna, La liberazione di Roma, S. 234.
81 Miko, Nr. 2505.
82 Pirri II 2, S. 265.
83 Miko, Nr. 2512. »Bieberach« ist wohl ein Schreib- oder Lesefehler (von letzteren ist Mikos Quellensammlung voll), gemeint dürfte sein Biebrich, die nassauische Sommerresidenz.
84 Miko, Nr. 2909.
85 Perodi, Roma italiana, S. 82.

DER GLAUBENSKRIEG

1 Cavour, Discorsi Parlamentari XI, 261 (11. Oktober 1869), S. 315 (25. März 1861).
2 Bastgen II, S. 220, und Miko Nr. 2168 (17. September 1870).
3 Documenti Diplomatici Italiani II 1, Nr. 282.
4 Bastgen II, S. 460–474 (8. November 1864).
5 Miko, Nr. 2662.
6 Carteggi di Cavour 7 (Cavour e l'Inghilterra I), Nr. 522 (9. April 1856, Privatbrief an Ratazzi).
7 Gioberti, Del Primato (ed. Balsamo-Crivelli) I, 99 und 104.
8 Text z. B. bei Bastgen I, S. 91.
9 D'Azeglio, Degli ultimi casi di Romagna (Scritti e discorsi politici I), S. 59 (politische Gefangene), S. 80 (Öffentliche Meinung), S. 86 (Eisenbahnen).
10 Balbo, Delle Speranze d'Italia, S. 259.
11 Bastgen I, 94 (= Mazzini, Edizione Nazionale, Band 36, S. 7 f.).
12 Mazzini, The Pope and the Italian Question, Edizione Nazionale, Band 34, S. 263 und 289.
13 Martina, Pio IX (1846–1850), S. 541.
14 D'Azeglio, Scritti e discorsi politici I, S. 549.
15 Bastgen I, S. 109.
16 Mazzini, Opere (ed. Salvatorelli), S. 435–439 (= Edizione Nazionale, LIX, 11) und S. 51–59 (Note autobiografiche = Edizione Nazionale, LXXVII, S. 345).
17 Giovanni Costa in Scrittori Garibaldini (ed. Gaetano Trombatore), S. 28 (geschrieben 1892).
18 Martina, Pio IX (1851–1866), S. 48.

19 Gioberti, Del rinnovamento civile d'Italia (Edizione Nazionale) II, S. 109 und 114.

20 Memorandum und Sitzungsbericht in Cavour e l'Inghilterra I, S. 384 bis 389 und S. 436–441.

21 Text bei Bastgen I, S. 445–467.

22 About, La Question romaine, S. 302 ff.

23 Margotti, Rom und London, z. B. S. 537 f.

24 De Cesare, Roma e lo stato del Papa, S. 237 f.

25 Kertzer, Die Entführung des Edgardo Mortara.

26 Bastgen I, S. 295

27 Pirri II 1, S. 147–160. Wiederholt in der Enzyklika vom 19. Januar 1860 (Bastgen I, S. 331–33).

28 Bastgen II, S. 151.

29 Bastgen II, S. 235.

30 Bastgen I, S. 319–324.

31 Pirri II 1, S. 136 (3. Dezember 1859).

32 Cavour, Discorsi parlamentari XI, S. 340 (27. März 1861).

33 Cavour, Carteggi: La questione romana I, S. 132–134 (erste Dezemberhälfte 1860).

34 Cavour, Carteggi, La questione romana I, S. 105–108, 141–144. Bastgen II, S. 8–11.

35 Cavour, Discorsi parlamentari XI, S. 263 und S. 360–362

36 Blakiston, The Roman Question, S. 2.

37 Bastgen II, S. 11.

38 Documenti Diplomatici Italiani I 1, S. 355–359.

39 Passaglias wichtigste Schriften: Pro caussa [sic] italica ad episcopos catholicos autore presbytero catholico; Ernesto Filalete, Obbligo del vescovo romano e pontefice massimo di risiedere in Roma quantunque metropoli del regno italico; ders., La questione della indipendenza ed unità d'Italia dinanzi al clero. Alle Florenz 1861.

40 Text bei De Cesare, Roma e lo stato del Papa, S. 453 f.

41 Martina, La fine del potere temporale nella coscienza religiosa e nella cultura del tempo, S. 118.

42 Martina, Pio IX (1851–1866), S. 137.

43 Veuillot, Le parfum de Rome II, S. 372.

44 Antwort Dupanloup's, S. 17.

45 Alfred Nettement, Appel au bon sens, S. 23 und 71.

46 Carlo Passaglia, Il pontefice ed il Principe.

47 Seconde lettre de Mgr. L'éveque d'Orléans, S. 21.

48 Montalembert, Œuvres polémiques II, S. 651–658, III, S. 11, 13 und 16.

49 Veuillot, Le pape et la diplomatie, S. 267. Le parfum de Rome, Livre V, S. 238 ff.

50 Manning, Kirchliche Gelegenheitsreden 2, S. 71 (Rosenkranzfest 1867). Seine Gedanken am bündigsten in der Predigt vom Vorjahr, ebenda, v.a. S. 65.

51 Lord Acton, The Roman Question, S. 146.
52 Noack, Katholizität und Geistesfreiheit, S. 90. Döllinger, Kirche und Kirchen, S. 622 (gläserne Häuser).
53 Montalembert, Discours, Œuvres III, S. 425.
54 Küng, Unfehlbar?, S. 75.
55 Gregorovius, Geschichte der Stadt Rom im Mittelalter III, S. 671.
56 Conciliorum oecumenicorum decreta, S. 816.
57 Martina, Pio IX (1867–1878), S. 555–558.
58 Butler, Das I. Vatikanische Konzil, S. 440.
59 Text bei Jemolo, La questione romana, S. 108–114. Zitate aus dem Parlament: Atti parlamentari, Camera, 3. Februar 1871, 550 b, 552 a.
60 Bastgen II, S. 682.
61 Römische Tagebücher, S. 293.
62 De Sanctis, Storia della letteratura italiana II, S. 607.
63 Carducci, Canto dell'Italia che va in Campidoglio, z. B. in Poesie, Mailand 1978, S. 195–200.
64 Mazzini, Opere I (ed. Salvatorelli), Lettere, S. 888–893. Mazzini, Scritti politici (ed. Grandi und Comba), S. 1035–1058.
65 Manning, Kirchliche Gelegenheitsreden 2, S. 131–152.
66 Sella, Discorsi parlamentari I, S. 292.

DER UMZUG

1 De Cesare, Roma e lo stato del Papa, S. 92.
2 Hibbert, Rom, S. 301.
3 De Cesare, Roma e lo stato del Papa, S. 112.
4 Taine, Voyage en Italie I, S. 315.
5 About, Rome contemporaine, S. 217 f.
6 Gregorovius, Römische Tagebücher, S. 222 (10. März 1867).
7 Pavone, Le prime elezioni a Roma, S. 333.
8 Manfroni, Sulla soglia del Vaticano, S. 27 f.
9 Manfroni, Sulla soglia del Vaticano, S. 64 f.
10 Taviani, L'opera della luogotenenza a Roma, S. 113.
11 Manfroni, S. 41.
12 Pavone, Le prime elezioni, S. 413.
13 Berliner, Geschichte der Juden in Rom II, 2, S. 166.
14 Ebda., S. 174.
15 Arnold und Doris Esch, Anfänge und Frühgeschichte der deutschen evangelischen Gemeinde in Rom 1819–1870, S. 417.
16 Gregorovius, Wanderjahre, S. 275.
17 Hehn, Italien, S. 122 f.
18 Documenti Diplomatici II 2, Nr. 576, 30. Juni 1871.
19 Fabio Gori, Sullo splendido avvenire etc., S. 10.

20 Gadda, Relazione del Reale Commissario Governativo per Lavori del Trasferimento, Roma 1872.

21 Documenti Diplomatici II 2, Nr. 120 (4. Februar 1871) und Nr. 478 (4. Juni 1871).

22 Documenti Diplomatici II 2, Nr. 573 (29. Juni 1871).

23 Documenti Diplomatici II 2, Nr. 143 (8. Februar 1871).

24 Documenti Diplomatici II 2, Nr. 428 (10. Mai 1871).

25 Miko, Nr. 2940.

26 Giacomo Raimondi, Roma tre mesi dopo l'occupazione, S. 31.

27 Miko, Nr. 2980 (7. März 1871).

28 Manfroni, Sulla soglia del Vaticano, S. 94 ff.

29 Documenti Diplomatici II 2, Nr. 511 (12. Juni 1871).

30 Manfroni, Sulla soglia del Vaticano, S. 82 f.

31 Miko, Nr. 2925, 2926, 3062–3063, 3073–3074, 3116–3123.

32 Castagnola, Da Firenze a Roma, S. 187.

33 Miko, Nr. 3123.

34 Text z. B. in Documenti Diplomatici III, S. 232.

35 Porena, Roma Capitale nel decennio della sua adolescenza, S. 20.

36 Martin Mosebach, Die Türkin, Berlin 1999, S. 5 f.

37 Porena, Roma Capitale, S. 15.

38 Grimm, Die Vernichtung Roms, S. 257. Gregorovius, Der Umbau Rom's, S. 309.

39 Hehn, Italien, S. 312.

40 Gregorovius, Römische Tagebücher, S. 357 (9. Juni 1875).

41 Hibbert, Rom, S. 302.

42 Manfroni, Sulla soglia del Vaticano, S. 318.

43 Manfroni, Sulla soglia del Vaticano, S. 157 f.

44 Gregorovius, Römische Tagebücher, S. 381 (10. Februar 1878).

45 Manfroni, Sulla soglia del Vaticano, S. 373.

46 Römische Tagebücher, S. 382.

47 Perodi, Roma italiana, S. 301.

48 Perodi, Roma italiana, S. 288 und 313.

49 Pesci, I primi anni, S. 591; Perodi, Roma italiana, S. 286; Pirri III, S. 439.

50 Pirri III, S. 431.

51 Levra, Fare gli Italiani, S. 5.

52 De Amicis, Herz, S. 72. Vgl. Levra, Fare gli Italiani, S. 21 f.

53 Römische Tagebücher, S. 385.

54 Manfroni, Sulla soglia del Vaticano, S. 414.

55 Römische Tagebücher, S. 387.

56 Römische Tagebücher, S. 391.

57 Bastgen III, S. 45.

58 Ebda., S. 46.

59 Leo XIII. an Rampolla, 15. Juni 1887, z. B. Bastgen III, S. 51.

60 Römische Tagebücher, S. 129 (4. April 1861).

61 Sella, Discorsi parlamentari I, S. 229.
62 Sella, Discorsi parlamentari I, S. 303.
63 Caracciolo, Roma Capitale, S. 212.
64 Livius, Ab urbe condita V, 55.
65 Nasto, Le feste civili a Roma, S. 118.
66 Arnaldi, Venti Settembre 1895, S. 508 f.
67 Jemolo, Roma umbertina, S. 64 f.

EPILOG

1 Bastgen II, S. 681.
2 Cavour, Discorsi parlamentari XI, S. 317.
3 Bastgen I, S. 90.
4 Bartoccini, Roma hell' oltocento, S. 55.
5 Atti parlamentari, Camera, Discussioni, 21. Dezember 1870, S. 121.
6 Talamo, Antiromani, S. 610.
7 D'Azeglio, Scritti e discorsi politici III, S. 374 ff.
8 Montalembert, Œuvres polémiques III, S. 10.
9 Gregorovius, Römische Tagebücher, S. 129.
10 Grevorovius, Römische Tagebücher, S. 188 (13. November 1864).
11 Petersen, Rom als Hauptstadt, S. 261; Negro, Seconda Roma, S. 266 f.
12 Alfieri, L'Italia liberale, S. 237.
13 Miko, Nr. 2986.
14 Atti parlamentari, Camera, Discussioni, 21. Dezember 1870, S. 133.
15 Talamo, Antiromani, S. 614.
16 Döllinger-Acton, Briefwechsel I, S. 385.
17 Weber, Kardinäle und Prälaten I, S. 283. Bezeichnenderweise nicht enthalten in Miko, Ende des Kirchenstaates.
18 Chabod, Storia della politica estera italiana, S. 301.
19 Croce, Geschichte Italiens 1871–1915, S. 9.
20 Mazzini, Scritti editi ed inediti, Band 16 (Roma 1887), S. 167.
21 Z. B. am 15. 3. 1880 (Perticone, La politica estera dell'Italia II 1, S. 337).
22 Seton-Watson II, S. 715.
23 Mussolini, Opera omnia XVIII, S. 160.
24 Mussolini, Opera omnia XXVII, S. 268.
25 Jemolo, Chiesa e stato, S. 233.
26 Jemolo, La questione romana, S. 229.
27 Jemolo, Chiesa e stato, S. 234–247. Atti parlamentari, Senato, 24. Mai 1929, S. 191 ff.
28 Jemolo, Chiesa e stato, S. 234.
29 Giardina und Vauchez, Il mito di Roma, S. 257.
30 Formigoni, L'Italia dei Cattolici, S. 123.

31 Scoppola, La chiesa e il fascismo, S. 334–341.
32 Kurzman, Fällt Rom?, S. 397.
33 Chabod, Die Entstehung des neuen Italien, S. 89 f.
34 Debenedetti, Am 16. Oktober 1943, S. 48.

Bibliographie

About, Edmond: La Question Romaine. Bruxelles 1859.

About, Edmond: Rome contemporaine. Paris 1861.

Accasto, Gianni; Fraticelli, Vanna; Nicolini, Renato: L'architettura di Roma capitale, 1870–1970. Roma 1971.

Acton, John Emerich Edward Dalberg Lord: The Roman Question. In: The Rambler, Band 2, Teil 5 (Januar 1860), S. 137–155.

Acton, John Emerich Edward Dalberg Lord: Cavour. In: The Rambler, Band 5, Teil 14 (Juli 1861), S. 141–165.

Acton, John Emerich Edward Dalberg Lord: Essays in the History of Freedom, hg. von J. Rufus Fears, Indianapolis 1985.

Acton, John Emerich Edward Dalberg Lord: Essays in Religion, Politics and Morality, hg. von J. Rufus Fears, Indianapolis 1985.

Albertone, M. G.: Ricordi dell'impresa di Roma nel 1870. In: Nuova Antologia (16. Sept. 1920), S. 97–114.

Alfieri, Carlo: L'Italia liberale. Ricordi, considerazioni, avvedimenti di politica e di morale. Firenze 1892.

Alter, Peter: Nationalismus. Frankfurt am Main 1985.

Andreotti, Giulio: La sciarada di Papa Mastai. Milano 1967.

Anzilotti, Antonio: Movimenti e contrasti per l'unità italiana. Milano 1964.

Arnaldi, Girolamo: Il Venti Settembre 1895. In: Studi romani 5 (1955), S. 564–579.

Atti parlamentari/Camera dei deputati/Senato del Regno. Torino 1861 bis 1864, Firenze 1865–1871, Roma 1871 ff.

Aubert, Roger: La chiesa in Italia dall'unità ai nostri giorni, a cura di E. Guerriero. Cinisello Balsamo (S. Paolo) 1996.

Aubert, Roger: Vaticanum I. Mainz 1965.

Aymonino, Carlo: Progettare Roma capitale. Roma 1990.

Balbo, Cesare: Della grandezza delle capitali. In: Lettere di politica e letteratura. Firenze 1855, S. 201–220.

Balbo, Cesare: Delle speranze d'Italia. Fünfte Auflage, Firenze 1855.

Balbo, Cesare: Storia d'Italia e altri scritti editi e inediti, a cura di Maria Fubini Leuzzi. Torino 1984.

Banti, Alberto Maria: Storia della borghesia italiana. L'età liberale. Roma 1996.

Bartoccini, Fiorella: Roma nell'ottocento. Il tramonto della »città santa«, nascita di una capitale. Bologna 1985

Bartoccini, Fiorella: La Roma dei Romani. Roma 1971.

Bastgen, Hubert (Hg.): Die Römische Frage. Dokumente und Stimmen, 3 Bände. Freiburg im Breisgau 1917–1919.

Bauer, Franz J.: Roma capitale. Geschichtsverständnis und Staatssymbolik in der Hauptstadt Italiens (1870–1940). In: Via triumphalis. Geschichtslandschaft ›Unter den Linden‹ zwischen Friedrich-Denkmal und Schloßbrücke, hg. von Helmut Engel und Wolfgang Ribbe. Berlin 1997, S. 159–180.

Bellocchi, Ugo: Tutte le encicliche e i principali documenti pontifici emanati dal 1740. Band 4: Pio IX. Città del Vaticano 1995.

Berliner, Abraham: Geschichte der Juden in Rom von der ältesten Zeit bis zur Gegenwart, Band 2. Frankfurt am Main 1893.

Bernhart, Joseph: Der Vatikan als Weltmacht. Leipzig 1930.

Bianchi, Nicomede: Storia documentata della diplomazia europea in Italia dall'anno 1844 all'anno 1861, Band 3 (anni 1830–1846). Torino 1867.

Blakiston, Noel (Hg.): The Roman Question. Extracts from the dispatches of Odo Russell from Rome 1858–1870. Wilmington 1980 (zuerst London 1932).

Boggio, P. C.: La questione romana studiata in Roma. Torino 1865.

Bonfanti, Giuseppe: Roma Capitale e la Questione Romana. Documenti e testimonianze di storia contemporanea. Brescia 1977.

Borutta, Manuel: Die Kultur des Nationalen im liberalen Italien. Nationale Symbole in Rom 1870/71 und 1895. In: Quellen und Forschungen aus italienischen Archiven und Bibliotheken 79 (1999), S. 480 bis 529.

Brice, Catherine: La mort du roi: le traces d'une pédagogie nationale. In: Mélanges de l'École francaise de Rome 109 (1997), S. 285–294.

Budillon, Pascale: L'immagine di Roma nella narrativa italiana della prima generazione dell'Unità. In: Archivio della Societá romana di Storia patria XCIII, Serie 3, Band 24 (1970), S. 203–246.

Burkhardt, Jacob: Briefe. 11 Bände. Basel-Stuttgart 1949–1994.

Butler, Cuthbert: Das I. Vatikanische Konzil. München 1961 (zuerst London 1930).

Cadorna, Raffaele: La liberazione di Roma nell'anno 1870 ed il plebiscito, a cura di Giuseppe Talamo. Milano 1970 (zuerst 1889).

Camerani, Sergio: Cronache di Firenze capitale. Firenze 1971.

Candeloro, Giorgio: Storia dell'Italia moderna, 11 Bände. Milano 1956 bis 1992, verschiedene veränderte Neuauflagen, benutzt wurde die Taschenbuchausgabe von Feltrinelli seit 1978.

La capitale a Roma. Città e arredo urbano, 2 Bände. Roma 1991.

Caracciolo, Alberto; Quilici, Folco: Roma. Una capitale singolare. Bologna 1985.

Caracciolo, Alberto: Roma capitale. Dal Risorgimento alla crisi dello stato liberale. Roma 1998 (zuerst 1956).

Caravale, Mario und Caracciolo, Alberto: Lo stato pontificio da Martino V a Pio IX. Torino 1978 (Storia d'Italia dell' U.T.E.T. Gli stati italiani. Band 14).

Carducci, Giosuè: Poesie 1850–1900. 21. Auflage, Bologna 1943.

Carducci, Giosuè: Poesie. Milano 1978.

Casella, Mario: Roma fine ottocento. Forze politiche e religiose, lotte elettorali, fermenti sociali (1889–1900). Napoli 1995.

Cattaneo, Carlo: La città considerata come principio ideale delle istorie italiane. In: Opere di Romangnosi, Cattaneo, Ferrari a cura di Ernesto Sestan, Milano 1957, S. 997–1046 (zuerst 1858).

Castagnola, Stefano: Da Firenze a Roma. Diario storico-politico del 1870/71. Torino 1896.

Cavour, Camillo Conte di: Discorsi parlamentari, Band 11. Rom 1872.

Cavour, Camillo Conte di: La questione romana negli anni 1860/61. 2 Bände. Bologna 1929/30.

Cavour e l'Inghilterra. Carteggio con V. E. d'Azeglio, 2 Bände. Bologna 1961.

Cerbelaud Salagnac, Georges: Les Zouaves pontificaux. Paris 1963.

Chabod, Federico: L'idea di nazione, a cura di Armando Saitta e Ernesto Sestan. Roma-Bari 2000 (zuerst als Vorlesung 1943).

Chabod, Federico: Storia della politica estera italiana, 1870–1896. Band 1: Le premesse. Roma-Bari 1997 (zuerst 1951).

Chabod, Federico: Die Entstehung des neuen Italien. Von der Diktatur zur Republik. Reinbek bei Hamburg 1965.

Chiala, Luigi (Hg.): Camillo Cavour's gedruckte und ungedruckte Briefe, 4 Bände. Leipzig 1884–1886.

Chiron, Yves: Pie IX. Pape moderne. Bitche 1995.

Cirelli, Renato: La questione romana. Il compimento dell'unificazione che ha diviso l'Italia. Milano 1977.

Cofrancesco, Dino: Appunti per un'analisi del mito romano nell'ideologia fascista. In: Storia contemporanea 11 (1980), S. 383–411.

Cognasso, Francesco: I Savoia. Milano 1999.

Cognasso, Francesco: Vittorio Emanuele II. Torino 1942.

Comune di Roma (Hg.): Atti delle celebrazioni commemorative del 1911. Roma 1911.

Concilium Vaticanum I (1869–1870). In: Conciliorum oecumenicorum decreta, hg. von Joseph Alberigo, Joseph A. Dossetti u. a. Dritte Auflage Bologna 1972, S. 801–816.

Cornwell, John: Pius XII. Der Papst, der geschwiegen hat. München 1999.

Crescenzi, Lucio: Roma Capitale. Roma 1988.

Croce, Benedetto: Storia del regno di Napoli. Bari 1980 (zuerst 1925).

Croce, Benedetto: Geschichte Italiens 1871–1915. Berlin 1928 (italienisch 1928).

Cuccia, G.: Urbanistica, edilizia, infrastrutture di Roma capitale 1870 bis 1990. Roma–Bari 1992.

Curci, Carlo Maria: La caduta di Roma per le armi italiane. Firenze 1871.

Dalla Torre del Tempio di Sanguineto, Paolo: La difesa di Roma 1870. In: Pio IX nel primo centenario della sua morte. Città del Vaticano 1978, S. 485–659.

D'Azeglio, Massimo: Scritti e discorsi politici, a cura di Marcus de Rubris, 3 Bände. Firenze 1931–1938.

D'Azeglio, Massimo: Questioni urgenti, pensieri. In: Scritti e dircorsi politici, a cura di Marcus de Rubris, Band 3. Firenze 1938, S. 335–396.

D'Azeglio, Massimo: I miei ricordi, a cura di P. L. Colì. Bologna 1948 (zuerst 1866)

De Amicis, Edmondo: Roma capitale, a cura di Ugo Piscopo. Napoli 1995 (aus: De Amicis, Eduardo: Speranze e glorie. Le tre Capitali. Torino–Firenze–Roma. Milano 1911).

De Amicis, Edmondo: Herz. Ein Buch für die Jugend. Fünfzehntes bis siebzehntes Tausend. Basel 1895 (italienisch 1886).

Debenedetti, Giacomo: Am 16. Oktober 1943. Eine Chronik aus dem Ghetto. Berlin 1993 (italienisch 1945).

De Cesare, Raffaele: Roma e lo stato del Papa dal ritorno di Pio IX al XX settembre 1850–1870. Milano 1970 (zuerst 1907).

De Felice, Renzo: Mussolini il fascista, Band 1: La conquista del potere (1921–1925). Torino 1962; Band 2: L'organizzazione dello stato fascista (1925–1929). Torino 1968.

De Felice, Renzo: Breve storia del fascismo. Milano 2000.

De Jaco, Aldo (Hg.): Antistoria di Roma capitale. Cronaca inedita dell'unità d'Italia. Roma 1970.

[De la Guéronnière, Arthur:] Siehe am Ende dieser Bibliographie.

De Mattei, Rodolfo (Hg.): XX settembre 1870. Tre testimonianze. Giuseppe Guerzoni – Antonio Maria Bonetti – Edomondo de Amicis. Roma 1972.

Dickens, Charles: Italienische Reise. Hamburg o.J. (englisch 1866).

D'Ideville, Henry: Les Piémontais a Rome. Mentana. La prise de Rome 1867–1870. Paris 1874.

I Documenti Diplomatici Italiani. Serie I (1861–1870). Ministero degli affari esteri, Roma 1952ff.

I Documenti Diplomatici Italiani. Serie II (ab 1871). Ministero degli affari esteri, Roma 1952 ff.

Döllinger, Ignaz von: Briefwechsel mit Lord Acton. Hg. von Viktor Conzemius, 3 Bände. München 1963–1971.

Döllinger, Ignaz von: Geschichte und Kirche. Ausgewählte Aufsätze. München 1925.

Döllinger, Ignaz von: Kirche und Kirchen, Papsttum und Kirchenstaat. Historisch-politische Betrachtungen. München 1861.

[Döllinger, Ignaz von:] Siehe auch Janus.

Dossi, Carlo: I Mattòidi al primo concorso pel monumento in Roma a Vittorio Emanuele II. In: Ders., Opere a cura di Dante Isella, Milano 1995, S. 973–1025 (zuerst 1883).

Dupanloup, Félix: Die Convention vom 15. September und die Encyclica vom 8. Dezember. Aachen 1865 (zuerst französisch).

Dupanloup, Félix: La souveraineté pontificale selon le droit catholique et le droit européen. Paris 1860.

Eickholt, Klemens August: Roms letzte Tage unter der Tiara. Freiburg 1918.

Erzberger, Matthias: Erlebnisse im Weltkrieg. Stuttgart–Berlin 1920.

Esch, Arnold und Doris: Anfänge und Frühgeschichte der deutschen evangelischen Gemeinde in Rom 1819–1870. In: Quellen und Forschungen aus italienischen Archiven und Bibliotheken 75 (1995), S. 366–426.

Esch, Arnold; Petersen, Jens (Hg.): Deutsches Ottocento. Die deutsche Wahrnehmung Italiens im Risorgimento. Tübingen 2000.

Esch, Arnold; Petersen, Jens (Hg.): Ferdinand Gregorovius und Italien. Eine kritische Würdigung. Tübingen 1993.

Falconi, Carlo: Il cardinale Antonelli. Vita e carriera del Richelieu italiano nella Chiesa di Pio IX. Milano 1983.

Farini, Luigi Carlo: Lo stato romano. 4 Bände. Torino 1850.

Ferrarotti, Franco: Roma. Da capitale a periferia. Bari 1970.

La fine del potere temporale ed il ricongiungimento di Roma all'Italia (XLV. Congresso di storia del Risorgimento italiano). Roma 1972.

Filalete, Ernesto [Carlo Passaglia]: Pro caussa italica ad episcopos catholicos auctore presbytero catholico. Firenze 1861.

Filalete, Ernesto [Carlo Passaglia]: Obbligo del vescovo romano e pontefice massimo di risiedere in Roma quantunque metropoli del regno italico. Firenze 1861.

Filalete, Ernesto [Carlo Passaglia]: La questione della indipendenza ed unità d'Italia dinanzi al clero. Firenze 1861.

Fiorani, Luigi und Prosperi, Adriano: Roma, la città del papa. In. Storia d'Italia. Annali 16. Torino 2000.

Fiorentino, Carlo M.: La Questione Romana intorno al 1870. Studi e documenti. Roma 1997.

Fischer, Paul David: Italien und die Italiener am Schlusse des neunzehnten Jahrhunderts. Betrachtungen und Studien über die politischen, wirtschaftlichen und sozialen Zustände Italiens. Berlin 1899.

Formigoni, Guido: L'Italia dei cattolici. Fede e nazione dal Risorgimento alla Repubblica. Bologna 1998.

Francescangeli, Laura: Il »Comitato generale per solennizzare il XXV anniversario della liberazione di Roma« ed il suo archivio. In: Mélanges de l'École francaise de Rome 109 (1997), S. 185–276.

Friedensburg, Walter (Hg.): Die Memoiren Garibaldi's. Ein Auszug aus seinen Tagebüchern. Hamburg 1909.

Friedrich, Johann: Ignaz von Döllinger. Sein Leben aufgrund seines schriftlichen Nachlasses, 3 Bände. München 1899–1901.

Fuhrmann, Horst: Die Päpste. Von Petrus zu Johannes Paul II. München 1998.

Gadda, Giuseppe: Roma capitale e il ministero Lanza-Sella. In: Nuova Antologia IV, CLV, vol. LXXX (Sept.–Okt. 1897), S. 193–217.

Gadda, Giuseppe: Relazione al ministero dei Lavori Pubblici sul trasferimento delle amministrazioni centrali a Roma. Roma 1872.

Gaeta, Franco: Nazionalismo italiano. Napoli 1965.

Galasso, Giuseppe: La capitale inevitabile. In: Un secolo da Porta Pia, Napoli 1970, S. 73–92.

Garibaldi, Giuseppe: Scritti (Edizione nazionale), 6 Bände. Bologna 1932–1937.

Garibaldi, Giuseppe: Die Herrschaft des Mönchs oder Rom im neunzehnten Jahrhundert. Zweite Auflage. Leipzig 1870 (zuerst italienisch 1868 unter dem Titel »Clelia«).

Garibaldi, Giuseppe: Memorie. Con una appendice di scritti politici, a cura di Giuseppe Armani. Zweite Auflage. Milano 1998.

Garzia, Italo: La questione romana durante la prima guerra mondiale. Napoli 1981.

Ghisalberti, Alberto Maria: Popolo e politica nel '49 romano. In: Giuseppe Mazzini e la Repubblica Romana. Roma 1949.

Ghisalberti, Alberto Maria: L'idea di Roma capitale nel Risorgimento. In: La fine del potere temporale e il ricongiungimento di Roma all'Italia. Roma 1972, S. 661–677.

Ghisalberti, Alberto Maria: Storia costituzionale d'Italia 1848–1948. Rom–Bari 1991.

Ghisalberti, Alberto Maria: Voci del tempo. Dalla ›Breccia‹ al plebiscito. In: Archivio della Società romana di Storia patria XCIII, Serie 3, Band 24 (1970), S. 31–71.

Giardina, Andrea; Vauchez, André: Il mito di Roma. Da Carlo Magno a Mussolini. Roma–Bari 2000.

Gioberti, Vincenzo: Del rinnovamento civile d'Italia. In: Opere edite e inedite (Edizione nazionale) a cura di Luigi Quattrocchi, 3 Bände, Roma 1969.

Gioberti, Vincenzo: Del primato civile e religioso degli Italiani, 3 Bände. Torino 1920.

Gioberti, Vincenzo: »Ai Romani«. Roma 1848.

Gori, Fabio: Sullo splendido avvenire di Roma, capitale d'Italia e del mondo cattolico, e sul modo di migliorare l'interno della città e l'aria delle campagne. Roma 1870.

Graham, Robert A.: The rise of the double diplomatic corps in Rome, 1870–1875. A study in international practice. The Hague 1952.

Gramsci, Antonio: Il risorgimento. Roma 1971.

Gregorovius, Ferdinand: Briefe an Gräfin Ersilia Caetani Lovatelli, hg. von Sigmund Münz. Berlin 1896.

Gregorovius, Ferdinand: Geschichte der Stadt Rom im Mittelalter, hg. von Waldemar Kampf. 4 Bände. München 1978 (entstanden 1855 bis 1872).

Gregorovius, Ferdinand: Römische Tagebücher 1852–1889, hg. von Hanno-Walter Kruft und Markus Völkel. München 1991.

Gregorovius, Ferdinand: Der Umbau Rom's (1886). In: Kleine Schriften zur Geschichte und Cultur, Band 2. Leipzig 1888, S. 281–315.

Gregorovius, Ferdinand: Wanderjahre in Italien, hg. von Hanno-Walter Kruft. Vierte Auflage. München 1986.

Grimaldi, Félix: Rome après 1870. Roma 1887.

Grimm, Gisela [geb. von Arnim]: Ein Brief über Rom und Berlin. Berlin 1887.

Grimm, Herman: Die Vernichtung Roms. Ein Brief. In: Fünfzehn Essays, vierte Folge (aus den letzten fünf Jahren). Gütersloh 1890, S. 250 bis 271.

Grisar, Hermann: Sommer 1870 in Rom. In: Stimmen der Zeit, 122 (1931), S. 15–20.

Guasti, Cesare: Roma, aprile 1869. Diario di viaggio, a cura di Nello Vian. Roma 1970.

Guerriero, Elio (Hg.): La chiesa in Italia dall'unità ai nostri giorni. Cinisello Balsamo 1996.

Guêze, Raoul; Papa, Antonio: Gli archivi del IV corpo d'esercito e di Roma capitale. Inventario. Roma 1970.

Haffner, Sebastian: Der Papst, der schwieg. In: Fritz J. Raddatz (Hg.): Summa iniuria oder Durfte der Papst schweigen? Hochhuths »Stellvertreter« in der öffentlichen Kritik. Reinbek 1963, S. 233–235.

Hales, Edward Elton Young: Papst Pius IX. Politik und Religion. Graz–Wien–Köln 1957.

Haller, Johannes: Lebenserinnerungen. Gesehenes – Gehörtes – Gedachtes. Stuttgart 1960.

Halperin, Samuel William: Italy and Vatican at war. A study of their relations from the outbreak of the Franco-Prussian war to the Death of Pius IX. Chicago 1939.

Hartmann, Ludo Moritz: 100 Jahre italienische Geschichte 1815–1915. Die Grundlagen des modernen Italien. München 1916.

Hedouville, Marthe de: Monseigneur de Ségur. Paris 1957.

Hehn, Victor: Italien. Ansichten und Streiflichter. Darmstadt 1992 (Nachdruck der zweiten Auflage Berlin 1879).

Hibbert, Christopher: Rom. Biographie einer Stadt. München 1987 (zuerst Harmondsworth 1985).

Hibbert, Christopher: Der gerechte Rebell. Der Weg des Giuseppe Garibaldi. Eine Biographie. Tübingen 1970 (zuerst London 1965).

Hill, Roland: Lord Acton. New Haven–London 2000.

Hönig, Johannes: Ferdinand Gregorovius. Eine Biographie. Stuttgart 1944.

Horst, Ulrich: Unfehlbarkeit und Geschichte. Mainz 1982.

Hugo, Victor: Rome en 1886. Les choses et les gens. Roma 1886.

Insolera, Italo: Roma moderna. Un secolo di storia urbanistica 1870 bis 1970. Dritte Auflage. Torino 1976.

Isenghi, Mario: L'Italia in piazza. I luoghi della vita pubblica dal 1848 ai giorni nostri. Milano 1994.

Isenghi, Mario (Hg.): I luoghi della memoria, 3 Bände. Roma–Bari 1996–1997.

Jacini, Stefano: Un conservatore rurale della nuova Italia. 2 Bände Bari 1926.

Jacini, Stefano: Il tramonto del potere temporale nelle relazioni degli ambasciatori austriaci a Roma (1860–1870). Bari 1931.

Jacini, Stefano: La questione di Roma al principio del 1863. Torino 1863.

Jacini, Stefano: La politica ecclesiastica italiana da Villafranca a Porta Pia. Bari 1938.

Janus [= Ignaz von Döllinger]: Der Papst und das Concil. Eine weiter ausgeführte und mit dem Quellennachweis versehene Neubearbeitung der in der Augsburger Allgemeinen Zeitung erschienenen Artikel: Das Concil und die Civiltà. Leipzig 1869.

Jedin, Hubert (Hg.): Handbuch der Kirchengeschichte, Bände VI, 1–2 und VII., Freiburg im Breisgau 1985 (unveränderter Nachdruck 1999).

Jedin, Hubert: Kleine Konziliengeschichte. Mit einem Bericht über das Zweite Vatikanische Konzil. Freiburg im Breisgau–Basel–Wien 1969 (zuerst 1959).

Jemolo, Arturo Carlo: Chiesa e stato in Italia. Dalla unificazione agli anni settanta. Torino 1977 (erste Ausgabe 1948).

Jemolo, Arturo Carlo: La questione romana. Milano 1938.

Jemolo, Arturo Carlo: Roma umbertina. In: Anni di prova. Firenze 1991, S. 33-76.

Justi, Carl: Briefe aus Italien. Zweite Auflage. Bonn 1925.

Kertzer, David I.: Die Entführung des Edgardo Mortara. Ein Kind in der Gewalt des Vatikans. München–Wien 1998.

Kertzer, David I.: The Popes against the Jews. The Vatican's Role in the Rise of Modern Anti-Semitism. New York 2001.

Ketteler, Wilhelm Emmanuel von: Freiheit, Autorität und Kirche. Erörterungen über die großen Probleme der Gegenwart. Sechste Auflage der Volksausgabe. Mainz 1862.

Ketteler, Wilhelm Emmanuel von: Sämtliche Werke und Briefe I.2 (Schriften, Aufsätze und Reden 1867–1870), hg. von Erwin Iserloh. Mainz 1978.

Ketteler, Wilhelm Emmanuel von: Sämtliche Werke und Briefe II.5 (Briefe und öffentliche Erklärungen 1866–1870), hg. von Erwin Iserloh. Mainz 1997.

Kleinpaul, Rudolf: Roma capitale. Römische Lebens- und Landschaftsbilder. Leipzig 1880.

Korn, Karl: Zola in seiner Zeit. Lebensbilder. Frankfurt am Main–Berlin–Wien 1984.

Kostof, Spiro: The Drafting of a Master Plan for Roma Capitale: An Exordium. In: Journal of the Society of Architectural Historians 36 (1976), S. 4–20.

Kostof, Spiro: The Third Rome 1870–1950. Berkeley 1973.

Kroll, Thomas: Die Revolte des Patriziats. Der toskanische Adelsliberalismus im Risorgimento. Tübingen 1999.

Küng, Hans: Unfehlbar? Eine Anfrage. Zweite Auflage. Zürich–Einsiedeln–Köln 1970.

Kurzman, Dan: Fällt Rom? Der Kampf um die Ewige Stadt 1944. Dokumentarbericht. München 1978.

Lagrange, François.: Vie de Mgr. Dupanloup. 3 Bände Paris 1883.

Leti, Giuseppe: Roma e lo stato pontificio dal 1849 al 1870. 2 Bände Ascoli Piceno 1911.

Levra, Umberto: Fare gli Italiani. Memoria e celebrazione del Risorgimento. Torino 1992.

Lill, Rudolf: Aus den deutsch-italienischen Beziehungen 1869–1876. In: Quellen und Forschungen aus italienischen Archiven und Bibliotheken 46 (1966), S. 399–454.

Lill, Rudolf: Hauptstadtprobleme im modernen Italien. In: Hauptstädte in europäischen Nationalstaaten, hg. von Theodor Schieder und Gerhard Brunn. München–Wien 1983, S. 71–86.

Lill, Rudolf: Geschichte Italiens in der Neuzeit. Darmstadt 1988.

Macaulay, Thomas B.: Das Papsttum. In Mächte der Geschichte. München 1925, S. 154–200.

Macchia, Guglielmo (Hg.): Roma capitale 1870–1970. Bibliografia del centenario. Pisa 1971.

Mack Smith, Denis: Italy. A modern history. Ann Arbor 1969 (zuerst 1959).

Mack Smith, Denis: Italy and its Monarchy. New Haven–London 1989.

Mack Smith, Denis: Cavour contro Garibaldi. Milano 1999. (zuerst englisch 1954).

Maier, Hans: Revolution und Kirche. Zur Frühgeschichte der christlichen Demokratie. Dritte Auflage. München 1973 (zuerst 1959).

Manfroni, Giuseppe: Sulla soglia del Vaticano, 1870–1901. Dalle memorie di Giuseppe Manfroni (Saggio introduttivo di A. C. Jemolo). Milano 1971 (zuerst 1922).

Manning, Henry Edward: Kirchliche Gelegenheitsreden, 3 Bände Paderborn 1879.

Manning, Henry Edward: Il Dominio temporale del Vicario di Gesù Cristo. Roma 1862.

Manning, Henry Edward: Il potere temporale del papa nel suo aspetto politico. Roma 1867.

Margotti, Giacomo: Roma e Londra. Confronti. Torino 1858.

Margotti, Jacob: Rom und London in Lebensbildern gegenübergestellt. Wien 1860.

Martina, Giacomo: Pio IX (1846–1850). Roma 1974.

Martina, Giacomo: Pio IX (1851–1866). Roma 1986.

Martina, Giacomo: Pio IX (1867–1878). Roma 1990.

Martina, Giacomo: Al collegio Romano il 20. settembre 1870. In: Archivum Historiae Pontificiae 8 (1970), S. 332–347.

Martina, Giacomo: La fine del potere temporale nella coscienza religiosa e nella cultura dell'epoca. In: Archivum Historiae Pontificiae 9 (1971), S. 309–376.

Martina, Giacomo: Il discorso di Pio IX al corpo diplomatico la mattina del 20 settembre. In: Rivista Storica della Chiesa Italiana 25 (1971), S. 533–545.

Martinelli, Franco: Ricerche sulla struttura sociale della popolazione di Roma (1871–1961). Pisa 1964.

Massari, Giuseppe: Graf Cavour's Leben und Wirken [hg. von Eduard Rüffer]. Jena 1874.

Mazzini, Giuseppe: Scritti (Edizione nazionale), Imola 1912 ff.

Mazzini, Giuseppe: Scritti politici, a cura di Terenzio Grandi e Augusta Comba. Torino 1972.

Mazzini, Giuseppe: Scritti politici, 3 Bände, a cura di Franco della Peruta. Torino 1976 (zuerst Milano–Napoli 1969).

Mazzini, Giuseppe: Opere, a cura di Luigi Salvatorelli, 2 Bände. Milano 1956.

Mazzini, Giuseppe: Scritti editi ed inediti, 20 Bände. Milano–Roma–Firenze 1862–1904.

Mazzini, Giuseppe: Note autobiografiche, a cura di Roberto Pertici. Milano 1986.

Meriggi, Marco: Soziale Klassen, Institutionen und Nationalisierung im liberalen Italien. In: Geschichte und Gesellschaft 26, 2 (2000), S. 201 bis 218.

Miko, Norbert (Hg.): Das Ende des Kirchenstaates, 4 Bände. Stuttgart 1963–1970.

Miko, Norbert: Die Römische Frage und das erste Vatikanische Konzil. In: Römische Historische Mitteilungen 4 (1960/61), S. 255–271.

Minghetti, Marco: Miei ricordi, 3 Bände. Firenze 1888–1889.

Mollat, Guillaume: La question romaine de Pie VI à Pie XI. Paris 1932.

Montalembert, Comte de: Discours prononcés au congrès de Malines. L'Église libre dans l'État libre. In: Œuvres, Band 3. Paris 1892, S. 393–490.

Montalembert, Comte de: Liberté de l'église. In : Œuvres, Band 1. Paris 1892. S. 187–229.

Montalembert, Comte de: Lettre a M. le Comte de Cavour. In: Œuvres polémique et diverses, Band 2. Paris 1860, S. 651–658.

Montalembert, Comte de: Deuxième lettre a M. le Comte de Cavour. In: Œuvres polémique et diverses, Band 3. Paris–Lyon 1868, S. 3–64.

Monti, Antonio: Pio IX nel Risorgimento italiano. Bari 1928.

Monti, Antonio: Vittorio Emanuele II. Milano 1941.

Mori, Renato: La questione romana 1861–1865. Firenze 1963.

Mori, Renato: Il tramonto del potere temporale. Roma 1967.

Mosse, George L.: Die Nationalisierung der Massen. Von den Befreiungskriegen bis zum Dritten Reich. Frankfurt am Main–New York 1993 (zuerst New York 1975).

Murri, Romolo: L'idea universale di Roma dalle origini al fascismo. Milano 1937.

Mussolini, Benito: Opera omnia a cura di E. e D. Susmel. Firenze 1952 ff.

Mussolini, Benito: Italia, Roma e Papato nelle discussioni parlamentari dal 1860 al 1871. Roma 1929.

Nasto, Luciano: Le feste civili a Roma nell'ottocento. Roma 1994.

Nathan, Ernesto: Roma e il Venti settembre. Conferenza. Roma 1902.

Nathan, Ernesto: La terza Roma. In: Nuova Antologia (1. Aug. 1916), S. 5–11.

Negri, Pietro (Hg.): Le ferrovie nello stato pontificio (1844–1870). Archivio economico dell'unificazione italiana, vol. XVI). Roma 1967.

Negro, Silvio: Seconda Roma 1850–1870. Milano 1943.

Nersinger, Ulrich: Soldaten des Papstes. Eine kleine Geschichte der päpstlichen Garden. Zweite Auflage. Ruppichteroth 1999.

Nisco, Niccola: Roma prima e dopo il 1870. Roma 1878.

Noack, Ulrich: Katholizität und Geistesfreiheit. Nach den Schriften von John Dalberg-Acton 1834–1902. Frankfurt am Main 1936.

Paladino, Giuseppe: Roma. Storia d'Italia dal 1866 al 1871 con particolare riguardo alla questione romana. Milano 1933.

Paléologue, Maurice: Cavour. Ein großer Realist. Berlin 1929.

Passaglia, Carlo: Il pontefice e il principe ossia la teologia, la filosofia e la politica messe d'accordo in ordine al principato civile del papa. Dialoghi. Firenze 1860.

[Passaglia, Carlo:] Siehe auch Filalete, Ernesto.

Pavone, Claudio: Alcuni aspetti die primi mesi di governo italiano a Roma e nel Lazio. In: Archivio Storico Italiano 115 (1957), S. 299 bis 346 und 116 (1958), S. 346–380.

Pavone, Claudio: Le prime elezioni a Roma e nel Lazio dopo il XX settembre. In: Archivio della società romana di storia patria 85–86=16–17 della terza serie (1962–1963), S. 321–442.

Perodi, Emma: Roma italiana 1870–1895, a cura di Bruno Brizzi. Roma 1980 (zuerst 1896).

Perticone, Giacomo (Hg.): La politica estera dell'Italia negli atti, documenti e discussioni parlamentari dal 1861–1914. Segretario generale della Camera dei deputati, 3 Bände. Roma 1971–1978.

Pesci, Ugo: Come siamo entrati in Roma. Milano 1970 (zuerst 1895).

Pesci, Ugo: I primi anni di Roma capitale 1870–1878. Firenze 1907.

Pesci, Ugo: Firenze capitale 1865–1870. Dagli appunti di un ex-cronista. Firenze 1904.

Petersen, Jens: Rom als Hauptstadt des geeinten Italien 1870–1914. Politische und urbanistische Aspekte. In: Quellen und Forschungen aus italienischen Archiven und Bibliotheken 64 (1984), S. 261–283.

Petersen, Jens: Mussolini – der Mythos des allgegenwärtigen Diktators. In: Wilfried Nippel (Hg.): Virtuosen der Macht. München 2000, S. 155–170.

Pianciani, Luigi: Diciotto mesi di amministrazione municipale. Racconto. Roma 1874.

Pieri, Piero: Storia militare del Risorgimento. Torino 1962.

Piovani, Pietro (Hg.): Un secolo da Porta Pia. Napoli 1970.

Pirri, Pietro: Pio IX e Vittorio Emanuele II dal loro carteggio privato. 3 Bände. Roma 1944–1961.

Pottmeyer, Hans Josef: Unfehlbarkeit und Souveränität. Die päpstliche Unfehlbarkeit im System der ultramontanen Ekklesiologien des 19. Jahrhunderts. Mainz 1975.

Porena, Manfredi: Roma capitale nel decennio della sua adolescenza (1880–1890). Roma 1957.

Quazza, Guido: La Questione Romana nel 1848–1849. Modena 1947.

Quazza, Guido (Hg.): Epistolario di Quintino Sella, 4 Bände. Roma 1980–1995.

Raimondi, Giacomo: Roma tre mesi dopo l'occupazione. Milano 1871.

Reumont, Alfred von: Pro romano pontifice. Rückblick und Abwehr. Bonn 1871.

Rodiek, Thorsten: Das Monumento Nazionale Vittorio Emanuele II. in Rom. Frankfurt am Main–Bern–New York 1983.

Roma capitale 1870–1911 (Band 12). Architettura e urbanistica. Uso e trasformazione della città storica. Venezia 1984.

Roma capitale 1970–1911 (Band 13). I ministeri di Roma capitale. L'insediamento degli uffici e la costruzione delle nuove sedi. Venezia 1985.

Rosario, Romeo: Cavour e il suo tempo, 3 Bände. Roma–Bari 1977 bis 1984.

Roß, Jan: Der Papst Johannes Paul II. Drama und Geheimnis. Berlin 2000.

Russo, Maria Teresa Bonadonna: Il primo decennio di Roma italiana e la legge speciale del 1881. In: Archivio della Società romana di Storia patria XCIII, Serie 3, Band 24 (1970), S. 247–275.

Sabbatucci, Giovanni und Vidotto, Vittorio: Storia d'Italia. Band 2: Il nuovo stato e la società civile 1861–1887. Roma–Bari 1995.

Saitta, Armando: La guerra del 1859 nei rapporti tra la Francia e l'Europa, 5 Bände. Roma 1960–1962.

Saitta, Armando: Il problema italiano nei testi di una battaglia pubblicistica, 4 Bände. Roma 1962.

Salvatorelli, Luigi: Roma e la questione romana nella politica europea del secolo XIX. In: Il Risorgimento in Europa, Roma 1964, S. 39 bis 134.

Salvatorelli, Luigi: Sommario della storia d'Italia. Dai tempi preistorici ai nostri giorni. Torino 1969.

Sanfilippo, Mario: La costruzione di una capitale: Roma 1870–1911. Milano 1992.

Sanfilippo, Matteo: »Masse briache di livore anticlericale«: La documentazione vaticana sul 20 settembre (1870–1922). In: Mélanges de l'École française de Rome 109 (1997), S. 139–158.

Sarfatti, Margherita Grassini: Dux. Milano 1926.

Sassi, Adolfo: Notizie e documenti per la storia dell'ultima insurrezione romana (1867–1869). Roma 1913.

Schatz, Klaus: Vaticanum I. 1869–1870, 3 Bände. Paderborn 1992 bis 1994.

Schatz, Klaus: Fragen zur Seligsprechung Pius' IX. In: Stimmen der Zeit, Band 218, Heft 8 (August 2000), S. 507–516.

Schatz, Klaus: Pius IX. In: Das Papsttum, hg. von Martin Greschat. Band 2. Stuttgart 1985, S. 184–201.

Scheiwiller, Vanni (Hg.): Processo all'altare della patria (Atti del processo al monumento in Roma a Vittorio Emanuele II. il 27 gennaio 1986). Roma 1986.

Schlözer, Kurd von: Römische Briefe 1864–1869, hg. von Karl von Schlözer. Sechste Auflage. Leipzig 1914.

Schlözer, Kurd von: Letzte römische Briefe 1882–1894, hg. von Leopold von Schlözer. Leipzig 1924.

Schieder, Wolfgang: Aspekte des italienischen Imperialismus vor 1914. In: Der moderne Imperialismus, hg. von Wolfgang J. Mommsen. Mainz 1971, S. 140–171.

Schieder, Wolfgang: Das italienische Experiment. Der Faschismus als Vorbild in der Krise der Weimarer Republik. In: Historische Zeitschrift 262 (1996), S. 73–125.

Schmidlin, Josef: Papstgeschichte der neuesten Zeit, 4 Bände. Freiburg im Breisgau–München 1933–1939.

Schwaiger, Georg: Papsttum und Päpste im 20. Jahrhundert. Von Leo XIII. bis Johannes Paul II. München 1999.

Scirocco, Alfonso: In difesa del Risorgimento. Bologna 1998.

Scoppola, Pietro: La chiesa e il fascismo. Documenti e interpretazioni. Zweite Auflage. Bari 1973.

Seibt, Gustav: Ich bin Hegelianer. Heros der Kultur: Deutsche Besucher bei Mussolini. In: Frankfurter Allgemeine Zeitung, 13. 3. 1996.

Seidlmayer, Michael: Geschichte Italiens. Vom Zusammenbruch des Römischen Reiches bis zum Ersten Weltkrieg. Zweite Auflage. Stuttgart 1989.

Sella, Quintino: Discorsi parlamentari, Band 2. Roma 1888.

Serio, Mario (Hg.): I Ministeri di Roma capitale. L'insediamento degli uffici e la costruzione delle nuove sedi. Venezia 1985.

Seronde Baboneaux, Anne-Marie: Roma dalla città alla metropoli. Roma 1983.

Sestan, Ernesto (Hg.): Opere di Giandomenico Romagnosi, Carlo Cattaneo, Giuseppe Ferrari. Milano 1957.

Seton-Watson, Christopher: L'Italia dal liberalismo al fascismo 1870 bis 1925, 2 Bände. Dritte Auflage. Roma–Bari 1980 (zuerst London 1967).

Settembrini, Luigi: Scritti vari di letteratura, politica ed arte. 2 Bände Napoli 1879-80.

Soderini, Comte de: Rome et le gouvernement italien (1870 à 1894). Paris 1895.

Soldani, Simonetta (Hg.): Fare gli italiani. Storia e cultura nell'Italia contemporanea, Band 1: La nascita dello stato nazionale. Bologna 1993.

Sombart, Werner: Die römische Campagna. Eine sozialökonomische Studie. Leipzig 1888.

Spadolini, Giovanni: L'opposizione cattolica da Porta Pia al '98, 2 Bände. Firenze 1991.

Spadolini, Giovanni: Le due Rome. Firenze 1974.

Spadolini, Giovanni: Firenze capitale. Gli anni di Ricasoli. Firenze 1979.

Stadler, Peter: Cavour. Italiens liberaler Reichsgründer. München 2001.

Stendhal: Briefe. Berlin 1983.

Stendhal: Rom, Neapel und Florenz, hg. von Manfred Naumann. 2. Auflage. Berlin 1980.

Taine, Hippolyte: Voyage en Italie, 2 Bände. Paris 1965 (zuerst 1866).

Talamo, Giuseppe: Gli ›antiromani‹ nel risorgimento. In: Storia, filosofia e letteratura. Studi in onore di Gennaro Sasso, a cura di Marta Herling e Mario Reale. Napoli 1999, S. 603–615.

Taviani, Ida Maria: L'opera della luogotenenza a Roma (9 ottobre 1870 – 25 gennaio 1871). In: Archivio della Società romana di Storia patria XCIII, Serie 3, Band 24 (1970), S. 73–160.

Ternois, René: Zola et son temps. Lourdes–Rome–Paris. Paris 1961.

Teste, Louis: Notes sur Rome et l'Italie. Paris 1873.

Tobia, Bruno: L'Altare della Patria. Bologna 1998.

Tobia, Bruno: Una patria per gli Italiani. Spazi, itinerari, monumenti nell'Italia unita (1870–1900). Roma–Bari 1991.

Treitschke, Heinrich von: Cavour. Hg. von Fritz Endres. Ebenhausen bei München 1939 (zuerst 1869)

Treitschke, Heinrich von : Libera chiesa in libero stato. In: Preußische Jahrbücher 36 (1875), S. 229–240.

Treitschke, Heinrich von: Italien und der souveräne Papst. In: Preußische Jahrbücher 35 (1875), S. 23–33.

Trevelyan, George Macaulay: Garibaldi's Defence of the Roman Republic. London–Bombay–Calcutta 1907.

Trevelyan, George Macaulay: Garibaldi and the Thousand. London–Bombay–Calcutta 1909.

Trevelyan, George Macaulay: Garibaldi and the Making of Italy. London–Bombay–Calcutta 1911.

Treves, Piero: L'idea di Roma e la cultura italiana del secolo XIX. Milano-Napoli 1962.

Trombatore, Gaetano (Hg.): Scrittori Garibaldini, 2 Bände. Torino 1979 (zuerst Milano-Napoli 1953).

Venditelli, Manlio: Roma Capitale-Roma Comune. Sviluppo economico e crescita urbana della città. Roma 1984.

XX settembre 1895. Guida e programma ufficiale delle feste. Roma 1895.

Venturoli, Marcello: La Patria di marmo. Tutta la storia del Vittoriano, il monumento più discusso dell'età umbertina, tra arte, spettacoli, invenzioni, scandali e duelli. Roma 1995.

Veuillot, Louis: Le pouvoir temporel des papes [1858–1862]. In: Oeuvres complètes. Serie 1, Band 7. Paris 1926, S. 496–516.

Veuillot, Louis: Le pape et la diplomatie [Februar 1861]. In: Ouevres complètes. Serie 1, Band 10, Paris 1929, S. 215–269.

Veuillot, Louis: Le parfum de Rome. 2 Bände. Fünfte Auflage. Paris 1865.

Vidotto, Vittorio: Roma alla vigilia del 1870. In: Clio 32 (1996), S. 599 bis 631.

Vidotto, Vittorio: Roma: Una capitale per la nazione. In: Mélanges de l'École francaise de Rome 109 (1997), S. 7–20.

Vigevano, Attilio: La fine dell'esercito pontificio. Roma 1920.

Villari, Lucio: Roma, una capitale in Europa 1870–1911. Firenze 1990.

Il Vittoriano. Materiali per una storia, 2 Bände. Roma 1986–1988.

Wagner, Fritz: Cavour und der Aufstieg Italiens im Krimkrieg. Zweite Auflage. Stuttgart 1942.

Weber, Christoph: Kardinäle und Prälaten in den letzten Jahrzehnten des Kirchenstaats: Elite-Rekrutierung, Karriere-Muster und soziale Zusammensetzung der kurialen Führungsschicht zur Zeit Pius' IX. (1846–1878), 2 Bände. Stuttgart 1978.

Whyte, Arthur James: The Political Life and Letters of Cavour 1848 bis 1861. Oxford 1962 (zuerst London 1930).

Williams, Robin: Rome as State Image. The architecture and urbanism of royal Italian government 1870–1900. Ann Arbor–Michigan 1993.

Woller, Hans: Rom, 28. Oktober 1922. Die faschistische Herausforderung. München 1999.

Zola, Émile : Rome. Hg. von Henri Mitterand. Paris 1998 (zuerst 1896).

Zola, Émile: Mes voyages. Lourdes – Rome, hg. von René Ternois. Paris 1958.

Zola, Émile : Correspondance, Band 8. Montreal 1991.

[De la Guéronnière, A.:] Le pape et le congrès. Paris 1859.

Zu dieser Schrift erschien meist noch im Winter 1860 eine große Zahl von Repliken und Polemiken, die in der oben genannten Quellensammlung von Armando Saitta nur zu einem kleinen, keineswegs repräsentativen Teil dokumentiert sind. Da diese rasch vergänglichen und oft anonymen Gelegenheitsschriften bibliographisch schwer zu systematisieren sind (entsprechend mühsam sind sie in Bibliotheken aufzutreiben), nenne ich hier separat die Titel einer Sammlung, die mir ein antiquarischer Fund beschert hat:

Monseigneur le Cardinal-archevêque de Vienne: Le pape et l'Italie. Wien 1860.

M. le Vicomte de Melun: La Question Romaine devant le congrès. Paris 1860.

L'Évêque d'Arras: Le pape et le congrès. Paris 1860.

Mgr. l'évêque d'Orléans: Lettre à M. Grandguillot. Paris 1860.

Mgr. l'évêque d'Orléans: La brochure ›Le pape et le congrès‹. Lettre à un catholique. Paris 1860.

Mgr. l'évêque d'Orléans: Seconde lettre à un catholique. Paris 1860.

L'Abbe J. H. Michon: Projet de solution de la Question Romaine. Paris 1860.

Nettement, M. Alfred: Appel au bon sens, au droit et à l'histoire. En réponse à la brochure ›Le pape et le congrès‹. Paris 1860.

Mgr. Gaston de Ségur: Le pape. Questions à l'ordre du jour. Paris 1860.

Mgr. l' évêque de Nimes: De la brochure ›Le pape et le congrès‹. Lettre au clergé de son diocèse. Nimes 1860.

M. Frédéric Passy: De la souveraineté temporelle des papes au point de vue de la justice et de la religion. Paris 1860.

Un théologien: Napoléon III et Pie IX. Paris 1860.

Le pape et le parti catholique. Paris 1860.

La France et le pape. Réponse a M. le Comte de Montalembert. Paris 1860.

[De la Guéronnière, A.:] La France, Rome et l'Italie. Malines 1861.

Antwort Dupanloup's, Bischofs von Orleans, auf die Broschüre des Staatsraths De La Guéronnière: »Frankreich, Rom und Italien.« Trier 1861.

Bildnachweis

ARCHIVE

Archiv für Kunst und Geschichte, Berlin: 75, 89, 107, 119, 127, 129, 136, 143, 149, 165 (Ignaz von Döllinger), 185, 241, 275
Archiv Preußischer Kulturbesitz, Berlin: 9, 164 (Louis Veuillot), 280, 287
Fratelli Alinari, Florenz: 19, 64, 111, 191, 259, 269
Katholische Nachrichten-Agentur – Bild, Bonn: 253
National Portrait Gallery, London: 164 (Henry Edward Manning), 165 (Lord Acton)
Roger-Viollet, Paris: 164 (Charles de Montalembert), 164 (Félix Dupanloup)

PUBLIKATIONEN

Mario Sanfilippo: La costruzione di una capitale: Roma 1870–1911. Milano 1992 (205, 229).
Giovanni Spadolini: L'opposizione cattolica da porta Pia al '98, Bd. 1, Firenze 1991 (33, 69).

© 2001 by Siedler Verlag, Berlin
einem Unternehmen der Verlagsgruppe
Random House GmbH

Alle Rechte vorbehalten,
auch das der fotomechanischen Wiedergabe.
Schutzumschlag: Rothfos + Gabler, Hamburg
Kartenzeichnungen: Ditta Ahmadi, Berlin
Satz und Reproduktionen: Bongé+Partner, Berlin
Druck und Buchbinder: Wiener Verlag, Himberg
Printed in Austria 2001
ISBN 3-88680-726-6

Todi

Orvieto

Pitigliano

*Bolsena-
see*

Valentano

Montefiascone

Amelia

Te

Na

Orte

*Ponte
Felice*

Toscanella

Viterbo

Marta

*Civita
Castellana*

Ronciglione

Nepi

KIRCHENSTAAT

Via Cassia

Passo Co

Via Flamini

*Bracciano
see*

Bracciano

Galera

Mont
Roton

Via Salaria

Civitavecchia

Posta della Storta

Via Nomenta

Tomba di Nerone

Cas
del I

Palo

Rom

Staz. Galera

Tiber

Ostia

*T y r r h e n i s c h e s
M e e r*